거의 완벽에 가까운 사람들

거의 완벽에 가까운 사람들

미친 듯이 웃긴 북유럽 탐방기

마이클 부스 지음 | 김경영 옮김

글항아리

리센과 에스거와 에밀에게

머리말

몇 년 전 4월의 어느 어둑한 새벽, 덴마크의 수도 코펜하겐에 있는 집 거실에서 담요를 두르고 앉아 봄을 애타게 그리며 그날 신문을 폈다. 나의 제2의 조국 동포들이 레스터대학교 심리학과에서 만든 삶의 만족도 지수인가 뭔가에서 세계 1위를 했다는 기사가 눈에 띄었다.

신문 날짜를 봤다. 만우절은 아닌데. 인터넷을 잽싸게 확인했더니 이 조사 결과가 전 세계 언론의 머리기사로 도배되어 있었다. 『뉴욕타임스』부터 카타르 방송사 '알자지라'까지 돌비석에 새겨져 전해온 이야기라도 되는 양 이 소식을 전했다. 덴마크가 세계에서 제일 행복한 나라였다. 제일 행복하다고? 이 어둡고 축축하고 따분하고 생기 없는 작은 나라가? 유틀란트반도와 그 동쪽 몇몇 섬에 얼마 안 되는 금욕적이고 실용적인 사람들이 모여 사는, 세계에서 세율이 제일 높은 나라가? 미국은 23위였다. 대학에서 일하는 사람들이 그렇다고 했으니 뭐 그렇겠지.

'하여튼 위장 하나는 기가 막히게 잘 하는구먼. 그리 즐거워 보이지 않는데.' 창밖으로 비가 쏟아지는 항구를 내다보며 생각했다. 저 아래 형광색 방수 복장으로 자전거를 탄 사람들이 우산으로 밀쳐대는 보행자들과 함께 랑에브로 다리를 건너고 있었다. 지나가는 트럭과 버스가 튀기는 물보라를 뒤집어쓰면서.

그 전날은 하루종일 혼이 나갈 뻔했다. 그날 아침은 동네 슈퍼마켓의 뚱한 여직원과 잠깐의 만남으로 이미 기분이 상했었다. 늘 그렇듯 그 직원은 혀가 내둘리게 비싸지만 질은 나쁜 제품을 계산해주면서 나를 투명인간 취급했다. 가게 밖, 신호를 기다리던 사람들은 내가 빨간불에 길을 건너자 다 들리게 혀를 찼다. 다니는 차가 한 대도 없었지만 덴마크에서 신호등에 초록색 남자가 나타나기 전에 움직이는 것은 타인을 도발하는 사회적 에티켓 위반 행위다. 집에 오는 길에는 한 자동차 운전자의 화를 돋워 그 운전자가 나를 죽이겠다고 협박했다. 좌회전 금지 신호를 어겼다는 이유였다(말 그대로 차 창문을 내리고는 「007」영화에 나오는 악당처럼 '죽여버리겠다'고 소리쳤다). 자전거를 타고 가랑비를 맞으며 집에 돌아왔더니 세금 고지서가 도착해 있었다. 나의 그달 총소득에서 깜짝 놀랄 만한 액수를 뜯어가려는 내역이었다. 그날 밤 황금시간대 텔레비전 예능 방송에서는 20년도 더 된 미국 드라마 「제시카의 추리극장」과 영국 퀴즈쇼 「누가 백만장자가 되고 싶은가?」를 방송했다. 삶이 바뀐다는 그럴싸한 미사여구가 무색하게 퀴즈쇼의 상금 100만 크로네는 약 18만 달러에 불과했다. 덴마크에서는 외식 한 번 하고 남은 잔돈으로 영화 한 편 보면 끝날 돈이다.

덧붙이자면 「더 킬링」(시즌 4까지 방영. 미국 출연진들로 리메이크됐다)과 정치 드라마 「여총리 비르기트」(『뉴스위크』 '당신이 아직 보지 못한 최고의 TV 드라마' 선정) 등의 TV 드라마로 미국을 휩쓴, 최근 덴마크 문화 열풍이 불기 훨씬 더 전에 있었던 일이다. 레스토랑 노마와 노마의 수석 요리사인 르네 레제피(『타임』지 표지에 두 차례 실렸고, 3년 연속 세계 최고의 레스토랑에 선정되었으며, 최근 미국 셰프들에게 엄청난 영향을 미친 인물)가 이끈 뉴 노르딕 퀴진New Nordic cuisine, 식재료 본연의 맛을 살려 건강하게 만드는 북유럽 요리 혁명이 있기 전이었으며, 건축가 비아르케 잉엘스(맨해튼 57번가의 피라미드형 아파트 '비아 57 웨스트'의 건축을 담당했다)나 비고 모르텐센(「반지의 제왕」 3부작 주연), 마스 미켈센(「007 카지노 로열」), 니콜라이 코스테르발다우(「왕좌의 게임」의 제이미 라니스터) 등 신문 머리기사를 장식하고 영화상을 받은 배우나 니콜라스 빈딩 레픈, 라르스 본 트리에르, 오스카상을 수상한 수사네 비에르(「인 어 베터 월드In a Better World」로 최우수 외국어 영화상 수상) 등의 영화감독들은 말할 것도 없다.

그때만 해도 덴마크 사람은 근본적으로 점잖고, 근면하고, 법을 잘 지키며, 행복은 차치하고 뭐든 좀처럼 밖으로 드러내는 법이 없는 이들이라고 생각했다. 세계적으로 영향력 있는 문화적 선구자라는 생각은 당연히 못 했다.

덴마크인은 원래 루터교도들이었다. 특별한 의식을 지키지는 않지만 허식을 피하고 과한 감정 표현을 불신하며 사람들과 어울리기보다 혼자 지냈다. 타이인, 푸에르토리코인, 심지어 영국인보다 더 차갑고 근엄한 국민이었다. 그때까지 여행하면서 50여 개국 사람들을 만났는데 덴마크인은 지구상에서 제일 안 즐거워 보이는 사람들 상위 25퍼센트 안에 들 것이다. 스웨덴인, 핀란드인, 노르웨이인과 나란히.

항우울제를 복용한 탓에 정신이 혼미해서겠지라고 생각했다. 최근 읽은 보고서에 따르면 유럽에서는 아이슬란드인만 덴마크인보다 신경안정제를 더 많이 복용하며, 신경안정제를 정기적으로 복용하는 인구는 늘고 있다. 덴마크인의 행복은 프로작Prozac이 만든 망각에 불과한 걸까?

실제로 덴마크의 행복 현상을 더 깊이 파고들기 시작하면서 레스터대학의 보고서는 흔히 생각하듯이 참신한 게 아님을 알게 되었다. 덴마크는 1973년에 이미 EU가 최초로 실시한 행복도 설문조사 유로바로미터Eurobarometer에서 1위를 차지했으며 지금도 여전히 선두를 지키고 있다. 최근에는 설문조사에 참여한 덴마크인 수천 명 중 3분의 2 이상이 본인의 삶에 '매우 만족한다'고 답했다.

2009년에 오프라 윈프리가 코펜하겐에 마치 로마 교황처럼 방문해 "사람들이 아이를 유모차에 태워 카페 밖에 세워둔 채 아이가 납치당할 것을 걱정하지 않고 (…) 모두가 아등바등하며 더 욕심내지 않는 것"을 덴마크의 성공 비결이라고 말했다. 오프라가 기름을 부으사 축복했으니 아무렴 사실이겠지.

오프라 윈프리가 하늘에서 내려왔을 때 사실 나는 덴마크를 떠난 뒤였다. 아내는 본인의 고향을 두고 내가 허구한 날 불평을 늘어놓자 급기야 인내심이 한계에 달했다. 살인적인 날씨, 극악무도한 세금, 너무 뻔한 단일 민족 사회, 별 볼일 없는 시민 합의에 대한 숨 막히는 집착, 규범을 벗어난 모든 대상과 사람을 향한 공포, 야망을 불신하고 성공을 멀리하는 태도, 처참한 공중도덕, 돼지고기 비계 부위를 향한 끝없는 식탐, 짜디짠 감초사탕, 싸구려 맥주와 마지팬marzipan, 으깬 아몬드와 설탕을 버무려 만든 과자까지. 하지만 나는 경계하면서도 약간은 당혹스러운 시선으로 덴마크의 행복 현상을 주시했다.

가령 덴마크는 갤럽 조사에서 1위를 차지했는데, 155개국 15세 이상 1000명을 대상으로 지금 자기 삶이 어떻고 앞으로는 어떻게 펼쳐지리라 기대하는지 1~10점으로 평가하라는 설문이었다. 갤럽은 사회적 지원("어려움에 처했을 때 의지하거나 필요할 때 도움을 받을 가족이나 친구가 있는가?"), 자유("본인이 사는 나라에서 자기 삶의 문제를 선택할 수 있는 자유에 만족하는가 아니면 불만족하는가?"), 부패("자국의 기업들은 부패가 만연한가?")에 관한 다른 질문도 했다. 설문을 종합한 결과 덴마크인 82퍼센트가 '행복하며'(최고 점수), 불과 1퍼센트만이 '불행하다'고 답했다. 그들의 평균 '일상 경험' 만족도는 10점 만점 중 7.9점으로 세계에서 가장 높았다. 참고로 최하위를 기록한 토고에서는 1퍼센트만이 행복하다고 답했다.

'덴마크 이스회이 빈민가에 사는 소말리아 이민자들한테 행복하냐고 직접 물어봤어야지.' 이런 설문 결과나 보고서를 접할 때마다 든 생각이었다. 물론 이들 연구자가 과연 코펜하겐의 부유한 교외 지역 바깥으로 나가본 적이 있기나 한지 진지하게 의심하면서.

그러던 2012년, 덴마크 행복 이야기가 최종판, 결정적 순간을 맞았다. UN이 최초로 시작하고, 존 헬리웰, 리처드 라야드, 제프리 삭스 등 세계적 경제학자들이 작성하는 세계행복보고서는 최신 '행복' 연구, 즉 갤럽 조사, 세계가치조사, 유럽가치조사, 유럽사회조사 등을 모두 합계했다. 결과는 어땠을까? 1위는 벨기에! 아니, 농담이다. 덴마크가 또다시 세계에서 가장 행복한 나라로 꼽혔고, 핀란드가 2위, 노르웨이가 3위, 스웨덴이 7위로 바싹 뒤쫓았다.

설문조사에서 한 번 1위를 하면 행운이라고 말할 수 있지만, 1973년 이후에 실시한 사실상의 모든 설문조사에서 1위를 차지했다는 것은 인류학 가설을 뒷받침하는 확실한 근거다.

실제로 덴마크가 세계에서 가장 살기 좋은 나라 순위를 거저 얻은 것은 아니다. UN 보고서에 따르면 북유럽 모두 자기 나라가 삶의 질이 가장 높다고 주장한다. UN 보고서가 나온 직후 『뉴스위크』는 덴마크가 아닌 핀란드에서 삶의 질이 가장 높다고 했으며, UN이 매년 발표하는 인간개발지수에서는 노르웨이가 1위를 차지했다. 또 최근에 나온 다른 보고서에서는 여성이 살기 가장 좋은 나라로 스웨덴을 꼽았다.

즉 덴마크가 모든 행복 부문에서 늘 1위인 것은 아니다. 하지만 한결같이 상위권이며, 덴마크가 1위가 아닐 때는 다른 북유럽 나라가 거의 반드시 1위를 차지한다. 때로 뉴질랜드나 일본(아니면 싱가포르나 스위스)이 치고 올라오기도 한다. 하지만 전체적으로 이 모든 발표 자료에서 전하는 (또 언론에서 의심 없이 계속 열을 올려 보도하는) 메시지는 차가운 슈납스 한 잔만큼이나 명백했다. 스칸디나비아인은 세계에서 가장 행복하고 만족도가 높은 사람들일 뿐 아니라 가장 평화롭고, 관대하고, 평등하고, 진보적이고, 부유하고, 현대적이고, 자유로우며, 제일 좋은 교육을 받고, 가장 높은 기술력과 대중음악, 가장 멋진 텔레비전 형사물을 보유한 사람들이라는 사실이다. 최근 몇 년 사이에는 최고의 레스토랑까지 추가됐다. 그 사이에 있는 덴마크, 스웨덴, 노르웨이, 핀란드, 아이슬란드 5개국은 세계 최고의 교육 제도(핀란드), 적당히 세속적이며 다문화가 공존하는 현대 산업사회의 훌륭한 본보기(스웨덴), 우스꽝스러운 고층 건물이나 고급 콜걸 대신 분별 있고 윤리적이며 장기적인 일에 들어가는 막대한 석유 수익금(노르웨이), 세계에서 양성평등이 가장 높게 실현됐고 남성의 수명이 가장 길며 대구haddock가 많이 잡히는 나라(아이슬란드), 야심찬 환경 정책과 아낌없는 예산을 쏟아붓는 복지제도(북유럽 전체)를 자랑한다.

전 세계가 압도적인 공감을 표했다. 혹시 충만하고 행복하고 균형이 잘 잡히고 건강하고 의식적인 삶을 사는 방법을 보여주는 확실한 모델을 어디에서 찾아야 하는지 알고 싶다면 독일 북쪽, 러시아 바로 왼쪽, 즉 북유럽으로 시선을 돌리면 된다.

나는 그보다 더 깊이 파고들었다. 몇 년간 덴마크가 거듭 세계에서 가장 행복한 나라로 꼽히는 것을 멀리서 지켜보고 주기적으로 덴마크를 방문했더니 더 혼란스럽기만 했다(날씨는 여전히 지랄 맞느냐고? 빙고. 세율은 여전히 50퍼센트를 넘고? 당연한 말씀. 가게는 갈 때마다 닫혀 있고? 두말하면 잔소리). 나는 다시 덴마크로 돌아왔다.

너그러운 용서의 제스처도, 인간 인내심의 한계가 어디인지 알아보려는 대담한 실험도 아니었다. 아내가 자기 고향으로 돌아오고 싶어했을 뿐. "마이클, 실제로 살아보니 어땠는지 기억 안 나?" 온몸의 세포가 비명을 내질렀는데도 오랜 시련을 겪은 결과 장기적으로는 아내 말을 듣는 게 상책이라는 교훈을 얻었다.

오히려 내가 돌아온 이후에 북유럽의 모든 것을 향해 전 세계는 더 뜨겁게 열광했다. 지금도 그렇지만 현대의 바이킹 문화는 전례 없이 승승장구했다. 스웨덴의 범죄추리 소설가 헨닝 망켈과 스티그 라르손의 책은 수백만 권씩 팔려나갔고, 덴마크 국영 방송국 DR은 인기 드라마를 총 120개국에 수출했다. 덴마크 건축가들은 레고 블록으로 쌓기라도 하듯 세계의 주요 건물들을 뚝딱 완성해냈고, 올라푸르 엘리아손 같은 미술가들의 작품은 루이비통의 쇼윈도부터 뉴욕의 현대미술관까지 어딜 가든 볼 수 있었다. 덴마크의 전 총리 아네르스 포그 라스무센은 최근 노르웨이의 전 총리 옌스 스톨텐베르그에게 북대서양조약기구NATO

의 사무총장 자리를 내줬고, 핀란드의 전 대통령 마르티 아티사리는 노벨평화상을 받았다.

또 다른 북유럽 국가인 핀란드는 전 세계에 앵그리 버드, 그리고 적어도 한때는 모든 사람의 가슴 안주머니를 차지했던 휴대전화를 안겨줬다. 한편 스웨덴은 H&M과 이케아로 세계의 변화가를 장악하고, 너무 많아서 다 적기도 힘든 팝 프로듀서와 가수들로 우리 방송계를 장악했을 뿐 아니라 스카이프와 스포티파이도 선물했다. 노르웨이는 세계에 석유와 피시 핑거를 공급했고, 아이슬란드는 국가 재정으로 놀라운 모험을 감행했다.

어디서 뉴스를 보든 어김없이 스칸디나비아의 모든 것(아이슬란드만 빼고)을 찬양하는 기사 천지였다. 신문, 텔레비전, 라디오의 말이 사실이라면 북유럽 나라들은 결코 실수하는 법이 없었다. 평등, 안락한 삶, 삶의 질, 홈 베이킹이 있는 약속의 땅이었다. 하지만 나는 실제로 이 추운 잿빛의 북쪽 땅에 살면서 다른 얼굴을 봤다. 물론 스칸디나비아의 삶에는 모범적인 면이 많고 세계의 나머지 나라들은 이곳에서 배울 게 숱하겠지만, 북유럽을 모델로 한 그림에 음영이 빠져 있는 게 점점 실망스러워졌다.

자유로운 학교, 새하얀 인테리어 디자인, 합의 기반의 정치 제도, 두툼한 스웨터…… 뭐가 됐든 스칸디나비아를 향한 이 새로운 열풍에서 유독 한 가지만 이상해 보였다. 온갖 적극적인 홍보와 소위 북유럽의 기적에 그 어느 때보다 관심이 뜨거우면서 어째서 사람들은 북유럽으로 살러 오지는 않는 걸까? 왜 여전히 스페인이나 프랑스에 집을 사고 싶어할까? 어째서 짐을 꾸려 올보르나 트론헤임으로 향하지 않을까? 재미있는 범죄 소설과 TV 프로그램이 그토록 많은데 왜 스칸디나비아에 대한 지식은 그토록 얕을까? 어째서 여러분은 올보르나 트론헤임이 실제로 어디 붙어 있는지 전혀 감도 못 잡을까?(솔직해지자.) 왜 우리 주변에는 스웨덴어를 할 줄 알거나 노르웨이어로 '의사소통'이 가능한 사람이 전무할까? 덴마크의 외무장관 이름을 말해보라. 아니면 노르웨이에서 가장 유명한 코미디언은? 아는 핀란드 사람은? 누구라도 좋으니까.

우리 중 일본이나 러시아에 가봤다든가 이 두 나라의 언어를 구사할 줄 아는 사람은 드물겠지만, 이들 나라의 정치인이나 예술가, 제2의 도시의 이름을 전부는 아니더라도 최소한 몇 개는 댈 수 있을 것이다. 하지만 스칸디나비아는 진정한 미지의 땅이다. 고대 로마인은 스칸디나비아에 전혀 관심이 없었다. 샤를마뉴 대제는 신경 쓸 가치도 없다고 생각했다. 북유럽 역사학자 T. K. 데리는 북유럽 역사를 다룬 자신의 저서에 이렇게 적는다. 말 그대로 수천 년 동안 "북유럽은 거의 완전히 문명인의 관심 밖에 있었다". 심지어 오늘날도 너무하다 싶을 만큼 관심이 없다. 영국 『선데이타임스』 기자는 최근 이 지역을 "구분하기 힘든 나라들의 집합"이라고 표현했다.

우리가 북유럽에 하나같이 무지한 한 가지 이유는(먼저 이실직고하자면, 나 역시 덴마크로 이사 오기 전에는 기가 찰 정도로 아무것도 몰랐다) 평생 한 번이라도 북유럽을 여행하는 사람이 얼마 안 되기 때문이다. 아름다운 경치에도 불구하고 비싼 여행 경비와 시원찮은 날씨가 더해져(프랑스와 이탈리아의 존재는 말할 것도 없고) 북유럽 여행을 단념하게 만들곤 한다. 북유럽 여행기는 어디 있을까? 반스앤노블스의 책장은『올리브나무 숲 사이 알코올 중독자』『오라네 왕가의 불륜』등 지중해 여행서들로 휠 지경이지만, 누구도 '튀르크에서 1년'을 보내거나 '월귤나무 밭 위로 운전하기'를 해보고 싶어하지는 않는 것 같다.

하루는 동네 약국에서 차례를 기다리며 30분쯤 서 있는데(덴마크의 '아포테크apotek' 즉 약국은 독점제로 운영되는 까닭에 고객 서비스가 우선 사항이 아니다) 이런 생각이 들었다. 소피 그로뵐(덴마크 드라마 「범죄」의 주인공)을 향한 뜨거운 관심과 페로 제도에서 제작하는 니트 의류를 소개하는 온갖 기사, 손으로 채취한 잡초의 20가지 요리법에도 불구하고(고백하자면 나도 잡초 요리법에 관련된 글을 몇 편 썼다), 사실 우리는 실제 스칸디나비아 나라들과 그곳 사람들이 어떻게 사는지보다는 멀리 아마존강에 사는 부족들의 삶을 학교 선생님과 텔레비전, 신문을 통해 더 자주 접한다.

이런 현실은 앵글로색슨족이 자신들은 본래 스칸디나비아인이었다고 주장하는 점까지 떠올리면 특히나 더 이상하다. 뭐 약간은. 문화적 관련성은 확실히 깊고 오래됐다. 때는 793년 1월 8일, 바이킹이 영국 린디스파른에 있는 수도원을 처음 습격한 악명 높은 사건으로 거슬러 올라간다. 당시 기록에 따르면 "야만인들의 참혹한 약탈로 홀리아일랜드Holy-island, 린디스파른의 다른 이름에 있는 하느님의 교회는 통탄할 만한 수준의 큰 피해를 입었다."

바이킹 왕들은 이어서 영국의 3분의 1을 지배했다. 바이킹들이 살던 영국의 이 지역을 데인족이 점령한 땅이라는 의미에서 데인로Danelaw라 불렸다. 영국의 바이킹 시대는 모두 인정하는 잉글랜드 전역의 왕이자 맞춤법 검사기도 포기한 위장 폭탄 크누트 대왕을 끝으로 종식되었다. 크누트Cnut의 철자가 여성을 성적 대상으로 비하하는 단어 cunt와 혼동하기 쉽다는 점에서 그렇다. 영국 서턴 후에 있는 선관장시체를 배에 태워 매장한 선박 묘지 발굴지에도 스웨덴과의 관련성을 입증하는 증거가 많다. 침략과 약탈의 문화에서 벗어난 뒤 바이킹의 여러 부족이 앵글로색슨족 사이에 평화롭게 정착해 상호 무역하고 혼인관계를 맺으며 영국 토착민들에게 지대한 영향을 미쳤다는 신빙성 높은 증거가 있다.

바이킹족은 확실히 영어라는 언어에 자신들의 흔적을 남겼다. 심지어 오슬로대학교 노르웨이어학과 교수 얀 테리에 폴룬은 최근 영어를 스칸디나비아 언어라고 선언하며, 공통되는 단어와 비슷한(독일어 문법에 비해) 동사-목적어 어순 따위를 근거로 들었다. 요일을 가리키는 몇 단어(화요일에 해당되는 워딘Wodin 또는 오딘Odin, 목요일에 해당되는 토르Thor, 금요일에 해당되는 프레야Freya)와 수많은 지명이 바이킹 언어에서 유래했다. 영국에서 '-by'나 'thorpe'(각각 '소도시' '더 작은 정착지'를 의미하는)로 끝나는 도시는 과거 바이킹의 정착지였으며, 더비Derby, 휘트비Whitby, 스컨소프Scunthorpe, 클리소프스Cleethorpes 등이 그 예다. 나는 이스트 그린스테드East Grinstead라는 소도시 근처에서 태어났는데, 내가 추정하기로 그 이름은 덴마크어에서 유래했다('sted'는 장소라는 의미인데 덴마크의 도시 이름이 보통 -sted로 끝난다). 그리고 런던에서는 덴마크 힐Denmark Hill에서 5분 거리에 살았는데, 그 이름은 더 최근에 유래했다. 덴마크 힐은 과거 앤 여왕과 결혼한 덴마크인 부군의 고향이었으며, 덴마크와 영국의 두 귀족 가문은 수 세기 전에 결혼으로 긴밀하게 엮였다.

가족을 가리키는 단어인 어머니mor, 아버지far, 자매søster, 형제bror 역시 상당히 비슷하다. 하지만 안타깝게도 영어는 스칸디나비아 언어에서 대단히 유용한 형태로 외조부모, 친조부모를 구분하는 방법은 택하지 않았다(far-far, mor-mor, far-mor, mor-far의 방식이다).

스칸디나비아의 영향력은 미국에서도 상당하다. 노르웨이인 바이킹족 레이프 에릭손은 서기 1000년경 아메리카 대륙을 발견했다. 에릭손은 캐나다 뉴펀들랜드에 매력을 못 느껴 즉시 뱃머리를 돌려 고향으로 돌아갔지만, 북아메리카로 이주하려는 스칸디나비아 사람들의 노력은 900년 뒤 더 큰 성과를 거두었다. 스웨덴인 120만 명이 많은 노르웨이인과 일부 핀란드인, 덴마크인과 함께 배로 대서양을 횡단했다. 그리고 1860년대 어느 때가 되자 미국에 들어온 전체 이민자의 10분의 1이 스칸디나비아 출신이었다. 그들 대다수는 미네소타에 정착했는데, 미네소타의 풍경이 고향을 떠올리게 했기 때문이다. 오늘날 미국에는 노르웨이계 미국인 약 500만 명, 그리고 비슷한 수의 스웨덴인이 살고 있다고 한다. 스웨덴 이민자들이 없었다면 할리우드는 지금보다는 별 볼일 없었을 것이다. 우마 서먼과 스칼렛 요한슨, 맷 데이먼, 제임스 코번, 제임스 프랑코, 줄리아 로버츠 그리고 월버그성을 가진 모든 배우가 스웨덴인의 후손이다. 거기에 미국의 위대한 영웅인 우주비행사 버즈 올드린, 에이브러햄 링컨도 추가할 수 있다. 둘 다 스웨덴 혈통이다.

최근의 북유럽 열풍이 그토록 뜻밖인 이유는 20세기 내내 문화적 유행이 대개 그 반대편으로 흐르는 경향이 있었기 때문이다. 가령 나이 지긋한 스칸디나비아 남자들과 대화를 나누다보면 어느샌가 대화는 거의 백발백중 영국의 희극 그룹 몬티 파이튼코미디계의 비틀즈로 비유되는 전설적인 희극 그룹이나 영화 「폴리스 아카데미」경찰학교를 배경으로 펼쳐지는 미국 코미디 영화로 흐를 것이다. 한편 여자들은 미국 의학 드라마 「이알ER」의 남자 배우들이나 뉴욕에서 입주 가정부로 일했던 기억을 떠올리며 눈시울을 적신다. 요즘 젊은 세대는 하나같이 미국 드라마 「홈랜드」 「매드맨」 「하우스 오브 카드」에 익숙하다. 스칸디나비아 사람들은 미국 정치계 전반을 꿰고 있다. 반면 미국 국회의원 중 덴마크 외무장관의 이름을 아는 사람은 몇이나 될까?

아마 희미한 익숙함과 표면적 동일함은 세계의 다른 나라들이 스칸디나비아인에 대한 [영화나 드라마의] 허구적 묘사 외에는 이들을 실제로 알아보려 하지 않았던 한 가지 이유일 것이다. 또 스칸디나비아인 하면 맨 처음 떠오르는 이미지가 성적으로 자유분방하고 예쁘고 잘생긴 사람들이지만 어째서인지 본인들은 여전히 독실하고 신성한 루터교인으로 보이려고 용을 쓴다. 속으로는 불같고 겉으로는 화날 정도로 차가운 이미지를 동시에 얻으려는 전략일까? 그리고 앞장서서 어떤 일을 해야 할 때는 잘 나서지 않는 그들의 성격이 별 도움이 되지 않는다. 잘난 척하는 성격이 못 되기 때문이다. 이는 (앞으로 살펴보겠지만 말 그대로) 본인들 규칙에 위배되는 탓이다. 아직까지는 사전에서 '과묵한'이라는 단어를 찾으면 핀란드인이 한구석에 어색하게 서서 자기 신발 끈을 쳐다보는 사진이 실려 있지 않지만, 실려야 마땅하다고 본다.

이 책을 쓰는 동안 여러 사람, 덴마크인 몇 명과 특히 많은 스웨덴인이 자기들이 스칸디나비아 밖 다른 나라 사람들에게 조금이나마 관심의 대상이 되리라는 사실에 진심으로 곤혹스러워했다. "왜 사람들이 우리를 알고 싶어할 거라 생각하죠?" "우리는 하나같이 정말 재미없고 뻣뻣합니다." "책으로 쓸 만한 더 흥미로운 나라가 있을 텐데요. 남유럽 어때요?" 그들은 이렇게 물었다. 어느 정도는 우리가 보는 이미지로 자신들을 바라보는 경향이 있는 것 같다. 실용적이고 괜찮은 사람들이지만 한결같은 지루함에 나가떨어져 더 알아볼 의지를 꺾어버린다는 점에서, 근면하고 착실하고 정치적으로 올바른 스칸디나비아 사람들은 파티의 총무이자, 다섯 나라의 지방 공무원이자, 손가락 하나로 거절 의사를 표시하는 사회복지사이자, 형편없는 유머감각으로 파티의 흥을 깨놓는 사람들이다.

그렇다면 이 책에서 어떤 방법으로 독자 여러분의 관심을 끌어야 할까? 답은 간단하다. 내가 보기에 덴마크인, 스웨덴인, 핀란드인, 아이슬란드인, 심지어는 노르웨이인까지 진정 매력적이며, 독자 여러분도 그 매력을 발견하리라 믿는다. 일단 그들이 얼마나 영리하고 진보적이며 동시에 얼마나 특이한 사람들인지 깨닫는다면 말이다. 오프라 윈프리도 오후 한나절보다 길게 머물렀다면 발견했을 텐데, 나 역시 마지못해 인정하기 시작했다. 북유럽에서 배울 점이 훨씬 더 많다는 사실을. 삶의 방식과 우선순위, 돈을 쓰는 방법과 삶과 일의 균형을 이루며 살아가는 모습, 효과적인 교육 제도와 서로를 돕는 방식, 그리고 최종적으로 행복해지는 방법까지. 또 그들은 재미있다. 늘 의도하는 건 아니지만 내가 보기에는 최고로 재미있는 사람들이다.

나는 소위 북유럽의 기적을 조금 더 깊이 파고들기 시작했다. 더 나은 삶의 방식을 제시한 스칸디나비아의 원형이 있을까? 또 북유럽 기적 현상의 다른 이름인 북유럽 예외주의북유럽이 자유, 인권, 민주주의의 소명을 가진 '특별한' 나라라는 사상의 전승 가능한 요소들이 있을까? 아니면 북유럽 기적 현상은 지역 고유의, 즉 스칸디나비아 역사와 지리의 독특한 특징이었을까? 스칸디나비아 바깥 지역에 사는 사람들이 실제로 이곳의 삶이 어떤지 안다면 여전히 덴마크와 그 나머지 이웃 나라들을 그토록 부러워하기만 할까?

"세상 어딘가에 평범한 재능과 소득을 가진 사람으로 다시 태어난다면 바이킹으로 태어나고 싶을 것이다." 영국의 경제 주간지 『이코노미스트』는 북유럽을 주제로 한 특별호에서 약간 우회적으로 표현했다. 하지만 북유럽의 전체주의, 자의식이 지나친 스웨덴인, 또 석유를 팔아 번 돈으로 타락해 바나나 껍질조차 제 손으로 벗기려 하지 않는 노르웨이인(뒤에 나오지만 사실이다), 명상을 너무 한 나머지 망각 상태에 빠진 핀란드인, 자신들의 부채와 함께 실종된 직업 윤리 및 세계에서 차지하는 위치를 부정하는 덴마크인, 근본적으로 길들여지지 않는 아이슬란드인에 대한 이야기는 다 어디로 간 걸까?

일단 북유럽 사회와 사람들을 자세히 들여다보고 현재 서양 언론이 쏟아내는 스칸디나비아 관련 수사들—꽃무늬 드레스를 입고 달래 바구니를 든 금발의 여자와 교묘하게 머리를 헝클어뜨린 아이들에 둘러싸인 스웨덴 여름 별장을 다루는 일요일 특집호—을 넘어서면 더 복잡할 뿐 아니라 종종 더 어둡고, 때로는 상당히 걱정스러운 모습들이 나타나기 시작한다. 여기에는 비교적 사소한 문제부터 편안하고 단일하며 평등한 사회에서 살아가는 일(다시 말해 모든 사람이 같은 액수의 돈을 벌고, 같은 종류의 집에서 살며, 같은 옷을 입고, 같은 자동차를 몰고, 같은 음식을 먹고, 같은 책을 읽고, 니트 의류와 턱수염에 대한 취향이 같고, 비슷한 종교적 신념을 갖고, 같은 장소로 휴가를 갈 때 삶이 약간 따분해질 수 있다. 자세한 내용은 스웨덴 챕터를 참고하라), 북유럽 사회의 더 심각한 균열, 즉 인종차별과 이슬람 공포증, 서서히 악화되는 사회적 평등, 알코올중독, 그리고 지난 50년간 위험한 파도처럼 서서히 덮쳐와 희망과 의욕과 야망을 질식시키고 혜택을 누려본 적이 없는 사람들에게는 터무니없어 보이는 세금이 들어가는 감당 불가능한 공공 부문 등이 망라된다.

내가 어디까지 이야기했지? 하여간 그래서, 내가 가진 북유럽 경험의 몇 가지 빈틈을 메우기 위해 여행을 떠나기로 했다. 이 다섯 나라를 더 깊이 알아보고자 길을 떠났고, 각 나라를 여러 번 방문했으며, 역사학자와 인류학자, 언론인, 소설가, 예술가, 정치인, 철학자, 과학자, 요정 연구자와 산타클로스를 만났다.

결국 나는 덴마크 시골에 있는 집에서 노르웨이 북쪽 극지방의 차디찬 바다, 아이슬란드의 무시무시한 간헐천, 가장 악명 높은 스웨덴 주택단지의 암흑가, 산타가 사는 작은 동굴과 레고랜드, 덴마크의 리비에라라 불리는 코펜하겐의 동쪽 해안, 그리고 썩은 바나나Rotten Banana라 불리는 덴마크 서쪽 지역까지 갔다.

하지만 출발하기 전 덴마크 외교관 친구는 위의 내용을 포함한 나의 일장연설을 참을성 있게 듣더니 긴 침묵과 깊은 한숨 끝에 말했다. 그 친구가 알려준 첫 번째 힌트는 엄밀히 말해 핀란드인이나 아이슬란드인은 스칸디나비아 사람이 아니라는 것이다. 스칸디나비아는 원래 바이킹의 나라인 덴마크, 스웨덴, 노르웨이 3국을 가리키는 용어다. 하지만 북유럽을 여행하면서 알게 된 바로는 핀란드인은 옛 약탈자 집단에 들어갈지 말지 결정할 권리를 가지고 있으며 또 거기에 어울리기도 하지만, 아이슬란드인은 스칸디나비아로 분류되면 길길이 날뛸 것이란 점이다. 엄밀히 말해 다섯 나라를 통칭하면 사실 '북유럽Nordic'이라는 용어를 써야 한다. 하지만 내 책이니까 두 용어를 섞어 쓰는 것도 내 마음이다.

이제 북유럽 기적의 진실을 파헤치는 여행을 시작해보자. 먼저 여정의 출발지로서 가장 적절한 파티의 현장부터.

차례

1장

덴마크

001

행복

마침내 비구름이 걷히고 검푸른색의 초저녁 하늘이 드러날 때 우리는 텐트 밖으로 나가 막 구조되어 겁먹은 동물처럼 차갑고 축축한 공기의 냄새를 쿵쿵거리며 맡고, 사라지는 태양의 마지막 온기를 음미했다. 연분홍빛을 발하던 태양은 밤이 깊어질수록 황홀하고 하얀 한여름 빛으로 변하더니 결국 천문관에서나 볼 수 있는 천체의 검푸른색이 되었다.

하지 축제 전야Midsummer's Eve는 스칸디나비아의 가장 대표적인 축제에 속한다. 원래는 이교도 축제였지만 기독교인들이 가로채 성 요한을 기리는 '상크트 한스제Sankt Hans'로 이름을 바꿨다. 스웨덴에서는 꽃으로 장식한 기둥 주위에서 춤을 추고, 핀란드와 노르웨이에서는 모닥불 둘레에 모인다. 이곳 덴마크 코펜하겐 북쪽에 있는 내 친구의 피서용 별장 정원에는 맥주와 칵테일의 강이 흐른다. 10시에 모닥불 주변에 모여 '우리는 우리 조국을 사랑해'를 비롯해 애국심을 불러일으키는 다른 감동적인 노래들도 부른다. 낡은 원예복과 빗자루로 만든 마녀 인형이 불에 타면서 독일의 하르츠 산맥까지 날아간다고 친구의 여덟 살 난 딸이 알려줬다.

덴마크인은 이처럼 왁자지껄한 축제를 여는 데는 선수들이다. 파티를 대단히 진지하게 생각하고, 엄청난 술꾼들이며, 합창에 목숨 걸고, 친구들과 있을 때는 굉장히 사교적이다. 자기들 말로는 즐거운 '축제'를 연단다. 축제에는 남자 바텐더 두 명과 대형 그릴 두 개가 동원되며, 설탕에 천천히 졸여 만든 각종 돼지고기 부위가 올라온다. 그리고 나중에 나오는 매우 중요한 낫 마드 nat mad, 즉 야식은 소시지, 치즈, 베이컨, 롤빵 등이다. 야식은 알코올을 흡수해 동이 틀 때까지 견딜 수 있는 힘을 준다.

흔히 그렇듯 진토닉을 세 잔쯤 마시자 타는 듯한 인류학적 깨달음이 들기 시작했다. 이 하지 축제가 덴마크의 행복 현상을 해부할 완벽한 곳이구나. 내 친구의 파티는 수많은 특징을 잘 보여줘 감탄스러웠고, 나는 이런 파티가 덴마크인이 자랑하는 삶의 만족도에 기여한다고 믿는다. 꺼져가는 잉걸불 옆에 서서 몇 가지 항목에 체크 표시를 하기 시작했다.

하나는 이곳의 분위기다. 초록이 무성한 정원이 높다란 너도밤나무 생울타리에 둘러싸여 있고, 의무 사항인 집 입구의 깃대에는 빨간색 바탕에 흰색 십자가가 그려진 커다란 덴마크 국기가 나부끼고 있다. 술은 흘러넘치지만 분위기는 차분하고, 목소리를 높이는 사람도, 술기운에 시비가 붙는 사람도 없다.

그때 아이들이 주변을 요리조리 뛰어다닌다. 덴마크 아이들은 미국인의 눈에는 옛날에나 가능했던 일, 즉 이리저리 돌아다니고 위험한 장난을 치는 자유를 부여받으며, 오늘 밤 참석한 아이들은 어른들만큼이나 파티에서 중요한 역할을 한다. 자정이 다가오는데도 여전히 뛰어다니고 고함치면서 숨바꼭질을 하고 코카콜라와 핫도그로 달려든다.

여기 모인 사람 대부분은 회사에서 조퇴했을 것이다. '미팅에 간다고' 슬쩍 빠져나오거나 아픈 척하는 대신 한 시간 거리의 북쪽 해안에서 열리는 파티에 참석하려면 일찍 나가봐야 한다고 상사한테 솔직하게 이야기하고. 상사는 같은 이유로 이미 퇴근한 게 아니라면 흔쾌히 허락했을 테고 덴마크인은 참신해 보일 만큼 느긋한 태도로 삶과 일의 균형을 맞추며, 이는 곧 살펴보겠지만, 중대한 결과를 낳았다. 긍정적 결과(행복)와 어쩌면 부정적 결과(가령 세계 경제 침체기처럼 때로는 허리띠를 졸라매고 일을 해야 하는 순간에조차) 둘 다. 덴마크에서 '일하기 위해 사는' 부류는 별로 만나지 못했다. 실제로 많은 덴마크인, 특히 공공 부문에서 일하는 사람들은 그럭저럭 안락한 삶을 유지하는 데 필요한 최소한의 시간만 일하려 한다는 사실을 솔직하고 당당하게 인정한다. 덴마크 회사의 주당 근무 시간은 100년 전의 거의 절반 수준이며, 유럽의 다른 나라들에 비해서도 대단히 적다. 연간 근무 시간은 1559시간으로 EU 평균인 1749시간에 훨씬 못 미친다(그리스인의 연간 근무 시간은 약 2032시간이지만, 확실히 긴 근무 시간이 생산성의 절대적 척도는 아니다). 2011년 경제협력개발기구OECD에서 30개국을 대상으로 한 연구 결과에 따르면 덴마크는 벨기에에 이어 나태지수가 두 번째로 높았다. 전 세계에서 말이다.

실제로 사람들 대부분이 오후 4~5시쯤 일을 마치며, 주말에 일을 해야 한다는 부담을 느끼는 이는 거의 없다. 또 금요일 오후 1시 이후에는 아예 일할 생각을 하지 않는다. 연차 휴가는 보통 6주에 달하며, 7월에는 나라 전체가 쉰다. 모두 온순한 영양 떼처럼 집에서 한 시간가량 떨어진 자기 소유의 별장, 캐러밴 공원, 캠핑장으로 일제히 이동한다.

15~64세 덴마크인 75만4000명 이상, 즉 전체 노동 인구의 20퍼센트 이상이 전혀 일을 하지 않고 꽤 높은 실업수당이나 장애급여를 보조받는다. 『뉴욕타임스』는 덴마크를 '지구상에서 실직당하기 가장 좋은 나라'라고 불렀다. 실업수당은 이전 회사에서 받던 월급의 최대 90퍼센트까지 최대 2년간 지급된다(최근 법이 개정되기 전에는 11년이었다). 덴마크인은 자국의 시스템을 유연안정성flexicurity이라고 부른다. 덴마크 기업이 (여전히 평생직장의 개념이 있는 스웨덴과 비교하면) 짧은 통보 기간을 두고 거의 배상금 없이 직원을 자유롭게 해고할 수 있는 유연성flexibility과 근로자들이 실직 기간에 넉넉한 실업급여가 지급된다는 사실을 알고 누리는 안정성security을 합친 신조어다.

덴마크인이 행복한 다른 이유? 바로 이 피서용 별장 덕도 있다. 집처럼 편안한 똑같은 모양의 L자형 단층 통나무집 수천 개가 덴마크 섬 해안을 따라 흩어져 있다. 나무와 벽돌로 만든 이 작은 은신처에서 덴마크인은 슬리퍼와 모자 차림으로 핫도그를 굽고 값싼 라거 맥주를 마시며 피로를 푼다. 피서용 별장이 없는 사람들도 대개 별장을 소유한 지인이 있거나 캠핑장 고정석 또는 '공동 텃밭'(주말농장과 비슷하지만 텃밭 사이에서 힘들게 일하기보다는 값싼 라거와 핫도그를 들고 앉아 노는 데 더 집중한다)이 있을 것이다.

별장은 대개 그렇듯 가구가 구비되어 있고, 값싼 장식품과 이케아의 다년생 식물로 장식되어 있다. 한쪽 벽은 손때 묻은 문고판 책으로 빼곡하고, 붙박이 찬장에는 보드게임과 조각 몇 개가 사라진 퍼즐 그리고 당연히 바닷바람에 차가워진 몸을 녹일 벽난로와 통나무가 있다. 바닥은 모래와 잔디를 쓸기 쉬운 페인트를 칠하지 않은 나무로 깔았고, 하얀색 벽돌 벽에는 '친척파'의 미술작품들이 걸려 있다. 가족이 유화 물감과 수채화 물감으로 그린 그림들로, 대개 소름끼치는 소박 추상화다.

말했다시피 오늘 밤은 술이 요단강처럼 흐른다. 덴마크는 북유럽의 다른 나라들보다 술에 훨씬 더 관대하다. 나머지 네 나라처럼 국가에서 독점하는 주류 판매점도 없다. 칼스버그의 땅에서는 모든 슈퍼마켓과 구멍가게에서 술을 판다. 오늘 밤 외레순 해협 바로 건너편에서 반짝이는 불빛이 보이는 스웨덴은 오래전부터 남쪽에 이웃한 덴마크로 모여들어 느긋하게 즐기면서, 그들의 눈에는 퇴폐적이고 흥이 넘치는 덴마크인의 생활 방식을 감상한다(한편 덴마크 젊은이들은 베를린에 가서 논다).

밤이 끝나갈 무렵 우리는 낄낄거리면서 해변으로 몰려가 옷을 벗고 살금살금 물속으로 들어간다. 비록 나는 적응하느라 고생했지만 알몸은 이곳에서 대수롭잖은 일이다. 적어도 캄캄한 지금은. 물이 허벅지 높이까지 왔을 때 한기가 느껴져 하마터면 옷을 향해 돌진할 뻔했다. 하지만 마침내 용기를 짜내 계속 들어갔고 물속에 몸을 완전히 담갔다. 다시 한번 생각났다. 덴마크의 여름 바다가 얼마나 놀랍도록 따뜻할 수 있는지.

이런 저녁에는 덴마크인이 지난 수십 년간 자신들의 운명에 왜 그토록 만족하게 됐는지 알겠다. 신용카드 고지서를 열어보지 않는 한 삶은 분명 중년의 중산층 덴마크인처럼 근사하게 느껴질 것이다. 이보다 더 나을 수는 없다. 하지만 덴마크라는 나라에서 삶이 언제나 이처럼 장밋빛인 것은 아니다. 이런 더없는 행복에 도달하기 위해 덴마크인은 끔찍한 상처와 수모, 상실을 견뎌야 했다. 베이컨이 등장해 그들의 삶을 구원하기 전까지는.

베이컨

아주 먼 옛날 덴마크는 스칸디나비아 전체를 지배했다. 덴마크인은 자신들의 동화인 데인족 이야기를 좋아하지만 지금 하는 이야기는 실화다. 1397년 덴마크, 스웨덴, 노르웨이 3국의 국가연합인 칼마르 동맹이 있었다. 이때는 덴마크인에게는 역사적으로 중요한 순간이었으며, 덴마크의 엘리자베스 1세라고 할 수 있는 마르그레테 1세 여왕이 느슨한 연합관계를 유지하던 노르웨이, 스웨덴, 덴마크를 지배했다. 칼마르 동맹은 100년 넘게 유지되다가 1520년 당시 덴마크 왕이던 크리스티안 2세가 소위 스톡홀름 피바다 사건에서 스웨덴 귀족 80여 명을 무참히 처형하면서 해체되었다. 일종의 외교적 실수였다. 덴마크는 노르웨이를 몇백 년 더 지배하려고 안간힘을 썼지만, 이후 스웨덴이 스칸디나비아 역사에서 더 주도적인 역할을 했다. 대개는 덴마크의 머리통을 변기에 처박는 방법을 썼으며, 영국과 독일이 차례로 레버를 내렸다.

르네상스 시대 덴마크의 국왕이었던 크리스티안 4세(잉글랜드 왕이었던 헨리 8세와 식욕과 허리둘레가 비슷했다)가 통치하던 시기에는 잠깐 헛된 기대가 있었다. 크리스티안 4세는 덴마크 역사상 가장 야심찬 군대와 건축 계획을 주관하고, 헬싱외르(영어명 엘시노어Elsinore)의 좁은 병목 구간(한동안은 북부의 파나마 운하였다)을 지나 발트해를 오가는 선박에서 뜯어낸 통행세로 자금을 마련했다. 안타깝게도 크리스티안 4세는 주로 스웨덴과 벌인 너무 잦은 전쟁에서 패해 결국 자기 나라를 파탄 직전까지 몰고 갔다. 그는 1648년에 사망했는데, 스웨덴 왕 구스타브 2세 아돌프가 승승장구하는 모습을 질투하다가 쇠약해졌다. 한 역사학자는 크리스티안 4세의 장례식을 이렇게 기록했다. "덴마크 경제가 비참할 정도로 바닥을 쳐서 덴마크 역사상 가장 위대한 왕이 영면하셨을 때 왕의 왕관은 저당 잡히고 심지어 관을 덮은 명주 천도 외상으로 구입해야 했다." 반면 스웨덴 바사 왕조의 시조였던 구스타브 바사는 독일과 전쟁을 벌여 스웨덴을 스칸디나비아 지역 안팎에서 강대국으로 만들어놓았다.

덴마크 국왕 크리스티안 4세는 다행히 덴마크 역사상 가장 암울한 상실의 시대로 접어들기 전에 사망했다. 덴마크는 10년 뒤인 1658년에 맺은 로스킬데 조약 조건에 따라 어쩔 수 없이 스웨덴에 현재 스웨덴 남부의 스코네뿐만 아니라 블레킹에, 할란드, 발트해의 보른홀름섬(나중에 결국 덴마크로 반환되어 지금까지 덴마크령이다)을 넘겼다. 이들 지역은 줄곧 덴마크 땅이었고, 그 땅을 빼앗긴 사건은 덴마크로서는 뼈저리게 아픈 일이었다.

심지어 그 후 몇 세기는 덴마크인에게 더 가혹했다. 1801년 영국 함대는 넬슨 부사령관의 지시로 코펜하겐 외곽에 닻을 내린 덴마크 해군을 공격해 덴마크가 프랑스의 손에 넘어가는 사태를 막는다. 영국은 1807년에 다시 돌아왔고, 이번에는 사흘간 코펜하겐을 포격해 코펜하겐 시민 2000여 명을 죽음에 이르게 하고 도시의 상당 부분을 파괴했다. 사상 최초로 민간인을 목표로 한 폭격이었을 것이다. 당시 영국 언론조차 이를 비판했으며 실제로 그 공격은 덴마크를 프랑스의 손에 넘기려는 당초 의도와는 정반대의 결과를 낳았다. 지금도 코펜하겐의 오래된 대학 도서관을 방문하면 계단 가운데쯤에 놓인 진열장 안에 영국의 포탄 파편이 실린 책자가 있다. 책 제목은 『평화의 수호자 Defender of Peace』다(참 꺼림칙한 제목이라고 생각한다). 코펜하겐 포격 사건은 웬만한 영국인의 기억 속에서는 잊혔지만, 덴마크인은 지금도 그 이야기를 수시로 꺼낸다. 마치 작년에 일어난 일처럼. "흠, 당신네 영국인들이 나폴레옹 편에 붙으라고 협박했지." 나는 늘 해명하려고 애쓰지만 분노가 누그러질 기미는 없어 보인다.

내 의지와는 상관없이 19세기 초반 이곳 유럽의 지정학을 설명해야 한다는 의무감이 들지만 참아보겠다. 근본적으로 나폴레옹 전쟁과 관련된 사태가 진정되고, 모두 적어도 한번은 입장을 바꾸고 나서야 덴마크는 다른 괘씸한 조약에서 스웨덴에 노르웨이를 빼앗겼다는 사실을 알게 됐다. 1814년에 체결한 킬 조약이었다.

이런 연유로 덴마크인은 조약 체결을 무서워하게 된 것임이 틀림없다. 그 재앙 같던 세기에 이어서 체결한 또 다른 조약으로 덴마크는 결국 골칫거리였던 두 지역, 슐레스비히와 홀슈타인을 잃었고, 1864년에는 1000년의 역사를 자랑하는 방어벽인 다네비르케 장성을 프로이센에 넘겨야 했다. 심지어 최악의 협상 자리에서 덴마크 왕조차 덴마크가 독일 연방의 일부가 되어간다고 말했다. 덴마크가 협상을 거부하자 독일은 대신 아이슬란드에 협상을 제안했다. 하지만 독일 정치인 비스마르크는 이쪽 아니면 저쪽이 확실한 사람이었고, 그렇게 해서 슐레스비히와 홀슈타인 모두 영원히 독일 땅이 되었으며 덴마크의 국경은 다시한번 수정되었다.

슐레스비히와 홀슈타인이 독일 땅이 되면서 덴마크는 남은 영토 및 인구의 3분의 1가량과 어림잡아 잠재적인 소득의 거의 절반을 잃었다. 나중에는 인도와 서인도 제도의 작은 식민지들도 잃고, 페로 제도조차 자치권을 행사하려 했다. 아이슬란드는 무사해서 다행이라고 소리 지르는 거 다 들린다. 하지만 결국 이 두 나라를 잇는 공동 군주라는 가느다란 실은 가장 뜻밖의 해방자의 손에 의해 끊어졌다. 바로 아돌프 히틀러. 히틀러의 군대는 1940년 4월에 덴마크를 침략했을 때 아이슬란드를 무심코 덴마크 군주의 손에서 독립시켜버렸다.

덴마크와 독일은 그로부터 1년 전 상호 불가침 조약을 체결했지만, 덴마크인은 많은 병력 주둔지를 그해 7개월 동안 비워두기로 결정하면서 사실상 나치의 침략을 자초했다. 덴마크 나치당은 힘이 커졌다. 주로 농부와 지주들의 지지 덕분이었으며, 이제 의회에 의석까지 생겼다. 독일은 당연히 덴마크가 1807년에 당한 코펜하겐 포격과 유사한 포격을 감행하고 보복하기를 주저하리라 생각했다.

처음 3년 정도는 독일 점령에 거의 아무런 저항이 없었다. 실제로 당시 덴마크의 왕과 총리 둘 다 덴마크 지하 조직이 이따금 가벼운 사보타주를 하자 이를 비판했다. 불굴의 용기와 창의성을 발휘해 저항한 노르웨이(분명 산과 기후의 도움이 컸다)와는 달리 덴마크는 고분고분한 독일 위성국으로 평생 복종하는 것 외에 선택의 여지가 별로 없었다. 심지어 어떤 이들은 덴마크를 독일 연합국으로 분류하기도 했다. 덴마크가 제2차 세계대전 동안 동부 전선과 베를린에서 전투에 매우 중요한 농산물, 심지어 병력을 지원했기 때문이다. 처칠은 덴마크를 '히틀러의 애완 카나리아'라고 불렀다.

이 긴 상실과 패배의 역사가 덴마크에 지속적인 영향을 미치지 않았을 리 없는데, 나는 그런 경험이 다른 어떤 요인보다 덴마크에 훨씬 더 큰 영향을 미쳤으리라 본다. 지리나 루터교 신앙, 바이킹의 유산, 심지어 현대의 정치 제도와 복지제도보다 더. 간접적으로는 덴마크의 상실이 곧 덴마크의 성공 비결이었다.

이처럼 처절한 패배의 역사 덕에 덴마크는 다른 북유럽 나라들보다 더 끈끈하게 단결할 수 있었다. 역사학자 T. K. 데리는 이렇게 말한다(노르웨이를 스웨덴에 양보한 일에 대해). "덴마크 왕과 국민은 노르웨이를 넘겨준 일을 (…) 흔히 있는 불행으로 생각해 단념했고, 그 일을 계기로 더 이상의 변화를 피하려는 열망으로 똘똘 뭉쳤다." 영토를 빼앗기고 여러 전투에서 패배하는 와중에 무수한 굴욕을 당하면서 덴마크는 내부로 시선을 돌려 국민에게 변화와 외부 세력에 대한 공포를 주입했으며, 그 흔적은 오늘날까지 남아 있다. 뿐만 아니라 놀라운 자급자족 능력을 키우고 자신들이 가진 게 얼마나 적은지 국민에게 이해시켰다.

과거에 누린 유럽의 열강 자리에서 내려온 덴마크는 안으로 틀어박혀 현저히 줄어든 영토 안에서 얼마 되지 않는 자원을 끌어모았고, 다시는 그쪽으로 욕심을 내지 않으리라 결심했다. 다음으로 실행에 옮긴 전략은 '긍정적 편협주의'라고 볼 수 있다. 덴마크는 잔이 반이나 찼다는 세계관을 취했다. 가장 큰 이유는 그들의 잔이 '그때' 반이 차 있었기 때문이며, 그런 세계관이 오늘날까지 떠들썩하게 치켜세워지는 덴마크 사회의 성공 비결로 보인다.

물론 수많은 요인이 합쳐져 국민 정서를 만든다. 내가 지나치게 단순화하고 있기는 하지만, 고립성을 향한 이 같은 편협주의적 충동과 그에 수반되는 민족낭만주의 성향은 덴마크스러움의 결정적 요소다. 이는 모든 덴마크인이 지금도 외우는 다음의 말로 요약된다.

"밖에서 잃은 것은 안에서 찾을 수 있다."

이 말은 1811년 덴마크 시인 H. P. 홀스트가 처음 썼는데, 덴마크 황무지개간협회가 사용하면서 널리 확산됐다. 협회는 유틀란트반도에 있는 모래땅의 물을 빼 연안 개간 작업을 하면서 이 말을 문자 그대로 해석했다. 1914년 이 개간 작업은 큰 성공을 거둬 덴마크는 과거 독일에 빼앗겼던 이 땅을 경작 가능한 새로운 경지로 효과적으로 대체했다.

또한 홀스트의 문장은 덴마크의 위대한 문화 '전성기'였던 19세기 중반을 압축적으로 보여준다. 이 시기에 계층 이동이 늘고 예술이 꽃피면서 세탁부 어머니를 둔 한스 크리스티안 아네르센이 첫 동화를 발표하고 처음으로 세계적인 인물이 되었다. 쇠렌 키르케고르는 획기적인 실존주의 작품을 쓰고, 위대한 고전주의 조각가 베르텔 토르발센은 C. W. 에케르스베르와 그의 제자 크리스텐 쾨브케 같은 화가, 덴마크 왕립 발레단 단장 아우구스트 부르농빌과 함께 당시 덴마크의 예술활동 활성화에 기여한다. 덴마크인은 이런 예술가들의 작품을 보면서 당시의 고통스러운 상실을 위로받았다. 덴마크인은 지금도 누구보다 잘하는 일을 배우는 중이었다. 자신들에게 주어진 자원을 감사히 생각하며 최대한 활용하고, 공동체의 소박한 즐거움을 소중히 여기며, 자신들의 덴마크스러움을 기쁘게 받아들일 뿐 아니라 무엇보다 독일인의 신경을 거스르지 않는 것.

스웨덴인이 위대한 현대주의, 즉 진보적 사회 의제를 설정하고 앞으로 나아가는 동안 덴마크인은 후퇴했다. 편협주의적인 국가의 낭만주의 이상으로 도피하면서. 편협주의는 여전히 덴마크의 중요한 특징이지만, 근본적으로 달라진 덴마크의 정체성과 국가적 자부심은 '겸손한 자부심'이라고 불러야 마땅할 독특한 이중성을 만들어냈다. 물론 많은 사람이 잘난 체라고 오해하지만.

이렇게 설명해보자. 독자 여러분이 덴마크라는 나라를 전혀 모른다고 가정하면 만난 지 5분 만에 덴마크인은 보통 다음과 같이 이야기할 것이다. "그냥 자그마한 나라예요. 인구는 겨우 500만 명 조금 넘고요. 다들 비슷비슷합니다." 아마 산이나 폭포도 없고 자동차로 네 시간이면 나라를 다 둘러볼 수 있다고 덧붙일 것이다. 하지만 잠시 후에—사람에 따라 5분에서 1년까지 걸릴 수도 있지만—겉으로 드러난 '수줍어하는' 겸손함 아래에 있는 강철 같은 자부심을 드러내기 시작한다. 세계 최고의 풍력발전 산업, 빈곤 없는 사회, 무상 교육과 의료 제도, 넉넉한 복지 혜택을 무심코 언급한다. 자기네 덴마크 국민은 세계에서 가장 신뢰할 수 있고 평등한 사람들이라고, 세계 최고의 레스토랑을 보유하고 있다고 이야기할 것이다. 물론 바이킹 이야기도 불쑥 꺼낼 테고.

한 신문의 양면에 걸친 기사는 이 이중적 자아상을 잘 보여준다. 한쪽 면에 세계지도를 들여다보는 중국 기업가들을 그린 만평이 실려 있다. 그중 한 사람이 말한다. "덴마크? 그 나라가 정확히 어디 있죠? 제 안경 좀 줄래요?" 중국인들이 다른 유럽 국가에 비해 덴마크에 돈을 적게 투자했다는 사실을 꼬집는다. 한편 반대 면에는 '계속 찔러서 중국 압박하기'라는 머리기사가 실려 있다. 이 방법으로 덴마크 총리는 다가오는 방중 기간에 중국의 인권 상황과 관련해 중국 지도부를 질책할 계획이다. 2017년 5월 덴마크 총리와 외무장관의 방중 안건에 중국 인권 상황이 포함되어 있었다. 장담컨대 덴마크인은 떨고 있었을 것이다.

덴마크인이 마음 깊이 느끼는 이유 있는 만족감은 비교적 부실한 기반 하에 아마도 틀림없이 지구상에서 가장 성공적일 사회를 이룩했다는 데서 나온다. '아마도 틀림없이'는 내 생각이다. 덴마크인이 보기에는 틀림없는 사실이니까.

이러한 성공의 중요한 토대는 19세기 중반에 만들어진 덴마크의 위대한 학교 위원회Great School Commission였다. 이 위원회는 유럽 최초로 전국 초등학교 무상 교육 제도의 기반을 마련했다. 이어서 30년 뒤 국민고등학교Folk High Schools 제도가 생겼다. 시인이자 신학자 겸 열렬한 반독주의자 N. F. S. 그룬트비(여전히 위대한 국가적 영웅이자 덴마크 최고의 선전가다)가 설립한 학교다. 덴마크의 최근 역사에서 다른 중요한 순간들로는 1849년 헌법이 제정되고 왕이 절대 권력을 포기하면서 덴마크가 민주주의에 평화롭게 다가서기 시작한 일, 그리고 그 직후 지극히 중요한 농업 협동조합의 출현 등을 들 수 있다. 값싼 미국 수입 농산물에 밀려 옥수수 가격이 폭락했을 때 농업협동조합 덕분에 덴마크 농부들은 사실상 하룻밤 사이에 곡물 경작에서 양돈으로 업종을 바꿀 수 있었다. 그때 누군가가 영국인들이 비계와 살코기가 줄줄이 섞인 베이컨을 아침 식사로 가장 즐겨 먹는다는 사실을 깨닫고 돈육 생산을 규격화해 베이컨 수요를 맞추는 방법을 알아냈으며, 덴마크의 노동자들은 천직을 찾게 되었다.

그들은 절대 뒤돌아보지 않았다. 덴마크는 세계에서 돼지고기 판매량이 가장 높으며, 매년 돼지 2800만 마리를 도축한다. 덴마크의 양돈 산업은 전 세계 돼지고기 수출량의 약 5분 1, 국내 농산물 수출량의 절반, 덴마크 전체 수출량의 5퍼센트 이상을 차지한다. 하지만 이상하게도 덴마크 전국을 돌아다녀봤지만 암퇘지 한 마리 보이지 않았다. 모두 집약적 돼지 농장에 보이지 않게 가둬서 키우기 때문이다.

나는 거의 15년 전 덴마크를 처음 방문했을 때, 그러니까 덴마크의 성공 비결을 더 깊이 알아보기 전에는 덴마크에 대해 무지했다. 그래서 독자들에게도 현대 덴마크 삶의 몇 가지 측면을 알려줄까 한다. 정말 살기 좋은 나라처럼 보이겠지만 처음 듣는 이야기도 있을 것이다. 약간 뒤죽박죽이지만 참을성 있게 읽어보면 유익한 개요가 되리라 믿는다.

— 남쪽 퓐섬의 풍경은 뒤로 누운 모습의 누드화처럼 물결친다.

— 청어와 적양파를 얹은 호밀빵에 맥주 투보르와 시원한 슈납스 한 잔을 곁들여 점심 식사를 한 뒤 기분 좋게 몽롱한 상태.

— 플뢰데볼레르-웨이퍼에 초콜릿을 입힌 이탈리안 머랭(때로 마지팬으로 만들기도 하는데 피하는 게 좋다).

— 주차 공간이 있다.

— 국립 덴마크 미술관 화폐 전시관에서 크리스티안스보르 궁전, 즉 덴마크 국회의사당 건물 뒤편에 있는 왕실 마구간이 내다보인다.

— '오베르스쿠드overskud'라는 단어는 일종의 남는 힘을 뜻한다. "지금은 잔디를 깎을 수 없어. 점심에 술을 하도 마셨더니 '남는 힘'이 없어." 이 단어 없이 그토록 긴 세월을 어찌 살았나 모르겠다. '스마스크smask' 역시 훌륭한 덴마크어인데, 누군가 가령 사과나 시리얼을 먹거나 라디오 진행자가 입이 마를 때 내는 불쾌한 쩝쩝 소리를 의미한다.

— 이 글을 쓰는 동안 창밖에서 뱃고동 소리처럼 울어대는 왜가리.

— 한번은 선거운동 기간에 코펜하겐의 타임스스퀘어라 할 수 있는 거리에서 시민들을 만나는 덴마크 총리를 봤는데, 눈곱만큼이라도 관심을 주는 사람은 한 명도 없었다.

— 아르네 야콥센이 스트란바이엔에 설계한 세계에서 가장 아름다운 주유소.

— TV 드라마 「클로운Klovn」 — 훨씬 더 저속한 스칸디나비아판 「커브 유어 엔수지애즘Curb Your Enthusiasm」대본 없이 애드리브로 이루어지는 미국 코미디 드라마.

— 코펜하겐 북쪽에 있는 오래된 놀이공원 바켄 놀러 가기. 내가 아는 한, 1968년으로 돌아가는 최고의 시간여행 법.

— 카페 밖 유모차 안에서 잠을 자는 아기들. 덴마크에서는 정말 흔한 일이며 날씨는 괘념치 않는다. (전 미국 공영주택 위원 캐서린 오스틴 피츠가 언젠가 소위 아이스크림 지표를 만들었다. 한 공동체 안에서 아이들을 집에 안전하게 두고 근처 가게에 가서 아이스크림을 사올 수 있다고 믿는 사람들의 퍼센트에 따라 나라 순위를 매기는 지표로, 덴마크는 확실히 1위 아니면 상위권일 것이다. 하지만 덴마크인

엄마이자 배우 안네테 쇠렌센은 1997년 이 방법이 뉴욕에서는 통하지 않는다는 사실을 발견했다. 유모차 안에 아이를 재워 맨해튼의 한 레스토랑 밖에 세워뒀더니 아이가 보호 시설에 가 있었다고 한다.)

— 단어 'Pyt'. 대강 번역하면 "됐어. 신경 쓰지 마"라는 의미. 한여름 파티를 비 때문에 못 할 것 같다고? 'Pyt med det!("신경 쓰지 마!")

— 덴마크는 극장에서 와인과 맥주를 팔며, 보통 극장 안으로 가지고 들어갈 수 있다. 문명사회를 이보다 더 잘 보여주는 시금석이 또 있을까?

— 배우 예스페르 크리스텐센(「007 카지노 로열」의 미스터 화이트 역)의 지치고 찡그린 얼굴은 세상의 온갖 비극작품에 다 등장한다.

— 코펜하겐의 운하지구 크리스티안스하운 자갈 틈에서 피는 접시꽃.

— 화가 함메르쇠이가 그린 실내 풍경 속 다양한 회색.

— 스타워즈 데스스타 레고.

맛있는 과자, 청어 절임, 복잡한 조립식 완구가 행복의 비결일까? 그렇지 않을 것이다(나 개인적으로야 그렇지만). 덴마크가 성공한 나라, 세계에서 가장 행복한 나라로 계속 꼽히는 데는 더 많은 이유가 있다. 훨씬 더 많은 이유.

지니계수

다시 별장 파티로 돌아가보자. 내 친구가 연 한여름 파티의 가장 눈에 띄는 점은 이날 밤 파티에 사교계와 재계의 별별 인사가 다 참석했다는 사실이다. 영국의 비슷한 모임에서보다 훨씬 더 다방면의 손님들이었다. 그때까지 내가 대화를 나눈 사람만 해도 산부인과 전문의, 와인 칼럼니스트, 국회의원, 연극인 몇 명(파티 주최자가 가수였다), 교사 여러 명(교사들은 어딜 가든 있다), 그리고 공예가, 요리사, 수하물 운반자, 간호사, 공무원, 미술관 관리자, 공공 부문 근로자 등 아주 다양했다. 저쪽에서 덴마크 텔레비전의 유명 인사이자 이브닝 쇼 진행자가 지붕 수리인과 대화를 나누는 중이다. 내 뒤에서는 한 국회의원이 이 지역에서 딸기 농사를 짓는 농부와 덴마크의 핸드볼 경기 승률을 놓고 열띤 대화를 나누고 있다.

덴마크인은 나이, 계층, 세계관과 상관없이 사이좋게 지내는 보기 드문 재능을 가진 듯싶다. 평등은 그들에게 자연스러운 일이다. 이러한 포용성과 관련해 개인적으로 가장 소중한 추억은 친구의 마흔 번째 생일 파티에서 친구의 80대 할머니가 덴마크에서 가장 악명 높은 래퍼 옆에 앉아 그 래퍼와 수다를 떨며 즐거운 밤을 보낸 일이다.

물론 덴마크가 기본적으로 하나의 거대한 중산층이며 흔히 믿는 것처럼 사실상 계급 차별이 없는 사회인 까닭도 있다. 이처럼 경제 평등뿐 아니라 양성평등 사회를 만든 덕분에 지난 100여 년의 세월 동안 덴마크는 사회, 경제적으로 큰 발전을 이룰 수 있었다. 덴마크에서 매우 유명한 문장 하나가 이 현상을 잘 요약한다. 그것은 홀스트의 시구 "밖에서 잃은 것은 안에서 찾을 수 있다"처럼 모든 덴마크인이 외우고 있으며, N. F. S. 그룬트비가 쓴 문장이다.

"부자가 적고 가난한 사람은 더 적을 때 우리 사회는 참평등을 이룬 것이다."

유토피아적 몽상처럼 들리지만 덴마크인은 대체로 평등한 사회를 이룩했다. 역사학자 토니 홀은 『트롤과 전쟁 중인 스칸디나비아Scandinavia: At War with Trolls』에서 그룬트비의 국민고등학교는 "사회 계층, 직업과 상관없이 가능할 때마다 가르치는 것. 그들은 한 민족이다. 그리하여 같은 어머니, 같은 운명, 같은 목적 아래 있다"라는 원칙 위에 설립됐다고 말한다. 영국의 학예 주간지

『뉴스테이츠먼』에 따르면, 그 결과 [덴마크] 국민 90퍼센트가 거의 동일한 생활 수준을 누리고 있다. 이처럼 뚜렷한 경제 평등은 덴마크인뿐만 아니라 북유럽 전체의 행복과 성공의 밑바탕이다. 그리고 그 이유를 알아보기 위해서는 19세기 말 이탈리아 북부를 잠시 둘러보고 가야 한다.

이탈리아 학자 코라도 지니는 1884년 트레비소의 부유한 지주 가정에서 태어났다. 지니는 공부 쪽으로 영재였으며, 스물여섯에 칼리아리대학교 통계학과 학과장이 되었다. 냉철하고 근면한 데다 독재적 인물이었던 그는 직장생활 초반에 무솔리니와 친해져 무솔리니 정권의 중앙통계학연구원 원장 자리까지 올랐다. 사망할 무렵에는 역대 가장 위대한 이탈리아 통계학자로 널리 인정받았고, 인구통계학, 사회학, 경제학 분야에서 새로운 지평을 열었다는 평가를 받았다.

지니의 배경을 생각하면, 어쩌면 지니 덕에 우리는 많은 사람이 믿는 북유럽 예외주의의 근본 원인을 뒷받침할 통계 자료든 뭐든 가장 확실한 한 가지 증거를 갖게 되었다. 우리 시대에 가장 세속적인 문제, 즉 행복해지는 방법에 답하기 위해 필요한 가장 유용한 지표임은 말할 것도 없다.

바로 지니계수다. 지니계수는 한 나라 안에서 부의 분배를 분석하는 통계적 방법으로, 1921년 지니가 세상에 소개했다. 지니계수는 한 사회의 총수입 중 얼마를 재분배해야 완벽하게 평등한 부의 분배를 이룰 수 있는지 수량화한다. 지니계수는 여전히 한 집단의 불평등을 수치로 보여주는 아주 간단한 방법이다(하지만 엄밀히는 계수가 아니라고 한다).

노벨상을 수상한 경제학자 조지프 스티글리츠, 작가 프랜시스 후쿠야마 등의 저명인사와 UN 등 권위 있는 단체에서 내놓은 대단히 널리 인정받는 인류학, 정치학, 사회학, 경제학 이론에 따르면, 지니계수는 한 사회가 얼마나 평등한지뿐만 아니라 그 사회의 사람들이 얼마나 행복하고 건강한지 핵심을 알 수 있는 열쇠다. 지니계수는 뭐랄까, 인간 행복의 총계다.

지니계수로 측정한 평등이라는 주제로 가장 많이 이야기되며 정치적 영향력을 행사하는 책은 2009년 전염병학자 리처드 윌킨슨과 케이트 피킷이 공동 저술한 『평등이 답이다The Spirit Level』이다. 책에서 윌킨슨과 피킷은 세계은행과 UN 같은 단체의 통계 자료를 활용해 세계에서 가장 부유한 23개국을 비교하고, 더 평등한 사회가 불평등한 사회보다 왜 모든 면에서 더 나은지 (그들이 주장하기로는) 확실하고 체계적이며 반박의 여지 없이 증명한다.

『뉴욕타임스』는 이 책 서평에서 다음과 같이 지적했다.

미국은 다른 어떤 나라보다 더 부유하고 의료 서비스에 더 많은 돈을 쓴다. 하지만 평균 소득 수준이 미국의 절반가량인 그리스에서 태어나는 아이들의 영아 사망률이 미국의 영아 사망률보다 더 낮으며 기대 수명은 더 길다.

윌킨슨과 피킷이 자신들의 이론을 입증하기 위해 제시하는 많은 그래프는 가장 심각하게 불평등한 나라들—미국과 영국, 그리고 이상하게도 포르투갈—에서 상위 20퍼센트의 소득이 최하위 20퍼센트의 소득보다 최대 9배 많으며, 한결같이 훨씬 더 많은 사회 문제를 안고 있다는 사실을 보여준다. 반면 가장 평등한 사회는 거의 모든 사회적 병폐를 가장 덜 겪었다.

두 사람이 내린 가장 극단적인 결론은 불평등이 부유층과 빈곤층에 똑같이 스트레스를 야기한다는 것이다. 사회가 불평등할수록 개인의 부에서 얻는 이득 역시 적어진다. 불평등이 야기하는 스트레스는 시기심만이 아니다. 단순히 이웃의 소나 캐딜락 에스컬레이드를 탐내는 데 그치지 않는다. 불평등은 우울증, 중독, 체념, 그리고 조로 등의 신체 증상을 유발하며, 이는 나라 전체를 병들게 한다. 즉 부유하든 가난하든 개인의 행복은 상호 의존적이다.

이러한 평등론은 설득력이 매우 강하다. 물론 비판하는 사람이 없지 않으며, 그들은 이 책에도 가끔씩 등장할 것이다. 일단 한 가지 확연한 변칙이 눈에 띈다. 경제적 평등이 사회적 성공으로 이어진다는 이론이 사실이라면, 세계에서 가장 행복한 나라는 경제적으로도 가장 평등해야 한다. 하지만 실제로는 그렇지 않다. 전 세계 국가들을 대상으로 한 세계 지니계수 순위는 해마다 달라지며, 1위는 보통 스웨덴(현재 1위이며, 몇 년째 그 자리를 지키고 있다) 아니면 명예 북유럽 국가인 일본이 차지한다.

덴마크는 다양한 연구자와 연구 기관, 또 오프라 윈프리가 꼽은 세계에서 가장 행복한 나라이지만, 지니계수 순위에서는 북유럽 국가들 중 제일 낮은 5, 6위쯤을 차지한다. 지니계수가 소득 평등을 가장 잘 보여주는 지표이고, 소득 평등이 사회적 유토피아의 핵심 요소라면 덴마크인, 즉 북유럽 최남단에 위치하며, 세율이 가장 높고, 천연자원 보유량이 가장 시원찮으며, 건강 상태가 제일 나쁠 뿐 아니라 가장 비열한 역사를 지니고 있으며, 대중음악도 경제도 최악인 국민이 어째서 수시로 세계에서 가장 행복한 국민으로 꼽히는 걸까? 더 평등하고 대부분의 조건을 따져봐도 훨씬 더 성공한 스웨덴인이 아니고?

이 현상을 어떻게 봐야 좋을지 몰라 리처드 윌킨슨 박사에게 연락했다.

"글쎄요. 제 대답은 약간 실망스러울 겁니다." 윌킨슨 박사가 한숨을 쉬며 답했다. "저는 세계의 행복도 조사가 늘 그렇게 신뢰할 만하다고 생각하지는 않습니다. 가령 미국인이 행복하지 않다고 말하면 실패한 인생이라고 인정하는 말처럼 들리지만, 일본인이 그렇게 말하면 자랑처럼 들립니다. 그래서 매우 신중해야 한다고 생각합니다. 불평등의 주관적 측정 방법에는 구조적 문제가 있습니다. 가령 사람들이 '행복하다'라는 단어를 쓰거나 표현하는 방법을 보면요. 이런 설문조사가 무의미하다고 보진 않지만, 크게 활용하지는 않을 생각입니다. 우리가 사용하는 것은 사망률, 비만 등 모두 객관적 척도입니다."

그의 말이 맞다. 이런 행복도 조사에는 명백한 결함이 있다. 행복은 주관적이며 분명 수량화하기 힘들다. 게다가 윌킨슨이 지적한 것처럼 행복의 개념은 답하는 사람에 따라 다르다. 행복은 아마 북유럽 나라 사람들 사이에서는 대개 비슷한 매개 변수를 따르겠지만, 볼리비아나 아프리카 투치족에게는 다른 의미일 것이다. 질문에 답하는 사람들뿐 아니라 그 질문을 하는 사람들 모두 문화적 선입견을 가질 위험이 있다. 가령 스위스가 세계의 행복도를 측정한다면 더 직접적인 민주주의가 핵심(이를테면 스위스 내의 주에서 행하는 직접 민주주의처럼)이라고 말할 것이 분명하다. 다른 조사 기관, 가령 영국 신경제재단이 발표하는 행복지수에서는 부를 간단한 행복 평가 척도에서 제외시키자 바누아투와 콜롬비아가 세계에서 제일 행복한 나라로 꼽혔다. 명백히 터무니없는 결과였다. 바누아투가 어디 붙어 있는지 아는 사람이나 있을까?

나 역시 이런 행복도 조사들이 그냥 저절로 계속되었을지도 모른다는 생각이 들었다. 덴마크인은 현재 세상이 자신들을 가장 행복한 사람들이라고 생각한다는 사실을 잘 알고 있으며, 그래서 그런 평판에 당연히 즐거움과 자부심을 느끼는 동시에, 이 사실은 덴마크인이 이 같은 삶의 질 조사에 대응하는 방식에도 영향을 준다. 그냥 내 생각이 그렇다는 거다.

윌킨슨과 유니버시티칼리지 런던의 전염병학과 교수 마이클 마멋(건강 불평등 연구 분야의 세계적 권위자) 등 이 분야의 다른 전문가들에 따르면 사람들의 행복감well-being — 행복과는 다르며 그보다 조금 수량화하기 쉬운 — 을 더 정확하게 파악하는 방법이 있다. 사람들의 건강 상태를 분석하는 것이다. 사람들에게 행복한지 만족스러운지 묻는 방법이나 다른 주관적 척도보다 더 정확한 방법이다.

안타깝게도 덴마크는 건강 면에서는 점수가 현저히 낮다. 세계암연구재단의 최근 보고서에 따르면, 덴마크는 세계에서 암 발병률이 가장 높다(10만 명당 326명으로, 300명으로 7위를 차지한 미국보다도). 또 북유럽 국가 중에서 평균 수명이 가장 낮고 알코올 소비량은 가장 높다. 심지어 주당 국가로 유명한 핀란드보다 앞선다.

"맞습니다. 덴마크의 건강 통계는 상당히 나쁩니다. 약간 미스터리죠. 사람들은 높은 흡연율을 원인으로 꼽습니다. 이러한 행복도 조사 결과와 실제 건강 사이에는 엄청난 격차가 있습니다. 객관적 행복감 척도가 있는데 지나치게 단순화한 이 행복 척도를 선택할 이유가 있을까요?" 윌킨슨 박사가 빙그레 웃으며 답했다.

윌킨슨 박사에게 행복 문제를 조금만 더 이야기해달라고 부탁하며 내가 북유럽 나라들에 대해 세운 가설도 말했다. 한 사회가 웬만큼 높은 수준의 평등을 이루면 그 이상의 평등은 행복을 감소시킬 수도 있을까? 부의 척도에서 증명됐다시피 사람이 기본 욕구를 충족시킬 정도의 평등을 얻으면 그 이상의 평등은 반드시 그만큼의 행복 증가로 이어지지는 않는 걸까? 그래서 덴마크인이 세계에서 가장 행복하다는 평가를 받았지만 가장 평등하지는 않은 걸까?

"하버드의 동료 교수들은 몇 가지 건강 면에서 균형을 맞추는 요인이 있을지도 모른다고 생각합니다. 그러나 우리 책에 들어간 그래프를 보면 우리는 온갖 건강과 사회 문제에 모든 자원을 쏟아붓는 반면 기대한 결과값이 나오지 않습니다. 선형 관계 X 값이 증가하면 Y 값이 비례해서 증가하는 관계입니다. 제 생각에는 우리가 스웨덴보다 평등해지면 어떤 일이 일어날지 알 수 없습니다."

결국 윌킨슨 박사가 생각하기에 지니계수는 "정부가 활용할 수 있는 가장 강력한 도구였다". 그렇게 유명한 학자의 말에 이의를 제기할 생각은 추호도 없지만 지니계수가 궁극적인 답인지는 확신이 들지 않았다. 일단 한 사회가 어느 정도 수준의 소득 평등을 이루면 다른 요인들이 그 사회 구성원들의 행복 수준을 결정하는 데 훨씬 더 중요해진다는 생각을 떨칠 수가 없었다.

그 요인들이 뭔지 알 것 같았다.

> > >

스펀지 칼

"스카라무슈, 스카라무슈……" 우리가 그 고등학교의 복도를 비집고 지나가는 동안 눈알 400개가 우리를 빠르게 쫓더니 다시 재빠르게 자신들의 공책으로 돌아갔다. "판당고 스페인 춤 추시 겠어요?"

아내는 합창단 쪽으로는 빠삭한 사람이라 즉시 소프라노 단원들의 위치를 정해주고는 군중 속으로 사라진다. 나는 소프라노인지 테너인지 카스트라토인지 몰라 음악에 맞춰 고개를 까딱이며 편하고 익숙한 척 보이려 애쓰면서 슬금슬금 합창단 빈자리로 들어가 가사에 맞춰 입을 뻥긋거리기 시작한다.

나는 단체생활을 좋아하지 않는다. 반면에 덴마크인은 단언컨대 지구상에서 가장 사교적인 민족이다. 덴마크의 싱크탱크이자 정치경제 주간지인 『만다그 모르겐』에 따르면 덴마크인은 다른 어떤 나라 사람들보다 더 많은 협회, 클럽, 조합, 모임, 집단에 가입해 있으며, 인맥도 넓다. 16세 이상 국민의 43퍼센트가 어떤 단체에서든 활동한다. 덴마크인은 사적으로 연락을 주고받는 친구가 평균 11.8명이다. 반면 영국인은 8.7명이다. 덴마크에는 사교 모임과 협회가 지역에 8만3000개, 전국에는 3000개가 있다. 덴마크인은 평균 3개의 모임에서 활동한다. 국민의 3분의 1 이상이 스포츠클럽이나 협회 활동을 한다. 여기에는 흔한 취미 단체, 가령 비테른 스포테르스 클럽, 덴마크 플뢰데볼레르 협회부터 총 회원 수가 인구의 4분의 1(125만 명)에 달하는 여전히 영향력 있는 노동조합까지 다양하다. 이 모든 단체에 대한 지원은 덴마크 법(일반교육법)에 명시되어 있으며, 지역 당국은 모든 종류의 지원, 자금, 부지를 제공한다. 단, 해당 협회가 적법하게 조직되고 등록된 경우에 한해서다.

지금 덴마크인은 역할극에 특히 심취해 있다. 깊은 숲속에서 간달프나 요정처럼 차려입고 '스펀지 칼'(역할극에 사용하는 무기)을 들고 폭력적인 이야기를 연극하듯 실연해 보인다. 또한 덴마크에는 포크댄스 클럽이 219개 있다. 하지만 걱정 마시라. 암퇘지만큼이나 직접 보기는 힘드니까.

결정적으로 내 친구의 하지 축제 전야 파티처럼 덴마크의 클럽과 모임은 계층을 가리지 않고 회원을 모집하는 경향이 있다. 가령 한 친구의 주중 실내 하키 클럽에는 공장 근로자, 의사, 중간 관리자 여러 명과 수목 관리원이 회원으로 활동한다. 또 다른 친구가 매주 수요일 파르켄(국립 경기장 옆에 있는 공원)에서 하는 축구 경기에는 공공 근로자, 그래픽 디자이너, 가게 직원, 공보 비서관이 회원으로 있으며, 내 지인이 운영하는 펍 퀴즈 모임에는 교수 2명, 또 다른 공보 비서관(이들은 코펜하겐에 떼로 몰려 산다), 매장 판매원, 그리고 늠름하고 상을 받은 경력이 있으며 대단히 뛰어난 역량을 보유한 '영국 언론인_{저자 자신을 가리킴}' 한 명이 활동한다.

이들 클럽과 협회와 사교 모임은 덴마크의 뛰어난 사회적 결속을 보여주는 한 가지 사례다. 이 단체들은 나머지 다른 나라들과는 비교도 안 될 정도로 대단히 '유대감이 강해' 보인다. 6단계 분리 이론이라고 들어봤을 것이다. 세상 모든 사람 (아니면 케빈 베이컨의 할리우드 동료들_{케빈 베이컨이 토크쇼에 출연해 자신은 할리우드의 모든 배우와 2~3단계만에 연결된다는 사실을 증명했다}) 여섯 명만 거치면 모두 서로 아는 사이라는 이론이다. 내 경험상 덴마크인에게 6단계 분리 이론은 3단계, 아니면 그 이하다. 서로 모르는 덴마크인 2명이 사교 모임에서 만나면 평균 8분 안에 서로 아는 사람, 아니면 적어도 친구의 친구 관계를 찾아낼 것이다(실제로 나도 8분 안에 찾았다). 3단계 이상은 정말 드물다.

덴마크인의 클럽과 협회 사랑은 다른 북유럽 나라들에서도 찾을 수 있다. 심지어 스웨덴은 노동조합 회원 수가 더 많고, 남는 시간에는 특히 자원봉사를 열심히 한다. 스웨덴인은 이 근면한 자기계발 본능을 '조직 스웨덴_{organization Sweden}'이라고 부른다. 핀란드인은 퇴근 후 수업을 많이 듣기로 유명한데, 특히 아마

추어 클래식 음악부 활동과 오케스트라 수업이 인기 있다. 한편 노르웨이인은 집단 아웃도어 활동을 좋아한다. 가장 유명한 크로스컨트리 스키가 단적인 예다.

이러한 사회적 결속이 덴마크의 행복 현상을 언급할 때 자주 인용되는 또 다른 요인, 즉 놀라운 신뢰 수준과 밀접하게 연관되어 있다는 결론은 일리가 있어 보인다. 북유럽 나라들은 모두 신뢰 수준이 높지만, 덴마크인은 지구상에서 사람을 가장 잘 믿는다. 2011년 OECD가 실시한 설문조사에 따르면 덴마크인의 88.3퍼센트가 타인에게 높은 신뢰를 보였으며, 다른 어떤 나라보다 신뢰 수준이 높았다(노르웨이, 핀란드, 스웨덴이 각각 2, 3, 4위를 차지했으며, 미국은 총 30개국 중 21위에 그쳤다). 같은 OECD 조사에서 덴마크인 96퍼센트가 어려울 때 의지할 수 있는 사람이 있다고 답했다. 심지어 정치인도 신뢰한다. 총선 투표율 87퍼센트만 봐도 알 수 있다. 다른 조사들은 덴마크가 지난 반세기 동안 신뢰 수준이 지속적으로 상승세인 몇 안 되는 나라임을 증명한다. 또 국제투명성기구가 매년 조사하는 부패인식지수에서 덴마크와 핀란드가 세계에서 부패가 가장 적은 나라로 꼽혔으며, 스웨덴과 노르웨이가 그 뒤를 바짝 쫓았다(미국은 19위였다).

도시에 살아본 사람이라면 누구나 알겠지만 익명성은 책임감 부족과 신뢰 부족을 낳는다. 그래서 서로 알거나 얼굴을 알아보는 사람이 많을수록 반대 효과를 가져오리라는 말은 일리가 있어 보인다. 긴밀한 유대를 맺고 사는 덴마크 사람들에게는 흔히 있는 일이다. 이 사실이 덴마크인이 서로를 대하는 방식에 어떤 영향을 미치는지 보여주는 한 가지 사례가 있다. 내가 처음 덴마크에 왔을 때 내 차에 덴마크인을 태우고, 내 생각에는 그럴 만해서, 다른 운전자나 보행자에게 경적을 울리면 하나같이 불편해하며 몸을 꿈틀거렸다. 그러고는 목소리를 낮춰 이렇게 말했다. "아는 사람이면 어쩌려고요?" 분명 사소한 예이지만, 높은 수준의 상호 연계성은 범죄율부터 이타심의 수준까지 모든 것에 영향을 미치는 게 틀림없다. 이타적 행동은 눈에 띌 뿐 아니라 되돌려받을 가능성이 대단히 크다.

세상에서 가장 행복한 사람들이 가장 사교적이고 또 사람을 제일 잘 믿는 것은 우연일 리 없다. 하지만 나는 덴마크스러움의 이 세 가지 전형적인 요소 사이의 관계를 더 알고 싶었다. 그래서 아내와 아이들의 꾐에 넘어가 일주일간 진행되는 이 합숙 합창단 모임에 참여하게 됐다. 이 모임은 매년 여름 독일 국경과 인접한 남부 유틀란트반도의 평화로운 소도시 퇴네르에서 엿새간 열린다. 나는 덴마크인이 집단적 삶의 방식, 소위 '제3섹터 활동'으로 어떤 이점을 얻는지 직접 경험하고 싶다. 집단생활을 누구보다 좋아하는 이 나라에서 한자리에 모여 1980~1990년대 유행가를 부르는 모임보다 공동체 정신을 더 잘 보여주는 게 또 있을까?

내 계획은 일요일 오후에 (느지막이) 도착해서 다음 닷새 동안 노래 열 곡 정도를 연습한 뒤 금요일 밤 공개 콘서트에서 합창을 하는 것이다. 하지만 현실은 달랐다. 합창단원 거의 전원이 같은 유스호스텔에 묵으며 매일 삼시 세끼를 같이 먹고 밤마다 유명한 덴마크 민요와 송가를 부를 예정이다. 그저 재미로 말이다.

　누군가는 이 경험을 덴마크의 공동체적 이상을 체험할 복된 기회라고 생각할지 모르지만, 사실 이 일주일은 나의 익숙한 영역을 엄청나게 벗어나는 일이다(다른 장에서 더 자세히 설명하겠지만, '유스호스텔'과 '송가'라는 대목에서 충분히 짐작이 갈 것이다). 사실상 유체이탈 체험이다. 나의 동료 합창단원들—올해 참가 인원은 역대 최고인 400명이다—은 거의 중년 아니면 노인인 데다 전부 백인이었다. 알고 보니 대부분 덴마크 공공 근로자들이었다. 비난할 일은 아닐 텐데, 나는 그들과 그다지 공통점이 없다. 서둘러 덧붙이자면 그들이 아니라 내가 부족해서다. 실제로 내가 사람들과 단절되어 있다는 사실은 꽤나 유익했다. 덕분에 그곳에서 벌어지는 일을 한 걸음 물러서서 볼 수 있었다. 그리고 나는 북유럽 모델의 단결과 높은 신뢰, 집단주의를 보여주는 상징적 장면을 우연히 발견했다는 사실을 깨달았다. 합창단 활동을 해본 사람이라면 당연할 수 있겠지만, 나는 사람들이 한목소리로 같이 노래를 부르려고 애쓰는 방식에 큰 감동을 받았다. 자기 음역과 박자를 놓치고 가사를 잊고 더듬거릴 때 다른 사람들에 이끌려 익숙한 후렴부로 안전하게 가리라는 사실을 알고 안심한다. 이 400명은 덴마크 전역에서 모인 사람들이다. 노래가 좋아서 이곳에 왔지만 그보다는 함께 노래 부르는 게 좋아서다. 그 이유는 쉽게 알 수 있다. 합창단에서 노래를 부르는 경험은 집단의 힘이 얼마나 대단한지 유익하고도 놀랍도록 감동적인 교훈을 주며, 하나 된 목소리는 나선처럼 엮이며 공동체 의식과 신뢰의 열기로 공동체 전체를 하늘 높이 들어올린다. 앤드루 로이드 웨버「캣츠」「오페라의 유령」등 오페라 작곡가 겸 제작자의 사운드 트랙이 빚어낸 사회적 자본이다.

이러한 사회활동으로 커진 신뢰가 덴마크 사회 전체에서 어떤 식으로 나타날까? "덴마크인은 정말 자전거에 자물쇠를 안 채우나요?" 언젠가 북유럽에 유독 큰 환상을 품고 있는 영국 라디오 기자에게 이런 질문을 받은 적이 있다. 코펜하겐에서는 그렇지 않지만 시골 지역으로 가면 현관문 앞에 자동차와 자전거를 대개 안전장치 없이 세워둔다. 시골길을 운전해 가다보면 무인 돈통을 놔두고 야채와 과일을 판매하는 노점을 볼 수 있다. 앞에서 이야기한 것처럼 사람들은 유모차 안에 아이를 재운 뒤 심지어 도심에서도 카페와 가게 밖에 세워두고, 아이 혼자 등하교를 하게 한다. 예닐곱 살에는 주로 자전거를 이용해 학교에 보낸다. 하지만 인정하건대 이처럼 소수의 경우를 제외하고는 사실 덴마크인이 다른 나라 사람들보다 타인을 더 신뢰한다는 증거를 찾지는 못하겠다. 사실 무인 돈통은 잉글랜드 시골 지역에서도 볼 수 있으며, 일단 덴마크 신문을 펼치면 사기꾼과 밀수꾼 관련 기사가 수두룩하다.(실제로 덴마크 출판사의 담당 편집자에게 이 이야기를 했더니 사실 자기가 제일 신뢰하는 사람들은 스웨덴인이라며 이렇게 말했다. "그 사람들은 거짓말을 하거나 누구를 속일 만한 상상력이 없어요.")

점점 더 궁금해졌다. 실제로 한 사회의 신뢰도를 측정할 수 있을까? 알고 보니 그 방법은 놀랍도록 간단했다.

"사람들에게 이렇게 묻는 겁니다. '자국민을 얼마나 신뢰할 수 있다고 생각합니까?'" 오르후스대학교 경제학과 부교수 크리스티안 비외른스코우가 말했다. 우리는 바람이 거세게 부는 어느 봄날 오후, 덴마크 제2의 도시인 오르후스 중심가에 위치한 한 카페의 어둑한 안쪽 공간에서 만났다.

한 예로 EU의 유로바로미터는 이렇게 묻는다. "대부분의 사람을 믿을 수 있다고 생각합니까? 아니면 사람들을 매우 조심해서 대해야 한다고 생각합니까?" 답은 1부터 10 사이의 척도로 주어지며, 그 대답으로 덴마크인이 다른 사람을 가장 신뢰한다는 사실을 간접적으로 입증할 수 있다고 비외른스코우가 말했다. 위 질문에서 '사람들'이란 당연히 다른 덴마크 국민이기 때문이다 (마찬가지로 미국인이 같은 질문을 받으면 '사람들'은 다른 미국 국민이 된다).

비외른스코우는 사회적 신뢰, 주관적 행복감, 생활 만족도 분야의 전문가로, 이 분야에서 실시한 무척 흥미로운 실험 몇 가지를 소개했다. "1990년대(1996년, 『리더스 다이제스트』 주관)에 한 실험 중 여러 도시에 지갑을 떨어뜨린 뒤 몇 개가 돌아오는지 알아보는 게 있었습니다. 흥미롭게도 다른 사람을 믿을 수 있다고 답한 사람이 많은 도시일수록 더 많은 지갑이 돌아왔습니다. 제가 알기로 40개의 지갑으로 실험을 했는데, 지갑 40개가 모두 돌아온 나라는 노르웨이와 덴마크뿐이었습니다. 믿기 힘들 만큼 다행한 결과였지만, 덴마크 텔레비전 TV2가 4년 전에 코펜하겐 중앙역에서 같은 실험을 다시 했고 방송 관계자들은 말 그대로 지갑을 땅에 놓을 수조차 없었습니다. 사람들이 바로 지갑을 집어들고 쫓아오는 바람에 방송을 포기해야 했죠!"

비외른스코우에 따르면 신뢰는 한 사회에 기분 좋고 사회를 결속시키는 무형의 영향을 주는 데 그치지 않으며, 미국 드라마 「초원의 집」에서 받은 따뜻한 기분을 느끼면서 무인 돈통에 돈을 집어넣고 아스파라거스를 사게 한다. 또한 덴마크의 경제적 성공에도 어느 정도 기여한다. 가령 비외른스코우의 계산에 따르면 덴마크인의 신뢰 덕분에 덴마크 사법 제도는 매년 1인당 1만 5000크로네(287만 원)를 절약하며, 또 다른 사람들은 덴마크 경제의 25퍼센트가량을 사회적 자본이 차지한다고 믿는다. GDP의 상당한 부분이다. 제법 큰 사회복지제도의 비용을 충분히 감당할 만한 비율이다.

한 사회에 신뢰가 있으면 행정 절차가 더 간소하고 효율적이 된다는 이론이 있다. 기업 간 거래 비용과 시간이 줄고, 변호사를 사서 값비싼 계약서를 작성하고 소송하느라 드는 시간이 줄 것이다. 악수는 공짜니까. 프랑스에서 사업을 해본 사람이라면 상대방이 내 뒤통수를 칠지 모른다는 걱정을 늘 하는 사회에서 산다는 게 얼마나 불편한지 금방 알게 될 것이다. 덴마크 기업은 다른 사람에게 정보를 공유하고 비밀을 누설하는 면에서는 더 자유롭다. 가령 이러한 성향은 1970년대에 덴마크의 풍력발전 산업이 번창해 결국 전 세계 풍력 산업의 선두 주자가 된 한 가지 이유로 꼽히기도 한다.

또한 비외른스코우는 신뢰 수준이 높은 사회에서 교육이 더 효과적으로 이루어진다고 주장한다. 학생들이 교사를 신뢰하는 것은 물론 학생끼리도 신뢰하기 때문에 공부에 더 잘 집중할 수 있어서이다. 고도의 숙련을 요하는 산업 역시 훨씬 더 앞서간다. 숙련도가 높은 직무일수록 직원이 일을 잘하고 있는지 확인하기 어려워 신뢰는 훨씬 더 중요하기 때문이다. 고위급 컨설턴트, 건축가, IT 전문가, 화학공학자는 일을 제대로 하는지 확인하기가 어렵고 비용도 많이 든다. 그래서 신뢰가 훨씬 더 중요해진다. 이 때문에 덴마크, 핀란드, 스웨덴처럼 신뢰 수준이 높은 사회가 제약, 전자공학 같은 선진 산업에서 두각을 나타내며 이 분야의 외국 기업들을 유치할 수 있는 것이다. "독일 기업가와 이야기해보면 그들은 우리의 이런 점을 인정합니다. 북유럽에서 숙련된 직원을 채용하는 편이 비용 면에서 더 저렴하다는 사실을 깨달은 거죠."

하지만 사람을 쉽게 믿는 경향은 어디에서 비롯되는 걸까? 높은 신뢰 수준과 그보다 더 중요한 군집 본능이 덴마크인의 정신 깊숙한 곳에 자리잡고 있을까? 그들의 집단적 삶의 방식은 지난 500년간 영토와 권력을 빼앗긴 고통스러운 경험의 유산일까? 홀스트가 말한 '밖에서 잃은' 편협주의적 삶의 방식일까? 아니면 더 최근의 복지제도, 높은 세율, 경제 평등의 증거일까?

이는 알고 보니 100만 크로네짜리 질문이었다.

005

치킨

닭이 먼저일까? 달걀이 먼저일까? 쉬운 문제다. 내가 풀어보겠다. 닭은 알을 낳는 다른 종류의 동물, 아마 물고기에서 알을 낳는 새로 진화했을 것이다. 정리 끝. 문제 해결. 오히려 덴마크의 높은 신뢰 수준과 사회적 결속 중 무엇이 먼저인지 알아내는 일이 훨씬 더 풀기 힘든 수수께끼다.

사회적 결속이 신뢰를 만들까? 사회적 결속이 사람들을 공동의 목표와 관심사로 뭉치게 만드니까? 아니면 신뢰가 애초에 사람들을 한자리에 모으는 전제 조건일까? 결국 누군가를 신뢰하지 않는다면 그 사람과 금요일 밤마다 라인 댄스를 출 마음도 안 생기지 않을까?

신뢰와 사회적 결속은 강하게 얽혀 있으며 뗄 수 없는 상호

보완적 관계가 아닐까 싶다. 신뢰에 대해 내가 아는 한 가지는, 신뢰가 한 나라의 절대적 부와는 별로 상관이 없어 보인다는 사실이다. 상관이 있었다면 왜 상대적으로 가난한 에스토니아가 OECD 신뢰지수에서 7위를 하고, 훨씬 더 잘사는 한국과 미국은 하위 25퍼센트에 머물렀겠는가? 또 다른 이론에 따르면 부유한 사람들은 재정적 위험이 적어서 사람들을 더 신뢰한다. 하지만 그 말이 사실이라면 왜 그토록 부유한 브루나이는 국제투명성기구의 부패인식지수에서 겨우 44위를 했겠는가?

덴마크의 신뢰, 사회적 결속, 그리고 궁극적으로 덴마크 국민이 행복한 이유를 설명하는 일은 현재 덴마크에서 가장 큰 정치적 분열을 초래하는 주제이며, 여기에는 이민부터 세금, 계층, 평등, 그리고 물론 바이킹과 관련해 양극화된 정치적 신념이 포함된다.

간단히 말해, 한 진영에서는 덴마크의 높은 신뢰와 사회적 결속, 나아가 덴마크 행복의 원인이 경제적 평등 때문이라고 믿는다. 이 집단을 '지니파Ginis'라고 부르자. 당연히 지니파는 덴마크의 복지국가 모델을 지지한다. 그들은 덴마크의 복지국가 모델이 이 나라의 부를 세금으로 공평하게 재분배하는 데 핵심적인 역할을 한다고 믿는다. 윌킨슨과 피킷의 주장을 읽은 나 역시 덴마크 복지국가 모델이 높은 신뢰 수준을 만든 주된 이유라고 생각했다. 불평등은 반감, 분노, 시기, 불신을 낳으므로 당연히 평등은 반대 효과를 가져온다. 심지어 나는 소득의 반 이상을 세금의 형태로 정부에 넘기는 일을 더 행복하게 받아들이기 시작했다. 당장의 금전적 손실이 세금을 낼 때는 고통스러울지 몰라도 사회의—간접적으로는 나의—자산이 된다고 생각하니 위안이 됐다.

한편 중도우파 통화주의자 진영도 있다. 오르후스대학교의 삶의 질 경제학자 크리스티안 비외른스코우를 포함한 이 진영의 사람들은, 덴마크인은 언제나 신뢰 수준과 사회적 결속력이 높았으며 복지국가가 되기 훨씬 전부터 그랬다고 주장한다. 이 진영의 최우선 과제는 그들이 보기에 지속 불가능한 덴마크의 사회복지 혜택을 줄이고 세율을 낮추는 것으로, 이들은 경제 평등보다는 돈 잘 버는 기업들을 독려해 덴마크의 낮은 생산성 증가율을 높이는 데 주력한다.

이 두 번째 진영은 북유럽의 사회복지제도가 덴마크와 다른 스칸디나비아 나라들이 오늘날 누리는 경제 평등을 이룩한 것이 아니라 실제로는 더 광범위한 사회적 평등에 기반을 두고 있으며, 이러한 사회적 평등은 공공 부문과 높은 세율이 정착되기 훨씬 전부터 존재했다고 주장한다. 비외른스코우는 전쟁 전 신뢰 수준을 조사한 결과 덴마크인은 언제나 사람을 잘 믿는 국민이었으며, 그러한 신뢰와 사회적 결속이 복지국가의 초석이 된 것이지, 복지국가라서 신뢰와 사회적 결속이 높아진 것은 아니라고 주장한다. "부를 재분배하고 싶다면 고신뢰 사회가 더 쉽습니다. 국민이 필요한 사람들에게 돈이 잘 분배되리라고 믿기 때문입니다. 우리 덴마크인에게는 늘 신뢰가 있었고, 이 신뢰는 복지국가의 초석입니다. 맞습니다. 오늘날 덴마크는 불평등 수준이 낮고 행복 수준은 세계 최고입니다. 만약 둘 사이에 상관관계가 있었다면 불평등 수준이 낮은 다른 나라들도 똑같아야겠죠. 하지만 그렇지 않습니다." 비외른스코우가 말했다.

비외른스코우는 윌킨슨과 피킷의 유명한 그래프, 즉 불평등과 수많은 사회악의 직접적 상관관계를 증명하기 위해 고안된 그래프에 두 저자의 가정에 부합하지 않는 주요 국가들이 누락되어 있다고 주장한다. "한국은 포함하면서 타이완은 넣지 않았죠. 슬로바키아는 넣었으면서 체코는 넣지 않았고요. 이 나라들을 포함했다면 책 속의 그래프들은 완벽한 구름(단순 선형상관 대신) 모양이었을 겁니다. 일종의 마술 묘기죠. 덴마크에서는 그 책을 누구도 진지하게 생각하지 않았습니다."

솔직히 당황했다. 일본은 지니계수가 북유럽 지역에 맞먹는 몇 안 되는 나라인 반면, OECD 신뢰지수에서는 16위에 그쳤다. 일본인들은 평등하지만 여전히 서로를 믿지는 않았다. 그리고 우리는 덴마크의 소득 평등이 지난 20년간 실제로 감소한 반면, 신뢰 수준은 계속 증가했다는 사실을 알고 있다. 이 두 요인 다 경제 평등이 높은 신뢰 수준을 만든다는 이론의 신빙성을 떨어뜨리는 것처럼 보였다.

즉 덴마크의 신뢰와 사회적 결속이 모든 사람의 돈을 평등하게 분배하고 동등한 교육 기회와 무상 의료 혜택 등을 제공하는 사회복지제도의 결과가 아니라면, 어디서 유래한 걸까?

006

바이킹

"우리는 옛날에 훌륭한 전사 데인족과 그 나라의 부족들, 그리고 그 지도층의 무용담을 확실히 전해 들었다." - 작자 미상, 『베오울프』

전사 덴마크인들은 원형으로 이루어진 소란스러운 두 싸움터의 양쪽 끝에 모여 짐승처럼 격분하며 짖어댔다. 이 거구의 야수들은 맨몸 위에 가죽옷과 쇠사슬 갑옷을 둘렀다. 그들은 창과 도끼, 그리고 옅은 안개 사이로 번득이는 커다란 칼의 날을 움켜잡는다. 나는 조금 떨어져 서 있었는데, 쌀쌀한 날씨에도 대장들은 끝임없이 전사들의 사기를 북돋우며 병사들의 전의, 필요하면 죽음을 불사한 의지를 일깨웠다.

"케첩 필요해요?"

"아니요. 이거면 충분합니다. 감사합니다."

나는 꼬치에 끼워서 구운 멧돼지 고기 샌드위치를 입안에 밀어넣는다. 근처에 들어선 수많은 시장과 노점상 중 한 곳에서 산

음식이다. 그리고 1~2분 뒤엔가 두 군대가 풀 덮인 성곽 주변으로 달려들더니 굉음을 내면서 철과 나무를 달그락거리며 충돌해서 움찔했다. 혼전 속에 뾰족한 무기들이 오싹한 각도로 뻗어나오고, 두 군대는 싸움을 벌이는 거대한 두 마리 고슴도치처럼 보인다.

'저러다 누구 눈알이라도 하나 뽑겠네.' 속으로 이렇게 생각했다. 실제로 최근에 거의 그럴 뻔한 적이 있다고 한다. "우리는 온갖 사고를 다 당합니다. 대개는 손가락과 팔이 부러지지만 작년에 어떤 남자는 눈 부위에 맞았어요. 안구가 눈구멍 안으로 푹 들어갔지만, 다행히 밤새 제자리로 돌아왔죠."

나는 셸란 서부에 있는 최대의 바이킹 유적지인 트렐레보리 현지 가이드 마이크와 이야기를 나누는 중이다. 우리는 서기 980년에 이 놀라운 원형 요새를 지은 남자가 출전한 전투를 재현하는 현장을 보고 있다. 그 남자는 바로 전설적인 바이킹 왕 하랄 블루투스Harald Bluetooth(무선통신 '블루투스'와 동명으로, 블루투스는 스칸디나비아에서 발명했다)이다.

덴마크인들은 역사 재현에 크게 열광하며, 자연스럽게 자신들이 최고의 권력을 누리던 시대(그 유명한 시대)에 끌린다. 8세기 말부터 200년가량, 즉 바이킹이 북유럽의 상당 부분을 공포에 떨게 하고, 스코틀랜드와 아일랜드 지역을 통치하며, 파리의 문을 덜그럭거리고, 북미 대륙을 발견한 시대. 블루투스, 스베인 포르크베아르, 크누트 대왕 같은 전사 왕의 시대. 이들은 자기네 조국의 전략적 위치—현대 독일, 프랑스, 영국과 엎어지면 코 닿을 거리에 있는 — 와 최근 개발한 빠르고 민첩한 선박을 이용해 유럽의 순진한 기독교인들을 기습 공격해 엄청난 타격을 가했다. 그리고 맞다, 수많은 덴마크인이 다년간 나에게 일깨워준 것처럼 영국 동부와 북부도 통치했다(앞으로 계속 지적하겠지만, 덴마크의 영국 통치 기간은 다 합쳐야 30년이 안 되고, 요크셔는 당시 거의 늪지 대였다).

내가 이곳에 온 이유는, 일부 사람의 말에 따르면, 바이킹은 덴마크의 뛰어난 평등의식의 가장 유력한 근거이기 때문이다. 높은 세금이 열심히 일할 의욕을 꺾고 야망과 혁신을 가로막으며, 복지제도가 빈대 근성을 가진 무기력한 하층 계급을 양산하고, 사회민주주의는 공산주의와 한 끗 차이라고 주장하는 사람들에게는 역사, 심지어 유전학을 들먹이며 북유럽의 기적을 설명하는 편이 훨씬 더 흡족하다.

"바이킹이 서기 800년대에 파리를 공격한 유명한 이야기를 들어봤을 겁니다. 파리 사람들은 백기인지 뭔지를 들고 나와서 바이킹 왕과 이야기하게 해달라고 했습니다. 바이킹들은 폭소를 터트리며 이렇게 말했다고 합니다. '그런데 여기 있는 우리 모두가 왕이다.' 예전에는 신뢰와 평등이 [바이킹 시대까지] 그토록 멀리 거슬러 올라갈지 몰랐습니다. 신뢰와 복지국가는 연관성이 있고, 신뢰는 오르락내리락할 수 있으며, 복지국가가 그러한 신뢰를 만들었다고 생각했지만, 지금은 그렇지 않습니다. 사회복지제도는 사실 1961년에야 시작된 반면, 스칸디나비아에서 신뢰 수준은 그보다 훨씬 전부터 높았습니다." 비외른스코우가 말했다.

덴마크의 회사를 방문해서 누가 대표이사이고 누가 직원인지 구분할 수 없다면 그 회사는 바이킹의 평등주의를 실천하는 중이다. 엄마들이 유모차 안에 아이를 재운 뒤 카페 밖에 세워둔 모습이 보인다면 그건 바이킹의 사회적 신뢰다. 덴마크 총리가 사람들의 시선을 끌지 않고 코펜하겐 거리를 걸어다닐 수 있다면 그건 계층과 지도자를 대하는 바이킹의 태도다. 아니면 그저 본인들 주장이거나.

안타깝게도 문제는 그렇게 간단하지가 않다. 적어도 트렐레보리 바이킹 가이드 마이크는 그렇지 않다고 말한다. "당시에 계급 사회가 없었다니 근거 없는 이야기입니다. 절대, 그렇지 않습니다. 갈등이 많았습니다. 스토레 만store mand, 말 그대로 중요 인물, 즉 통치자가 있고 그 밑에 중산 계급의 농부, 그리고 노예 계급이 있었죠. 돈이 많고 큰 농장이 있으면 종자와 권력을 얻을 수 있었습니다." 양모 튜닉 차림에 튼튼한 가죽 부츠를 신은 마이크가 말했다.

다시 말해 당연히 바이킹들에게는 왕이 있었지만, 신뢰 면에서 엄격한 사교 예법 역시 존재했다. 이러한 바이킹식 신뢰는 오늘날 덴마크 사회의 높은 신뢰 수준으로 그대로 나타난다. "바이킹 시대 사회의 기본적 요소 하나가 명예였습니다." 엘리자베스 애시먼 로 박사가 말했다. 나는 트렐레보리에서 집으로 돌아온 뒤 박사에게 전화를 걸었다. 덴마크의 바이킹 유산이 그 어느 때보다 혼란스럽게 여겨졌다. "신용 등급 같은 거였죠. 본인이 취한 모든 행동은 실생활에 영향을 미쳤고, 사실상 모든 관계가 지위에 영향을 줄 수 있었습니다. 용기와 명예는 남자들에게 특히 중요했습니다. 그가 믿을 수 있는 사람인지, 딸의 결혼 상대가 될 수 있을지 따위를 결정하는 수단이었으니까요."

하지만 바이킹은 또한 심하게 폭력적이고 부도덕한 변절자였으며, 악랄한 공격과 강간, 살해로 악명을 떨쳤다. 반면 현대의 덴마크인은 전혀 그렇지 않다.

"음, 맞아요. 바이킹들은 습격자이자 약탈자였습니다. 하지만 확실히 폭력적인 시대였고, 생각하면 참 통쾌한 시절이기도 했습니다. 그러나 동시에 바이킹들은 법을 칼같이 지켰습니다. 법이라는 영어 단어는 고대 스칸디나비아 언어에서 유래했습니다." 로 박사는 협동과 공동체 정신이 이 가혹한 북쪽 땅에서 극도로 중요했다고 덧붙였다. "사람들이 협동했다는 사례가 많이 있습니다. 혼자서는 살아남을 수 없었으니까요. 친구와 협력자가 필요했고, 그러한 공동체와 연대는 대인관계를 돈독히 해주는 이익 교환과 선물의 형태로 일찌감치 드러납니다."

오르후스의 카페에서 만난 비외른스코우 교수는 대단히 의심스러운—내가 보기에—본인의 입장을 고수했다. 즉 덴마크인의 신뢰지수가 바이킹 시대까지 거슬러 올라가지는 않더라도 최소한 사회복지제도보다는 앞섰다고 주장했다. 그 증거로 지난 15년간 미국 각 주의 이민자들이 어느 나라 출신인지를 보면 해당 주의 신뢰지수를 예측할 수 있다고 말했다. 비외른스코우 교수가 사용한 연구에 따르면, 미네소타처럼 신뢰지수가 높은 주는 19세기 중반(즉, 사회복지제도가 도입되기 이전)에 스칸디나비아에서 많은 수의 이민자를 받아들였고, 가령 신뢰지수가 낮은 주에서는 그리스인과 남부 이탈리아인 이민자들을 받아들였다.

"오, 그렇군요. 이야기가 상당히 위험한 방향으로 흘러가네요?" 내가 엘더플라워 주스를 탁자에 내려놓으며 말했다.

"네. 정말 민감한 이야기입니다." 비외른스코우 교수가 약간 초조하게 주변을 둘러보며 동의했다. 그제야 깨달았는데 그는 그 이야기를 시작한 이후로 내내 초조해 보였다. "저도 그 이론이 마음에 들지 않습니다. 무언가를 바꾸기가 정말 어렵다는 뜻이니까요."

"그런데 잠깐만요. 교수님의 이론이 사실이라면 아마 '신뢰할 수 없는' 비유럽권 국가에서 온 이민자 수가 훨씬 더 많은 스웨덴은 덴마크보다 신뢰 수준이 훨씬 더 낮고 궁극적으로 훨씬 덜 성공한 나라여야 했습니다. 하지만 그렇지 않잖아요."

비외른스코우는 스웨덴에서 이민이 점진적으로 이루어졌고, 덕분에 신뢰에는 비교적 영향을 미치지 않았다고 지적했으며, 대규모 이민자 공동체가 있는 말뫼의 로셍오르드 주택단지 같은 지역에서는 연구를 실시하기가 매우 어렵다고 덧붙였다. "심지어 경찰도 못 들어갑니다. 그래서 범죄 사건이 실제보다 적게 신고됩니다. 사실 신뢰지수는 스웨덴이 조금 더 낮지만, 이민이 실제로 신뢰지수를 바꾸지는 않는다고 봅니다. 이민자들에게 '사람들 대부분을 신뢰합니까?'라고 물을 때 그들 주변에 있는 이들 대부분은 스웨덴에 사는 스웨덴인이거나 덴마크에 사는 덴마크인입니다."

"이런 이야기가 정치적으로 옳지 않으며, 덴마크에 오면 덴마크 사회에 적응하라고 말하는 것이 도움이 되지 않는다는 사실도 압니다. 하지만 덕분에 우리는 증거를 찾으려고 더 깊이 파고들고 있습니다. '이민자 집단'은 단순히 일반화해서 이야기할 수 없습니다. 한 예로 덴마크에 사는 이란계 이민자들은 다른 무슬림 이민자 집단보다 신뢰 수준이 훨씬 더 높았습니다. 이란 사람들은 자신들을 아랍계 무슬림이 아니라 페르시아인이라고 정의하기 때문입니다. 이제는 터키 이민자가 어디 출신인지 파악해야 한다는 사실을 깨닫는 중입니다. 해안이나 이스탄불 출신이면 신뢰 수준이 그리스 정도일 확률이 높습니다(다시 말해 신뢰 수준이 심하게 낮지는 않은). 그리고 프랑스어를 쓰는 퀘백과 영어를 쓰는 그 외 캐나다 지역들 사이에도 큰 차이가 있습니다."

우려스러운 인종적 고정관념— 애석하게도 덴마크에서 흔히 일어나고 덴마크 언론에서 자주 나오는 이야기이며, 정치계에서 용인되는 정치적 수사다— 은 그렇다 치고, 어떤 국적의 사람들을 믿을 수 없다고 낙인찍는 일은 내가 보기에 정말 많은 이유로 미덥지 않았다. 특히 행복처럼 이미 신뢰 개념도 나라마다 다를 것이며, 행복도 조사가 북유럽에서 생각하는 신뢰 개념에 치우쳐 있다는 의심이 계속 들었다. 덧붙여 캐나다와 스웨덴 모두 신뢰 면에서는 성적이 아주 좋지만, 두 나라 다 이민자 인구가 많다는 점을 다시 한번 짚고 넘어가야겠다.

바이킹들은 미처 날뛰며 강간과 약탈을 일삼았고, 노예와 왕을 두었으며, 스스로를 자랑하는 서사시를 썼다. 그 어떤 모습도 현대 덴마크인 후손들에게서는 찾아볼 수 없다(나중에 이야기하겠지만, 왕은 예외다). 스칸디나비아 사람들이 자기네 선조의 긍정적인 부분만 물려받았다는 생각은 너무나 편의적인 해석처럼 보인다. 하지만 개인적으로 부의 분배의 가치에 대한 신념은 약간 흔들렸음을 고백해야겠다.

다음에 만난 사람은 코펜하겐 비즈니스 스쿨의 총장이자 북유럽에서 가장 존경받는 과학자 겸 경제학자인 오우에 카이 페데르센이다. 페데르센은 하버드와 스탠퍼드는 물론 스톡홀름과 시드니, 베이징의 여러 대학에서 강의했다. 경제학자니까 이 모든 주제에 중도우파적이고 진보적인 입장을 보이리라 예상했지만, 그 예상은 완전히 빗나갔다.

코펜하겐 비즈니스 스쿨 신축 건물은 내가 지금껏 본 건축가들의 이상화된 모델에 제일 가깝다. 학생들은 인종과 성별이 완벽하게 섞인 채 잘 관리된 단정한 잔디밭 위에 느긋하게 누워 있거나, 삼삼오오 산책을 하거나, 기어 없는 경주용 자전거를 타고 다녔다. 기막히게 좋았다. 영화 「가타카Gattaca」 유전자에 따라 적격자와 부적격자로 구분되는 미래사회를 그린 영화 같았다. 안타깝게도 페데르센의 사무실이 있는 곳은 여기가 아니었다. 나는 그 사실을 약속 시간보다 정확히 1분 빨리 도착해 안내 데스크에서 알게 됐다. 사무실은 걸어서 20분 거리, 녹음이 우거진 프레데릭스베르의 조용한 막다른 골목 끝 스투코stucco, 건축물의 천장, 벽면, 기둥에 칠하는 화장 도료를 바른 근사한 저택 안에 있었다. 나는 땀범벅이 되어 허둥지둥 도착했지만 페데르센은 바로 나를 안심시켜줬다. 개인적으로도, 덴마크의 제도에 관해서도.

"아니, 헛소립니다. 완전한 헛소리예요." 바이킹 유산 이론을 어떻게 생각하느냐고 묻자 페데르센이 웃으며 답했다. "확실히 평등과 세율과 복지제도 때문이죠. 제가 알기로 신뢰의 토대는 복지국가입니다. 설명할 필요가 없죠. 이웃을 신뢰하는 이유는 그 사람이 나와 같이 세금을 내고 있다는 사실을 알기 때문입니다. 그리고 아플 때 나와 같은 치료를 받고 같은 학교를 다닌다는 사실을 알기 때문입니다. 그게 신뢰입니다. 나이, 성별, 재산, 가정환경, 종교와 상관없이 같은 기회와 같은 안전망을 누린다는 사실을 아는 것이요. 이웃과 경쟁하거나 이웃을 부러워할 이유가 없죠. 이웃을 속일 필요도요."

"사회복지제도는 전후 시대 모든 나라의 제일 중요한 혁신입니다. 그 전에 덴마크는 상위 소득자 25퍼센트와 하위 소득자 25센트로 나뉘었습니다. 지금은 상위 4퍼센트, 하위 4퍼센트로 나뉩니다."

사실 덴마크는 더 이상 페데르센과 다른 좌파 인사들이 주장하는 무계급 사회가 아니다. 빈곤선 이하로 분류되는 덴마크인의 비율은 지난 10년 사이 4퍼센트에서 7.5퍼센트로 거의 두 배 가까이 증가했다. 덴마크의 싱크탱크 케베아의 최근 보고서에서 상위 1퍼센트의 부유층이 덴마크 전체 부의 3분의 1가량을 보유하고 있다고 밝혔다. 여전히 OECD 평균보다는 낮지만 '평등'하다고 보기는 힘들 것 같다. 덴마크 상류층은 점차 소수민족 거주지로 모여들고 있으며, 이 지역들은 대부분 코펜하겐 인근에 있다(이 동네에 와 있다는 확실한 증거로는 화려한 일식 레스토랑 스틱스 '앤' 스시 지점과 거리에 넘쳐나는 작고 귀여운 피아트 500 등이 있다). 중상류층과 상류층은 자녀들을 같은 학교에 보내는 경향이 높아지며, 덴마크 일간지 『폴리티켄』에 따르면 그러한 경향은 1985년 이후 두 배로 증가했다. 더 일반적으로 경제 불평등은 1990년대 중반부터 증가해, OECD에 따르면—페데르센의 해석과는 상당히 동떨어지지만—덴마크의 상위 소득자 20퍼센트의 소득이 하위 소득자 20퍼센트의 소득보다 3배 이상 많은 지경에 이르렀다. 그래도 여전히 소득 격차가 6배에 이르는 영국보다는 나은 수준이지만, 덴마크는 결코 평등한 사회가 아니다.

그렇지만 왜 외국인들이 덴마크를 무계급 사회라고 생각하는지는 알겠다. 특히 코펜하겐에서 긴 주말을 보내거나 「여총리 비르기트」 몇 편을 보면 그런 인상을 받을 수 있다. 하지만 덴마크를 더 구석구석 여행하거나 시간을 들여 덴마크 사회 계급의 기표를 알아보면 계급이 아주 분명하게 보인다.

나는 지난 몇 년 동안 덴마크의 상류 지주 계층 몇 명을 만나는 은총이자 저주를 맛봤고, 그 계층이—한두 명 예외는 있지만—영국의 지주 계층만큼이나 기괴하고 거만하며 전체 인구 대비 숫자도 영국만큼 많다는 사실을 확인할 수 있었다(덴마크의 시골 지역에는 작은 성과 영주의 저택이 지천에 널려 있다). 하지만 아마 덴마크 사회경제의 양극단을 더 잘 대변하는 계층은 '위스키 벨트Whisky Belt' 지역 덴마크인과 '썩은 바나나Rotten Banana'

지역 덴마크인일 것이다. 전자는 덴마크의 '골드 코스트' 스트란바이엔(해변 도로)에 산다. 위스키 벨트 지역은 호화로운 별장과 현대식 방갈로, 대부분 덴마크의 전설적인 전후 시대 건축가들이 설계한 바다가 보이는 아파트 건물이 띠 모양으로 길게 늘어선 지역이다(앞에서 이야기한 덴마크 최고의 건축가 아르네 야콥센이 설계한 '세상에서 가장 아름다운 주유소'가 이곳에 있다). 스트란바이엔은 부유한 코펜하겐 교외 지역 헬레루프에서 북쪽으로 약 30킬로미터에 걸쳐 이어지며, 아름다운 해변과 미슐랭 스타 레스토랑, 야콥센이 설계한 유명한 벨라비스타 주택단지, 숲으로 덮인 뒤레하우엔 사슴 공원, 그리고 더 북쪽에 스칸디나비아에서 가장 사랑스러운 미술관인 루이지애나 현대미술관이 있다.

스트란바이엔의 어촌과 햄프턴스풍 해안가 대저택에는 덴마크 상류층, 즉 영화배우와 감독, 일류 변호사, 은행가, 헤지펀드 매니저, 유명 운동선수, 기업 대표, IT 기업가들이 거주한다. 집값은 미국이나 영국 기준에서는 귀여운 수준으로, 평균 수백만 달러이고 비싸봐야 500만 달러다. 하지만 덴마크의 스트란바이엔은 일종의 상징이다. 아무도 보지 않는다는 확신이 들 때 갈구하는 모든 것, 또는 그 외에는 겸손하고 평등한 사회에서 저속하다고 비난받을 만한 일탈의 상징.

그렇다면 썩은 바나나 지역 사람들은 누구일까? 썩은 바나나는 최근 언론에서 덴마크의 띠처럼 크고 기다란 초승달 모양의 지역을 가리키면서 사용하는 용어로, 이 지역은 높은 실직률과 낮은 임금, 낡은 사회기반시설과 열악한 의료 서비스, 성적이 낮은 학교로 골치를 썩고 있다. 썩은 바나나 지역은 유틀란트반도 북부에서 아래쪽 서쪽 해안을 따라 이어지다가 동쪽으로 꺾어지며 퓐섬을 지나 남쪽에 있는 롤란섬과 팔스테르섬에서 끝난다. 우드칸츠단마르크udkantsdanmark('외딴' '주변부' 덴마크 또는 덴마크 오지)라고도 하는 썩은 바나나 지역은 대개 시골이며, 실제로는 덴마크의 영토 대부분과 덴마크의 2대 주요 도시인 코펜하겐과 오르후스, 그리고 셸란 북부까지 포함한다.

이들 덴마크 지방은 젊은 층과 교육을 받은 사람들이 계속 도시로 빠져나가고 대신 실직자와 노인들이 들어오면서 서서히 죽어가고 있다. 이러한 지방의 쇠퇴는 연이은 정부들도 막지 못했다. 그 문제를 해결하려고 엄청난 공공 자금을 쏟아부었는데도 말이다.

"네, 두 지역의 차이를 알고 있습니다. 하지만 심각한 수준은 아닙니다. 저는 맨해튼에서 살았고, 베이징을 포함한 수많은 나라로 여행을 갑니다. 우리는 그렇게 가난하지 않습니다. 절대 먹을 게 부족할 일은 없을 겁니다. 덴마크에서 가난하다는 말은 텔레비전이 두 대가 아니라는 뜻이죠!"

하지만 나는 그렇게까지 확신이 서지 않았다. 코펜하겐과 덴마크의 다른 도시들 간 고용 기회와 교통 시설, 공공 서비스, 문화유산, 그리고 그냥 좋은 볼거리와 슬길거리의 현저한 불균형은 분명 건강하지 않아 보였다.

거의 의심할 여지 없이 덴마크는 두 계급으로 양분된 양극사회가 되고 있다. 여유 있는 덴마크인이 점점 더 개인 의료보험으로 눈을 돌리는 중이며, 최근 집계로는 이런 사람이 85만 명에 이른다. 그리고 여론조사 결과 덴마크는 1인당 공공 부문이 세계에서 가장 크지만 복지제도에 대한 만족도는 급격히 떨어지는 중이다. 덴마크 국민이 내는 세금을 생각하면 특히 기대치가 높겠지만, 컨설팅 기업 액센추어가 실시한 설문조사에서 덴마크인 중 불과 22퍼센트만이 공공 부문이 잘하고 있다고 대답했다.

향후 가장 큰 우려는 어느 지역에서 교육을 받느냐에 따라 학업 성적에 큰 격차가 생기지 않을까 하는 점이다. 『폴리티켄』이 실시한 최근 설문조사에서 주로 노동자 계층과 이민자들이 모여 사는 코펜하겐 북부에 있는 중등학교 이스회이 굄나시움 Gymnasium('굄나시움'은 덴마크에서 일반 중등학교를 가리키는 이름이다) 학생들은 12점 만점에 평균 5.4점을 받았다. 한편 더 부유한 북부 셸란에 위치한 학교의 평균은 7.7점(전국 평균은 6.9점)이었다.

덴마크만 이런 경향을 보이는 것은 아니다. 핀란드도 비슷한 문제를 겪고 있고, 도시의 인구 집중 현상은 스웨덴이 더 크게 체감하고 있다. 현재 스웨덴 인구의 40퍼센트가 3개의 대도시, 예테보리, 말뫼, 스톡홀름에 살고 있다. 요즘 스웨덴 북부 지역의 인구가 많이 빠져나가면서 대지와 건물은 버려지고 인적은 드물다. 이렇게 된 데에는 두 가지 이유가 있다. 첫째, 스웨덴은 인구 밀도가 훨씬 낮은 나라다(국토 면적은 덴마크의 열 배가 넘지만 인구는 두 배에 못 미친다). 둘째, 지난 100년 동안 스웨덴에서는 산업화가 훨씬 더 빠르게 진행됐다. 노르웨이만이 이런 흐름을 거스른 듯하다. 노르웨이는 나라의 막대한 석유 수익금과 오래전부터 지방분권화를 한 전통─나라 어디에 살든 각종 서비스를 받을 권리가 법에 명시되어 있다─덕분에 각 지방에 인구가 비교적 골고루 분산되어 있으며 탄탄한 사회기반시설을 갖추고 있다.

"우리는 더 안락한 삶을 살았어야 합니다. 덴마크는 정말 작은 나라지만 우리 머릿속에서는 작지 않거든요." 독립 사회복지 연구재단인 록울재단(특이하게도 단열재 제조업체의 후원을 받고 있다) 이사장 토르벤 트라네스가 코펜하겐에 있는 재단 사무실에서 이야기했다. 트라네스는 노동자의 기동력 부족이 덴마크 지방 문제의 핵심이라고 믿는다. 아이러니하게도 자전거광들의 나라 덴마크 국민은 자전거를 타고 일자리를 찾으러 다니지 않는다.

"언론에서는 청년들이 어째서 수습직 일자리를 구할 수 없는지 곧잘 화젯거리로 삼습니다. 하지만 실제로 회사에 일하러 오는 청년이 많지 않다는 사실을 알게 되죠. 이 회사들이 코펜하겐이나 대도시에 있지 않아서입니다." 토르벤이 설명했다. "전 세계의 많은 사람이 오른팔을 내주고라도 단포스(온도조절 장치 제조업체로 유틀란트반도에서 그렇게 좋은 위치라고 할 수 없는 곳에 있다)에서 일하고 싶어하지만, 많은 젊은이는 일자리를 얻으려고 이사를 가는 게 너무나 부당하다는 듯이 이야기합니다. 교수들도 마찬가지입니다. 오르후스대학교의 정교수 자리보다는 코펜하겐대학교의 부교수 자리를 선택하죠. 큰일입니다. 덴마크 전지역에 현대적인 일자리와 복지 혜택이 있다는 확신을 심어주기란 정말 힘든 일입니다."

사실 덴마크인이 세계에서 모험심이 가장 강한 국민은 아니다. 어떤 이들은 20대에 배낭을 메고 동남아시아와 남아메리카 여행을 하지만, 그 후에는 집 근처에 껌 딱지처럼 붙어 지내는 경향이 있다. 매년 여름 별장 대이동에서 본 것처럼 많은 덴마크인이 크게 즐거워하며 한 시간 거리에 있는 별장으로 휴가를 떠난다. 7월이 오면 시트로앵 베를링고를 몰고 해변의 목조주택으로 향하며, 그걸로 만족한다. 세상은 휘발유 한 통이면 갈 수 있는 거리 안에 존재하며 더 이상의 모험은 필요 없다는 듯이.

"바꿀 수 있다고 생각하지 않습니다. 도시화는 산업화가 일어나는 모든 곳에서 일어났죠. 세상 어디를 가도 그 반대로 움직이는 곳은 없습니다. 사람들은 도시에 살고 싶어하고, 시골에서 도시 근처로 이사를 가고 싶어합니다. 그 추세를 멈추거나 뒤집고 싶나요? 글쎄요. 비용이 상당히 들 거고 그만한 가치가 있는지도 모르겠네요." 중도우파 성향의 싱크탱크 센터 세포스의 소장 마르틴 오게루프가 코펜하겐 중부 프레데릭스타덴에 있는 자신의 사무실에서 이야기했다.

내가 만난 덴마크인 중 조국의 경제 불평등이 더 늘어나면 좋겠다고 말할 준비가 된 사람은 오게루프만이 아니었다. 오게루프와 같은 생각을 하는 또 다른 사람은 유럽의회의 덴마크국민당 국회의원 모르텐 메세르슈미트로, 덴마크를 가장 양극화시키고 있는 우파 정치인이다(솔직히 혐오스러운 인간이다). 그는 '평등 파시즘'을 반대한다는 의사를 분명히 밝혔으며, 이것이 평등한 사회를 이루려는 편협한 이념 운동이라고 믿는다.

오게루프는 메세르슈미트에 비하면 훨씬 덜 극단적이지만, 오게루프와 대화를 나누는 동안 그의 어깨 너머 사무실 벽에 걸린 사진 한 장이 보였다. 사진 안에서 오게루프는 파란색 드레스를 입은 낯익은 여성 옆에서 자랑스럽게 활짝 웃고 있었다. 마거릿 대처였다.

"자, 마르틴, 이제 세금 이야기를 해봅시다." 나는 인터뷰 상대에게 다시 집중하며 이렇게 말했다.

007

72퍼센트

　북유럽 각 나라를 하나의 통계, 단정적이고 단순하지만 통찰력 있는 하나의 정보로 요약한다면 뭐라고 말할 수 있을까? 아이슬란드는 아마 인구 규모가 아닐까 한다. 인구 규모는 강한 바람이 몰아치는 이 꽁꽁 얼어붙은 섬의 수 세기에 걸친 매력을 모두 일려줄 뿐 아니라, 최근 닥친 금융 위기의 원인을 파헤치는 상당히 강력한 단서다. 나에게 핀란드를 이해할 수 있게 해준 정보는 가장 유명한 처방약 세 가지였다(짚고 넘어가겠다). 스웨덴은 이민자 수이겠고, 노르웨이는 석유기금 국부펀드의 엄청난 규모다.

　덴마크의 결정적 통계는 당연히 세율이다. 덴마크는 세계에서 세율이 제일 높은 나라다. 직접세, 간접세 둘 다. 매장의 물건 값이 제일 비싸고(유럽 평균보다 42퍼센트 비싸다. 심지어 어떤 물건은 노르웨이보다 비싸다), 자동차 가격이 제일 높으며, 레스토랑 밥값이 세계에서 제일 비싸다(최대 150퍼센트). 모두 세금 때문이다. 덴마크에서 책은 사치품이다. 괜찮은 치즈의 가격은 말도 말자.

덴마크 정부는 유권자들의 돈을 어떻게 손에 넣을까? 방법을 한번 살펴보자.

우선 소득세는 기본 세율이 42퍼센트(영국은 20퍼센트)이고, 최고 56퍼센트에 달한다.

그에 더해 1퍼센트가 약간 넘는 '교회 유지세'(선택세이지만 대부분 안 내는 게 귀찮아서 낸다)와 암비ambi라는 세금이 있다. 나는 아직도 '암비'가 실제로 무엇이며 그 돈이 누구 주머니로 들어가는지 정확히 알지 못하지만 고용시장 기여세까지 다 합치면 직접세는 거의 60퍼센트에 달한다.

자기 소유의 주택이 있다면 남은 돈의 5퍼센트 정도는 재산세 명목으로 내줘야 한다. 영국의 컨설팅 그룹 딜로이트의 최근 보고서에 따르면 대출 이자, 수도 요금, 난방비, 수리비까지 넣을 경우 덴마크인은 주택 소유 비용으로 유럽 평균보다 70퍼센트를 더 쓴다. 전기를 사용하면 정부는 76.5퍼센트를 계산에 넣는다.

새 자동차를 구입하면 차 구입비 외에도 180퍼센트를 추가로 내야 한다(내가 요상한 냄새가 나는 차를 15년째 타는 이유다). 휘발유(75퍼센트), 자동차세(연간 약 1000달러) 역시 세계에서 제일 높은 편에 속한다.

부가가치세VAT(상품과 서비스에 붙는 세금으로 덴마크에서는 '몸스

MOMS'라고 부른다)는 25퍼센트로, 음식과 아이들 책을 비롯해 구입하는 사실상의 모든 물건에 부과된다. 하지만 신문은 예외다.

거기서 끝이 아니었다. 몇 년 전 덴마크 정부는 시민들의 건강에 해롭다고 판단되는 베이컨과 버터 같은 제품에 '비만세'를 도입했다. 안타깝게도 많은 덴마크인이 차를 몰고 독일과 스웨덴에 가서 그런 제품을 구입해왔고, 비만세는 결국 폐지됐다. 한편 스웨덴 동부와 덴마크의 셸란섬과 퓐섬을 잇는 덴마크의 아름다운 도로 및 철교는 오래전부터 유료였고, 지금도 편도 40달러가량의 통행료를 매긴다. 그 자체가 일종의 세금이다.

이렇게 해서 덴마크 납세자들에게 부과되는 총 직간접세는 58~72퍼센트다. 즉 덴마크인은 자신이 버는 소득의 3분의 1만 마음대로 쓸 수 있다. 달리 말하면 덴마크에서는 민간 부문에서 일하더라도 적어도 목요일 오전까지는 나라를 위해 일하는 셈이다.

그리고 혹시나 해서 말하는데, 덴마크의 임금은 과도한 세율만큼 높지 않다. OECD가 최근 발표한 총소득 순위에서 덴마크는 6위를 차지해 이일랜드와 미국보다 뒤처졌다. 그렇다고 덴마크 사람들이 월말에 경제적으로 쪼들린다는 뜻은 아니지만.

이제 덴마크의 경제 자유주의자들이 감세를 주장하는 이유를 눈치챘을 것이다. 한 가지 정말 이상한 일, 정작 덴마크인 누구도 실제로 세금에 대해 불평하지 않는다는 사실만 빼고. 약간 징징대기는 하지만 실제로 세율을 어떻게 하거나 바꾸는 문제에서는 좀처럼 찬성표를 던지지 않는다. 덴마크에서는 1970년

대 초반 이후 과세 제도에 반대하는 정당이 나타났다 사라졌다
를 반복했지만, 그중 어떤 정당도 그 공약으로 지속적 성공을 거
두지는 못했다. 현재 감세는 자유연합당의 슬로건으로, 자유연
합당은 지난 선거에서 불과 5퍼센트의 표를 얻었다. 정치인이 유
권자들의 소득 60~70퍼센트를 가로채려 하면 정치인의 머리에
창을 꽂을 만한 나라는 여럿 생각나지만, 덴마크인은 자신들이
세금으로 내는 돈의 액수에 놀랄 만큼 무관심하다. 세금 이야기
가 나오면 눈알을 잠깐 굴리고 어깨를 으쓱하거나 한쪽 눈썹을
치켜올리면서 세금을 약간 낮추는 건 반대하지 않는다는 의사
를 표현할 것이다. 하지만 환자와 실직자가 여전히 지원을 받고,
병원과 학교에 충분한 예산이 배정되고, 무엇보다 중요한 안전망
이 제대로 작동한다는 전제 하에서다.

"사실입니다. 세율 인하는 세계에서 세금을 제일 많이 내는
이 나라에서 생각보다 많은 표를 끌어내지 못했습니다." 중도우
파 지식인 마르틴 오게루프가 한숨을 쉬며 동의했다. 많은 덴마
크인에게 높은 세금은 집단적 희생의 궁극적 상징처럼 보인다.

덴마크 주간지 『위켄아비센』의 편집자 안네 크누센은 베테랑
인류학자이기도 하다. 그녀는 특히 덴마크의 복지제도에 관심을
갖고 무엇이 덴마크인을 움직이게 만드는지 오랫동안 연구해왔
다. 크누센은 덴마크 공공 부문의 규모에 우려를 표했으며, 덴마
크인과 조세 부담의 관계를 설명하는 이론을 제시했다.

"'나 세금 많이 내'라는 자부심의 문제입니다. 자선처럼 지위의
표현이죠. 그래서 외스테르브로(코펜하겐의 중산층 보헤미안들이 사

는 동네)에 사는 사람들 30퍼센트가 적녹연맹당Enhedslisten(덴마크의 극좌 주요 정당)에 투표하는 겁니다."

크누센의 이론은 나의 덴마크 친구이자 과학 서술가 토르 뇌레트라네르스가 상술한 흥미로운 이론과 일치한다. 뇌레트라네르스는 2005년에 발간한 책 『왜 사랑에 빠지면 착해지는가The Generous Man』에서 동물이나 인간 사이의 이타적 행동 혹은 과도한 이타성의 표현이 진화적으로 반드시 필요했다는 점을 설명한다. 공작은 부담스러울 정도로 많은 깃털을 과시함으로써 자신의 강인함을 드러낸다. 헤지펀드 매니저는 터무니없이 비싼 벤틀리를 몰면서 본인의 성공을 과시한다. 아마 덴마크인은 자기네 방식으로 다른 나라 사람들은 물론 서로 얼마나 '오우에르스쿠드overskud'(과도 또는 과잉을 뜻하는 유용한 덴마크어)한지 드러낸다. 지나치게 높은 세금을 기꺼이 냄으로써 이렇게 말하려는 것이다. "나는 이렇게나 성공했어." "우리 사회는 이렇게나 성공했어. 세금 72퍼센트는 우리처럼 부유하고 성공한 사람들한테는 일도 아니야."

뭐, 한 가지 이론이니까. 그런데 덴마크인은 정말로 그렇게 욕심이 없고 이타적일까? 정말 내는 세금만큼 돌려받고 있을까? 아니면 약삭빠른 정치적 속임수의 희생양들일까?

밀턴 프리드먼과 로즈 프리드먼 부부는 1980년대에 출간한 자유 시장에 대한 저서 『선택할 자유Free to Choose』에서 돈을 쓰는 네 가지 방법을 자세히 소개했다.

본인 돈을 본인에게 쓴다

본인 돈을 다른 사람에게 쓴다

다른 사람 돈을 본인에게 쓴다

다른 사람 돈을 다른 사람에게 쓴다

　분명하게 알 수 있는 사실은 마지막 방법에 가까울수록 소비는 더 무책임해진다는 것이다. 덴마크인은─처음도 아니지만─프리드먼 부부의 생각에 동의하지 않는다. 덴마크인이 소득의 상당 부분을 사회를 위해 기꺼이 내는 데는 두 가지 동기가 작용하는 듯하다. 첫째, 자기네 정부가 돈을 현명하게 쓰리라 믿는다. "덴마크인이 기꺼이 세금을 내는 이유는 우리가 특별히 욕심 없는 사람들이라서가 아닙니다. 그 대가로 중요한 무언가를 받는다고 느끼기 때문입니다. 가령 제대로 된 학교와 병원이 있죠. 세금을 낼 만한 가치가 있는 돈으로 보는 겁니다." 오르후스 대학교의 교수 크리스토페르 그렌페데르센은 최근 덴마크의 한 신문사와 인터뷰하면서 이렇게 말했다.

　두 번째 이유는 덴마크인이 공공심이 매우 강한 사람들, 즉 각자의 채탄 막장에서 힘들게 일하면서도 차세대 창업 지원이나 학교 컴퓨터 생각만 하기 때문이다. 거듭된 여론조사에서 덴마크인 대부분은 국고 잉여금이 발생할 때 감세보다는 그 잉여금이 복지 개선에 쓰이기를 더 바랐다. 그리고 참고로 어디서 어떻게 통계를 내느냐에 따라서 다르겠지만, 이 나라는 GDP 대비 1인당 공공 부문 지출(26~29퍼센트) 면에서 이미 세계 1~3위를 차지한다.

덴마크인은 어떤 연유인지, 사회 전반에서 경제적 평등이 얼마나 중요한지 본능적으로 이해한다. 윌킨슨과 피킷의 저서 『평등이 답이다』에도 나오듯이. 아니면 덴마크인이 자신들 나라의 막대한 공공 부문에 만족하는 더 이기적인 다른 이유가 있을까? 유감스럽게도 그렇다. 아주 단순한 이유다.

덴마크 성인 인구의 절반 이상—어떤 통계에 따르면 3분의 2 이상—이 공공 부문에서 일하거나 사회보장 급여의 형태로 공공 부문에서 재정 지원을 받기 때문이다. 이런 마당에 덴마크인이 감세로 생긴 자금으로 운영되는 공공 부문 규모 축소에 찬성표를 던진다는 생각은 칠면조가 추수감사절 행사에 찬성표를 던지는 것이나 다름없다. 덴마크인 대다수는 언제나 현상 유지에 표를 던질 것이다. 생계가 달려 있기 때문이다.

뿐만 아니라 덴마크인은 세계의 다른 나라가 몰랐으면 하는 몇 가지 재정 비밀을 가지고 있으며, 그 비밀은 세금을 성인군자처럼 수용하는 듯한 모습을 더 의심스러워 보이게 만든다.

우선 덴마크인은 암시장에 열광한다. 토르벤 드라니에스가 이끄는 록울재단 연구팀은 최근 덴마크의 암시장에 관한 통계 자료 몇 가지를 발표해 언론의 머리기사를 장식했다. 이 조사에서 덴마크인 50퍼센트 이상이 전년도에 세금을 내지 않고 상품이나 서비스를 구입한 적이 있으며, 30퍼센트는 가격이 괜찮았으면 사고 싶었을 거라고 인정했다.

"80퍼센트가 넘습니다. 거의 모든 사람이라고요!" 코펜하겐 중부에 위치한 자신의 사무실에서 트라네스가 경이로워하며 말했다. "하지만 이중 잣대는 아닙니다. 저는 이를 '고차적 도덕'이라 부릅니다. 사람들은 본인이 일을 하고 소득세를 내기 때문에 집에 와서 [배관공이라면] 이웃을 도와 싱크대를 고쳐주고 100크로네를 받을 수 있다고 믿습니다."

정치인들은 덴마크 민간 부문의 더 큰 이익을 위해 공공 부문 근로자와 보조금 청구자들의 탈세를 눈감아준다. 그리고 민간 부문은 이들 공공 부문 근로자들의 월급과 보조금 청구자들의 보조금을 지급한다. 대단히 실용적이며, 실제로 스웨덴, 노르웨이, 핀란드에서도 볼 수 있는 무척 스칸디나비아스러운 해결책이다.

이 신중하고 인색한 루터교도 덴마크인의 두 번째 별난 비밀은 세계에서 제일 많은 엄청난 수준의 개인 부채다. 덴마크의 국가 부채는 EU 평균의 절반으로 비교적 적지만, 최근 IMF가 경고하기를 덴마크인들은 구치 안경을 사려고 빚을 낸다. 오늘날 덴마크의 가구당 소득 대비 부채율은 서양의 모든 나라 중에서 제일 높다. 덴마크인의 평균 부채는 연간 소득의 310퍼센트에 이른다. 포르투갈인이나 스페인인의 두 배 이상이며, 이탈리아인의 네 배다. 놀라운 수치이지만, 덴마크 언론이나 식사 자리에서는 잘 나오지 않는 이야기다. 물론 이 와중에도 방탕하고 게으를 뿐 아니라 '오늘만 보고 사는' 남유럽 사람들을 향한 부러운 시선을 거두지 않는다.

덴마크인의 높은 부채 수준에는 덴마크 자유당Venstre, 덴마크 공

식 명칭은 좌파이자 덴마크 자유당이지만 우파로 분류되는 정당이 2003년에 도입한 재앙 수준의 이자 상환 대출도 한몫했다. 이 대출 방식으로 인해 그 후 몇 년간 부동산 붐이 일어 일부 부동산 가격은 최고 1200퍼센트까지 치솟았고, 많은 집주인은 새로운 자산 가치를 담보로 고액을 대출받았다(오늘날 모든 주택 대출의 절반 이상이 이러한 '분할 상환' 방식이다). 부동산 가격이 계속 오르는 동안은 아무 문제가 없었지만, 부동산 거품이 꺼지면서 집값은 2008년부터 곤두박질쳐 많은 사람이 역자산 상태담보 잡힌 주택 가격이 갚아야 할 대출금 액수보다 낮은 상황에 처했다. 오늘날 상환 능력이 있는 사람들은 거의 전부 연금 수령자로, 무이자 대출 상품이 출시되기 전에 융자금을 전액 상환한 이들이다. 엄청난 빚더미에 올라앉은 30~40대는 내가 아는 정확한 경제 용어로 '망했다'. 무엇보다 덴마크인의 생산성이 자신들의 지출을 감당할 수준 근처에도 간 적이 없기 때문이다. 결국 무엇이든 간에 해결책이 요구된다.

아마 빚보다 더 걱정스러운 일은 덴마크인이 대출에 열광하는 만큼이나 저축을 싫어한다는 사실일 것이다. 치명적인 조합이다. "모든 길 니라에서 내주는데 왜 저축을 해? 세금을 이렇게 많이 내니까 저축은 필요 없어." 오우에 카이 페데르센은 덴마크인이 저축을 대하는 태도를 이렇게 설명했다. 덴마크인은 서구 국가 중 저축을 제일 적게 한다. 저축률이 연간 소득의 1퍼센트로, 다른 서구 국가의 평균 5.7퍼센트와 비교된다. 페데르센은 여전히 침착해 보였다. "덴마크는 세계에서 연금 기금의 규모가 가장 큰 나라이기 때문에 연금이 보장됩니다. 대출은 연금으로 갚을 수

있으니까 괜찮습니다. 문제이긴 하나 그리스나 미국과 달리 다음 세대에 영향을 주지는 않습니다."

페데르센의 사무실을 나와 녹음이 우거지고 대저택이 늘어선 프레데릭스베르 거리를 걸어 내려오는데 문득 이런 생각이 들었다. 저축과 대출을 대하는 덴마크인의 '오늘을 위해 산다'는 식의 태도가 실제로 덴마크인의 행복이 가진 또 다른 얼굴일까? 경제학자, 심지어는 나 같은 경제 무식자가 보기에도 덴마크인의 대출과 소비 방식은 자살 행위 같지만, 어쨌거나 덴마크인은 최후의 승자가 될까? 그들의 말처럼 죽은 뒤에 돈을 싸들고 갈 수는 없지만 빚 역시 저승까지 따라가지는 않는다. 덴마크인은 적자 상태로 마음 편히 사는데, 사실상 그게 은행 돈을 대하는 올바른 자세 아닐까? 은행이 지난 수년 동안 정직성의 귀감이 된 것도 아닌데 고객이라고 달라야 할 이유가 있을까?

그럼에도 역설적이기는 하다. 덴마크인이 한 손으로는 자기가 번 돈을 정부에 기쁜 마음으로 낸다고 주장하면서, 다른 손으로는 근사한 독일제 자동차와 뱅앤올룹슨 텔레비전, 가끔 가는 푸켓 휴가 비용과 누런 봉투에 담아 폴란드 건축회사에 줄 돈을 마련하느라 온라인으로 대출을 신청하는 현실 말이다.

알고 보니 덴마크인은 이쪽으로 전력이 있었다. 1694년 코펜하겐 영국 대사 로버트 몰즈워스는 『덴마크 이야기』라는 회고록에 다음과 같이 기록했다.

덴마크는 심하게 높은 세금으로 골치를 썩는 나라다. 그 결과 모든 사람이 온갖 방법으로 탈세를 한다 (…) 이 모든 조세 제도는 도덕성에 기대서는 지속 불가능하리라 본다. 세금 부담은 이미 너무 커서 덴마크인은 자신들의 나라를 침략자로부터 지키기보다 차라리 침략당하길 바란다. 잃을 재산이 없기 때문이다.

덴마크인은 그리스인과 똑같은 행동 유형을 보이는 듯하다. 하지만 어떤 이유에서인지 덴마크인의 이미지는 더럽혀지지 않은 채 그대로다. 최소한 그 이유만으로도 덴마크인을 존경해야 마땅하다.

008

>
>
>

따뜻한 욕조에서 먹는 샌드위치

이상하지 않은가? 느긋한 삶의 방식, 중도파의 합의 기반 사회, 여유롭고 태평하기로 유명한 나라의 국민이 사실은 그토록 경제 극단주의자들이라니. 복지제도 극단주의자, 대출과 부채 극단주의자, 세금 극단주의자, (적은) 근무 시간 극단주의자 등등.

누군가는 이렇게 생각할 것이다. 세계에서 세율이 가장 높고 공공 부문 지출이 가장 많으며 지난 30~40년 동안 매년 약 2퍼센트 비율로 성장한 사회복지제도를 갖춘 나라니까 당연히 공공서비스와 병원, 교통 체계, 학교도 최고일 거라고. 그렇지 않은가? 덴마크인은 세계에서 가장 행복한 국민인 동시에 더 구체적이고 통계 자료로 입증할 수 있는 분야에서도 1위─아니면 최소한 상위권─를 해야 한다고. 그렇지 않은가?

하지만 정밀한 통계에서 덴마크의 성적이 늘 좋은 것만은 아니다. 일반적인 용어로 UN 인간개발지수, 즉 기대 수명과 문해력, 1인당 국민총소득 등을 바탕으로 한 나라의 개발 정도를 평가하는 조사에서 덴마크는 16위를 기록하는데, 아일랜드, 한국, 그리고 핀란드를 제외한 모든 북유럽 나라보다 뒤처졌다.

더 구체적인 예로, 가장 널리 인정받는 국제 학업 평가 순위표인 국제학업성취도평가PISA는 덴마크의 교육 제도를 특히 낮게 평가한다. 2009년 보고서에서는 덴마크를 주요 부문에서 상위 30개국 중 하위 3위로 꼽았다. 과학 부문은 영국보다 낮았는데, 이는 실제로 의미심장하다(반면 핀란드는 한결같이 1위 아니면 상위권이었다).

"누가 관심이나 가질까요? PISA는 덴마크 상황에서는 실제로 중요치 않은 부분을 평가합니다. 사회성, 협동심, 연민, 팀워크 능력을 평가하면 덴마크가 1등입니다." 내가 덴마크의 낮은 PISA 성적을 꺼내자 오우에 카이 페데르센은 이렇게 답했다. 내 생각에는 페데르센에게도 어느 정도 책임이 있는데, 오랫동안 덴마크 교육위원회 의장을 지냈기 때문이다. 페데르센은 수평적 구조의 중소기업이 많은 현대의 덴마크에서는 이러한 사회적 기술이 읽기, 쓰기, 연산 점수를 잘 받는 것보다 훨씬 더 중요하다고 지적했다.

안타깝게도 보고서가 나온 직후에 덴마크 국영 텔레비전&라디오 방송사인 덴마크 방송협회DR는 16세 덴마크 학생들의 수업과 16세 중국 학생들의 수업을 수학, 창의력, 사회성, 영어 네 부문에서 비교하는 흥미로운 4부작 다큐멘터리를 방송했다. 덴마크인 대부분이 수학은 중국 학생들이 더 잘하겠지만, 덴마크 아이들이 사회성, 창의력, 영어 실력에서는 더 우수하리라 예상했다. 하지만 결과적으로 그 다큐멘터리는 덴마크의 교육 제도와 시청자, 덴마크 정부에 큰 충격을 안겼다. 덴마크 아이들이 첫 세 개 부문, 즉 수학, 창의력, 사회성에서 중국 아이들에게 크게 뒤처진 것이다. 영어 능력만 앞섰다. (그 무엇도 당시 수업 시간을 늘리는 방안을 반대하던 교사 노조에는 도움이 되지 않았다. 덴마크 교사들은 유럽 어느 나라의 교사들보다 실제 수업 시간이 더 적었는데도 불구하고 말이다. 교사들은 그 싸움에서 졌다.)

짧은 경험이지만, 지난 몇 년 동안 내가 겪은 덴마크의 공공서비스는 질적으로 고르지 못했다. 의료 서비스의 경우, 내 큰아들이 태어났을 때 최첨단 서비스를 경험했다. 훌륭한 조산사와 따뜻한 욕조에 샌드위치까지. 둘째 아이가 태어났을 때는 제3세계의 경계선에 있는 듯한 경험을 했다. 조산사들은 천천히 끓어오르는 스튜를 들여다보기라도 하듯 태평스럽게 분만실을 어슬렁거리며 오갔고, 나중에는 약간 허둥거리기까지 했다. 그 외에 직접 경험한 대단한 지식은 없고 아낌없는 찬사부터 무능력을 보여주는 오싹한 일화들뿐이다. 즉 덴마크의 의료 서비스는 여느 나라의 국민 의료 서비스와 별반 다르지 않다.

실제로 최근에 이런 현실을 단적으로 보여주는 경험을 했다. 덴마크 시골 지역 의료 서비스의 상당한 예산 삭감과 관련된 일이다. 막내아들의 눈에 이상이 생겨 집에서 제일 가까운 병원

응급실로 갔다. 집에서 50킬로미터쯤 떨어진 병원이었다. 대기실이 꽉 차서 나는 두 손으로 눈을 감싸 쥔 아들을 딱 하나 비어 있는 자리로 데려가 앉혔다. 옆자리에는 기상천외할 정도로 뚱뚱하고 문신을 새긴 가족이 자신들과 체형이 비슷한 원통형으로 생긴 닥스훈트를 데려와 앉아 있었다('비만이 응급 상황인가?' 접수처에서 하릴없이 차례를 기다리며 생각했다. 그 사람들이 보기에는 그렇겠지).

마침내 우리 차례가 왔는데 의사가 아들을 진료할 수 없다고 했다. 예약을 하지 않아서란다. 듣도 보도 못한 이유였다. 응급 상황인데 예약이라고? 최근 시작한 비용 절감 정책 때문이라고 접수처 직원이 한숨을 쉬며 말했다. 진료 시스템을 간소화하기 위해서란다.

"아이고, 미안합니다! 다음에는 꼭 먼저 전화하고 올게요. 누군가 다치기도 전에 말이죠." 나는 점잖게 혀를 차며 앞 못 보는 아들을 데리고 병원을 빠져나왔다.

의료 서비스를 위해 내는 소득의 비율을 생각하면 덴마크인이 치과나 안과 신료비는 물론 처방약에 돈을 또 지불해야 한다는 사실 역시 놀랍다(영국보다 비싸다. 영국에도 세금으로 운영되는 무상 국민의료보험이 있다). 덴마크에서는 물리치료와 정신과 치료비용의 대부분도 국민이 내야 한다. 둘 다 영국에서는 무료다. 구급차 서비스조차 민간 기업에서 운영한다. 아마 이 때문에 덴마크인은 북유럽 형제들 중 건강 상태가 가장 나쁜 듯싶다. 앞에서 살펴봤듯이 덴마크는 유럽에서 암 발병률이 가장 높고, 기대 수명이 제일 낮다(78.4세). 또 설탕 중독자들처럼 보인다. 1인당 사탕 소비량이 세계에서 가장 높다(연간 7.81킬로그램). 또한 덜 놀랍기는 하지만 세계에서 가공 돈육 제품 소비량이 가장 많으며, 최근에 이 문제로 건강 유해성 경고가 수차례 내려졌다고 한다(내가 찾은 한 자료에 따르면 덴마크인 1인당 죽은 돼지고기 섭취량은 매년 65킬로그램에 달한다). 그리고 금연을 꺼린다는 사실도 입증했다. 아마 가장 큰 이유는 덴마크에 영향력 있는 담배업계가 있고, 또 국민에게 많은 사랑을 받으며 장수 중인 여왕이 유명한 흡연자이기 때문이다. 흡연은 2007년 덴마크 교내 안에서만 금지됐다.

덴마크 교육 제도와 관련해서는 물론 직접 경험해보지는 못했지만 현재 내 아이들이 덴마크 교육을 받고 있다. 처음에는 폴케스콜레folkeskole라고 부르는 공립기초학교에 다녔다. 공립기초학교는 1800년대 초반에 생겼으며, 덴마크의 지속적 평등은 물론 국가 정체성의 핵심 요소다. 사회주의국민당의 전 총수였던 빌리 쇠운달은 언젠가 이렇게 말했다. "공립기초학교는 영재교육기관의 좋은 모범으로, 다양한 사회 계층의 아이들을 한자리에 모으고 우리 사회를 결속시킵니다." 나는 쇠운달(장관 자리에 앉은 즉시 본인의 원칙을 버린 전형적인 좌익 인사)의 의견에 거의 동의하지 않지만, 공립기초학교가 덴마크의 사회적 결속을 강화하는 핵심 요소라는 말은 맞다. 하지만 덴마크의 학교들이 성적이 우수한 학생들의 잠재적 성과를 중하위권 학생들을 위해 희생시킨다는 우려가 커지고 있다. 수업 수준을 낮춰 최하위권 학생들을 수업에 참여시키고 시험은 등한시한다. 이런 말을 하면 정신 나간 반동주의자처럼 들린다는 점을 알지만, 실제 교육은 뒷전이고 사회성에만 지나치게 집중하는 것처럼 보인다.

우리 부부는 결국 아이들을 프리바트스콜레privatskole, 즉 사립학교로 전학시켰다. 사립학교는 의자로 서로 머리를 때리지 못하게 하는 등의 일을 더 강조했다(덴마크의 사립학교는 국가에서 재정 지원을 받으며 부모는 형식적인 추가 수업료만 낸다).

곧잘 위태로워지는 덴마크의 공공 서비스의 상태―늘 힘겹게 나아가는 철도 시스템과 기대에 못 미치는 병원, 상대적으로 열악한 학교―를 생각하면 할수록 그럼에도 불구하고 덴마크인이 여전히 자신들이 낸 세금만큼 돌려받고 있다고 느끼는 까닭은 그 세금이 어디에 쓰이는지 정확히 몰라서가 아닐까 하는 생각이 들기 시작했다. 얼마 전 자유연합당(우파 자유주의 경제 정당)의 국회의원 한 명이 모든 공공 지출 내역을 개인별 소득신고서에 상세하게 기재해 국민이 자기가 낸 세금 중 얼마가 교육비로 들어가고, 얼마가 국방비로 들어가는지 알 수 있게 하자는 제안을 했다. 그리 획기적인 아이디어 같지도 않지만, 당연히 의회에서 격렬한 항의가 있었고 그 제안은 무산되었다. 하지만 그렇게 나쁜 아이디어였을까? 그 많은 세금은 다 어디로 가는 걸까?

"실업자들의 취업을 활성화하는 데 덴마크 돈으로 200억 크로네가량 듭니다. 우리는 상당히 비싼 보육 제도를 운영하고 있으며, 물론 이전지출transfer payment, 사회보장금·보조금 등 정부가 경제 주체에게 일방적으로 지급하는 비용이 있습니다." 마르틴 오게루프는 연금, 실직수당, 질병수당, 자녀 양육비, 주택수당, 학비 보조금에 들어가는 수억 크로네를 언급했다. 또 덴마크인 100만 명이 주택수당을 받고 있으며, 연금 기금은 근본적으로 무한하다고 말했다.

잠시 합창단 이야기로 돌아가보자. '보헤미안 랩소디'의 복잡한 부분을 합창하면서 깨달은 사실인데, 수백 명으로 이루어진 합창단의 단원일 때 아무 기여도 하지 않으면서 그 집단의 일원으로 남아 있기란 꽤나 쉽다. 아무 생각 없이 입만 벙긋거려도 누구 하나 뭐라고 하지 않는다. 자기 목소리에 집중하느라 정신이 없기 때문이다. 쉽게 농땡이를 칠 수 있다.

너무 많은 덴마크인이 너무 긴 세월 동안 그래왔다는 공감대가 형성되고 있다. 최근 언론에서 가장 유명한 도우네 로베르트 Dovne Robert(게으른 로베르트)라는 남자가 있다. 로베르트는 좋은 교육을 받고 신체 건강한 30대 남자이지만 11년 넘게 복지 수당을 받으며 살았다. 자기가 가진 스트라디바리우스 바이올린으로 마에스트로처럼 제도를 능수능란하게 악용한 것이다. 물론 거센 반발이 있었고 덕분에 논의가 약간 진전된 것 같지만, 로베르트는 현재 언론의 유명인사로 잘 먹고 잘 살고 있으며 여전히 실직 상태다.

당연히 덴마크는 말 많고 광범위한 개혁을 이를 악물고 단행해야 한다. 스웨덴이 1990년대 초반 금융 위기 이후에 어쩔 수 없이 시행하면서 결국 훨씬 강한 나라로 성장한 것처럼. 덴마크의 공공 부문과 세율이 계속해서 늘어날 수는 없다. 서구 세계 전반이 그렇듯이 덴마크 인구도 고령화되고 있으며, 노동 인구는 줄고 출산율은 20년 만에 최저치를 기록했다. 문제는, 엄청난 반발이 일기야 하겠지만, 어떤 정치인과 정당이 꼭 필요한 결정을 내릴 용기가 있느냐 그 하나뿐이다.

덴마크인은 아주 힘든 몇 가지 선택을 앞두고 있는 듯하다. 덴마크의 장기적인 경제 안정뿐 아니라 큰 자랑으로 여기는 행복으로 직결될 수 있는 선택. 그들 스스로도 그렇게 느낄까? 내가 심하게 개인주의적인 대처의 후손이며 '탐욕은 좋은 것'이라는 분위기가 만연한 영국에서 어린 시절을 보낸 탓에 덴마크 같은 집단주의 사회의 좋은 면을 보지 못하는 걸까? 결국 어느 쪽이 더 가난하고 범죄율이 높으며 더 불평등할까? 덴마크인 아니면 영국인? 누가 더 행복할까? 이제 덴마크 모델의 가장 유명한 지지자에게 덴마크 모델을 옹호하는 주장을 들어볼 차례다.

009

호박벌

모든 것이 정말 낯익지만 정확히 왜 그런지는 모르겠다. 나는 덴마크 국회 건물, 즉 크리스티안스보르 궁전에 처음 들어와서 압도적인 기시감을 경험하는 중이다.

아침 일찍 도착해 사실상 존재하지 않는 보안 시스템을 침착하게 통과했다. 내 몸 어딘가에서 금속 탐지기가 소리를 냈지만 아무도 저지하는 사람이 없어 안내 데스크까지 곧장 걸어갔다. 최근 수많은 테러 위협과 실제 공격을 받은 나라치고는 한결같이 놀랍도록 태평해 보였다.

깔끔한 정장 차림의 키 큰 여성이 도착했고, 나는 그 여성을 따라 으리으리한 계단을 오르고 웅장한 복도를 지나 마침내 축구 경기장 절반쯤 되는 천장이 높은 사무실로 안내를 받아 들어갔다. 사무실은 덴마크의 전통 탁자와 의자, 유화로 그린 커다란 추상화로 장식되어 있었다.

소름이 돋았다. 나는 이곳을 안다. 와본 적이 있다. 그때 덴마크 정계의 원로이자 다년간 덴마크 조세 정책의 주요 설계자였으며, 현재 하원의장이자 제1여당인 사회민주당 의장인 모겐스 뤼케토프트가 들어왔고, 나는 왜 이런 기분이 드는지 갑자기 깨달았다.

"여총리 비르기트!" 나는 방 안을 둘러보며 소리쳤다. 뤼케토프트는 얼굴을 찡그렸고 약간 걱정스러워하는 눈치였다. "여기가 왜 그렇게 낯익어 보이는지 그 이유를 생각하고 있었습니다. 텔레비전 드라마 「여총리 비르기트」 때문이었네요."

「여총리 비르기트」는 허구의 여성 덴마크 총리 비르기트 뉘보르가 주인공으로 나오는 드라마로, 크리스티안스보르 궁전 인형 세트장에서 촬영했다. 영국과 미국 텔레비전에서 큰 인기를 누렸으며, 물론 이곳 덴마크에서도 일요일 밤마다 전 국민의 절반이 시청했다. 드라마의 줄거리는 이상하게도 덴마크 최초의 여성 총리 후보였던 헬레 토르닝 슈미트가 출마한 선거와 비슷하다. 뤼케토프트는 뉘보르에게 소수 여당의 활발한 정치 토론을 다루는 방법을 조언하는 더 나이 들고 부스스한 남자의 현실판으로, 나에 대한 경계를 늦추지 않으며 자리에 앉았다.

1960년대부터 덴마크 정계에서 활약한 뤼케토프트는 지금의 덴마크를 만든 주요 결정이 내려진 거의 모든 현장, 혹은 그 근처에 있었다. 특히 1960년에 세금 부담이 GDP의 25퍼센트에서 두 배로 뛰어 세계에서 가장 높은 비율인 현재의 약 50퍼센트로 인상하기로 한 현장에 있었다.

뤼케토프트는 최근 『덴마크 모델』이라는 소책자를 펴냈다. 책자의 가장 흥미로운 부분은 뤼케토프트가 1981년 국회에 입성한 후 도입에 참여한 수많은 경제 정책과 노동 정책이다. 책자는 덴마크의 소위 '호박벌' 경제를 설명한다. 이 전통적 경제 사상에 따르면 높은 세율과 광범위한 공공 부문 모델이 성장과 혁신, 경쟁을 억제한다. 무겁고 공기 역학적이지 않은 호박벌은 원래 날지 못해야 정상이라고 말하는 물리학 법칙처럼, 작동하지 않아야 정상이지만 벌과 경제 모두 여전히 잘 날고 있다.

"강력한 동기는 성장률과 고용율이 높은 경쟁력 있는 사회, 동시에 경제적으로는 세계 거의 모든 나라보다 사람들 사이의 격차가 적고 화합과 사회보장은 더 잘 되는 사회를 만드는 것이었습니다."

뤼케토프트에 따르면 전쟁 이후 덴마크가 거둔 성공은 부의 재분배와 인력 시장의 유연성, 그리고 많은 복지 혜택이 뒷받침된 덕분이었다. "우리는 다른 유럽 국가들보다 더 유연합니다. 우리에게는 사람들이 일자리를 잃어도 가난해지지 않게 보장하고 새로운 일자리를 찾을 수 있도록 도울 의무가 있습니다. 이러한 지원이 우리가 가진 능력과 더해질 때 유능한 노동력을 육성할 수 있습니다."

뤼케토프트는 세금이 노동과 혁신, 위험 감수 의욕을 꺾는다는 보수당의 주장을 수용하지 않을까? 물론이다. 미국과 덴마크

중산층의 가처분소득을 비교할 때 보육비와 의료보험료 같은 비용을 고려하면 두 나라는 같은 수준이라고 뤼케토프트는 말한다. 덴마크에서는 이 모든 비용이 무료다. 보육비의 75퍼센트는 나라에서 내며, 의료비와 노인 부양비도 당연히 무상이다. 반면 미국에서는 세금을 더 적게 내지만 이런 서비스를 유상으로 이용해야 한다. 그저 어느 단계에서 돈을 내느냐의 문제다.

"진짜 차이는 병에 걸리거나 실직 위험이 높은 사람들은 덴마크 제도에서 더 살기 편하고, 고소득자들은 그렇지 않다는 겁니다. 그들은 다른 나라에서 살기 좋겠죠. 그렇다고 이 말이 성공한 사람들과 고숙련 근로자들이 세금을 안 내려고 덴마크에서 다른 나라로 빠져나간다는 뜻일까요? 그게 진짜 중요한 문제입니다." 노련한 정치인들은 자신들이 답을 모르는 질문은 좀처럼 하지 않지만, 뤼케토프트는 그 답을 안다. 하지만 뒷받침할 증거가 없다고 말한다. 부를 창출하는 노동력이 덴마크에 있으며 두뇌 유출은 없다면서.

현재로서는 두뇌 유출을 수량화하기가 몹시 어렵지만, 내가 보고 들은 바로는 뉴욕과 런던에 창의적이고 야심 있는 덴마크 이민자들이 넘쳐난다. 몇 년 전 『뉴욕타임스』는 「젊은 노동자들이 세금이 낮은 나라로 도피하는 통에 쪼들리는 덴마크」를 머리기사로 실었으며, 덴마크산업연맹은 높은 세금이 인재를 해외로 내몬다며 지난 몇 년간 수시로 불만을 제기했다.

나 역시 이 책에서 덴마크의 낮은 PISA 성적과 의료 서비스에 대한 불만을 언급하고, 덴마크의 국영 철도회사 단스케 스타트스바네르DSB가 최근 파산을 겨우 면했다는 점을 언급한다. 뤼케토프트는 덴마크 납세자들이 내는 세금만큼 충분히 돌려받는다고 생각할까?

"공공 서비스가 낙후된 외딴 지역들이 있습니다. 당연히 문제가 있지만 보완 중입니다." 뤼케토프트가 조심스럽게 인정했다.

나는 스웨덴 경제가 덴마크 경제보다 훨씬 앞서가며 오랫동안 그래왔다고 생각한다. 덴마크는 국민총생산BNP, 독일어 Brutto National Produkt의 약자로 GNP와 같다 순위표에서 서서히 하락세인 반면 스웨덴은 자리를 지키고 있다.『워싱턴포스트』는 스웨덴을 '회복계의 록스타'라고 칭했고, 최근『이코노미스트』의 북유럽 지역을 칭찬하는 특별 기사 대부분은 사실 덴마크 북쪽에 있는 이웃 스웨덴에 관한 내용이었다. 하지만 덴마크의 민첩하고 대응성 높은 유연안정성 제도와 관대한 노동법, 많은 복지 혜택과는 대조적으로 스웨덴은 고용법이 훨씬 더 엄격하고 복지 혜택은 더 적으며 고용 안정성은 훨씬 더 높다(한편 스웨덴은 세계경제포럼의 국가경쟁력지수에서 4위에 오른 반면 덴마크는 불과 1년 만에 8위에서 12위로 급락했다. 몇 년 전만 해도 3위였는데). OECD에 따르면 덴마크는 전체 북유럽 국가 중에서 1인당 BNP가 제일 낮지만 스웨덴은 상위 10위권을 계속 지킬 것으로 예측된다. 많은 사람이 스웨덴의 성공 비결로 세금 삭감, 공공 부문 규모 대폭 축소, 1990년대에 감행한 대규모 민영화 계획을 꼽는다. 덴마크는 이제야 마지못해 그런 개혁을 고민하기 시작했다.

뤼케토프트는 동의하지 않았다.

"그렇죠. 하지만 스웨덴은 금융 위기 때 통화 평가절하를 기회로 활용했으며, 공기업을 대거 매각했습니다. 그런 방법은 지속할 수 없습니다." 다시 말해 스웨덴이 최근 이룬 경제 성과는 외부 요인, 그리고 집안의 은제품을 내다 판 결과라는 것이다.

뤼케토프트는 덴마크에서 가장 높은 평가를 받는 정치인으로 손꼽히며 정치권 전반에서 존경받는 인물이다. 하지만 나는 뤼케토프트가 머리를 모래밭에 파묻은 정도까지는 아니더라도, 소음이 차단되는 고급 헤드폰을 끼고 있나 싶을 뿐이었다.

비만세, 창업 지원, 고성장을 이룬 스웨덴 등의 문제 말고도 많은 전문가가 덴마크 경제에서 가장 우려하는 점은 한심한 생산성 수준이다. 덴마크의 생산성은 1990년대 중반 이후 유럽 평균에 한참 뒤지고 있다. 공공 위원회, 끝없는 신문 칼럼, TV 토론에서까지 그 주제를 다뤘지만, 어째서 덴마크가 다른 나라들만큼 주어진 근무 시간을 활용하지 않는지 누구도 정확한 원인을 알지 못한다.

록울재단의 토르벤 트라네스는 자신이 그 이유를 찾았을지도 모른다고 믿는다. "우리는 사람들에게 10분 간격으로 업무를 기록하게 한 다음 자신들이 말하는 업무량과 실제 업무량을 비교해봤습니다. 연구 결과 사람들은 실제보다 더 많이 일한다고 말하지만, 실제로는 [업무량이] 줄고 있습니다."

트라네스가 하려는 이야기인즉슨 1) 덴마크인은 게으르다 2) 덴마크인은 그 사실을 속인다. 참으로 햄릿의 조국답게 알고 보면 덴마크인은 미루기 대마왕들이다. 근무 시간에 열심히 무언가를 찾아내 생산적이지 않은 그 일에 몰두할 것이다.

"덴마크인[설문에 응한 덴마크인]은 이렇게 말합니다. '맞아요. 평소에 저는 이만큼 일합니다. 하지만 이번 주에는 아이 학교에 이런 일이 있었어요.'" 이 같은 변명은 끝이 없다. 아픈 아이를 간호했다, 치과 진료가 있다 등등. 작업 규모가 클수록 더 심해진다. 그중 회사 대표들이 제일 게을렀다. 트라네스는 말을 이어 갔다. "낮은 생산성의 원인은 많지만 옛날처럼 버티지 않는다는 점이 가장 큰 이유 같습니다."

물론 덴마크의 높은 세금이 낮은 생산성의 원인이라는 일리 있는 지적을 하는 사람들도 있다. 세금이나 더 뜯기고 심지어는 최고 세율로 뜯길 텐데 일을 열심히 해서 뭐합니까? "술과 기름진 음식을 덜 먹게 하려고 주세와 비만세도 부과합니다. 그러니 소득세도 같은 효과를 불러올 것만 같죠. 스웨덴을 보세요. 1990년대 초반에 한계 세율을 대폭 인하했더니 국민이 더 열심히 일하고 시간당 임금도 높아졌잖아요." 마르틴 오게루프가 말했다.

모겐스 뤼케토프트는 세금을 방해 요인으로 보는 이 이야기에 전혀 동의하지 않았다. "글쎄요. 몇 년 전만 하더라도 우리는 세계에서 가장 경쟁력 있는 3개국 안에 들었습니다." 이렇게 반박했지만 생산성이 문제라는 점은 인정했다. 하지만 덴마크인의 게으름이 낮은 생산성의 원인이라기보다는 덴마크는 그저 스스로 이룬 성공의 희생양이었을 뿐이라고 했다. 덴마크 정부는 수많은 노동 인구를 일하게 만드는 데 큰 성공을 거뒀고(21세기로 넘어갈 무렵 호경기에는 사실상 실업자가 없었다), 생산성이 제일 낮은 사회 구성원까지 고용하는 바람에 전체 생산성이 낮아졌다. 한때는 그랬겠지만 실제로는 덴마크가 너무 오랫동안 잘살다보니 그저 전투 의지를 잃은 게 아닐까 싶다. 2013년 6월 덴마크 통계청이 내놓은 또 다른 보고서에 따르면 덴마크인은 심지어 이전에 생각한 것보다 근무 시간이 더 적었다. 주당 28시간이 안 됐다.

"우리가 원하는 근무 시간과 원하는 공공 부문의 혜택이 일치하지 않는 것 같습니다. 저는 덴마크인이 필요한 시간만큼 일하는 걸 좋아하지 않는다고 생각합니다. 그들이 원하는 복지국가 [규모]를 유지하는 데 필요한 시간이요." 이런 생각이 자꾸 든다. 세금을 조금만 낮추고—가령 스웨덴 수준으로— 이전지출, 가령 국방비(그간의 기록을 보면 덴마크 군대가 정확히 무슨 일을 하는지 궁금하기 짝이 없다) 지출을 줄이면 이 모든 상황이 나아질 수 있으며, 덴마크인이 책상에서 보내는 시간을 약간 더 늘리고 미용실에서 보내는 시간을 약간 줄이는 동기를 부여할 수 있다.

그럼에도 불구하고 뤼케토프트의 사무실을 나오면서 갑자기 오싹한 생각이 들었다. 그는 앞으로 언젠가 세금 '인상'에 찬성표를 던지지 않을까?

"이 문제에 관한 제 입장은 절대 밖으로 새나가지 않게 해주세요(내가 알기로 회의는 전부 녹음됐다). 하지만 최소한 조세 제도를 바꿔야 한다고 생각합니다. 자원에 세금을 부과하기 위해서라도."

덴마크 국민이 좀 새겨듣길 바란다.

010

데님 멜빵바지

전설적인 썩은 바나나 지역을 조금 더 살펴볼 시간이다. 이 지역은 세계를 제 집처럼 여기면서 거들먹거리는 나의 코펜하겐 친구들의 말처럼 정말 그렇게 촌스럽고 투박할까? 1박2일 치 짐을 싼 뒤 나의 늙다리 차에 올라타 서쪽으로 향했다. 맞바람이 하도 거세서 늘 긴장되는 웅장한 스토레벨트 대교를 건너 퓐섬에 도착했다.

한스 크리스티안 아네르센은 1805년 퓐섬에서 태어나 독립할 수 있는 나이가 되자마자 고향을 떠났다. 그 이후 별다른 일이 일어나지 않았고, 퓐섬은 많은 덴마크인에게 코펜하겐과 유틀란트반도를 잇는 징검다리일 뿐이다. 유감스러운 일이다. 일단 느린 삶의 속도에 익숙해지면 이곳의 전원지대는 대단히 매력적이다. 특히 섬 남쪽에 있는 텔레토비 동산과 황홀한 너도밤나무 숲, 해변이 참 매력적이다. 퓐섬은 유틀란트반도나 셸란처럼 농산업으로 그렇게 많이 파괴되지 않아서 농장이 더 작고, 여름이면 품질 좋은 농산물도 수확할 수 있다. 봄이나 여름에 차로 시골길을 따라가면 싱싱한 완두콩과 햇감자, 딸기, 아스파라거스를 넉넉히 딸 수 있고, 가을에는 사과, 자두, 체리가 난다. 미국인이라면 이런 과일과 채소를 '가보'라고 하겠지만, 퓐섬 농부들에게는 제철 농산물일 뿐이다.

썩은 바나나의 나머지 지역과 마찬가지로 퓐섬의 인구는 줄어들고, 늙어가고 있다. 차로 칙칙한 콘크리트 블록으로 지은 주택이 늘어선 마을을 돌아보면 반쯤은 버려져 있고 사람 하나 보이지 않는다. 빵집은 문을 닫았고, 정육점은 사라졌고, 식료품점은 비어 있다. 이제 모든 소매활동은 슈퍼마켓 위주로 이루어진다. 도시 외곽의 특색 없는 창고 안에 자리잡은 슈퍼마켓들은, 그렇지 않았다면 포보르처럼 매력적이었을 역사 마을의 생기를 앗아간다.

나는 덴마크의 이 지역을 잘 안다. 처갓집이 여기 있어서다. 그래서 서둘러 유틀란트반도로 향한다(처갓집이 있어서 그런 게 아니라고 부랴부랴 덧붙여본다).

유틀란트반도는 잘 알지 못한다. 갈 때마다 금방 떠나와서 애초에 내가 거기를 왜 갔는지 생각나지 않기 때문이다. 유틀란트는 바람이 많이 불고 거름 냄새가 난다. 주민들은 영국의 요크셔 사람들과 조금 비슷하다. 직설적이고 성마르며, 코펜하겐 사람들과 그들의 복잡한 방식을 싫어하고 약간 속이 좁다는 점에서. 남자들은 데님 멜빵바지를 입고 허세 가득한 작은 스쿠터를 탄다. 그리고 중요한 사실. 여자들은 믿기 어려울 정도로 아름답지만(어째서인지 특히 올보르 여자들) 유틀란트반도는 문화적 놀거리나 자연 쪽으로는 별 볼일이 없다. 셀란섬도 그렇지만(그 외에 어느 사창가에서 듣기로는 소위 '털의 쾌락', 즉 동물 매춘을 즐기는 사람들이 있다고 한다).

유틀란트반도를 재평가해야 할 때일지도 모른다는 생각이 들었다. 다시 한번 기회를 줄 시간. 어쨌든 유틀란트반도에는 덴마크 최고의 해변들이 있고, 덴마크 최고봉(인정하건대 뮐레회이라는 그리 대단치 않은 언덕으로, 런던의 87층 초고층 빌딩 샤드의 절반 높이 약간 넘는 약 180미터)과 레고랜드가 있다. 또 영국의 거석 유적 스톤헨지와 이집트 기자의 피라미드를 합친 덴마크의 유적지이자 나의 첫 번째 목적지인 옐링 스톤이 있는 곳이기도 하다.

덴마크인이라면 누구나 평생 한번쯤은 옐링 스톤에 가야 한다는 불문율이 있다. 옐링 스톤에는 10세기 기념물인 비석 두 개가 있다. 두 비석 중에 먼저 세워진 것은 고름 대왕이 앞서 세상을 떠난 아내 튀라를 추모하고자 한 것이고, 두 번째 비석은 아들 하랄 블루투스가 세웠다. 두 번째 비석은 블루투스 왕 자신만이 아니라 덴마크 왕국의 신앙이 기존에 믿었던 이교도에서 새로 들어온 기독교로 바뀐 사실, 그리고 어떤 의미에서는 덴마크 자체의 탄생을 기념한다. 그도 그럴 것이 최초로 덴마크라는 나라의 이름을 문자로 언급하고 있다.

내가 도착한 화창한 봄날 아침, 덴마크 국기가 옐링 곳곳에서 나부꼈다. 이 전형적인 덴마크 마을에서는 매일같이 국기를 내걸지 않을까 싶었다. 흰털발제비들이 날카로운 소리를 내며 묘비 위로 떨어졌고, 이제 막 깎은 잔디 냄새가 이 목가적 풍경을 완성했다. 비석이 세워진 교회 묘지 맞은편 도로에 위치한 잘 꾸며놓은 관광안내소에서는 싸구려 바이킹 기념품을 팔고 있었다. 병에 담긴 벌꿀주와 고대 북유럽 문자 룬을 새긴 종이 냅킨, 템플 기사단 음악 CD 따위. 한편 전시회에는 대개 발굴 성과가 전무했던 다양한 고고학 발굴지를 기록해놓았다. 덴마크인은 수 세기 동안 옐링 스톤에서 왕실 유물을 찾고 있지만, 만화 주인공 **오벨릭스**프랑스 국민 만화 「아스테릭스」의 주인공으로 선돌을 나르는 배달부가 나르는 선돌만 나온 눈치다.

교회 묘지에 잠시 서서 비석을 바라봤다. 고름의 비석은 오랫동안 교회 안에 주저앉은 채 벤치로 사용됐다. 지금은 덴마크 탄생의 소중한 상징물로 온도가 조절되는 유리 진열장 안에 모셔져 비바람을 피하고 있다. 두 개의 비서─하나는 우체통만 하고, 다른 하나는 그 두 배쯤 된다─에는 한때 파란색과 빨간색이었지만 지금은 빛바랜 희미한 룬 글자로 비문이 새겨져 있다. 비석은 오랜 세월 바람에 깎여 지금은 수감자가 남은 형기를 세느라 교도소 벽에 적은 숫자처럼 보인다. 또 룬 문자는 스칸디나비아에서 최초로 발견된 그리스도의 모습을 형상화하고 있다. 온몸에 나뭇가지를 감고 있는 그리스도의 모습을 토속 신앙처럼 묘사해났다. 즉 옐링 스톤은 초기 왕실의 홍보 수단일 뿐 아니라 (고름과 하랄 왕 모두 사실 덴마크 전역을 통치하지는 않았지만, 두 사람은 이런 이미지를 보여주고 싶어했다), 그 무엇보다 북유럽 사회의 중요한 특징이 된 사회력을 담은 최초의 기록물이기도 하다. 비록 오늘날에는 금기에 가깝지만. 북유럽 사람들은 대개 나이가 들면서 신앙생활을 그만두고, 모든 기독교 국가 중에서 예배 참석률이 제일 낮으며, 또 오늘날 사회에 미치는 영향력은 거의 이야기되지 않지만, 그들 고유의 기독교인 루터교는 북유럽 사람들의 정신 형성에 중요한 영향을 미쳤을 뿐 아니라 여전히 북유럽 사람들의 행동 방식과 관계를 맺는 방식에 중요한 역할을 한다.

이쯤 되면 어떤 의미에서 옐링 스톤은 북유럽 예외주의의 시작에 바치는 기념비라고 볼 수도 있다. 당시 들어온 기독교, 물론 당시의 가톨릭교는 문명화를 향한 바이킹의 길고 더딘 과정에 시동을 걸었고 유익하지 못한 몇 가지 풍습을 끝냈다. 일부다처제, 노예제, 동족 간의 유혈 갈등 따위다. 그 후 몇 세기 동안 교회는 북유럽 지역의 예술과 문화 발달을 촉진했고, 수도원은 중요한 학문의 전당이 되었다. 코펜하겐의 시조인 압살론 대주교 같은 몇몇 주교는 어떤 왕 못지않게 강하고 피에 굶주린 존재가 되었다. 그리고 그때 마르틴 루터가 교회 문에 위험한 장난을 친 사건이 있었다. 수도사였던 마르틴 루터가 로마 가톨릭교회의 부조리를 담은 95개조 반박문을 교회 문에 써 붙인 일.

스칸디나비아에서 종교개혁은 르네상스보다 더 중요한 사회 문화 운동이었다. T. K. 데리는 북유럽 지역을 다루는 권위 있는 역사서에 이렇게 적는다. "독일에서 만들어진 종교관은 375년 후 고향인 독일에서보다 스칸디나비아에서 훨씬 더 큰 인정을 받았다." 스칸디나비아 사람들의 정신 깊숙한 곳에 자리잡은 무언가가 루터교를 그 종교의 탄생지에서보다 훨씬 더 깊이 받아들이게 만들었다. 루터교의 교리, 그리고 거기서 나온 칼뱅주의와 경건주의는 스칸디나비아 지역에서 더 깊이 뿌리내렸다. 아마 덴마크인이 더 독립적인 구석이 있으며 더 가난하고 고립된 공동체에서 사는 경향이 있어서였을 것이다(적어도 나는 개신교가 가톨릭교보다 신앙심을 표출하는 데 관심이 적으며 각자 내면의 양심에 더 집중하기 때문이라고 믿는다). 또한 당시 막강한 권력을 가진 스웨덴 왕이었던 구스타브 1세가 자기 이익, 주로 정치적 이익 때문에 루터교의 열혈 신자가 되었고 결국 원하는 것을 손에 넣었다.

루터는 가톨릭교회의 패권에 도전했고 뒤돌아보지 않았다. 최소한 스칸디나비아 사람들이 알기로는. 가톨릭교회는 사실상 수십 년 만에 사라졌다. 덴마크와 스웨덴의 왕 모두 새로운 교리를 받아들였다. 물론 기독교가 유럽의 다른 지역에서 받은 박해에 비하면 옛 신앙인 가톨릭교는 비교적 수월하게 지나갔다. 1527년, 덴마크 왕 프레데리크 1세는, 덴마크 국민은 본인이 원하는 방식대로 자유롭게 예배할 권리가 있다고 선포했다. "하느님은 당신 나라의 모든 생명과 재산을 다스리는 왕이자 주권자이시지만 인간의 영혼만은 아니다." (당시 덴마크 영토였던 아이슬란드에서는 루터교 예배에 참석하지 않으면 태형으로 다스렸다고 한다.)

하지만 20세기 후반 세속주의가 루터교의 자리를 꿰찼다. 세속주의는 루터교와 비슷하게 손쉽고 모든 것을 아우르는 효과를 냈다. 요즘 루터교의 인기는 가끔 곰 사냥의 인기와도 비슷해 보인다. 특히 예배 참석률을 기준으로 하면. 현재 그 수치는 스칸디나비아 전역에서 약 2.5퍼센트로 떨어졌다.

그렇다면 오늘날 스칸디나비아에서, 만약 약간이라도 있다면, 루터교의 영향은 어떤 식으로 나타날까?

011

얀테의 법칙

현대의 덴마크인을 보고 경건한 국민이라고 말하지는 못할 것이다. 덴마크의 교회는—비록 공식적으로는 정부와 결코 분리할 수 없지만(스웨덴도 마찬가지다)—대다수 덴마크인의 삶에서그 역할이 점점 줄어드는 추세다. 일요일 예배 참석률은 걷잡을 수 없이 떨어지고, 이혼율은 높아지고, 교회 지도자들은 대중 담론의 주변부로 조용히 밀려나고 있다. 이렇게 말하면 마르틴 루터의 사상이 오늘날 덴마크 사회에서 거의 통용되지 않는다고 생각할 수도 있지만, 루터교의 많은 핵심 원칙—절약, 겸손, 개인주의나 엘리트주의 배격—은 여전히 덴마크인이 다른 사람에게 행동하고 세계의 다른 나라를 바라보는 방식에 중요한 영향을 미친다. 어느 정도는 이 별난 문학적인 인물의 지속적 영향력 덕분이다.

악셀 닐센은 어릴 때 예민하고 병약했으며, 청소년 시절에도 허약하고 몸집이 작았다. 대장장이 아버지를 둔 닐센은 1899년에 북유틀란트의 모르스섬에 있는 나른한 도시 뉘쾨빙에서 태어났다. 현지의 학교에서 기초 교육을 받고 열일곱 살에 바다로 나가 스쿠너 돛대가 두 개 이상인 범선를 타고 캐나다의 뉴펀들랜드로 향했다.

이 여행은 독서광 닐센이 살면서 저지른 수많은 현실 도피 중 첫 번째 시도였다. 두 번째 현실 도피는 불과 몇 주 뒤 대서양의 반대편에서 감행했다. 닐센은 배에서 뛰어내렸다. 하지만 세계는 전쟁 중이었고, 밤마다 이층침대에서 공책에 남몰래 낙서하던 습관은 닐센의 독특한 억양과 더불어 의심을 불러일으켰다. 동료들은 닐센이 독일 스파이일지도 모른다고 의심하기 시작했다. 닐센은 다시 한번 도망쳐 이번에는 스페인을 거쳐 덴마크로 돌아갔다. 배에서 일하는 걸로 뱃삯을 치르면서.

뉘쾨빙으로 돌아왔지만 닐센을 반기는 사람은 거의 없었다. 부모님은 애초에 집을 떠났다는 사실 자체를 못마땅해했고, 닐센이 배에서 뛰어내렸다는 이야기에 더 언짢아했다. 하지만 실제로 닐센의 북미 모험은 그가 꾸며낸 이야기였음이 밝혀졌다. 닐센이 쓴 뉴펀들랜드 모험기는 숱한 거절을 당한 끝에 마침내 『래브라도 여행기Stories from Labrador』라는 제목으로 출간되었다. 노르웨이인 어머니의 고향 근처 지명에서 따온 산데모세라는 필명으로. 그 후 허구와 사실이 섞인 책이 잇따라 나왔고, 평론가들은 그의 문체를 조지프 콘래드폴란드 태생의 영국 소설가의 것에 비유했다. 비록 길고 다소 장황한 글과 섞여 있기는 했지만.

산데모세는 살면서 더 많은 도피를 감행했다. 다음은 노르웨이였다. 1930년에 여러 재정적 사고를 겪은 뒤 아내와 세 아이를 데리고 노르웨이로 도피했다. 다음 책의 판권을 두 군데 출판사에 중복해 판매한 일이 그중 하나였다(이 이야기를 듣고 나는 자책했다). 그리고 제2차 세계대전 기간에 다시 도망쳤다. 이번에는 스웨덴으로. 노르웨이 저항운동에 사소한 일로 연루된 뒤였다. 실제 저항운동을 하던 사람들과 맥주 한두 병을 나눠 마셨을 뿐이었다. 하지만 사람들은 산데모세가 행여 비밀을 누설할까 겁이 나서 그에게 국경을 넘어 이웃 중립국으로 가라고 설득했다. 그 후 1945년에 산데모세는 아내와 세 아이를 버리고 노르웨이로 돌아와 다른 여자와 결혼해 쌍둥이를 낳았다.

사람들이 말하기로, 산데모세는 상당히 불쾌하고 신뢰가 가지 않으며 도덕관념이 없는 몽상가였다. 나중에 산데모세의 한 아들이 소아성애, 근친상간, 동물학대, 중혼 등 온갖 혐의로 아버지를 고소했고, 여기에 노르웨이인 남성을 살해했다는 혐의까지 추가됐다. 나는 최근에 노르웨이 항공 737의 꼬리 부분에 산데모세의 초상화가 그려진 걸 봤다. 회사의 비행기 꼬리에 '노르웨이' 영웅들을 그려넣는 시리즈 중 하나였다. 그는 어울리지 않게 기업의 상징적 인물 역할을 하고 있다.

산데모세의 작품은 요즘은 거의 읽히지 않는다. 딱 하나 『도망자, 지나온 발자취를 다시 밟다A Fugitive Crosses His Tracks』(이

하 『도망자』)라는 소설의 일부분만은 예외다. 뉘쾨빙 사람들이 주인공인, 굳이 실화임을 숨기지 않는 이 실화 소설에서 뉘쾨빙은 '얀테Jante'라는 마을로 등장한다. 뜨거운 논란이 일었다. 덴마크 소도시의 삶과 사람들을 하찮을 뿐 아니라 남을 시기하고 험담하는 데다 편협하고 속물적이며 좀스러운 모습으로 풍자했다는 이유에서였다. 특히 뉘쾨빙 사람들은 화가 나서 식식거렸다. 책은 뉘쾨빙 주민들의 옹졸한 행동을 폭로했고 대부분은 누군지 쉽게 알 수 있었기 때문이다.

덴마크인을 규정한 동시에 괴롭힌 『도망자』의 일부분은 얀테라는 가상의 도시의 시민들이 따른다는 일련의 규칙이다. 이 규칙은 일종의 덴마크식 십계명이라고 할 수 있는 얀테의 법칙Law of Jante, Janteloven을 제시한다. 얀테의 법칙의 영향과 오명은 덴마크를 넘어 북유럽 지역 전체로 확산되었다.

다음이 얀테의 법칙이며, 북유럽 여행을 준비 중이라면 반드시 숙지해야 할 사회 규범이다.

1. 당신이 특별하다고 생각하지 마라.
2. 당신이 남들만큼 좋은 사람이라고 생각하지 마라.
3. 당신이 남들보다 똑똑하다고 생각하지 마라.
4. 당신이 남들보다 더 낫다고 생각히지 마라.
5. 당신이 남들보다 더 많이 안다고 생각하지 마라.
6. 당신이 남들보다 더 중요하다고 생각하지 마라.
7. 당신이 모든 일을 잘한다고 생각하지 마라.

8. 남들을 비웃지 마라.

9. 누구도 당신에게 관심 있을 거라 생각하지 마라.

10. 당신이 남들에게 무엇이든 가르칠 수 있다고 생각하지 마라.

작가의 전기를 조금이라도 안다면 이 규범들은 다소 정신적 문제가 있는 사람이 쓴, 자신들과는 무관한 이야기로 치부하기 쉽다는 생각이 들 것이다. 하지만 실제로 산데모세는 덴마크인을 겨냥했다. 단지 덴마크인만이 아니었다. 얀테의 법칙은 덴마크를 넘어 공감의 물결을 일으켰다. 노르웨이인에게도 얀테의 법칙은 대단히 친숙하다. 앞으로 이야기하겠지만 얀테의 법칙은 스웨덴을 정상화하는 데 훨씬 더 중요한 역할을 한다. 하지만 오늘날 덴마크인 앞에서 이 주제를 꺼내면 그들은 눈알을 몇 번 굴리면서 깊은 한숨을 한두 차례 내쉴 것이다. 그런 현상은 멸종되었고 산데모세의 풍자는 더 이상 무의미하며 덴마크인들 대부분이 소작농이었던 시절에나 통하는 규칙이었다는 이야기를 들을 것이다. 심지어 마르그레테 여왕은 1980년대 어느 신년 연실에서 얀테의 법칙을 비난했다. 오늘날 덴마크인은 자신들이 이룬 업적을 자랑스럽게 생각하고, 삶의 성공을 누리는 사람들을 대표하여 행복해하며, 거리낌 없이 성공을 과시한다. 하지만 조금만 기다리면 '그 지방에서' 얀테의 법칙의 횡포로 고통받은 '친구'나 '친척' 이야기를 들을 수 있을 것이다. 이처럼 숨 막히는 사회적 순응은 덴마크의 더 어두운 곳 어딘가에 여전히 존재할지 모르며, 결국 그들도 인정하겠지만, 코펜하겐에서는 아니다.

덴마크의 수도 코펜하겐은 지나치게 세계화됐고, 코펜하겐 시민들은 지나치게 개인주의적이다. 소셜 미디어, 리얼리티 쇼, 만연한 미국식 소비지상주의에 빠져 있다.

내 경험상 얀테의 법칙은 덴마크 어디에서나 어느 정도는 지켜지고 있지만, 끝없는 세계화의 물결 속에 있는 코펜하겐에서는 더 찾기 힘든 게 사실이다. 유틀란트반도에서 온 사람들과 이야기해보면 확실히 얀테의 법칙은 유틀란트반도, 그리고 특히 더 배타적이고 전통적인 서부 해안 사람들의 태도와 행동을 더 강조한다. 최근 참석했던 한 저녁 파티에서 내 옆자리에 앉은 여자는 자기 고향에서 본 그런 태도가 얼마나 숨 막혔는지를 설명했다. "서해안에서는 전통을 조금이라도 깨거나 뭐가 됐든 야망을 드러내는 사람은 안 좋은 시선을 받았어요. 사람들은 그런 걸 정말 싫어했죠. 모든 사람이 내가 뭘 하는지 속속들이 알고, 어떻게 처신해야 하는지 한마디씩 보탰어요. 거기서 도망칠 수밖에 없었죠. 독립할 수 있는 나이가 되자마자 코펜하겐으로 왔고, 고향엔 자주 가지 않습니다. 자기 고향에 그런 감정을 갖는 건 흔하지만, 유틀란트반도 사람들이 특히 통절하게 느끼는 것 같아요."

그런데 뉘쾨빙은 어떨까? 얀테의 법칙이 탄생한 곳으로 가면 얀테의 법칙의 흔적을 찾을 수 있을까? 뉘쾨빙의 공식명인 뉘쾨빙 모르스는 산데모세의 주장처럼 좀스럽고 저급한 곳일까? 주민들은 본인의 희망과 꿈을 억누르고 서로를 견제하며 '스스로 중요한 존재'라고 생각하지 않으려고 애썼을까? 그렇다면 나는 그 증거를 하나라도 찾을 수 있을까?

뉘쾨빙의 시내 중심가는 덴마크 지방의 다른 모든 시내 중심가와 별다를 바 없어 보였다. 적어도 얼핏 보기에는. 가게 밖 회전 진열대에 생일 카드를 진열해놓은 서점 겸 선물 가게, 흔한 어두운 색 청바지와 폴로셔츠, 그리고 덴마크 남자들이 거의 모든 행사에 입고 가는 스리버튼 재킷을 판매하는 중저가 남성복 매장, 미용실, 담배 가게, 와인 판매점, 술집과 약국이 있었다. 모두 전형적인 소도시의 풍경이었다. 왔던 길을 돌아 내려가면서 가게 이름들을 다시 봤다가 뭔가 흥미로운 것을 발견했다. 가슴이 터질 것 같았다! 가게 이름! 엄청 평범했고 화가 날 정도로 재미없었다. 덴마크인은 틸바게홀덴데tilbageholdende(소극적이거나 '내성적인')라고 말하겠지만, 심지어 약간의 홍보 문구나 상표명조차 없었다.

미용실 이름은 거두절미하고 '헤어'였다. 펍 이름은 '더 펍'이었다. 옷과 신발을 파는 가게는 '옷과 신발'이라는 현란한 이름으로 행인들의 시선을 끌려고 했다. 서점은 보그 한레르Bog Handler, 즉 서적상이었다. 확실히 이웃 가게들의 뻔뻔한 자기 홍보에 감정이 상한 주인 한 명은 상호를 '16번지'로 바꿔버렸다. 또 다른 가게 주인은 오만하게 보일까봐 걱정됐는지 단순하게 쇼펜shoppen, 즉 '가게'라는 이름을 택했다. 이 점주들은 그저 마케팅 능력이 부족한 것이 아니라 판매술이라는 기존의 모든 개념을 반항적으로 포기했다.

오직 한 가게만이 뉘쾨빙 상인 무리에서 용감하게 벗어나 주인의 성을 대담하게 내걸며 튀는 모험을 감행했다. '베티나의 신발Bettina's Shoes'이었다.

'조심해요, 베티나. 이 바닥에서 그런 식의 과시는 눈엣가시니까.' 시내 중심가를 내려가면서 속으로 생각했다.

도서관에서 악셀 산데모세 학회의 회장인 벤트 두폰트에게 얀테의 법칙이 뉘쾨빙이나 덴마크 사회에서 여전히 뚜렷하게 존재한다고 생각하는지 물었다(다 알고 있다는 듯이 내내 카메라를 어루만지면서).

"아니요. 그렇지 않습니다. 산데모세가 그 책을 썼던 당시에는 의미가 있었지만 지금은 그렇지 않습니다. 산데모세가 이야기한 얀테의 법칙, 즉 모든 사람이 서로를 억압하고, 상대방이 주변의 모든 사람과 한통속이라고 믿으며, '당신이 중요한 사람이라고 생각하지 마라'는 식의 태도는 이제 없습니다. 여전히 존재하는 유일한 곳은 덴마크 언론뿐입니다. 유명인, 작가, 영화 제작자, 스포츠 스타들이 언급하죠. 오스카상을 받은 영화감독 빌레 아우구스트가 대표적입니다. 그는 형편없는 영화를 찍고 나서 혹평을 받으면 늘 이렇게 말합니다. '아, 그건 얀테의 법칙입니다. 오늘날 우리에게는 긍정적인 얀테의 법칙이 있죠. '당신이 중요한 사람이라고 생각해라.'" 은퇴한 다정한 선생님 같은 인상의 두폰트가 테가 둥근 안경을 쓰고는 말했다.

나는 말없이 카메라를 켜고 뉘쾨빙 시내에서 찍은 사진들을 보여줬다. 사진을 휙휙 넘기던 두폰트의 얼굴에 찬찬히 미소가 번졌다. 그러다가 마지막에, 정말 다행히도 웃음을 터트렸다. "무슨 말을 하고 싶은지 알겠어요. 소극적인 사람들의 모습이 보이네요."

두폰트의 말처럼 거의 모든 덴마크인이 얀테의 법칙에서 제시하는 태도가 실종되고 있다고 말할 것이다. 내가 15년 전 덴마크에 처음 왔을 때만 해도 그런 태도의 영향을 더 많이 느꼈다. 그때는 내가 어리고 패기 있고 약간 건방졌기 때문일 것이다. 아직 덴마크의 알 수 없는 규범을 배우기 전이었는데, 겉으로는 영국인이나 미국인과 비슷했지만 이내 발견했다. 훨씬 더 깊은 곳에 숨겨진 차이를. 시간이 갈수록 얀테 성향을 지닌 덴마크인과는 자연스럽게 멀어졌다. 사람은 자기와 공통점이 별로 없는 사람과는 친해지기 힘든 법이니까. 하지만 지금도 가끔 평소의 인간관계를 벗어날 때면 그 흔적을 발견한다. 내가 밥벌이로 하는 일과 그동안 했던 일을 설명하려고 할 때면 은근한 경멸에 가까운 혼란의 형태로 나타난다. 나는 때때로 운 좋게 일 때문에 여행을 하고 호화로운 곳에서 잠을 자고 맛있는 음식을 실컷 먹고 비싼 차를 몰지만, 잘 모르는 덴마크인과 대화를 나눌 때면 이런 이야기를 가능한 한 자제한다.

최근 일반적으로 얀테의 법칙을 발견한 사례가 몇 가지 있었다. 친구 한 명이 메르세데스 벤츠를 샀다가 그 후 한동안 남동생에게 "택시 부르신 분?"이라는 조롱을 들어야 했다(코펜하겐의 택시 회사에서 사용하는 차량과 같은 모델이었다). 또 다른 친구 한 명은 아내가 구매 목록에 올려두었던 집 구입을 포기했다고 했다. 그 이유는 사실 여태껏 본 다른 집들보다 가격은 약간 저렴했지만 작은 수영장이 딸려 있어서였다. 수영장은 원치 않는 옵션이었다. "우리는 수영장이 필요 없어요. 뭐 때문에 수영장이 필요하겠어요?" 친구의 아내는 이렇게 말했다고 한다.

내 친구 중에 신문사 칼럼니스트로 일하는 안네그레테 라스무센이 있는데, 최근 쓴 칼럼으로 얀테의 법칙에 관한 논쟁을 키웠다. 친구는 현재 살고 있는 워싱턴 DC에서 고향에 돌아와 친구들에게 아들의 학교 성적을 이야기한 경험을 칼럼에 썼다. 칼럼이 나간 직후에 안네그레테는 나에게 말했다. "난 이렇게 말했어. '우리 애는 정말 잘하고 있어. 반에서 1등이야.' 그러자 테이블이 조용해졌어." 그 친구는 덴마크인이었고 그래서 더 잘 알았어야 했는데, 자신이 사회 규범을 어겼다는 사실을 바로 깨달았던 것이다. "아들이 역할극이나 그림에 재능이 있다고 했으면 괜찮았을 거야. 하지만 학교 성적을 자랑하다니 정말 잘못했지."

"얀테의 법칙은 중력의 법칙만큼 일상적입니다. 어디서나, 특히 소작농 사회에서 많이 볼 수 있죠. 예전에는 [산데모세가 살던 시대] 덴마크 어디를 가도 온통 소작농이었습니다. 덴마크에 민주주의가 확립됐을 때(1849) 이런 유의 이념은 국가 이념이 되었고, 사회민주주의로 두 번째 생명을 얻었습니다. 이 모든 것이 선전, 그리고 통합된 학교 제도를 통해 대대로 전해졌습니다. 하지만 서로 자랑하고 비교하기보다는 포용하는 것이 중요합니다. 우리가 누군가를 포용하고 싶어도 그 사람이 동등한 존재일 때만 가능합니다. 그게 소작농들의 태도이고요."

나는 신문을 펼쳐 들고 오늘날도 얀테의 법칙이 작용한다는 증거가 있는지 찾아봤다. 스웨덴의 식품포장회사 테트라파크의 상속자인 한스 라우싱이 마약으로 몰락했다는 기사가 보였다. '수십억 자산도 그를 구할 수 없었다'는 고소해하는 머리기사가 달린 채. 가난한 집안 출신의 자신만만하던 덴마크 기업가의 파산 기사도 보였다. 그는 멋진 자동차를 수집해 수년에 걸쳐 언론에 공개하는 실수를 저질렀다. 다시 한번 기사는 얀테의 복수를 운운하며 그 기업가가 포기해야 했던 사치품들을 자세히 소개했다. "3년 전에 우리 신문사와 인터뷰를 하면서 부가티와 람보르기니, 포르셰를 살 예정이라며 자랑스럽게 말했지만 지금은 무일푼 신세다." 전 세계의 모든 신문사가 누군가의 몰락을 즐기지만 덴마크 사람들은 약간 더 좋아하는 눈치다.

얀테의 법칙은 기묘한 방식으로 작동한다. 일부 덴마크인은 얀테의 법칙에서 면제된다. 가장 두드러진 예외는 왕가이지만(이 이야기는 다시 다룰 예정이다), 성공한 예술가들도 대체로 예외가 적용된다. 확실한 중산층이나 노동자 계층 출신이 좋으며, 어떤 업적을 이루었다고 해서 어떤 식으로든 변하지 않았다는 사실을 시속직으로 증명해야 한다. 배우와 감독들은 요란한 레드카펫을 경멸한다는 사실을 끝없이 증명하고 다른 평범한 사람들처럼 자기도 저렴한 슈퍼마켓에서 장을 보고 기저귀를 간다는 점을 강조해야 한다.

확실히 덜 예술적인 분야에서 성공하거나 부를 축적하는 일은 덴마크인에게는 더 받아들이기 힘든 일이다. 레스토랑 노마의 수석 요리사 르네 레제피는 길거리에서 덴마크인이 침을 뱉거나 '고향으로 돌아가라'(레제피의 아버지는 마케도니아인이다)고 말한다고 나에게 이야기했다. 가장 유명한 사건은 영국 방송사에서 레스토랑 노마(영국 요식업체 매거진에서 3년 연속 세계 최고의 식당으로 꼽혔다) 다큐멘터리를 촬영한 뒤에 있었다. 덴마크 언론은 노마 요리사들이 처음으로 혁명적인 뉴 노르딕 퀴진을 선보이자 노마 직원들을 '물개놈들seal-fucker'날재료를 그대로 요리에 적용하는 노마의 요리법을 조롱하는 말이라고 불렀다. 자기네가 뭔데 덴마크 전통 음식에 손을 대? 덴마크인은 스포츠 스타들이 벌어들이는 돈도 못마땅해하며(많은 선수가 탈세를 위해 외국에 거주한다는 사실도 물론 한몫한다), 인기 가수들에게 쏟아지는 찬사에도 복잡한 심사인 듯싶다.

나는 산데모세 이전에 얀테의 법칙의 뿌리가 무엇인지 궁금했다. 결국 산데모세는 그저 덴마크인에게 그런 특징이 관찰된다고 주장했을 뿐이며, 그래서 그런 성향은 이미 존재했음이 틀림없다. 리처드 윌킨슨 교수는 더 평등한 사회에서 자란 사람들은 과시할 필요가 별로 없으며, 얀테의 법칙은 거기서 유래한 것 같다고 말했다. 즉 덴마크인은 자랑하는 사람을 특히 경멸하는데, 평등을 대단히 중요하게 생각하기 때문이다. "선사 시대 사회와 비슷한 수렵채집 사회는 대단히 평등합니다. 누군가 더 지배적 위치에 서기 시작하면 놀림감이 되거나 비웃음을 당하거나 무리에서 배척당합니다. 이를 반우월 전략이라고 하는데, 그렇게 해서 더 평등한 사회를 유지하는 거죠." 윌킨슨 교수가 말했다.

아마 이 때문에 열심히 일해서 부자가 되고 그렇게 이룬 성공을 과시하는 행동을 그토록 못마땅하게 생각하는 듯하다. 덴마크에서는 부자나 대기업 대표가 롤모델인 경우가 거의 없다. 선박과 석유의 왕이자 아마 덴마크 역사상 가장 부유한 평민이었을 머스크 매키니 묄러는 높은 평가를 받기는 하지만 사랑받는 인물도 롤모델도 아니었다. 묄러는 현명하게도 자기 재산을 불필요하게 과시하지 않았다. 머스크 기업 홍보팀에 따르면 묄러는 직업 윤리를 엄격하게 지켰고, 아흔이 넘어서도 회의에 참석했으며, 회사에 점심 도시락을 싸 다녔고, 매일같이 긴 계단으로 걸어서 출근했다. 공공사업, 특히 코펜하겐 오페라하우스에 수차례 많은 기부를 한 사실과 함께 이 같은 태도 덕분에 묄러는 얀테의 법칙이 낳은 파장을 무사히 피해갈 수 있을 것으로 보인다.

외국인은 얀테의 법칙을 어떻게 받아들여야 할까? 많은 함정과 덫을 어떻게 하면 극복할 수 있을까? 두 가지 방법이 있다. 하나는 멍청한 외국인 카드를 쓰는 방법이다. 고향에서 하던 것처럼 눈총을 못 본 척하고 성공과 부를 뽐내면서 덴마크 사회를 무사통과하라. 아니면 매사 자중하고 조심하고 점잖게 행동하라. 신생님이 됐다고 생각하면 도움이 될 것이다.

어떤 방법을 택하든 덴마크에서 편하게 살고 또 덴마크 사람들과 어울리려면 얀테의 법칙을 알고 있어야 한다. 하지만 애석하게도 덴마크의 삶이 유혹의 손길을 보낼 때 마주하게 될 중요한 사회 현상이 두 가지 더 있다.

012

> > >

휘게

얀테의 법칙과 함께 덴마크의 순응주의를 만드는 주된 요인이 두 가지 더 있다.

휘게hygge와 폴켈리folkelig다. 둘 다 번역하기 까다로운 단어들이다. 휘게는 믿을 수 없을 정도로 느긋하고 편안한 덴마크 고유의 아늑함과 유쾌함을 뜻하며, 전제 군주에 버금가는 끊임없는 압력을 행사하며 순응을 요구하는 엄격한 사회적 의식들과 함께 실제로 고도로 성문화되어 있다. 폴켈리는 일종의 광범위한 문화 대중주의로, 덴마크 주류 문화 전반에 깊이 스며들어 있다. 폴켈리는 미다스의 손과는 반대되는 개념으로, 손에 닿는 것을 모두 쓸모없게 만들어버린다.

휘게부터 이야기해보자. 덴마크인은 용연향_{향유고래에서 채취하는}

향유과 소성단보다 휘게를 더 중요하게 생각한다. 사람들은 흔히 "우리 어제 펍 퀴즈에서 휘게한hyggelig시간 보냈잖아?" 내지 "저 양초 휘게하지 않아?"처럼 '코지cosy'라는 단어 대신 휘게를 사용하지만 뜻이 가장 가까운 영어 단어로도 휘게의 의미를 완전히 전달하지는 못한다. 그리고 '우휘겔리uhyggelig'라는 단어가 있다. 예상하는 것처럼 휘게하지 않다는 의미가 아니라(그 의미로 쓰려면 이케 휘겔리ikke hyggelig라고 하거나 not hyggelig로 쓴다) '으스스한' '무서운' '불필요하게 대립하는' '수상쩍은' '이상한'이라는 의미를 담고 있다. 가령 실업률이 '휘게하지 않다uhyggelig'고 말할 수 있다. 나로서는 통계 자료를 편안한지 아닌지로 설명한다는 말은 생전 처음 듣는다.

이론상으로는 모든 사람과 언제 어디서든 휘게한 경험을 할 수 있으며, 수많은 사람과 한꺼번에, 또는 혼자서도 휘게를 즐길 수 있다. 물론 내 눈에는 항상 약간 이상해 보이지만. 휘게에 꼭 돈이 드는 것은 아니다. 전적으로 민주적이고 평등하며 모두에게 열려 있다(물론 규칙을 이해한다는 가정 하에서만. 그래서 진정한 휘게를 즐기려면 덴마크인이어야 하거나 마음씨 좋은 덴마크인에게 전반적인 과외를 받아야 한다). 그리고 로휘게råhygge라는 단어가 있는데, '날것의 휘게raw hygge'라는 뜻이다. 원한다면 특히 강한 형태인 위베르휘게überhygge라고도 쓸 수 있다. 로휘게에 손을 댄다면 본인이 뭘 하고 있는지 아는 편이 좋다. 진심으로.

처음 알고 나면 휘게는 스칸디나비아 지역의 사회적 관습을 다루는 '어찌 사랑하지 않을 수 있는가?' 칼럼에 딱 맞는 주제처럼 보일 것이다. 휘게는 흘러넘치는 와인과 모닥불, 촛불, 즐거운 시간이라는 환상을 보여주는 마술을 부린다. 휘게는 평등한 참여가 필요하며(한 사람만 주목받는 것은 확실히 휘게하지 않다), 참가자들은 그 순간을 즐겨야 한다('이 바비큐 파티 휘게하지 않아[지금 이 순간 이곳에서 열리고 있는 바비큐 파티]?'). 민속학자 스티븐 보리시는 이 현상을 다음과 같이 분석했다. "휘게는 모임에 참여한 모든 사람의 완전하고 적극적인 참여 (…) 공평한 분위기, 이처럼 적극적인 참여를 독려하고 심지어 요구하는 지속적인 춤에 달려 있으며, 이 목표를 이루려면 가령 장난(덴마크의 국민적 취미), 순발력 있게 받아치기, 이야기와 농담 건네기, 인내심, 세심함, 열정적 청중이자 연기자의 능력 등 다양한 적극적 사교술이 요구된다."

하지만 애석하게도 나는 지난 몇 년 사이 어째서인지 휘게를 혐오하게 됐다. 휘게에 등을 돌린 결정적인 계기는 값싼 맥주(어떻게 뻔뻔스럽게 '아마도 최고의 맥주'라고 우길 수가 있지? 마치 선블레스트Sunblest, 호주 마트용 식빵를 최고의 빵이라고 우기는 것이나 다름없다), 카레가 들어간 청어, 그리고 덴마크인 둘 이상이 모이면 반드시 시작하며 덴마크식 저녁 만찬을 한정 없이 질질 끌게 만드는 합창이 아니었다. 중간 합의점을 향한 휘게의 압제적이고도 끈질긴 추진력, 논란이 될 만한 대화 주제는 무조건 피하려는 고집, 모든 상황을 가볍고 경쾌하게 만들어야 한다는—시종일관 편안하고 자기만족적이고 소시민인 척하는 잘난 체—필요에 질려서였다.

덴마크의 인류학자 예페 트롤레 린네트는 언젠가 이렇게 썼다. "사람들은 휘게를 할 때 경쟁과 사회적 평가의 부담으로부터 서로를 보호한다." 이런 식으로 휘게는 스스로 무는 사회적 재갈처럼 보이며, 유쾌한 분위기를 공유한다는 개념보다는 자기만족의 느낌이 더 강하다. 또한 린네트는 휘게가 "사회 통제의 수단역할을 하고 고유한 태도의 위계를 만들어 휘게를 할 수 없다고간주되는 사회집단에 대한 부정적 고정관념을 암시한다"고 이야기한다. 여기에 담긴 암시는 덴마크인만이 제대로 휘게한 시간을보내는 방법을 알고 있으며, 외국인들이 가식적인 칵테일파티를열고 저녁 식사 시간에 검투사들처럼 토론을 벌이며 멋이 잔뜩들어간 파티를 여는 모습을 한심하게 여긴다는 점이다. 마찬가지로 영국인 인류학자 리처드 젱킨스 역시 저서『덴마크인 되기Being Danish』에서 휘게를 '강압에 가까울 정도로 규범적'이라고설명했다.

나는 덴마크에 처음 도착해서 그러한 강압적 휘게를 몸소 체험했다. 덴마크에 오고 얼마 안 돼 일부러 반대 의견을 내서 토론을 촉진하는 행동은 환영받지 못한다는 사실을 깨달았다. 정치와 사회 문제를 놓고 벌이는 활발한 토론처럼 말이다. 그런 행동을 하면 덴마크인은 불편해하며 엉덩이를 들썩댄다. 내가 약간 과장하고 있긴 하지만, 정말로 덴마크인 대부분은 사람들이모여서 열띤 토론을 벌이는 것을 이해하지 못한다. 와인을 어디서 얼마나 저렴하게 샀고, 지금 마시는 와인이 지난번 와인보다더 맛있다는 등의 이야기를 훨씬 더 좋아한다.

나만 이렇게 생각하는 게 아니다. "우리 스웨덴인은 덴마크인의 편협함과 소위 휘게를 비웃습니다. 그냥 가족이나 친구랑 편안한 시간을 보내는 거잖아요. 몇몇 사회학자는 덴마크의 외국인 혐오증과 인종차별을 연구 중이며, 그들은 휘게가 자국과 다른 나라들 사이에 담장을 치고 집 안에 틀어박혀 편안하고 아늑한 시간을 즐기는 덴마크인의 행동과 관련이 있다고 봅니다." 한 스웨덴 학자가 말했다.

심심하고 편안하고 휘게한 분위기를 조성하고 싶은 이 중요한 욕망은 내가 만든 식민지 독립 후 '도개교 이론'과 일맥상통한다. 즉 '밖에서 잃은 것은 안에서 찾을 수 있다'라는 말 속에 담긴 것처럼, 덴마크가 자신들의 왕국을 잃은 뒤 얼마 안 되는 문화적, 경제적 자산을 소중히 아끼고 나라 안으로 시선을 돌린 방식과 비슷하다. 모두 단결해 공동의 가치를 찾고 대세나 유행과는 상관없이 그 가치를 결연히 고수해야 했던 절실함은 어쩌면 자국의 영토를 내줘야 했던 덴마크의 역사에 뿌리를 두고 있는지도 모른다. 그들은 작고 편평한 뗏목 위에서 단결했고 이내 평지풍파를 일으키지 않는 법을 배웠다. 휘게는 논란이 될 만한 주제를 피하고 불행한 기억을 숨기는 데 굉장히 효과적인 방법이다. "맞아요. 그렇습니다. 우리는 우리 영토였던 노르웨이와 슐레스비히홀슈타인을 모두 빼앗겼습니다. 그런데 굳이 그 이야기를 할 필요가 있을까요? 아마로네Amarone, 이탈리아산 레드 와인나 한 병 더 하실래요? '잉에 아줌마'나 부르면서요!"

덴마크인은 격식에 얽매이지 않는 자기네 사회를 자랑스럽게 생각한다. 남자들은 좀처럼 넥타이를 매지 않고, 교사들은 제자와 친구처럼 지내며, 정치인들은 유행하기 훨씬 전부터 자전거로 국회까지 출퇴근을 해왔다. 하지만 지구상의 다른 모든 민족처럼 덴마크인 역시 고유한 사회 규범과 공식 절차를 가지고 있다. 심지어 가장 편안해 보이는 순간조차 보통은 대단히 의례적인 편안함일 것이다. 실제로 외국인이 가장 조심해야 할 부분이다. 왜냐하면 그때 덫이 설치되기 때문이다. 맥주를 따를 수는 있지만 모임 주최자가 잔을 들고 스콜skål, 즉 건배를 외칠 때까지 기다려야 한다. 호밀빵과 연어가 뷔페에 같이 나올 수는 있지만 연어는 항상 흰빵과 같이 먹는다. 그리고 제발 부탁인데, 올루프 종조부가 전쟁 동안 뭘 했는지 묻지 마라.

크리스마스는 덴마크에서 가장 의례적인 행사다. 덴마크의 크리스마스 전통에 관해서라면 책 한 권도 쓸 수 있다(나의 덴마크 담당 편집자는 지친 한숨을 내쉬며 이미 그런 책이 많다고 했다). 캐럴을 부르며 자전거로 나무 주변을 도는 의식부터 '아몬드 게임'(거대한 라이스 푸딩 깊숙한 곳에 아몬드가 숨겨져 있고, 입안의 아몬드를 꺼내 보이는 우승자가 나올 때까지 푸딩을 퍼먹어야 한다), 서로 손을 잡고 띠를 만든 뒤 덴마크어로 '또다시 크리스마스가 돌아왔네요'를 부르며 집 안의 온 방을 뛰어다니는 놀이 등이 있다. 덴마크인은 진지한 훈련을 통해 완벽한 크리스마스를 만들어내며, 솔직히 말해 나처럼 늙고 못된 사기꾼조차 즐기지 않을 도리가 없다.

덴마크에는 다른 기념일도 아주 많다. 앞에서 이미 언급한 상크트 한스제는 물론 파스텔라운(사순절이 시작되는 재의 수요일 전

사흘간)도 있다. 파스텔라운에는 막대기로 고양이를 때린다(적어도 옛날에는 그랬고, 지금은 사탕이 가득 든 통을 두드린다). 또 부활절 이후 네 번째 금요일에 돌아오는 종교 휴일인 대기도일과 성마르티노의 축일(이날이 뭐 하는 날인지 알아내는 데는 실패했지만, 11월이고 오리 고기를 먹는다)도 있다. 그리고 온갖 기념일과 생일 파티가 있다. 사람들은 함께 모여 식사, 연설, 노래, 건배를 하고 행사는 엄격한 형식에 따라 진행되며(행사가 어떻게 진행되는지 알고 싶다면 영화 「셀레브레이션Festen」을 추천한다. 물론 덴마크의 모든 파티에서 폭로전과 근친상간, 자살 소동이 벌어지지는 않는다), 결혼식, 세례식, 견진 성사 역시 마찬가지로 진행된다. 견진 성사기독교 세례를 받은 신도가 교리 공부와 시험을 거친 끝에 받는 안수 의식는 덴마크에서 급성장 중인 산업이기도 하다.

그렇게 생각하면 덴마크인이 인도의 자이나교나 유대교의 신비주의 종파 하시디즘만큼이나 불가해한 복잡한 의식과 사회적 기표를 만들었다고 주장할 수도 있다. 콜데 보르kolde bord(덴마크의 바이킹식 점심 뷔페)의 복잡한 식사 규칙부터 파티에서 다른 손님들에게 자기소개하는 방법, 아이들의 학교 성적 이야기하는 방법 등등.

폴켈리에 대한 내 입장은 더 명확하다. 나는 폴켈리를 혐오한다. 딕시랜드 재즈가 흐르는 노천 데이블의 분위기, 눈 씻고도 찾을 수 없는 공통분모, 대개 외국인 혐오가 담긴 유머, 공장에서 찍어낸 끝없는 맥주, 가공 돈육 제품까지 모조리 혐오한다. 하지만 어디까지나 내 취향이 그렇다는 거다. 많은 사람이 폴켈리를 좋아하며, 나도 내가 혐오스러운 속물임을 잘 알고 있다.

폴켈리는 덴마크의 대중문화와 생활 곳곳에 만연해 있다. 행여나 본인이 폴켈리를 피하고 싶은 마음이 조금이라도 있는지 항상 경계해야 한다. 나는 앞서 이야기한 유틀란트반도의 합숙 합창단 모임에 참여하기로 했을 때 실패했다. 덴마크에서 지내는 동안 폴켈리헤드Folkelighed(평민성)에 가장 집중적으로 노출된 기간이었다. 덴마크에 있으면서 폴켈리를 경험했다. 엿새 동안 은퇴한 공공 근로자 400명과 1970~1980년대 유행가를 합창한 경험을 포함해서. 둘째 날 오후쯤 심각한 정체성의 위기를 겪었다. 셋째 날에는 덴마크를 영원히 떠날 계획을 세웠다. 하지만 넷째 날에는 듣기 편한 음악 선곡과 집단이 하나 되는 분위기에 이상하게 진정이 됐다.

우리는 하루 종일 합창단 예행연습을 하고 난 뒤 저녁 식사 후에 밤마다 다시 모였다. 주로 약간의 고기와 삶은 감자, 국적을 알기 힘든 진한 브라운소스로 이루어진 저녁 식사를 학교 구내식당의 긴 테이블에서 미지근한 칠레산 카베르네 소비뇽을 플라스틱 잔에 따라 함께 먹은 뒤 덴마크 민요와 송가를 불렀다. 노래 가사는 덴마크의 계절과 시골 풍경, 공동체와 유대감, 죽음, 상실에 대한 내용이었고, 좋아하면서 비꼬는 말투, 겸손하면서도 자부심 넘치는 분위기였다.

그중 많은 곡을 덴마크의 위대한 민중 시인이며 현재 83세인 베뉘 아네르센이 썼다. 아네르센은 심지어 자축하기 위해 직접 그 자리에 참석해 우리가 본인이 쓴, 덴마크를 풍자하면서도 시원섭섭한 내용을 담은 노래를 부르는 모습을 지켜보고('웃으면서 화를 내는 이 신경질적인 작은 나라'가 제일 유명한 가사다), 음악가로서 일하던 추억을 떠올리게 하는 노래에 귀를 기울였다. 아네르센은 이 사람들에게는 중요한 문화적 우상이며, 나중에는 특정 연령대의 여성들이 음악이 끝나기도 전에 앞 다투어 일어나 그에게 기립박수를 보냈다.

나는 퇸데르의 합창단 모임에 참여한 친절하고 온화하고 조용한 사람들을 욕하는 약간 인간쓰레기가 된 기분이다. 미국의 만화가 게리 라슨의 미적 감각(양말 위에 샌들을 신은 차림, 셔츠를 안에 집어넣은 끝이 나달나달한 청반바지 차림 등)과 그들의 네드 플랜더스Ned Flanders, 심슨 가족에 나오는 중산층의 독실한 기독교 신자식 정서를 조롱하기는 쉽다. 여기 사람들은 사실 자기 삶에 더 만족하고 다정하고 정직하고 공동체 의식이 강한 이들이다. 세상에 없을 줄 알았던 부류. 문제는 나처럼 부정적인 염세주의자들에게 폴켈리는 슈퍼맨의 약점인 가상의 화학 원소 크립토나이트나 뮤지컬 「위키드」에서 초록 마녀 엘파바를 죽음에 이르게 하는 물과 비슷한 효과를 낸다는 것이다. 나약하고 혼란스러워져 내가 누구인지 묻기 시작한다. 폴켈리에 오래 노출되면 당황스럽고 숨이 막힌다.

유난히 눈에 띄며 외부인의 눈에는 특히 거슬릴 수 있는 폴켈리의 산물은 폴켈리나 휘게 의식의 중요한 장식물인 덴마크 국기 단네브로다. 덴마크인은 자기네 국기가 세상에서 제일 아름답다고 진심으로 믿으며, 조금이라도 기회가 있으면 국기를 걸어댄다. 생일, 장례식, 기념일, 그리고 온갖 오래된 모임에서 말이다. 국기는 선물 포장지, 생일 카드 디자인으로 쓰이며, 케이크와 뷔페 음식에도 꽂혀 있다. 리처드 젱킨스는 화요일에 거는 국기는 결혼 25주년을 기념하는 것이라고 영리하게 추론했다. "윤년을 감안하면 원래 토요일이었던 결혼기념일이 화요일이 되거든요." 그는 덴마크인이 한 해에 국기에만 최대 6000만 크로네(117억 원)를 쓴다고 주장했다. 단네브로를 사용하는 데에는 다양한 의식과 규칙이 뒤따라야 한다. 절대 바닥에 닿으면 안 되고, 어두워지기 전에 내려야 하는 등의 규칙이다. 산들바람에 펄럭이거나 아이의 얼굴에 그려진 단네브로를 보면 덴마크인은 하나같이 감동을 받아 진심 어린 눈물을 흘린다. 아내가 우리 아들의 첫 번째 생일에 케이크를 밀고 들어오는데 케이크 위에 덴마크 국기가 꽂혀 있어서 내 어머니가 경악한 표정을 지었던 기억이 난다. 또 처갓집 식구들이 전화를 걸어 내 생일에 앞마당에 국기를 게양했다는 말에 어찌나 식겁했던지(사실상 모든 덴마크 가정과 피서용 별장, 심지어 아이들의 장난감 집 밖에도 깃대가 있다).

영국인의 관점에서 덴마크인의 국기 사랑은 무척 거북할 수 있다. 아주 친한 친구가 영국 독립당_{우익 포퓰리즘 정당}을 지지한다는 사실을 알게 된 기분이랄까. 덴마크 슈퍼마켓의 수많은 제품 포장지에 그려진 덴마크 국기나 왕가의 먼 친척의 생일 파티 버스에 휘날리는 덴마크 국기를 볼 때면 가끔 온 나라가 히틀러 선전 영화를 만든 독일의 영화감독 레니 리펜슈탈의 세트장처럼 느껴진다. 하지만 사실 덴마크인의 국기 사랑은 첫인상만큼 유해하지는 않다. 최근 덴마크 국기는 덴마크국민당의 외국인을 혐오하는 국수주의 때문에 약간 더럽혀지기는 했지만(얼마 전 덴마크국민당은 덴마크 국기를 자동차 번호판에 넣는 법안을 통과시키려 했지만 실패했다), 덴마크인은 국기를 흔드는 행동을 국수주의적 행동으로 보지 않는다. 뭐, 그냥 휘게를 즐기는 것이다.

"다른 나라들도 자기네 국기를 사랑합니다. 올림픽을 보세요!" 최근 저녁 식사 자리에서 한 덴마크인이 항의하듯 말했다.

"네, 맞습니다. 하지만 프랑스인은 고양이 생일에 자기 나라 국기를 게양하지는 않습니다." 내가 말했다.

리처드 젱킨스는 자신의 저서 『덴마크인으로 살기』에서 덴마크인의 이상한 국기 집착을 주제로 글을 썼다. 젱킨스는 완전히 부정적으로만 보지는 않는다.

"우선 모든 국수주의가 나쁜 것은 아닙니다. 문제는 덴마크인이 국기를 다양한 용도로 이용한다는 겁니다. 용도 면에서는 세상에서 가장 복잡한 국기죠. 지난 150년 동안 덴마크 국기는 행복과 좋은 시간, 축하를 상징했습니다." 젱킨스가 영국 셰필드에 있는 집에서 전화로 이야기했다.

단네브로에 대한 젱킨스의 관심은 처음에는 불쾌하게 끝났다. 그가 덴마크 공항에 처음 도착했는데 덴마크 사람들이 국기를 흔들면서 친구와 가족의 귀국을 환영하고 있었다. 흔히 볼 수 있는 광경이다.

"무슨 일이 일어났나 했어요. 비행기에 왕실 가족이 탔는데 내가 못 봤나?" 젱킨스가 말했다. 그는 덴마크인이 광신적 애국자들이라고 생각한다. 스웨덴, 독일과 이웃한 작은 나라이기에 국가 정체성을 표출해야 할 필요성이 훨씬 더 크며, 그래서 점점 더 국기에 집착한다는 것이다. "덴마크 국기는 점차 마케팅 도구이자 장식품으로 널리 쓰이기 시작했어요." 그럼에도 불구하고 덴마크인은 2005년 마호메트 만평 사건으로 시리아의 다마스쿠스 거리에서 국기가 불에 탄 사건을 보고도 놀랍도록 심드렁해했다. 아마 실제 단네브로가 아니었고 국기를 불태운 사람이 덴마크인이 아니었기 때문이리라.

또 젱킨스는 슈퍼마켓의 바나나가 덴마크 국기로 장식되어 있는 걸 봤다고 했다. 국기는 특가 상품에 손님들의 관심을 끄는 용도로 이용됐다. "하지만 저는 약간 당황해서 속으로 생각했죠. '덴마크에 바나나가 나지도 않잖아.'"

〉
〉
〉

013

레고랜드와 다른 성지들

엘링 스톤에 다녀온 이후 썩은 바나나 지역 탐험을 이어갔다. 유틀란트반도를 가로질러 서쪽으로 차를 몰아 크리스마스트리 숲을 통과해 자주색 루핀이 가득 핀 들판과 풀을 뜯는 소떼(돼지들은 포로수용소 같은 헛간에 숨겨져 있다)와 거대한 풍력발전기를 지나쳤다. 똑같은 체인점, 똑같은 케밥 집, 열 개쯤 되는 은행과 어디서든 볼 수 있는 중고품 가게 한두 곳—썩은 바나나 지역에는 중고품 가게가 넘쳐난다—이 있는 작은 도시들을 지나쳤다. 똑같은 호밀빵과 작은 페이스트리를 파는 빵집이 있을 테고(그런데 덴마크인은 그 빵을 '대니시 페이스트리'라고 부르지 않는다. 그런 식의 제빵을 발명한 도시의 이름을 따서 비엔나 빵이라고 한다), 각 도시에는 어김없이 도시를 상징하는 미술품이 있으며, 무슨 이유에서인지 대개는 뚱뚱한 여성이나 바위를 오르는 작고 뚱뚱한 사람 조각이다.

이처럼 기형적인 신체의 조각상을 덴마크 어디서나 볼 수 있다. 심지어 코펜하겐에는 그런 폴켈리-휘겔리 '미술품'이 가득한 미술관도 있다. 내가 '코미디 뚱보'파로 분류한 제일 두드러지게 못생긴 작품은 링쾨빙에 있다. 자동차로 서부 해안을 따라 올라가면서 지나간 곳이다. 그것만 빼면 아주 예쁜 어촌인 링쾨빙의 항구 앞에는 축 늘어진 가슴을 드러낸 뚱뚱한 서양 여성이 만화처럼 두툼한 입술에 주요 부위만 가린 수척한 아프리카인의 어깨에 앉아 있는 조각상이 있다. 여자는 정의의 저울을 들고 있지만, 혹시나 의미를 모를까봐 명판에 '뚱자생존Survival of the Fattest' 적자생존survival of the fittest을 패러디한 제목이라는 작품 제목과 함께 "다양한 NGO 회의에 전시된 작품입니다"라는 문구가 새겨져 있다. 오, NGO 미술이라니. 아이러니하게도 뚱자생존은 항구 앞 여러 노천 식당이 보이는 자리에 서 있으며, 식당의 메뉴는 뜨거운 기름에 넣어 튀긴 요리가 대부분이다.

너 많은 숲과 들판, 풍차를 지나 끝없이 뻗은 직선도로 위를 달렸다. 브라네라는 소도시 바로 외곽, 유틀란트반도의 단조로움이 나를 미치도록 괴롭히기 시작한 바로 그 순간 왼쪽 숲 사이로 각양각색의 신으로 뒤덮인 신전이 가득한 성당만 한 크기의 힌두교 사원 하나가 나타났다. 끽 소리를 내며 차를 멈춘 뒤 후진해 차에서 뛰쳐나갔다. 몇 분 동안 가만히 서서 이 놀라운 신기루를 감상했다.

알고 보니 스레 아비라미 암만이라는 사원으로, 1970년대에 스리랑카에서 덴마크로 건너온 타밀 난민 수천 명의 종교적 중심지였다. 나는 현관 입구로 걸어 들어갔다. 백단유와 재스민 냄새가 하도 강렬해 인도에 와 있는 기분이었다. 유리문 너머로 사원 내부를 들여다보고 있으니 초록색과 금색이 섞인 사리 위에 두꺼운 겨울 코트를 입은 젊은 여자 한 명이 웃으면서 다가왔다.

여자는 이 사원은 여승 스레 아비라미 우파사키 또는 '암마' Amma, 힌디어로 엄마라는 의미로 여성 수행자를 가리킨다가 관리하고 있으며, 매일 오후 1시와 7시에 의식을 거행한다고 설명했다. 마침 7시가 다 됐으니 구경하고 가라고 했다.

조금 뒤 머리부터 발끝까지 오렌지색 예복을 두른 자그마한 여자 하나가 사원 근처 낡은 초막에서 나와 우리 쪽으로 느릿느릿 걸어왔다. 암마였다. 여자는 나를 흘긋 쳐다보더니 계속 걸어왔다. 몸집이 작은 중년 남자 한 명이 그 뒤를 따르며 웃으면서 고개를 끄덕였다.

"오늘 고기를 드셨습니까?" 남자가 물었다.

나는 그렇다고 대답했다. "작은 식당에서 손으로 다진 정말 맛있는 스테이크 타르타르를……" 나는 열변을 토하며 음식 이야기를 시작했다. 남자가 한쪽 손을 들었다. "그렇다면 당신은 사원에 들어올 수 없습니다."

채식주의자만 참석 가능한 행사였다. 그래서 암마가 향 연기에 휩싸인 채 뒤뚱뒤뚱 걸으며 종을 울리고 축복을 기원하고 기도를 올리는 모습을 사원 유리문 너머에서 지켜봤다. 그러는 내내 더 어린 여자 한 명이 매일 올리는 온라인 스트리밍 서비스 업데이트를 위해 의식을 촬영하고 있었다.

암마의 몇몇 추종자는 암마가 불임부터 암까지 온갖 병을 치료했다고 믿는다. 사람들은 암마가 환자 몸 위에 라임을 굴린 뒤 반으로 잘라 병을 진단하고 무슨 병이든 성수를 부어 치료한다고 말한다.

"그게 정말 효과가 있나요?" 내가 그 젊은 여자에게 물었다.

"가끔 효과가 있습니다. 암마는 기적을 만드셨어요. 저는 사람들이 이 세상 사람이 아닌 것처럼 제정신이 아닌 상태로 와서 제정신으로 건강해져서 나가고, 지금은 결혼해서 자식을 둔 모습을 많이 봤어요."

심지어 더 놀라운 사실은 매년 12월 31일 자정에 치러지는 의식을 하는 동안 암마의 입에서 피가 쏟아지고 얼굴은 푸른빛이나 검은빛으로 변하며 손바닥에 반점이 생긴다는 것이다. 그날 밤 덜 다사다난한 의식이 끝난 뒤 암마와 잠깐 이야기를 나눴다. 암마는 부끄러움이 많은 여자로, 억양이 강한 덴마크어로 거의 속삭이듯 말했다.

암마는 1974년 스리랑카 자프나에서 덴마크에 왔다. 당시 아홉 살이었다고 했다. 나는 덴마크의 첫인상이 어땠느냐고 물었다.

"좋았어요. 정말 평화롭고 사람들도 아주 친절했어요."

그녀는 신에게 기를 받아 손으로 전달한다고 했다. 또 순례자들에게 상담도 해주는데, 순례자들은 대부분 덴마크인이다. 암마가 덴마크인은 왜 그렇게 행복한지에 관한 이론을 들어봤는지 궁금했다.

"네. 덴마크인들은 행복합니다. 그다지 바쁘게 살지 않아요. 스트레스를 약간 덜 받으면서요. 훌륭합니다." 암마가 말했다.

그렇게 말하고는 가볍게 고개를 숙여 인사한 뒤 느릿느릿 걸어 자신의 작은 초막 안으로 사라졌다.

사원에서부터 차를 몰고 유틀란트반도의 서해안으로 향했다. 서해안에는 드넓은 모래사장과 거센 파도, 제멋대로 뻗은 빈민가에 여름 별장들이 자리잡고 있으며, 매년 여름이면 덴마크와 독일에서 수많은 휴양객이 블로반, 쇠네르비 같은 곳으로 몰려든다. 옛날의 향수가 느껴지는 해변 분위기, 고무보트, 어망, 소프트 아이스크림을 파는 가게 등이 있다. 어린 시절 갔던 영국의 휴양지가 떠올라 가슴이 찌릿했다. 해안을 따라 초가지붕의 별장들이 풀 덮인 모래언덕 안에 호빗의 집처럼 아늑하게 자리잡고는 끝없는 강풍을 피하고 있었다.

해안도로를 따라 북쪽으로 갔다. 내비게이션의 경고도 없었는데 도로는 니숨 어귀에서 갑자기 끊겼다. 차에서 나와 몸을 풀고 있는데 어마하게 강한 생선 냄새가 몇백 미터 거리에 있는 거대한 해산물 가공 공장에서 확 덮쳐왔다. 나처럼 자동차가 바로 타고 내릴 수 있는 연락선을 기다리는 남자와 대화를 나눴다. 연락선은 만 반대편에서 통통거리며 우리 쪽으로 천천히 다가오고 있었다. 마치 물에 떠 있는 원예용 바구니 같았다. 내가 덴마크 변두리 지역을 여행하고 있다고 하자 남자는 우리 일행을 돌아보며 웃으면서 말했다. "하! 여긴 엄청 변두리죠!"

그럼에도 불구하고 독일 여행객 두 명이 더 기다리고 있었다. 커플이었다. 두 사람은 승합차를 탄 채 내 차 뒤에 줄을 서 있었다. 남자가 자기들은 순례 중이며, 덴마크의 인기 범죄 영화「올센 갱Olsen Gang」시리즈에 나오는 장소들을 차례로 여행하고 있다고 했다. '올센 갱'은 덴마크의 유명한 폴켈리의 아이콘들로, 영화 속의 불운한 세 잡범이다. 세 사람이 주인공으로 나오는 이 코미디 영화는 1970~1980년대에 어마어마한 흥행을 기록했다. 영화는 스웨덴과 노르웨이에서 리메이크되면서 스칸디나비아 전역에서 하나의 문화 현상이 되었다. 스웨덴과 노르웨이에서 리메이크한 작품은 못 봤지만, 덴마크 원작 영화에는 그 시기의 매력이 잘 살아 있다. 심지어 어떤 사람들은 대개 실패로 돌아간 올센 패거리의 큰 기업과 기관과의 거래를 사회정치적 관점에서 해석하기까지 했다. 그런 이유로 그들이 동독에서 상당히 성공한 순례자들이었다고 생각한다. 오랫동안 공산주의 체제에서 억압받고 살았던 동독 사람들은 자본주의 정부를 조롱하는 이 영화에 열광한다. 나는 림피오르 옆 자부심 강하고 잘 보존된 도시 티스테드에서 1박을 한 뒤, 빈둥거리면서 서쪽으로 돌아가 덴마크 일간지 『윌란스포스텐』이 덴마크에서 가장 지루한 도시라고 말한 회룸으로 갔다. 회룸은 덴마크 '변두리화'의 상징 같은 도시가 되었다. 기차역과 낙농장, 학교는 문을 닫았고, 마지막 남은 상점 60개는 사라졌다. 그 어떤 곳보다 더 암울한 도시였다. 특색 없는 거리에는 물결 모양의 철제 지붕을 얹은 단층 주택이 모여 있었다. 회룸 같은 도시는 덴마크 연구자들이 2050년에 덴마크 인구의 10퍼센트만 시골 지역에 남아 있을 것이라고 경고한 근거가 된다. 현재는 인구의 4분의 1 정도가 남아 있지만, 도시로 빠져나가는 인구 이동은 계속되고 있다. 덴마크에서 새로운 일자리의 75퍼센트는 코펜하겐에서 만들어지며, 코펜하겐은 덴마크 GDP의 절반가량을 책임진다. 앞으로 몇십 년 안에 회룸 같은 도시는 유령 도시가 될 가능성이 높다.

남쪽으로 돌아와 빌룬으로 우회해 옐링 스톤과 힌두교 사원에 이어 유틀란트반도 성지 3부작을 완성했다. 이번에는 덴마크에서 가장 세속적인 예배 장소인 레고랜드에 들렀다.

이 책 가격의 몇 배는 아낄 수 있는 팁이 있다. 오후 5시 이후에는 레고랜드 입장료가 무료! 아, 놀이기구는 운영하지 않는다는 단점이 있다. 하지만 놀랍도록 세밀한 레고의 도시 시리즈는 아무리 봐도 질리지 않는다. 황량한 거리와 오싹할 정도로 느릿느릿 굴러가는 자동차들. 레고 코펜하겐 위에서 고질라처럼 미친 듯 날뛰고 싶은 주체할 수 없는 충동을 느꼈다.

레고랜드는 사출 성형한 아크릴 부타디엔 스티렌 고무 벽돌에 영원성을 부여하기 위해 레고 설계자들이 선택한 별난 소재들이 섞여 있다. 마구잡이로 뒤섞인 듯한 할리우드의 차이니즈 극장부터 스웨덴의 예타 운하까지. 나는 특히 덴마크의 북유럽 이웃 국가들을 굉장히 교묘하게 빈정거리는 작품이 마음에 들었다. 수염을 기른 스웨덴인 한 명이 망가진 볼보 옆에서 몹시 화가 나 머리카락을 쥐어뜯는 모습이라든가 석유가 많이 나는 노르웨이의 도시 베르겐 거리의 벼락부자들이 모는 현란한 페라리 따위를 본떠서 만든 작품이다.

건전하고 비상업적인 루터교인이 테마파크를 관리하는 모습을 기대하고 레고랜드에 가면 실망할 것이다. 들어가자마자 맨 처음 보이는 것은 커다란 은행이다. 거기서부터 싸구려 핫도그, 세균 색깔의 스쿼시, 기름 범벅의 햄버거, 그리고 물론 레고 세트 등 수많은 유혹으로 지갑을 털어갈 것이다. 세계에서 가장 큰 레고 매장이 이곳에 있다. 가장 눈에 띄는 자리는 '프렌즈'라는 '여자아이용' 신제품에 돌아갔다. 상자 위 사진으로 제품을 고를 수 있는 프렌즈는 덴마크 양성평등의 등불이라고 보기는 힘들다. 레고 프렌즈의 여주인공들은 대개 자쿠지 안에 누워 있고 컵케이크를 만들며 머리를 하는 데 몰두하고 있는 듯하니.

나는 진정한 레고의 아이콘을 찾고 있었다. 솔직히 유틀란트 여행의 진짜 목표는 레고 데스스타를 사는 것이었다. 나는 레고 기업 안에 있는 이곳이 코펜하겐 스트뢰에 거리에 있는 레고 매장보다 가격이 약간 더 저렴하기를 바랐다. 분명 레고랜드는 유틀란트 오지를 순례한 신자에게 할인을 해주겠지.

마침내 찾았다. 소중한 기억과 어린 시절 꿈이 담긴 그 레고 상사를. 상자 앞면에 울퉁불퉁한 플라스틱 벽돌로 불기사의할 정도로 완벽하게 만든 그 유명하고 거대한 사악한 구체 사진이 있었다. 숨을 죽이고 두 손으로 조심조심 상자를 뒤집어 가격표를 찾았다. 수백 개의 조각이 상자 안에서 움직이면서 나는 익숙한 댕그랑 소리와 함께 30년 전으로 돌아갔다. 눈물이 차올랐다.

그때 가격표를 찾았다. 600달러! 색깔 입힌 플라스틱 한 상자에! 없던 일로……

014

행복하다는 망상

"우리 덴마크인은 쪼들리며 산다. 누구도 우리만큼 세금을
많이 내지 않는다. 누구도 그토록 많은 시간을 일하지 않
고, 누구도 우리만큼 많이 아프지 않고, 누구도 우리만큼
자동차 가격이 비싸지 않고, 누구도 우리만큼 무리한 자녀
계획을 세우지 않고, 누구도 우리만큼 학교가 열악하지 않
다." ─ 라스무스 베크, 2012년 4월 『폴리티켄』 칼럼

베크 선생은 덴마크의 근로 시간부터 확인하는 편이 좋겠지
만(끔찍한 날씨도 언급하지 않고 넘어갔다), 그보다 덴마크 행복 역
설의 핵심 요소를 강조하는 갸륵한 일을 한다. 겉으로 보면 덴
마크인은 다른 나라에 사는 우리보다 대단히 덜 행복한 것 같은
데, 묻기만 하면 여전히 자신들이 세상에서 제일 행복하다고 주
장한다.

이걸 어떻게 받아들여야 할까?

확실한 대응법은 '행복을 정의하는' 것이다. 챙 넓은 모자를
쓰고 하이힐을 또각거리며 칵테일 속에 꽂힌 파라솔 같은 삶의
환희를 행복으로 정의한다면 덴마크인의 점수는 높지 않으며, 그
들 자신도 부인하지는 못할 것이다. 하지만 자신의 운명에 만족

하고 자족하는 게 행복이라면 덴마크인에게 더 설득력 있는 논거가 있다.

　지난 몇 년 동안 나는 많은 덴마크인에게 덴마크의 행복도 조사를 어떻게 생각하는지 질문했다. 자신들이 정말 세계에서 가장 행복한 국민이라고 진심으로 믿는지 물었는데, 지금까지 그 결과가 진짜라고 진지하게 믿는 사람은 단 한 명도 만나지 못했다. 덴마크인은 사회복지제도라는 안전망과 대부분의 제도가 자기네 나라에서 제대로 작동한다는 사실, 주어지는 모든 자유 시간에 감사하고, 최근 수출한 TV 프로그램이 전부 세계적 성공을 거뒀다는 사실을 자랑스러워한다. 하지만 많은 칭찬을 받는 행복이라는 주제 앞에서는 범인이 밝혀지기를 기다리는 짓궂은 장난의 피해자처럼 굴곤 한다.

　한편 학교, 병원, 교통, 날씨, 세금, 정치인, 음악 취향, 지루한 풍경 등 자기 나라에 대한 모든 비판은 대개 발 빠르게 반박한다. 간단하지만 어느 정도는 근거를 대면서. "글쎄요. 그 말이 사실이라면 우리가 어떻게 세계에서 가장 행복한 국민이 됐을까요?"(대개 양 손바닥을 펴 보이면서 의기양양하면서도 굳은 미소를 지으며.) 나는 행복 논쟁이 가끔은 쓸모가 있다고 생각한다.

　신문사 편집자인 안네 크누센은 덴마크인이 행복도 조사에 계속 적극적으로 대응하는 이유와 관련된 흥미로운 이론을 내놨다. "덴마크에서 불행한 건 부끄러운 일입니다. 누가 저한테 요즘 어떻게 지내냐고 물었는데 제가 잘 못 지낸다고 이야기하면 무언가 해줘야 한다는 부담감이 들겠죠. 저를 도와줘야 한다는 부담을 느낄 수 있습니다. 그래서 사람들은 다 좋다, 심지어는 '최고로 좋다'라고 이야기하는 거죠."

또 한 가지 설득력 있는 이론이 있다. 한 덴마크인 친구가 내놓은 것이다. "우리가 그런 행복도 조사에서 늘 1위를 차지하는 이유는 연초에 우리의 기대치를 묻기 때문이야. 그러고는 연말에 그 기대를 충족했는지 물어. 연초에 우리 기대치가 너무 낮아서 쉽게 채울 수 있는 거야." 친구는 이렇게 말했다.

그게 덴마크인의 만족도가 높은 비결일까? 낮은 기대치? 실제로 덴마크인에게 내년이 어떻게 펼쳐질 것 같냐고 물으면 대개 다른 나라 사람들보다 기대치가 낮으며, 그 낮은 기대치가 충족되면 만족해한다. 행복은 덴마크에서 한 번도 '양도할 수 없는 권리'였던 적이 없다. 그래서 행복이 실현될 때 더욱 감사하는지도 모른다. 덴마크인은 파란만장한 상실의 역사를 겪었기에 삶의 작은 기쁨에도 감사할 줄 안다. 아마 덴마크인의 행복은 실제로는 행복이 아니라 훨씬 더 소중하고 오래가는 무언가이다. 자기 운명에 만족하고 사소한 욕구를 채우며 높은 기대를 자제하는 만족감.

몇 년 전 덴마크남부대학교 전염병학과 교수 코레 크리스텐센이 본인이 생각하는 덴마크인이 행복한 이유를 정리해 「왜 덴마크인은 잘난 척하는가: 유럽연합의 삶의 만족도 비교 연구」라는 제목의 약간 장난기 섞인 자료를 발표했다. 크리스텐센이 내놓은 이유는 덴마크인들이 설문에 응답할 당시 술에 취해 있었는지도 모른다는 가정부터 1992년 유럽축구선수권대회에서 거둔 뜻밖의 우승(결승전에서 독일을 꺾었을 뿐 아니라 스웨덴에서 열린 경기였다. 여러 복수 판타지가 즐겁게 섞여 있었다)까지 다양했다. 하지만 크리스텐센과 연구팀은 낮은 기대치가 열쇠라는 결론을 냈다. "기대치가 비현실적으로 높으면 실망하고 삶의 만족도가 낮아질 수 있다. 매년 덴마크인은 조국의 모든 것이 더 썩어가고 있지는 않다덴마크 왕자였던 햄릿이 조국이 썩어간다는 의미로 한 대사를 패러디했다는 사실을 발견하고 기분 좋게 놀란다."

그런데 크리스텐센이 덴마크인의 잘난 척을 고발한 최초의 인물은 아니다. 18세기 여성인권 운동가였던 메리 울스턴크래프트는 북유럽 여행기에서 덴마크인의 지나치게 높은 자아상을 다음과 같이 이야기한다.

행복이 우겨서 이룰 수 있는 거라면 덴마크인은 세상에서 제일 행복한 사람들이다. 본인이 처한 상황에 덴마크인처럼 만족하는 사람들은 본 적이 없다. (…) 덴마크 사업가는 독재자들이다. 냉정하게 자기 일에만 빠져서 나라 돌아가는 상황에는 깜깜하다보니 덴마크가 세상에서 제일 행복한 나라라고 다짜고짜 우긴다.

여유로운 것과 잘난 체는 진짜 한 끗 차이다. 덴마크인은 굉장히 여유로운 삶의 방식을 누리고 있다. 고백하자면 나는 가끔 그런 식의 태도를 엄청난 자기만족으로 해석했지만, 삶을 그리 심각하게 생각하지 않는다는 점에서 배울 게 상당히 많다. 덴마크어에는 스트레스 받지 말라고 격려하는 표현이 많다. Slap af(긴장 풀어), Rolig nu(이제 안심해), Der er lige meget(별일 아니), Glem det(잊어버려), Hold nu op(그만하면 됐어), Pyt med det(앞의 표현을 다 합친 의미) 등이다. 나쁘지 않은 삶의 방식이라고 생각한다.

하지만 다른 이론도 있다. 나와 이야기를 나누면서 크리스티안 비외른스코우는 덴마크에서 몇 세기 동안 어떤 정치 지도자도 암살당한 적이 없다고 말했다. 그는 정치적 안정이 행복한 사회의 중요한 토대라고 믿었다. 물론 근거 있는 이야기지만, 비외른스코우는 덴마크가 19~20세기에 겪은 대단히 충격적인 격변을 고려하지 않았다. 영국의 포격과 소중한 영토의 상실(노르웨이, 슐레스비히홀슈타인, 아이슬란드 등), 제2차 세계대전 당시 독일의 점령, 소련의 침략 위협, 심지어 20세기 거의 내내 핵 폐지 위협에도 시달렸다. 그리고 실제로 상당히 심각한 국내 정치 파동도 수차례 겪었다. 정권 퇴진과 우익의 약진, 그리고 일간지 『윌란스 포스텐』이 마호메트를 테러리스트로 묘사한 만평을 실어 이슬람 세계 전체의 분노를 사고 덴마크를 심각한 국제 분쟁에 처하게 한 사건이 대표적이다. 최근 스웨덴이 겪은 것처럼 총리와 외무장관을 목적이 불분명한 암살범에게 잃은 적은 없지만, 지난 200년간 덴마크는 결코 평화로웠다고 할 수 없다. 하지만 중요한 점은 덴마크 사람들은 여전히 자기네 역사가 비교적 평온했다고 느낀다는 것이다. 그들은 듣기 싫은 소리가 잦아들 때까지 '라라라'를 외치며 역사에 귀를 막는 데 유난히 능하다.

또 덴마크인은 유난히 너그러운 민족인데, 내가 보기에는 갈등을 두려워하는 그들의 천성과 관련이 있다. 미국의 사이클 황제 랜스 암스트롱이 약물 복용 사실을 시인하기 훨씬 전인 1996년 투르 드 프랑스의 덴마크인 우승자 비아르네 리스 선수가 수년 동안 금지된 약물을 복용했다고 자백했지만 지금도 여전히 사이클계에서 왕성하게 활동 중이다. '용서받은' 또 한 사람은 덴마크 전 총리 아네르스 포그 라스무센이다. 라스무센은 덴마크를 아프가니스탄 전쟁과 이라크 전쟁에 참전시켰고, 말 많던 일시 상환 주택담보대출을 허가해 덴마크 주택 시장은 전례 없는 호불황을 겪었다. 그런데 토니 블레어 총리와 조지 W. 부시 대통령이 자국민에게 증오의 대상이 된 반면, 라스무센은 덴마크의 원로 정치인으로 즐겁게 살다가 최근까지 NATO 사무총장을 지냈다. 덴마크인은 자기네 나라에 세계적 정치인이라고 할 만한 인물이 극도로 적다는 사실을 알기에 제1후보일지도 모르는 사람을 공격하기를 주저하는 눈치다.

그리고 이제 비만세 이야기를 해보자. 2011년 당시 집권당이었던 덴마크 자유당이 도입한 비만세는 베이컨과 버터 같은 제품에 부과하는 세금으로, 대단히 엽기적이었고 큰 대가를 치른 정치적 실수였다. 국민 건강 증진을 위한 정책이라고 포장했지만 순전히 자금 조달 수단이었으며 덴마크인은 이를 받아들이지 않았다. 덴마크인은 북유럽 사람들 사이에서는 지구상에서 할인 품목에 목숨을 걸기로 악명 높은 국민으로(가령 유럽 어떤 나라보다 주당 식료품비를 적게 쓴다. 식료품 가격이 세계 어느 나라보다 비싸다는 점을 생각하면 특히 우려스럽다), 앞서 이야기한 것처럼 그냥 차를 몰고 국경을 넘어 스웨덴이나 독일에 가서 베이컨과 버터를 사왔다. 결과적으로 덴마크의 주요 산업인 버터업계와 베이컨업계가 상당한 타격을 받았고 비만세는 결국 폐지됐다. 하지만 내가 자유당의 보건 대변인에게 자신들의 이러한 실패작을 어떻게 생각하는지 묻자 그녀는 경쾌하게 답했다. "아, 그렇지 않습니다. 우리 정당은 더 이상 비만세를 지지하지 않습니다." 비난도 사임도 없었다. 다들 그저 어깨 한번 으쓱했을 뿐. 덴마크인의 이 같은 너그러움을 실수를 대하는 건강하고 심지어 문명화된 자세로 볼 수도 있고, 아니면 무책임한 태도로 볼 수도 있다. 어느 쪽이든 확실히 덴마크 사회 표면에 인 파문을 최소한으로 잠재우는 데 도움이 된다.

이런 자세는 덴마크인이 행복한 또 한 가지 비결일 수도 있다. 나는 이런 자세가 모든 종류의 장기적 행복에 적용된다고 생각한다. 참되고 깊고 지속적인 기쁨을 위해서는 대개 엄청난 부정이 필요하며, 부정은 덴마크인에게 차고 넘치는 능력이다. 물론 자기 부정 이야기가 아니다. 덴마크인의 알코올, 담배, 대마초, 설탕 소비량을 보면 알 수 있듯이 덴마크인은 몇 안 되는 즐거움마저 포기한다. 가령 덴마크인으로 살아가는 데 드는 비용, 즉 세금을 내거나 가게에서 제품을 사는 데 드는 순수 비용 및 야망과 역동성의 상대적 부족 그리고 가끔은 필요한 갈등의 거부, 얀테의 법칙과 휘게로 부정되는 표현의 자유와 개성의 상실이라는 면에서 드는 정신적 비용 말이다.

덴마크인은 자신들의 허약한 건강 상태 역시 부정한다. 설문 조사에서는 본인이 평균 이상으로 건강하다고 주장하지만 실상은 정반대다. 또한 삐걱대는 공공 서비스도 부정하고, 덴마크 외곽에서 많은 총격전을 낳은 점차 늘어나는 범죄 조직의 범행도 부정한다. 인종, 종교 등이 다른 사람들이 섞여 사는 현실과 세계화된 세상의 일원이라는 사실도 부정하며(가령 약진 중인 우익 정당 덴마크국민당은 독일과의 국경 개방 정책을 철회한다는 목표를 가지고 있다), 점차 늘어나는 덴마크 내 경제적 격차와 지역 간 격차 및 그 결과도 부정한다. 또한 낮은 생산성, 진상을 외면하는 부채 습관, 과도한 공공 부문 지출 등 여러 경제적 문제도 부정한다. 나는 덴마크 신문에서 '뭐, 다른 스칸디나비아 나라들도 잘 돌아가고 있으니까 우리도 그렇겠지'라는 식의 기사를 수없이 봤다. 노르웨이의 막대한 석유 수익금이나 스웨덴의 세계를 주름잡는 제조업과 대대적 공공 부문 개혁 이야기는 쏙 빼놓은 채. 덴마크 경제는 북유럽 이웃 나라들보다 훨씬 부실하며 덴마크는 훨씬 더 심각한 문제들에 직면해 있지만, 그들은 개인의 부채 수준이나 막대한 복지 혜택 이야기를 이상하게 꺼린다.

덴마크에는 여러 맹점이 있다. 널리 칭찬받는 덴마크의 환경 운동을 예로 들어보자. 그들은 지속 가능과 재생 가능 어쩌고, 유기농과 재활용 어쩌고 하는 정책으로 세상을 더 깨끗한 곳으로 만들려는 자신들의 지속적인 노력을 자랑스럽게 생각한다. 풍차와 바이오연료, 자전거, 유기농 순무, 또 자동차를 자주 타는 사람을 매몰차게 대하는 일 등 놔두면 끝도 없이 이야기할 것이다! 맞다. 하지만 세계자연보호기금의 2012년 지구생명보고서에 따르면, 덴마크는 1인당 환경 발자국환경에 미치는 영향을 발자국으로 환산한 수치이 세계에서 네 번째로 많다. 걸프만 3개국에만 뒤지며 미국보다 앞선다. 한 가지 이유는 덴마크에서 생산하는 에너지 대부분이 지독히 더러운 석탄 화력 발전소나 점점 매장량이 줄어드는 석유에서 나오기 때문이다(덴마크는 원자력 발전을 허용하지 않아 수력발전에 필요한 천연 자원이 없다). 한편 지난 반세기 동안 덴마크에서 제일 중요한 회사였던 A. P. 묄러 머스크는 세계에서 제일 큰 해운회사를 보유하고 있다. 2008년 UN 보고서에 따르면 해운은 항공의 2배에 달하는 이산화탄소를 배출한다.

덴마크인에게 정신 차리고 공해 냄새를 맡아보라는 의도에서 하는 말은 아니지만, 어쩌면 자신들의 뒷마당을 깨끗이 치운 다음 세계정상회담에 세계 지도자들을 불러 모아 지구 온난화 문제를 이야기하려는 건지도 모른다.

또 덴마크인은 눈에 훤히 보이는 실제 사실도 부정한다. 독일의 존재가 대표적이다. 덴마크가 독일과 국경의 상당 부분을 공유한다는 점, 그리고 두 나라의 상대적 크기와 독일이 덴마크 수출에서 차지하는 중요도를 생각할 때, 독일 정치 및 문화는 덴마크에서 놀라울 정도로 거의 관심을 받지 못한다. 마치 독일인이 거기 없거나 자신들이 거기 없었으면 하고 바라는 것처럼. 리처드 젱킨스는 유틀란트반도에서 현지 조사를 하는 동안 덴마크인이 독일인을 상대로 농담하는 걸 한 번도 들어본 적이 없다고 했다. "아마 인종 농담이 통하려면 '서로' 어느 정도 친밀해야 하기 때문이거나, 아니면 그냥 덴마크와 독일이 공유하는 역사가 농담거리가 아니기 때문이겠죠."

부정은 언제나 흥미롭다. 부정의 대상이 경적과 함께 빨간색 네온 화살표 역할을 해 해당 문제에 주목하게 만들기 때문이다. 미국이 지구 온난화를 부정하는 이유는 온실가스 배출에 상당한 책임이 미국에 있기 때문이다. 영국이 대영제국의 몰락을 부정하는 이유는 자존심 탓에 자신들이 중요치 않은 존재라는 사실을 받아들일 수 없기 때문이다. 중국이 인권을 부정하는 이유는 중국의 경제적 성공이 인권을 무시함으로써 이룰 수 있었기 때문이다. 프랑스의 경우에는 부정하지 않는 점을 이야기하는 편이 빠를 것이다.

리처드 윌킨슨 교수와 경제 평등의 이점을 놓고 잠시 이야기를 나눈 뒤 지니계수가 낮은 국가, 즉 소득 분배가 평등한 국가의 단점도 있다고 생각하는지 물었다. 가장 평등한 사회도 알다시피 약간 단조롭고 지루한 경향이 있지 않은가? 가장 살기 좋은 도시들은 하나같이 스위스의 베른이나 캐나다의 토론토처럼 늘 깨끗한 거리, 자전거 길, 「오페라의 유령」 같은 관광 상품으로 이루어져 있지 않은가? 덴마크는 뉴욕이나 바르셀로나처럼 아주 신나고 자극적인 장소는 결코 아니다. (솔직히 밝힌다. 이 문제에 대해서는 할 말이 아주 많으니까. 나는 매년 영국 잡지 『모노클』에서 '도시 삶의 질 조사'를 시행하는 일을 돕고 있으며, 코펜하겐이 2년 연속으로 세계에서 제일 살기 좋은 도시로 선정된 최근 조사에도 참여했다.) 그 질문을 하자마자 깨달았다. 리처드 윌킨슨 교수의 저서 『평등이 답이다』에 나온 범죄, 십대 임신, 비만, 암, 자살 등의 사회 병폐와 비교하면 괜찮은 길거리 음식과 재미있는 그라피티가 없다는 건 불평 축에도 못 낀다는 사실을.

"사람들은 그렇게 말합니다. 하지만 불평등의 비용은 정말 대단히 높습니다. 스트레스, 우울증, 마약과 음주 문제, 자아도취 경향 등이 대표적이죠." 윌킨슨 교수가 말했다.

놀랄 만큼 많은 덴마크인이 내 생각에 동의한다. 또 자신들의 조국이 사람을 멍청하게 만들 정도로 따분하다고 생각한다. 덴마크 일간지 『베를링스케』의 칼럼니스트 안네 소피아 헤르만센은 덴마크의 숨 막히는 단일 민족 문화로 보이는 것들에 대한 의견을 말했다가 작은 소동을 빚었다. "덴마크는 정말 따분한 나라다. 같은 옷을 입고, 같은 곳에서 쇼핑을 하고, 같은 TV 방송을 보고, 누구에게 표를 던질지 고심한다. 정당들이 하도 비슷비슷하기 때문이다. 너무 비슷해서 눈물이 날 지경이다. (…) 덴마크에서 영화 「우주의 침입자」_{인간 복제를 다룬 1978년 미국 영화}는 1970년대에 나온 공포 영화에만 그치지 않는, 진짜 현실이다."

또 다른 유명한 논평가인 『윌란스 포스텐』의 니엘스 릴렐룬은 얀테의 법칙에 담긴 덴마크인의 사고방식이 유발하는 더 심각한 부작용을 지적했다. "덴마크는 창의적이거나 근면한 인재, 진취적이거나 성공하거나 남보다 뛰어난 인재를 키우지 않습니다. 우리는 절망감과 무력감, 그리고 독실하고 평범한 보통 사람을 키웁니다." 메리 울스턴크래프트가 한 말과 일맥상통하는 듯했다. 그녀는 이렇게 말했다. 덴마크인의 금전욕은 "미국에서처럼 사람들에게 기업활동을 하게 만드는 것이 아니라 검소함과 신중함을 키운다. 그 때문에 나는 코펜하겐처럼 활발한 산업이 없는 수도는 처음 봤다. 덴마크인은 전반적으로 혁신을 극도로 혐오하는 듯하다".『이코노미스트』가 북유럽 특별호에서 이야기한 것처럼 "스칸디나비아는 태어나기에는 최고의 장소다…… 하지만 평범한 경우에 한해서다." 평범한 재능과 야망과 꿈을 가지고 있으면 살기 괜찮지만, 보통 사람들보다 큰 꿈과 뛰어난 목표가 있거나 약간만 달라도 좌절할 것이다. 그 전에 이민을 가지 않는다면.

평소에는 패기만만했던 코펜하겐 비즈니스 스쿨의 오우에 카이 페데르센조차 이 비판에는 동의한다. "저는 덴마크를 좋아하지만 외국에서 일하고 싶습니다. 저는 아주 명예로운 마음으로 세금을 냅니다. 무언가 필요할 때마다 이용할 수 있으리라는 사실을 알기 때문이죠…… 매일같이 덴마크가 가장 살기 좋은 나라라고 결론 내립니다. 하지만 이러한 사회적 결속과 중산층 중심의 사회는 제가 원하는 종류의 도전을 제공하지 않습니다. 저는 최고의 장소에서 살고 싶지만, 엘리트 연구와 교육에 있어서 덴마크에서는 최고의 장소를 찾을 수 없습니다. 어째서 아침에 서점에 내려가서 5달러짜리『뉴욕타임스』를 살 수 없는 걸까요? 어째서 맛있는 커피를 저렴한 가격에 마시지 못할까요?"

우리는 대부분 비싼 커피와 또 다른 관광 상품인「맘마미아!」를 참고 견디는 건 공정하고 올바른 기능을 하는 사회에서 살기 위해 지불해야 하는 합당한 가격이라고 결론 내릴지도 모른다.

덴마크, 그리고 나머지 스칸디나비아 나라들은 이 점에 있어서는 뉴욕의 로어이스트사이드나 브라질의 코파카바나처럼 가슴을 뛰게 하지 않겠지만, 장기적으로는 확실한 연금 기금과 품질 좋은 광대역이 늘 승리한다. 그 접시들이 계속 돌아가고 덴마크의 기적이 계속되는 동안은.

이를 염두에 두고 내가 거의 모든 인터뷰 대상에게 공통적으로 던진 한 가지 질문이 있다. "덴마크의 미래에서 어떤 점이 걱정됩니까?" 그들의 답변 중 한 단어가 유독 많이 등장했다. '현실안주'였다. 내가 인터뷰한 많은 사람은 덴마크인이 너무 편한 상태를 너무 오래 누리다보니 이제는 아르네 야콥센이 디자인한 스완 암체어에 느긋하게 기대 앉아 덴마크 사회를 유지하는 접시들이 흔들거리다 떨어지는 모습을 지켜보는 데 만족한다고 걱정했다. 덴마크인들로서는 걱정스러운 사실이겠지만, 최근 OECD가 발표한 더 나은 삶의 지수 중 삶의 만족도 항목에서 덴마크는 7위로 떨어졌다. 무엇보다 노르웨이와 스웨덴에 뒤처졌다.

"2000년대 들어 몇 년 동안 덴마크가 세계 최고의 나라이며 안주는 해롭다는 공감대가 형성됐습니다." 마르틴 오게루프가 말했다.

"신뢰에는 단점이 있습니다. 너무 낙관하는 경향이 생긴다는 짐이죠. 이 복지국가에 이처럼 큰 문제가 있지만, 사람들은 그 문제가 저절로 사라지고 어떻게든 전부 괜찮아지기를 바라는 듯합니다." 크리스티안 비외른스코우 교수가 경고했다.

"제가 걱정하는 점은 우리가 계속 우리 자신을 속인다는 겁니다." 안네 크누센이 말했다. "우리는 우리가 결국 처하게 될…… 다음 나라, 그러니까 그리스보다 똑똑하고 부유하고 더 만족스럽고 나은 교육을 받고 있는 척하려고 애씁니다. 현실적인 시나리오 같지는 않지만 가능은 하다고 생각합니다."

"우리 덴마크인은 혼란스러워하고 있습니다. 앞으로 어디로 가야 하며, 장기적으로 지속 가능한 복지국가의 모습, 즉 2.0 모델은 무엇일까? 덴마크 사회와 경제 동향을 다루는 모든 그래프는 상승하다가 정체기이거나 하락하다가 정체기입니다. 유일한 예외는 우리 몸무게뿐입니다."

덴마크 사회는 성숙기에 들어선 듯하다. 누구는 완벽한 상태라고 주장할 테고, 또 누구는 대단히 위험한 정체기라고 주장할 것이다. 다음 단계는 침체기이자 쇠퇴기일까봐 우려된다. 만약 진정 거의 완벽에 가까운 사회로 발전했는데, 그 사회에 더 이룰 것도 저항하거나 지지할 것도 남아 있지 않다면 어떻게 될까?

"이 단계에 이르면 정말 사소한 차이들이 어디로 가야 할지의 문제에서 이 같은 혼란을 만듭니다. 정복해야 할 산이 또 있는 시……" 이렇게 밀하는 트라네스의 목소리는 점점 자아졌다. 다음에 무슨 일이 일어날지 정말 모르겠다는 듯이.

하지만 나는 늘 한 가지 질문을 더 했는데, 그 답은 한층 더 흥미로운 사실을 보여줬다. 덴마크인 인터뷰 대상에게 덴마크보다 살기 좋은 나라가 있다고 생각하는지 물을 때마다 대답은 하나같이 신중한 침묵으로 되돌아왔다. 사실 바람이 우우 소리를 내며 휘몰아치고 세무서 직원이 현관문을 두드릴 때면 가끔은

이탈리아의 토스카나나 프랑스의 프로방스로 떠나고 싶은 마음
이 간절하겠지만, 결국 누구도 덴마크보다 살기 좋은 나라의 이
름을 대진 못했다. 그리고 온갖 불평을 늘어놓기는 했지만, 부모
로서는 나 역시 덴마크가 최소한 아이들을 키우기에는 천국임
을 인정할 수밖에 없다.

다른 북유럽 나라들이 대안이 될 수 있다고 생각한다. 북유
럽 나라들은 놀라울 정도로 닮았다. 크고 폭넓은 복지 혜택, 사
회적 결속, 상호 연계성과 집단주의, 경제적 평등, 자학에 가까운
감초 집착 등이 모두 북유럽 사람들의 공통점이다.

덕분에 나는 이런 생각을 하기 시작했다. 북유럽스러움의 정
수를 모아 궁극적인 북유럽 사회를 만들면 어떻게 될까? 덴마크
인보다 더 성공적이고, 심지어 더 행복한 사회를 만들 수 있을
까? 아니면 과도한 북유럽 사회가 될까?

2장

핀란드

001

산타

아무 기자나 붙잡고 인생 최악의 악몽이 뭔지 물어보라. 정말 정말 유명한 사람과 즐겁고 유쾌한 인터뷰를 한 뒤 부랴부랴 집에 돌아와 이번만은 진심으로 설레는 마음으로 녹음한 대화를 옮겨 적으려고 하는데 녹음기가 켜지지 않았다는 사실을 발견했을 때라고 답할 것이다. 그 일이 나한테 일어났다. 세상에서 제일 유명한 사람과 인터뷰를 한 날 말이다.

나는 열 살짜리 아들과 라플란드의 주도 로바니에미로 여행을 갔다. 핀란드 북극권 변두리에 위치한 곳이다. 때는 7월, 24시간 해가 떠 있는 백야 기간이었다. 새벽 1시가 오후 1시 같았다. 정말이지 혼란스러웠다. 게다가 핀란드는 흔치 않게 무더위가 길어지고 있었다. 그날 밤 우리 부자가 '산타클로스의 공식 고향'

산타클로스 마을에 도착했을 때 맹렬한 백색광과 숨 막히는 더위는 산타클로스와 도무지 어울리는 조합이 아니었다. 산타클로스 마을은 로바니에미 시내에서 북쪽으로 8킬로미터 떨어진 소나무 숲 한가운데에 있다. 우리 부자는 반바지와 티셔츠를 입고 산타클로스 동굴 앞에 줄을 서서 크리스마스캐럴을 들으며 눈속을 뛰어다니는 순록 영상을 보면서 차례를 기다렸다. 크리스마스 시즌의 기분을 떠올리려 애쓰면서.

산타클로스 마을은 통나무 오두막집들이 올망졸망 모여 있는 곳으로, 쉽게 말해 잘 꾸며놓은 아웃렛센터다. 직원으로 일하는 요정들은 내내 히스테리에 가까운 열정을 보였다. 요정 하나가 산타의 우체국 주변을 구경시켜줬는데, 진짜 크리스마스 같은 즐거운 분위기에 취해 있다시피 했다. (내내 가공할 정도로 활기 넘쳤던 요정의 안면은 내 아들이 덴마크 아이들의 편지를 넣는 칸은 왜 없냐고 물었을 때 유일하게 잠깐 일그러졌다. 그 이유는 덴마크인은 산타가 그린란드에 산다고 믿어서이지만 요정은 당연히 그 점을 시인할 수 없었고, 그래서 우리 둘 다 찾지 못하리라는 사실을 뻔히 알면서도 몇 분 동안 열심히 덴마크 우편물 칸을 찾았다.)

생각해보면 누군가는 7월에 아이를 산타클로스 마을에 데려간 일이 아동 학대나 다름없다고 주장할지도 모르지만 내 아들은 즐거워하는 것 같았다. 마침내 우리 부자가 산타를 만났을 때 산타는 사진가의 화려한 스튜디오를 연상시키는 장소의 왕좌에 앉아 있었고, 내 맏아들은 산타를 만나서 진심으로 어쩔 줄 몰라 했다. 아웃렛센터를 보고 난 나의 냉소조차 사라질 정도였으니. 살짝.

산타는 나의 기발하고 독창적인 질문을 귀담아듣더니('크리스마스 선물로 받고 싶은 것은?' '남은 364일 동안은 무슨 일을 하시나요?' 등) 핀란드 억양이 살짝 섞인 영어로 훌륭한 답변을 내놓았고(첫 번째 질문의 답: '전 세계 어린이들이 좋은 의료 서비스와 교육을 받는 것', 두 번째 질문의 답: '산타는 연중무휴!'), 모든 대답 끝에 약간은 억지로 호호호 하고 웃었다. 우리는 산타 마을을 떠나기 직전에 각자 소원을 빌었다. 아들은 세계 평화를 빌었다. 나는 마세라티이탈리아 고급 스포츠카를 빌었다. 더할 나위 없이 적절한 소원이었다.

그런데 호텔 방으로 돌아와 무심코 재생 버튼을 눌렀는데, 기대했던 크리스마스 분위기의 '프로스트 VS 닉슨'방송인 프로스트와 미국의 전 대통령 닉슨의 팽팽한 인터뷰 대결을 다룬 영화급 인터뷰 대신 나의 최신식 마란츠 녹음기는 버릇없는 '에러' 메시지만 토해냈다. 먹이를 손에 넣으려는 실험실의 침팬지처럼 10분 동안 버튼을 미친 듯이 눌러댄 뒤 녹초가 되고 나서야 해결책은 하나뿐임을 깨달았다.

평소 같으면 여느 유능한 기자들이 쓰는 방법을 택했을 것이다. 인터뷰 내용을 최대한 기억해낸 다음 나머지는 지어내기. 하지만 라디오 방송에 쓸 내용이라 그럴 수가 없었다. 다시 녹음하는 수밖에 없었다. 산타의 통나무 오두막집을 다시 찾았다. 산타는 진정한 프로였다. 한 시간 만에 스케줄을 비우더니 마치 우리가 처음 만난 사이이고 내 질문이 처음 듣는 독창적이고 재치 넘치는 질문이라는 듯이 답변했다.

위기 상황에서 핀란드인의 널리 알려진 듬직함에 놀란 것은 그때가 처음도 마지막도 아니었다. (덧붙이자면 내가 녹음기를 작동시키려 애쓰는 동안 우리와 산타 마을에 동행했던 사랑스러운 로바니에미 홍보 담당자 여자분이 핀란드 국영 방송사에 전화를 했고, 방송사 측은 한 시간 내로 다른 녹음기를 가져다주겠다고 약속했다. 다시 이야기하지만 그곳은 북극권 근처였다.)

아무래도 지금 핀란드에 대한 고백을 해야겠다. 우리 북유럽 여정의 이번 목적지이기도 하니까. 핀란드인은 환상적이다. 아무리 봐도 질리지가 않는다. 핀란드인이 세상을 정복하면 완전 행복할 것 같다. 그들은 나의 표도, 나의 마음도 같이 얻었다. 개인적으로는 '판타스틱'이라는 단어를 '핀타스틱Finntastic'으로 바꿔야 한다고 생각한다. 헬싱키는? 헤븐싱키Heavensinki가 좋겠다.

무민과 무뚝뚝한 자동차 경주 선수들, 노키아의 고향에 빠진 건 나만이 아니다. 핀란드 학교 제도는 그 비법을 간절히 배우고 싶어하는 전 세계의 교육 전문가들을 불러 모은다. 세계 순위에 따르면 핀란드는 세계 최고의 교육 제도를 갖추고 있다. 또한 세계 3위의 경제대국이다. 지난 몇 년 사이 『뉴스위크』, 영국 레가툼연구소, 『모노클』지 모두 예외 없이 핀란드와 핀란드의 수도 헬싱키를 세계에서 제일 살기 좋은 곳으로 꼽았다. 현재 핀란드는 서유럽에서 1인당 국민소득이 가장 높으며, 까다로운 신용평가기구의 조사에서 유로존 유일의 AAA등급을 받았다. 핀란드인은 지구상에서 가장 부패가 적은 국민으로 꼽혔으며, 국제투명성기구의 최근 조사에서 덴마크인, 뉴질랜드인과 함께 공동 1위를 차지했다.

핀란드인은 믿음직하다. 또 아주 절제된 반어법을 쓰며 천연덕스러운 유머 감각을 뽐낸다. 한번은 이 책의 자료 조사차 헬싱키에 갔다가 어느 날 밤 사람 많은 술집에서 뚱한 영화감독 한 명과 대화를 나눈 적이 있다. 나는 어쩌다보니 염두에 뒀던 이 책의 제목 이야기를 하게 됐다. 감독은 보드카 잔을 입으로 가져가다 말고 감은 듯한 눈으로 나를 뚫어지게 바라보면서 차분히 말했다. "'거의 거의Almost Nearly'라고요?"

또 핀란드인은 북유럽 사람들을 통틀어 제일 예의가 바르다. 오랑우탄이 인간이 아닌 영장류 중에서 식사 예절이 제일 좋다는 말과 약간 비슷하게 들리지만, 북유럽 지역에 사는 영국인이라면 핀란드 어디를 가든 예의 바른 사람들을 만나게 될 것이다. 데이비드 니븐영국 신사의 전형인 영국 배우까지는 아니지만, 핀란드인은 기차에서 사람들이 먼저 내릴 수 있도록 옆으로 비켜서서 기다려주며, 글을 써서 대체 어떻게 먹고사느냐고 묻는 일도 잘 없다.

핀란드인, 특히 갈등으로 분열된 핀란드의 참혹한 역사를 알면 알수록 핀란드인을 향한 나의 애정과 존경은 점차 커지다 못해 요즘은 핀란드의 모든 것에 부끄러운 줄 모르고 열광하는 열성팬이자 치어리더가 됐다. 어떤 두 나라의 우열을 가리는 대화에서(물론 대부분은 핀란드 관련 내용이 아니지만) 다음과 같은 말을 듣는다. "아, 하지만 핀란드에서 그런 일은 '절대' 일어나지 않아."(나쁜 일인 경우) 또는 "핀란드에서는 그런 일이 훨씬 많아."(가

령 휴가처럼 좋은 일인 경우)

그러니까 앞으로 객관적인 사실도 이야기하겠지만, 내가 핀란드— 핀란드어로는 수오미Suomi(호수와 연못을 뜻하는 핀란드어 수오suo에서 유래했다는데 도저히 믿을 수가 없다)— 를 멋진 나라라고 생각한다는 점을 유념해달라.

하지만 북유럽 변방에 위치한 이 나라의 첫인상은 그렇지 않았다. 핀란드는 동서 유럽의 문화, 지질 단층에 걸쳐 있다. 실제로 핀란드를 설명하는 첫 단어는 그렇게 맥 빠질 수가 없었다. 가령 'Visit Helsinki' 웹사이트는 지금까지 내가 본 관광청 웹사이트 중 최초로 다른 나라 여행지미노르카섬, 지중해의 스페인령 군도 광고를 싣고 있었다. 업무 차 헬싱키에 출장을 간 내 덴마크인 친척은 헬싱키가 춥고 우중충한 개방 이전의 소련을 닮았으며, 맥주 캔이 '푸쉭' 하고 처음 따지는 순간 미치광이 술꾼으로 변하는 따분한 거인들이 사는 도시라고 묘사했다. 친척의 사업 파트너는 그 친척을 교외의 검은색 고층빌딩 2층에 위치한 인상적일 정도로 음산한 스트립 클럽으로 데려갔다. 친척은 그때 기억에 몸서리를 치며 더 자세한 이야기는 하지 않으려 했다. 다만 이튿날 아침 일어났더니 말 그대로 시궁창 속이었다고 고백했다.

다른 핀란드 전문가 한 명은 핀란드에서 제일 잘 팔리는 처방약 세 가지를 말해줬다. 첫째는 항정신제, 둘째는 인슐린, 셋째는 또 다른 항정신제 또는 항우울제였다. 내가 영어판 핀란드 뉴스 사이트에서 본 기사에 따르면 핀란드인 수십만 명이 항불안제이자 불면증 치료제인 벤조디아제핀에 중독되어 있다. 하지만 더 걱정스러운 것은 핀란드가 세계에서 세 번째로 총기 소지율이 높고(미국과 예멘 다음), 서유럽에서 살인율이 제일 높으며, 폭음을 일삼는 술고래에 자살 애호가가 많기로 유명하다는 사실이다.

스웨덴이나 덴마크— 두 나라 모두 훌륭한 영화감독, 뮤지션, 작가와 최근에는 TV 드라마까지 배출했다 — 와는 달리 핀란드의 문화유산은 발트해를 좀처럼 넘지 못했다. 물론 작곡가 잔 시벨리우스와 건축가 한두 명(엘리엘 사리넨, 알바르 알토), 무민, 그리고 스포츠 스타 몇 명(장거리 달리기, 자동차 경주 등 전부 혼자서 하는 스포츠에 특화되어 있는 듯하다)이 있지만, 핀란드인은 특별히 주목을 받지는 못한 것 같다. 위키피디아에 실린 유명한 핀란드인으로는 다음과 같은 사람들이 있다.

이오르 보크(기인)
토뉘 할메(프로레슬링 선수)
베이뇌 밀뢴네(최장신 핀란드인)

첫 핀란드 여행을 준비하면서 핀란드에서 제일 유명한 영화감독 아키 카우리스메키(안타깝게도 술집에서 만났던 감독은 아니다)의 작품들을 봤다. 「성냥 공장 소녀The Match Factory」「과거가 없는 남자The Man Without a Past」 같은 영화들은 하나같이 우울해서 스웨덴 영화감독 잉마르 베리만이 미스터 빈처럼 보일 지경이었다. 카우리스메키의 전형적인 영화는 기본적으로 괴물 석상 같은 배우가 나와서 비참한 일(탄광 일, 그릇닦이)을 하고 불평을 늘어놓으며 장렬하게 술을 마시는 모습을 보여준다. 결국 몇 명은 권총 자살을 한다. 끝.

그런 결말은 감독의 다음과 같은 인생관을 반영하는 듯했다. "나는 내가 자살하리라고 거의 확신하지만 지금은 아니다." 이 감독이 최근 인터뷰에서 한 말이다. 제발 그러지 않았으면 좋겠다. 나는 카우리스메키 감독의 영화와 희한하게 삶에 활기를 주는 영화 속 비참함을 좋아한다. 하지만 관광청의 광고 영상은 그렇지 않다.

핀란드에 관한 아주 약간이나마 긍정적인 이야기를 찾으려고 인터넷을 뒤지다가 '당신이 핀란드에 너무 오래 있었다는 사실을 깨닫는 순간'이라는 제목의 웹사이트를 발견했다. 길에서 낯선 사람이 당신을 쳐다보고 웃을 때 당신은

그 사람이 취했다고 생각한다
그 사람이 미쳤다고 생각한다
그 사람이 미국인이라고 생각한다

그럴 때는 핀란드인을 불행하고 곧잘 인사불성으로 취하며, 억압된 스웨덴식 체제 순응주의와 러시아의 야만성이 합쳐진 국민이라고 생각하기 아주 쉽다. 많은 사람이 생각하듯이. 하지만 부디 굴하지 마라. 비행기를 타고 헬싱키로 가라. 헬싱키는 신선한 공기 같은 도시다. 무엇보다 공기가 워낙 맑다. 시내 중심가는

자그마해서 도보로 20분이면 다 돌아볼 수 있지만 널찍하고 신선할 정도로 비상업적이며, 거리에는 보리수가 줄지어 늘어서 있다. 아늑한 항구 앞은 노르웨이 오슬로와 별반 다르지 않으며 작은 섬과 연락선들이 보인다. 하지만 동방 정교회의 양파형 원형 지붕과 근처의 눈부시도록 하얗고 화려한 제정 러시아 시대의 성당이 주는 동부 유럽의 이국적 정취가 약간 전율을 자아낸다.

파체르 제과점(지금은 파체르 카페&레스토랑)은 과거 러시아에 반대하는 혁명이 일어난 상징적인 장소이며, 훌륭한 케이크와 초콜릿, 아이스크림을 실컷 맛볼 수 있다(원한다면 반러시아 시위를 해도 된다. 그건 각자 알아서). 전차와 자전거 도로, 튼튼한 공공건물이 있으며(유명한 근육질의 여인상이 사리넨이 건축한 엄숙하고 실용적인 중앙역을 바라보며 서 있다), 도시 곳곳에 스피커가 설치된 청음 정거장이 있는데, 버튼을 누르면 시를 들려준다. 밖에 나와 돌아다니다가 짧은 시가 듣고 싶을 때 유용한 시설이다.

하나같이 스칸디나비아 국가처럼 보이지만, 그렇지만도 않다. 낯익은 국영 주류 판매점이 있다. 지나치게 밝은 가게 계산대는 대개 못마땅한 표정의 나이든 여자들이 지키고 있으며, 핀란드인은 딱 스칸디나비아 사람처럼 옷을 입는다. 커다랗고 뚱뚱한 재킷에 실용적인 신발을 신고, 비싸 보이는 안경을 낀다. 값싼 프랑스제 자동차를 몰며, 금발에 웃음기가 없고, 나보다 키가 상당히 크다. 내가 빨간 불에 길을 건너면 못마땅한 듯 헉 소리를 낸다. 지나다니는 차 한 대 없는데도. 모든 것이 질서정연하고 잘 정돈되어 있으며, 스칸디나비아 기준에서조차 이례적으로 단일한 민족이다.

심지어 핀란드인은 덴마크인이나 스웨덴인보다 피서용 별장(핀란드인 47만 명이 여름 별장 뫼키mökki를 보유하고 있다)에 더 집착한다는 사실을 금방 눈치 챘다. 또 핀란드인은 출산 후 육아휴직에 열광한다(부모가 나눠서 1년을 쉴 수 있다). 그들 대부분은 무신론자이며 핀란드의 엄격한 루터교회에는 거의 발을 들이지 않는다. 다른 스칸디나비아 사람들과 마찬가지로.

북유럽 도시의 한 가지 주된 특징은 사람을 찾기 힘들다는 점이다. 줄, 혼잡, 군중은 북유럽에서 보기 힘들다. 수도조차 런던이나 뉴욕에서 온 이들 눈에는 반쯤 버려진 분위기다. 사람들은 다 어디로 간 걸까? 하지만 헬싱키에 갔더니 오슬로는 뭄바이라고 할 수 있을 것 같다. 거리에 개미 한 마리 얼씬하지 않았다. 어느 아침에는 한창 혼잡할 출근 시간에 광장을 가로질러 동쪽의 중앙역에 가서 잠깐 서 있었는데, 지나가는 사람이 60명도 채 안됐다. 가게 쇼윈도도 이상하게 어두웠고, 도시의 광고판은 눈에 잘 띄지 않았으며, 사실상 옥외 광고판은 없었다. 언제 어디를 기든 무언가를 사라고 애걸복걸하는 메시지의 폭격이 없으니 속이 아주 후련했다.

핀란드가 나머지 북유럽 나라들과 구분되는 '다름'의 증거들을 차츰 발견했다. 언어가 가장 대표적이다. 핀란드어는 다른 북유럽 언어들과 닮지 않았으며 사실상 같은 단어가 없다. 거의 모든 핀란드인이 스웨덴어를 쓰지만, 핀란드어를 할 줄 아는 스웨덴인은 거의 없다. 덴마크인이나 노르웨이인은 스웨덴인을 만나면 영어로 말한다. 노르웨이, 스웨덴, 심지어 아이슬란드에서도 나의 썩 훌륭하지 못한 덴마크어로 주변에 보이는 말들 정도는 대부분 이해할 수 있지만, 핀란드에서 나의 덴마크어는 스타트렉에 등장하는 전사 종족의 언어 클링온어(지금 생각해보니 핀란드어와 닮았다)나 다름없다. 헬싱키에 도착한 첫날, 정처 없이 길을 걷다가 라빈톨라Ravintola라는 아마 대단히 유명한 것 같은 이탈리아 레스토랑 체인점을 찾는 데 점점 열을 올리게 됐다. 사실상 헬싱키의 모든 레스토랑은 그 체인 소유인 듯했다. 공산주의 정부가 운영하던 독점 체제로 돌아간 걸까? 알고 보니 라빈톨라는 '레스토랑'을 뜻하는 핀란드어였다.

헬싱키에는 관광지나 박물관 형태의 볼거리가 많지 않으며, 스톡홀름이나 코펜하겐과 달리 앙증맞은 중세의 하트 모양도 없다. 거의 모든 정부 기관과 대학 건물이 위치한 도시 중심부는 케이크처럼 생긴 19세기 러시아 건물이 주를 이룬다(작은 상트페테르부르크 같으며, 냉전 기간에는 종종 여러 영화에서 러시아 도시로 등장했다). 그중 가장 하얗고 예쁜 건물은 하얀색 헬싱키 대성당이다. 북유럽의 루터교회처럼 내부에 장식품과 예배자가 없는 성당 안에서 러시아 밖 유일한 러시아 시대 황제(알렉산드르 2세) 동상이 내려다보인다. 황제 동상 뒤로 보이는 서쪽 항구에서는 연락선들이 통통거리며 오가면서 피오르 저 안쪽 섬에서 출근하는 사람들을 내려준다.

부둣가에 있는 농산물 시장을 둘러봤다. 시장 좌판에는 살구버섯, 산딸기(귀하고 신비로운 클라우드베리를 포함해) 등이 진열되어 있다. 시장을 구경한 뒤 큰 카페와 연주대, 호텔이 늘어선 공원을 지나 서쪽으로 향했다. 또다시 오슬로와 상당히 비슷했지만, 오슬로에 넘쳐나던 포르셰는 없었다. 유리와 콘크리트로 지은 매력적인 현대미술관에 들렀다. 자본주의와 인간에게 분노하는 고등학생 같은 설치미술품이 가득했다. 국립미술관은 천사, 아이들의 장례식, 툰드라 지역에서 힘들게 일하는 농부 등 19세기의 초콜릿색 그림들을 전시했는데, 하나같이 회색, 황토색, 검은색으로 그려져 있었다(보기 힘든 쾌활한 뭉크의 자화상도 있었다). 한편 국립박물관은 약간 정신 나간 국가적 낭만주의 양식 National Romantic style, 19~20세기 초에 공업화에 대응한 민족주의의 표현으로 북유럽 지역에서 유행한 건축 양식 건물에 있다. 이 '귀신이 나올 것 같은 저택'에서 불구의 남작이 오르간을 연주하는 꼽추 집사와 같이 살고 있을 것만 같았다. 박물관의 다양한 볼거리로는 세계에서 가장 오래된 고기잡이 그물, 구석기 시대 스키 조각 등이 있다. 이곳에서 알게 된 사실인데, 2000년 전 핀란드의 기후는 오늘날 중부 유럽에 비해 상당히 쾌적했다. 이제 와서 별 위로가 될 것 같지는 않지만.

박물관 분위기는 몹시 침울했다. 박물관의 설명문에 따르면 어디에도 속하지 않았던 점이 핀란드인의 특징이라고 했다. 즉 핀란드인은 러시아인도, 스웨덴인도, 바이킹도, 기타 등등도 아니었다. 반복적으로 나오는 이야기는 핀란드의 외딴 위치와 유럽 역사에서 존재감 없는 역할이었다. 가령 전시 중인 로마의 동전들도 '심지어(진짜다) 핀란드에 제 발로 찾아왔다'고 전해진다. 산업혁명은 20세기가 되어서야 핀란드에 도입되었으며, 박물관의 말이 사실이라면, 그 전에 핀란드는 무엇 하나 발명하지 않은 것 같다.

스웨덴인에 대한 이야기는 거의 없었다. 스웨덴이 659년 동안 핀란드를 지배했다는 사실을 생각하면 이상한 점이다. 한편 스웨덴이 핀란드에서 철수한 뒤 100년 동안 위협적인 존재였던 러시아는 대개 긍정적으로 묘사된다. 가령 알렉산드르 황제의 개혁은 '경제와 문화 발전을 촉진했다'며 칭찬했고, 러시아에서 온 수많은 선물을 전시 중이었다. 여기에는 한때 핀란드 관공서에 걸려 있던 다양한 황제의 초상화도 포함된다.

또한 수 세기 동안 핀란드인을 무분별하게 황폐화시킨 흥미로운 이름의 군사 충돌과 끔찍한 전쟁에 대한 이야기도 읽었다. 모자 전쟁War of the Hats, 거대한 분노Greater Wrath가 대표적이다. '레스토랑 이름 지을 때나 그런 창의성 좀 발휘하지.' 속으로 생각했다.

그 후에는 주요 쇼핑가를 찾아다녔다. 한참 헤매다 이따금 멈춰 거리마다 펼쳐지는 콘서트를 방불케 하는 뮤지션들의 공연을 구경하기는 했지만, 가게의 불빛은 아주 희미하게만 보였다. 헬싱키 중심가에서 지나가는 여자에게 시내가 어디냐고 물었다. "여기가 시내인데요." 여자가 당황스러운 듯이 대답했다.

"맞아요. 여기가 긴자입니다!" 28년간 핀란드에 산 독일 배우이자 작가 로만 샤츠가 크게 웃었다. 우리는 이튿날 같은 지역을 함께 걸었다. 술을 곁들인 긴 점심을 먹고 난 뒤였다. 샤츠는 핀란드에서 가장 유명한 외국인으로, 적당히 냉소적인 핀란드인 역할로 많은 사랑을 받고 있다. 신문 칼럼니스트이자 텔레비전 진행자, 때로 배우로도 활동하며, 핀란드인을 주제로 책도 여러 권 썼다. 시내 중심가를 걷는 동안 받은 인사의 횟수만으로도 인기가 어느 정도인지 짐작할 수 있었다. 50대 초반의 이 키크고 잘생긴 독일인은 핀란드에서 국보급 지위에 빠르게 다가서고 있었다. 샤츠 역시 여전히 약간 어리둥절해했지만 제2의 고향인 핀란드에 큰 자부심을 품고 있는 듯했다.

"음, 저는 스웨덴인도 아이슬란드인도 믿지 않지만 핀란드 사람은 언제든 믿을 수 있습니다." 대성당 바로 맞은편에 위치한 전통 레스토랑에서 순록 고기를 먹으며 샤츠가 말했다. "기자님이 작은 협곡 위에 위태롭게 매달려 있다면 다음에 오는 사람이 핀란드인이어야 할 겁니다. 핀란드인이 금요일에 장작을 가져오겠다고 말하면 장작은 틀림없이 금요일에 그 자리에 있습니다. 50년 전만 해도 장작이 없으면 죽을 수도 있었으니까요. 이 나라에서 실수를 하면 모든 사람이 누가 그랬는지 알 겁니다."

샤츠가 말하기를, 핀란드인의 '할 수 있는 일은 꼭 한다'는 태도는 언어에서도 드러난다. "핀란드어에는 미래 시제가 없어요. 영어나 독일어로는 '이 일 또는 저 일을 할 거야' 혹은 '그 일을 했어야 하는데'라고 말할 수 있는 반면 핀란드인은 '미래를 그때그때 다르게 말하는 사람을 어떻게 믿을 수 있겠어요?'라고 말할 겁니다. 하거나 또는 하지 않았거나 둘 중 하나라고 생각합니다."

핀란드 명사는 성별 구분이 없다. 실제로 사람은 성별 구분이 없다. '그'와 '그녀'에 해당되는 말은 남성 명사 헨hän으로 동일하다. 핀란드 친구 한 명은 핀란드인들이 점점 모든 것을 '그것it'으로 지칭한다고 했다. '그것이 아침에 결혼해' '그것이 아침부터 보드카를 마시고 있어' 식으로. 핀란드어에는 전치사가 없으며 정관사와 부정관사도 없다. 'a book' 'the book' 'book' 모두 그냥 'book'(핀란드어로는 키리아kirja)이다(그렇지만 핀란드어에는 열네 가지 격어미가 있다고 한다. 그래서 그렇게 간단하지만은 않을 것 같다).

샤츠는 물론 거의 완벽한 핀란드어를 구사했다. "핀란드어가 확 늘었던 순간이 있어요. 심리학자인 제 아내와 담당 부부관계 상담사의 사무실에 간 날이었는데, 그 순간 심리학자 두 명과 핀란드어로 내 결혼생활 이야기를 하고 있구나 깨달았습니다. 이런 생각이 들었어요. '이야, 멋진데!'" 샤츠는 핀란드어—어떤 사람들은 몽골어, 일본어, 터키어와 같은 어족이라고 주장한다—가 핀란드인의 성격을 단적으로 보여준다는 이론을 제시했다. "행동과 가치 체계는 문법, 즉 언어에서 옵니다. 스웨덴, 노르웨이, 실제로 모든 스칸디나비아 나라와 독일, 영국에서 쓰는 언어는 서로의 방언이지만, 핀란드에서는 생각과 세계, 기분, 표현, 감정을 구성하는 방식이 완전히 다릅니다. 덕분에 새로운 사고방식을 배울 수 있었습니다. 핀란드어는 레고처럼 작동합니다. 아무 조각이나 두 개를 합쳐도 늘 어떻게든 들어맞습니다."

내가 처음 덴마크어를 배우기 시작했을 때 덴마크어는 종종 대단히 충격적일 정도로 단도직입적이었다. "빵 하나 주세요." 덴마크인은 빵집에 들어가서 이렇게 요구할 것이다. 하지만 핀란드어를 들어보면 덴마크어는 루이 14세 시대 베르사유 궁전에서 쓰던 프랑스어처럼 들린다. "핀란드어로 '그녀는 자는 척하는 것처럼 보인다'라고 말하고 싶으면 딱 두 단어면 됩니다." 샤츠가 말했다(그가 설명하지 않은 이유를 굳이 내가 설명할 필요가 있겠나 싶다). "핀란드 문화는 아주 원초적이지만 저는 긍정적으로 봅니다. 그들은 매우 단순한 방식으로 살아갑니다. 목이 마르거나 배가 고프거나 구강성교를 원한다고요? 그냥 물어보세요. 핀란드인은 인간의 기본 욕구를 잘 이해하는 반면, 기자님의 나라 영국이나 저의 나라 독일, 또는 프랑스는 수 세기 전부터 도시의 신경증('교양'이라고 부를지도 모르겠지만)을 앓아왔으며, 이제는 핀란드인들도 대부분 그렇게 되길 바랍니다. 하지만 저는 그 반대였으면 합니다. 핀란드인에게 '사랑한다'는 말을 들으려면 10년은 기다려야겠지만 그건 진심일 겁니다."

핀란드인들만 사랑한다는 말에 이처럼 뜸을 들이는 것은 아니다. 모든 북유럽 사람이 '사랑'이라는 단어를 비슷하게 바라보는 듯하다. 에놀라 게이Enola Gay, 일본 히로시마에 원자폭탄을 투하한 미국 폭격기의 애칭의 조종사와 조종간 옆 커다란 붉은색 버튼과의 관계처럼. 긴 여정 끝에 목표물 위에 있다는 사실을 완벽하게 확신하는 순간에 해야 하는 어떤 일. 헬싱키에서 만난 핀란드 외무부 직원이라는 여성은 몇 가지 다른 사례를 들며 도움을 줬고, 자기는 '사랑해'를 다른 나라 말로는 할 수 있지만 핀란드어로 말하는 건 더 어렵다고 털어놨다. 훨씬 더 큰 무게가 실리는 것 같아서란다. 나의 덴마크인 아내도 비슷한 이야기를 했다(최소한 그렇게 변명했다). 한편 스웨덴 민족학자 오케 다운은 스웨덴인에게 '사랑한다'는 말은 싸구려 연애소설처럼 애정을 부자연스럽게 표현하는 말처럼 들린다고 했다. 북유럽 지역에서 '사랑'이라는 단어는 미국에서처럼 가볍게 쓰이지 않는다. 가령 미국에서는 누군가의 헤어스타일이나 머핀 요리법이 마음에 들 때도 사랑이라는 단어를 지극히 자연스럽게 쓸 수 있다.

"핀란드에서는 다른 식으로 애정을 표현합니다. 이곳에서는 남편이 세탁기를 고쳐주는 방법으로 애정 표현을 합니다. 핀란드인을 이해하고 좋아하려면 시간이 좀 걸립니다. 첫인상은 몹시 꼬장꼬장하지만 일단 술만 들어가면 대단히 관능적이고 격정적으로 변합니다. 하지만 저는 스물다섯 살에 이곳에 와서 별 거부감은 없었죠." 샤츠가 말했다.

핀란드인은 샤츠의 이런 진단을 기분 나빠하기는커녕 자기들의 별난 성격과 약점에 대한 이야기를 아주 마음에 들어한단다. "이 사람들은 너무 오랫동안 고립되어 지냈고 이제야 세계로 진출하기 시작해서 다른 사람들이 자기네를 어떻게 생각하는지 무척 궁금해합니다. 이와 관련된 농담도 있어요." 샤츠가 쿡쿡 웃었다. "핀란드인은 이걸 코끼리 농담이라고 부릅니다. 독일인, 핀란드인, 프랑스인 남자 셋이 아프리카 어딘가에서 코끼리 한 마리를 봤습니다. 독일인이 말합니다. '내가 저 코끼리를 죽여서 상아를 팔면 얼마를 벌 수 있을까?' 프랑스인이 말합니다. '정말 아름다운 동물, 놀라운 생명체야.' 그리고 핀란드인이 말합니다. '오 세상에, 저 코끼리는 핀란드를 어떻게 생각할까?'"

침묵

이른 저녁이었고, 나는 혼자 걷고 있었다. 약간 길을 잃고 헬싱키 도심의 허름한 동네를 지나갔다. 이곳의 다세대 주택은 콘크리트로 지었으며, 1층에는 타이 마사지 가게, 성인용품점, 스트립쇼장이 점령하고 있었다. 모든 북유럽 국가의 수도는 이처럼 영화 세트장을 방불케 하는 우범지대를 잘 수용해왔다. 긴 의자에 꼬꾸라져 정신없이 잠든 마약쟁이, 그 남자의 바지는 반쯤 내려가 속옷이 드러나고 주삿바늘이 허벅지 밖으로 튀어나와 있으며, 립스틱을 두껍게 바른 아프리카계 여성이 길모퉁이에서 어정거리고 있다. 이 모든 풍경이 뽀얗게 먼지 긴 창문 안 폴리우레탄 산업의 다양한 산물을 파는 가게들과는 상반된다.

사람들이 영국과 미국 언론에 비친 스칸디나비아의 이미지만으로 이 지역을 바라봤다면, 가령 햇볕에 그을린 아이들이 깨끗한 피오르를 뛰어다니고, 남자들은 파이프를 물고 소박한 나무 의자에 앉아 있으며, 여자들은 신비로운 니트 옷을 입고 귀리 빵을 굽는 모습을 상상했다면 이곳의 풍경에 충격을 받을지도 모른다. 하지만 스칸디나비아 도시의 우범지대는 소박한 성당과 아늑한 카페처럼 스칸디나비아의 한 풍경일 뿐이다. 이 지역은 일종의 관광지다. 실제로 코펜하겐의 우범지대인 이스테가데도 관광 명소다.

이런 빈민가에서 한 번도 위협을 느낀 적은 없지만(다들 알겠지만 가끔 어딘가를 가려면 그 지역을 지나서 가야 할 때가 있다), 이번에는 명치 쪽에 약간의 불안감이 느껴졌다. 나의 자유의지로 정말 끔찍한 무언가에 무릎 꿇기 직전이기 때문이다.

잠시 멈춰 다시 생각했다. 억, 아니, 표범무늬 상의를 입은 저 여자와 너무 가깝잖아. 더 걸어가서 다시 멈춘다. 나의 행선지를 누구에게도 밝히지 않았으니 내가 실제로 여길 지나가는지 아무도 알 리가 없다. 혼잣말을 하고는 계속 걸어갔다. 나의 병적인 호기심과 익명성이 주는 무모한 자유에 홀려 주소가 적힌 작은 종이 한 장을 꼭 쥐고서.

그냥 도서관으로 돌아갈 수도 있었다. 그날 오후 아늑한 구석에서 자료 조사를 하며 보냈던 곳. 하지만 '그 일'을 해내지 못하고 헬싱키를 떠난다면 나의 핀란드 경험은 미완성으로 남을 것이다. 고향에 돌아가면 사람들은 나에게 '그 일'을 해냈는지 물을 테고, 나는 겁이 나서 내뺐다고 마지못해 고백하겠지. 사람들은 눈살을 찌푸릴 테고 나는 아무도 믿지 않을 변명을 늘어놓을 테지. 그게 아니면 거짓말을 해야 한다. 지금 내가 하려는 일은 나로서는 너무 낯선 경험이라 잘해낼 자신이 없다. '그 일'을 직접 경험해야 하지만 그렇게 하자면 거의 평생을 소중히 지켜온 몇 가지 원칙을 어길 수밖에 없다.

나는 핀란드인의 흔한 취미를 경험하러 가는 중이다. 실제로 '그 일'은 취미 이상이며, 핀란드에서는 핀란드스러움의 기본 개념과 떼려야 뗄 수 없는 삶에 꼭 필요한 일이다. 이 지독한 행동은 영국인과 DIY, 프랑스인과 불륜처럼 핀란드인이 밥 먹듯이 자주 하는 일이다. 나의 핀란드 친구 한 명은 사실상 그 이야기 말고 다른 이야기는 하지 않는다. 나와 처음 만난 자리에서 한 시간 넘게 열변을 토하며 그 이야기를 했고, 그 이후로 만날 때마다 그 주제를 다시 꺼냈다. 매번 나에게 그걸 해보게 하려는 속셈을 품고.

당연히 사우나 이야기다. 스웨덴인도 사우나를 좋아하고 아이슬란드에도 온천이 있지만, 핀란드인은 사우나를 완전히 새로운 차원으로 생각한다. 사우나는 핀란드의 사교생활과 여가 시간의 중심에 있다. 국민 두 명당 한 개의 사우나가 있으며, 사우나 수는 250만 개 이상으로 자동차 수보다 많다. 사우나는 제일 흔한 만남의 장소이며, 남녀를 불문하고 가족, 친구들과 함께 피로를 풀러 가는 휴식 장소다. 동시에. 발가벗는다. 펍이나 마을 회관처럼. 하지만 발가벗는다. 그리고 뜨겁다.

핀란드인은 자기네 사우나가 세상에서 제일 뜨겁고, 다른 나라의 사우나는 절대 진짜 사우나가 아니라고 말할 것이다. 스웨덴 사우나의 미지근한 온도를 조롱하며(80도 아래는 모두 '따뜻한 방'이라고 말한다), 스웨덴인의 나약함을 보여주는 한 가지 증거일 뿐이라고 이야기한다. 심지어 사우나 세계 챔피언십도 열린다. 유일한 요건은 누가 가장 높은 온도에서 가장 오래 앉아 있는가이다. 작년에 대회 참가자 한 명이 내부 온도가 110도까지 올라갔을 때 사망하는 사건이 있었다. 러시아인이었다.

핀란드 국회의원들은 일주일에 한 번 사우나에서 회의를 하고 (국회 회의실도 있는 게 아닐까 싶다), 냉전 시대 대통령이었던 우르호 케코넨이 나라를 통치하던 시절부터 외국 정상들이 핀란드를 방문한 날 밤이면 대통령이 모든 정상을 사우나로 초대하는 전통이 있었다(여기서 갑자기 앙겔라 메르켈 총리가 떠오르면 나쁜 걸까?).

1970년대에 영국에서 자란 나로서는 혼자 있을 때 알몸 상태는 수치스럽고 민망하고 '가능한' 한 피해야 하는 일이지만, 다른 사람들과 같이 있을 때는 '어떻게든' 피해야 하는 일이라고 알고 있다. 한편 현대 문명사회를 이룩한 인간 계몽을 향한 누적 과정은 지금까지 우리의 육체적 아픔과 고통, 위험, 신체 노출, 불편을 '최소화하고자' 하는 진정 감탄할 만한 욕구로 표출됐다. 그런데 도대체 어째서 이런 일들을 자초하고 엉덩이를 내놓은 채 커다란 오븐 속에 앉아 뒹굴고 싶어할까?

본능적인 경계심 때문에 지금까지는 사우나를 피해왔지만 이제 달라질 참이다. 나는 1929년에 지은 헬싱키에서 가장 오래된, 장작으로 불을 지피는 사우나를 찾아가는 중이다. 찾는 길은 어렵지 않았다. 남자들 한 무리가 나체주의자들의 피켓처럼 타월 천으로 된 목욕 가운, 혹은 누군가는 수건만 걸치고 밖에 모여서 입구의 낮은 벽 주변에 앉거나 서서 담배를 피우면서 맥주를 병째 들이켜고 있었다.

무뚝뚝하게 남자들을 지나 정문으로 들어갔고, 사우나에 자주 와본 사람처럼 보이려 애썼다. 한 젊은 남자가 작은 매점의 유리창 너머에 앉아 있다. 평소 같은 말투로 말했다. "저기……"

사우나 하나 '주세요?' 아니면 '할게요?' '갈게요?'

"……저기, 그러니까, 사우나 하나요?"

"수건 있나요?" 남자가 물었다. 젠장, 없다. 사우나 초보인 게 들통 나게 생겼다. 괜찮아요, 빌려드립니다, 남자가 말했다. 남자는 고무 팔찌에 매달린 열쇠와 함께 수건을 건네며 내 오른쪽에 있는 문을 가리켰다.

나무판을 대서 만든 오래된 탈의실에서 축 늘어지고 하얗고 쭈글쭈글한 엉덩이 떼를 만났다. 적어도 여자는 없으니 안심이다. 그건 완전히 다른 차원의 도전이었을 테지. 안 보이는 구석을 찾아 옷을 벗기 시작했다. 옷을 사물함에 넣고 수건을 잡고 서 있었다. 다음 순서는 뭐지? 전혀 감이 오지 않았다. 수건을 허리에 두르고, 아니 그러면—당치도 않지만—고상한 체하는 앵글로색슨족처럼 보일까? 아마 어떤 사우나를 가느냐에 따라 옷을 벗는 수위가 다른 것 같다. 그러고 보니 어느 쪽으로 가야 하는지조차 모르겠다. 어디로든 가긴 가야 하는데. 다시 한번 물건을 정리하는 척하며 다른 사람들을 곁눈질로 살폈다. 엉큼한 눈으로 훔쳐본다고 잡혀가지나 않을지 신경 쓰면서. 그때 다른 사우나 손님 한 명이 내 옆을 지나가며 자기 수건을 경쾌하게 어깨 위로 던져 걸치고는 다른 문으로 나갔다. 남자의 엉덩이는 누군가 한 쌍의 블라망주프랑스 젤리의 일종를 저울질하는 것처럼 오르락내리락했다. 남자를 따라가기로 했다. 수건을 어깨 위에 던져 걸치고.

벌거벗고 사람들 사이를 걸어가다가 금세 주체할 수 없을 만큼 부끄러워졌다. 평소처럼 걸으려고 애쓸수록 걸음걸이는 더 부자연스러워졌다. 샤워실에 들어갔더니 경악스러운 광경이 펼쳐졌다. 방 한쪽 끝에서 남자 한 명이 벌거벗은 채 마사지 테이블 위에 누워 있었다. 어떤 여자에게 자작나무 가지로 두들겨 맞으면서.

여자는 옷을 입고 위를 올려다보지 않은 채 마사지를 하고 있기는 했지만, 그래도 맙소사다! 허겁지겁 샤워기 있는 곳으로 가서 벽 쪽으로 돌아섰다. 다 씻고 나서는 공황상태에 빠졌다. 내가 따라온 남자가 사라졌다. 남자는 어디로 갔으며, 무엇보다 수건은 가져갔을까? 벽에 수건이 몇 개 걸려 있던데, 그중 하나가 그 남자 수건일까? 이제 뭘 어떻게 해야 하지? 나는 핀란드인이 사우나의 청결 상태에 강박적이라는 사실을 알고 있다. 수건은 사우나 안에서 비위생적이라고 생각할까? 아니면 수건을 들고 가지 않는 게 비위생적일까? 수건을 깔고 앉아야 할까, 아니면 맨 엉덩이를 대고 사우나를 해야 할까? 아, 미치겠네! 어쩌자고 이런 수모를 자초했을까?

샤워실 저쪽 끝에 있는 다른 문이 열리며 수증기가 대량으로 뿜어져 나왔다. 한 남자가 수건을 들고 들어왔다. 아하! 나는 닫히려는 문을 잡고 사우나 안으로 들어갔다. 공기는 뜨겁고 축축했으며 장작 타는 기분 좋은 향이 났다. 매캐한 연기가 나지는 않았다. 사우나 내부는 캄캄했지만 눈이 적응하기 시작했다. 사우나실 양쪽에 직각으로 된 콘크리트 계단이 있었다. 자욱한 증기 사이로 두 개의 형체가 나타났다. 내가 따라다니던 남자와 작고한 미국 배우 어니스트 보그나인을 닮은 남자가 있었다. 남자의 배가 대포만 해서 다행히 주요 부위가 모두 가려졌다. 두 남자는 서로 가능한 한 멀리 떨어져 앉아 있었는데, 이건 나에게 또 다른 딜레마였다. 나는 어디 앉아야 하지? 문 옆에 작은 나무 깔판이 쌓여 있었다. 저 위에 앉는 건가? 나는 용기를 끌어모아 어니스트에 물었다. 어니스트는 해독 불가한 무슨 말인가를 웅얼거렸지만 말투는 적대적이었다. 내가 이미 사우나 에티켓을 어겼다고 말하는 것만 같았다.

나는 힘없이 웃으며 깔판 하나를 집어 사우나 한가운데에 앉았다. 두 남자와 정확히 같은 거리를 두고서였다. 사우나광인 내 친구가 더 높은 자리일수록 더 뜨겁다고 경고했다. 나약한 외국인처럼 보이고 싶지 않아 계단 중간쯤에 앉았다. 두 사람보다 한 계단 위였다.

3초 만에 얼굴이 불타올랐다. 땀방울이 온몸을 타고 흘렀다. 1분이 지나자 입술이 빨갛게 익고 숨을 쉴 때마다 폐가 불타는 것 같았지만, 두 남자 중 한 명 또는 둘 다 나가기 전까지 절대 먼저 나갈 수는 없었다. 또 한 남자가 들어온다. 남자는 몸을 구부리더니 수도꼭지같이 생긴 걸 튼다. 사우나의 우묵한 부분 어디에선가 우르릉대며 섬뜩한 소리가 난다. 온도가 몇 도 높아지고 나는 몇 분 더 앉아 있다가 당황했다. 그 후에 들어오는 모든 사람이 그런 식으로 수도꼭지를 틀었기 때문이다. 에티켓 두 번 위반.

시간이 아주아주 천천히 흘러간다. 나는 점차 나의 벌거벗은 몸을 받아들이고 거의 편안한 상태가 된다. 여전히 신경은 쓰인다, 확실히. 하지만 침묵이 훨씬 더 거슬린다. 두 사람은 친구임이 분명한데 서로 한마디도 하지 않는다.

어니스트 보그나인이 나간다. 내가 따라다니던 남자도 나간다. 이제 나갈 구실이 생겼지만 사실 더 있고 싶다. 후끈거리는 열기, 쿵쾅거리는 가슴, 흘러내리는 땀 모두 이상하게 좋다. 어니스트 보그나인이 돌아오고, 곧이어 다른 남자도 따라 들어왔다. 그렇지! 두 사람은 찬물 샤워를 하러 간 거였다.

사우나에 오기 전에 나는 찬물 샤워와 얼음물 수영을 할까 말까 고민을 많이 했고, 절대 내 몸을 그렇게 학대할 수는 없다고 결론 내렸다. 내 아내라면 궁금해하는 사람들을 붙잡고 신나서 이야기하겠지만, 내가 엄살쟁이라서가 아니라 약간의 불편도 견디지 못하는 사람이기 때문이다. 내 옷장에는 모직 바지가 한 벌도 없고, 나는 자갈이 깔린 해변은 절대 가지 않는다. 하지만 지금 이 순간 찬물 샤워는 꽤 혹한다.

사우나실을 나가 샤워 꼭지 아래 서서 마음을 다잡고 손잡이를 완전히 찬물 쪽으로 돌린 뒤 얼음장같이 찬 폭포에 흠뻑 몸을 적셨다. 내 평생 가장 상쾌하고 활기가 돌며 이상하게 마음이 편안해지는 경험이었다. 죽여주는군.

사우나실로 돌아와 계단 꼭대기로 직행한다. 어니스트보다 높다. 몸이 타들어갈 듯이 뜨겁다. 머리가 어질어질하기 시작한다. 눈앞에 별이 왔다 갔다 해서 어쩔 수 없이 몇 계단 내려왔다. 나무 깔판은 치우고 엉덩이를 콘크리트에 대고 다시 앉는다. 숨죽여 비명을 지른 뒤 깊고 뜨거운 숨을 내쉰다. 새로 들어온 두 사람—블림프 대령제2차 세계대전을 배경으로 한 영화의 주인공과 톨룬 인간북유럽 늪지에서 발견된 세계에서 제일 잘 보존된 시신—의 소중한 야채가 덜렁대는 모습을 보지 않으려 애쓰면서.

점차 숨이 가빠지면서 심장마비가 오려는 통에 겁이 나서 비틀거리며 사우나실을 빠져나와 샤워를 하고 옷을 입고 땅거미가 지는 상쾌한 헬싱키 속으로 나아갔다. 그 어느 때보다 깨끗한 기분이었고, 미칠 듯이 목이 마르며 기진맥진한 상태였다.

한 시간 뒤 여전히 땀을 줄줄 흘리면서 도심 뒷골목에 있는 술집에서 내 평생 가장 맛있고 시원한 황금빛 맥주를 마시며 핀란드인과 그들의 사우나 중독에 대해 곰곰이 생각해봤다. 온갖 역경에도 불구하고 사우나는 즐거웠다. 비록 사람들 앞에서 발가벗는 일에 대한 생각은 훨씬 더 확고해져서 조만간 다시 방문할지는 모르겠지만. 그런데 핀란드인은 왜 그렇게 사우나에 집착할까? 타고난 피학성이나 그와 사촌뻘인 남성 우월주의 같은 건가? 자신들은 매일 벌을 받아 마땅하다고 생각하는 걸까? 아니면 거의 1년 내내 욕 나오게 춥다보니 뼛속까지 온기를 채워야겠다 싶을까? 그렇다면 캐나다의 사우나 문화는 어떻게 될까?

사우나는 사회적 교류 면에서는 그다지 큰 역할을 못 하는 게 틀림없는데, 어째서 그렇지 않은 척할까? 내가 보기에는—최소한 나의 짧은 경험에서 보면, 그리고 내가 운이 나빴거나 잘 몰라서 조용한 주중에 방문했는지도 모르지만—핀란드식 사우나는 높은 열기만큼이나 사람들의 침묵이 큰 특징이다. 핀란드인은 말수가 적기로 유명한 민족이다.

"핀란드에 사는 외국인은 핀란드 남자들의 과묵함에 감명을 받는다." 미국 학자이자 핀란드에 거주하는 외국인인 리처드 D. 루이스는 자신의 책 『미래는 핀란드에 있다Finland, Cultural Lone Wolf』에서 이야기했다. 또 핀란드인은 소문이나 의미 없는 잡담을 좋아하지 않는다고 말한다. 루이스는 지리 결정론을 크게 신뢰하며, 핀란드의 기후와 환경이 핀란드인의 성격에 직접적인 영향을 미쳤다고 믿는다. "기온이 낮아서 밖에서 보내는 시간이 짧다. 사람들은 영하 20도의 날씨에 거리에서 어슬렁거리지 않는다. (…) 헬싱키의 동풍 속에서 미국식으로 함박웃음을 짓다가는 앞니가 시릴 것이다."

핀란드의 기후와 지형은 분명 핀란드인의 성격에 영향을 미쳤지만, 핀란드인의 과묵함은 어떤 면에서는 핀란드의 단일성과 관련이 있는 듯하다. 핀란드는 인종 다양성이 대단히 적은 사회다(인구의 2.5퍼센트만이 이민자로, 인구의 3분의 1 이상이 이민자인 이웃 나라 스웨덴과 비교된다). 따라서 미국 인류학자 에드워드 T. 홀의 유명한 고맥락/저맥락 문화 이론에 따라 핀란드 사회를 해석하면 대단히 고맥락 문화라고 할 수 있다. 아마 세계에서 제일 고맥락 문화일 것이다.

홀에 따르면 '고맥락high context' 문화권 사람들은 같은 종류의 기대와 경험, 배경, 심지어 유전자까지 공유한다. 그들에게는 언어적 의사소통이 덜 중요한데, 서로는 물론 자신도 흔히 겪는 상황을 이미 아주 잘 알고 있기 때문이다. 고맥락 문화에서 말은 더 큰 의미를 지니지만 덜 필요하다. 한편 수백 개의 국적, 인종, 종교가 섞여 있는 런던 같은 저맥락 문화low context에서는 언어적 의사소통으로 서로를 이해시키는 과정이 더 많이 필요하다. 공통점이 더 적으며, 무언의 추정이 더 적게 이루어지고, 메워야 할 차이도 더 많다.

각각 정도는 다르지만 모든 북유럽 나라가 그렇다고 볼 수 있다. 모두 비교적 단일하며, 따라서 고맥락 문화다. 노르웨이의 사회인류학자 토르 라르센은 노르웨이에서 비슷한 현상을 발견했다. 모든 사람이 대체로 비슷하며, '역설적인 상황과 놀랄 일이 드물기' 때문이다. 핀란드와 노르웨이 같은 고맥락 사회에서는 대체로 내가 어떤 사람을 상대하게 될지, 그들이 어떻게 생각하는지, 어떻게 행동하고 반응할지 예측하기가 쉽다. 핀란드인은 서로 전혀 대화를 나눌 필요가 없다.

"핀란드인의 잡담은 의사소통 면에서는 미니멀리즘이지만, 2분간의 대화로 같은 양의 정보를 전달할 수 있습니다." 로만 샤츠도 동의했다. "몇 분간 말없이 있다가 불쑥 이렇게 말할 겁니다. '커피 주세요.' '와, 진짜 퉁명스럽네' 싶겠죠. 하지만 사실 우리는 친구입니다. 모든 말을 영국인처럼 '정말 미안하지만' '대단히 감사해요'라는 인사를 붙여 할 필요가 없어요."

핀란드인의 과묵함은 자기네끼리는 괜찮겠지만 문제는 여행을 하거나 외국인과 일을 해야 할 때 생긴다. 특히 남자들은 '지나치게' 솔직하거나 '지나치게' 직설적이라 가끔 무례해 보이기까지 한다. 그들은 사회적 윤활유인 잡담을 특히 힘들어한다. 심지어 노르웨이인조차 마음먹으면 할 수 있는 일인데.

"핀란드인은 말 많은 사람을 불신한다. 상대방이 한 번에 4~5분 이상 이야기하면 그 사람이 뭘 숨기려고 저러는지 의심하기 시작한다." 앞서 이야기한 핀란드에 거주하는 학자 리처드 D. 루이스는 자신의 책에서 이렇게 말한다. 또 핀란드는 반응하고 듣는 문화이며, 주로 대화를 먼저 시작하지 않고 상황이 어떻게 전개되는지 지켜보고 있다가 끼어드는 편이라고 덧붙인다. 루이스는 역사적, 지리적 영향이 작용함을 인정한다. "추운 기후에서 스웨덴과 러시아 사이에 끼어 있던 핀란드인으로서는 질문을 받지 않는 한 입을 열 이유가 없었다."

핀란드인 친구가 관련된 일화를 하나 들었는데, 인간의 상호작용이라는 일반적 관습을 향한 핀란드인의 태도를 완벽하게 보여주는 사례라고 했다. 친구가 친구의 처남과 함께 눈보라 속에 시골길을 운전해 가는데 두 사람이 탄 차가 고장이 났다. 30분을 기다렸더니 마침내 다른 차가 지나갔다. 차가 멈추고 운전자가 밖으로 나와 두 사람을 도왔다. 남자는 보닛 안을 들여다보며 열심히 차를 고쳤다. 내내 말 한마디 없이. 알겠다는 듯 한두 번 고개를 끄덕였지만, 내 친구가 맹세컨대 말은 한마디도 하지 않았다고 한다. 그러고는 남자는 차를 몰고 사라졌다. 친구가 말했다. "오, 우리 운이 좋았네. 저 사람 대체 누구지?" 그 말에 친구의 처남이 대답했다. "아, 유하라고, 학교 동창이에요."

또 다른 핀란드인은 쉬는 날에 가벼운 산행을 즐긴다고 말했다. 하지만 혼자서 가는 게 더 좋으며 친구나 가족이 같이 가자고 하면 솔직히 약간 성가시다고 했다. "산행을 하고 하루 묵어가려고 공용 산장에 갔는데 다른 팀이 있으면 실망해요. 핀란드인 대부분이 그럴 거예요. 우리는 늘 혼자 있는 걸 더 좋아하거든요." 그 친구는 말이 많은 축에 속했다. 반면에 거의 모든 덴마크인은 그런 상황에서 다른 덴마크인을 만나는 걸 적극 반긴다. 둘이 같이 아는 사람을 찾을 수도 있고, 투보르Tuborg 맥주 한두 캔을 나눠 마시거나 노래를 같이 부를 수도 있으니까.

"저는 헬싱키에 이틀 이상 있으면 머리가 아파요. 사람이 너무 많고 혼자 있을 공간이 잘 없어요." 한 핀란드인 여성이 내게 말했다. "한번은 홍콩엘 갔는데, 너무너무 많더라고요. 사람들이요!" 그녀는 그때 기억에 진저리를 쳤다.

한번은 비행기에서 핀란드 위를 지나다가 아래를 내려다봤다. 원시림처럼 보이는 지역 한가운데서도(핀란드의 75퍼센트가 원시림이며 10퍼센트는 차디찬 호수다) 때때로 외딴집의 벨룩스 채광창에서 반사되는 한 줄기 햇살이나 분명 문명사회와 멀리 떨어져 있을 사우나에서 피어오르는 연기를 보고는 감탄했다. '핀란드인은 근처에 이웃이 없어도 평화롭구나.' 이렇게 생각하자 이상하게 위로가 됐다.

핀란드인의 과묵함은 수줍음으로 해석할 수도 있다. 형용사 '수줍음을 타는shy'에 해당되는 핀란드어 '우호uho'는 영어에서처럼 부정적 의미가 없으며, 그 밖의 북유럽 지역의 단어들도 마찬가지다. 세계의 북쪽, 겸손과 평등이 그토록 중요한 지역에서 수줍음은 사회적 약점이 아니며, 그보다는 겸손, 절제, 다른 사람의 말을 경청하는 자세로 받아들여진다.

하지만 각기 정도가 다른 스칸디나비아식 수줍음이 있다. '장시간 비행 시 옆자리 상대로는 정말 좋지만 디너파티의 옆자리 상대로는 별로 좋지 않은' 핀란드인은 대화 쪽으로는 제일 답답한 댄스 파트너며, 핀란드인 못지않게 과묵한 스웨덴인이 그다음이다. 이어서 노르웨이인, 아이슬란드인 순이다. 덴마크인은 그 부분에서는 거의 인간적이라고 볼 수 있다. 아마 무역상으로 일한 전통이 있고, 유럽 본토에서 가깝기 때문에 잡담을 더 편하게 받아들일 것이다. 휘게는 직장에서 필수다. 그 결과 다른 스칸디나비아 사람들은 덴마크인을 약간 의아하게 바라본다. 덴마크인은 이 지역의 뺀질이 윌리Slick Willie, 교묘한 말재주로 곤란한 상황을 잘 모면하던 빌 클린턴의 별명이자 수다쟁이들이다. "덴마크인에게는 약간 남쪽 사람의 피가 흐릅니다." 한 노르웨이인이 매우 진지하게 이야기했다.

덴마크인의 기질이 거의 라틴계—말이 빠르고, 파티를 좋아하고, 규칙을 악용하고, 천하태평하고, 개성 강한 능구렁이—같다는 묘사는 실제로 덴마크에 가본 사람들에게는 약간 터무니 없는 소리처럼 들릴 수 있다. 처음에는 독일인과 상당히 비슷해 보였지만 더 좋은 가구를 가지고 있었다. 덴마크인과 덴마크의 형제자매 나라에서 시간을 좀 보내고 난 지금은, 어째서 덴마크인이 북유럽에서 이런 이미지를 갖게 됐는지 알 것 같다. 핀란드인과 스웨덴인에 비해 덴마크인은 진짜 라스베이거스식 카바레 쇼를 여는 사람들이다.

북유럽의 과묵함에는 확실히 남녀 차이가 있다. 스칸디나비아 남자들은 대체로 침묵을 편안해하는 반면, 여자들은 대개 외국인을 더 편하게 해주려고 적극적으로 노력한다. 물론 나의 엄청난 매력 덕분이겠지만. 핀란드에서는 여자들이 남자들보다 훨씬 더 수다스러웠다. 그렇기는 하지만 핀란드 남자들을 올바르게 평가하기 위해서는 최소한 이 사실만은 알아야 한다. 핀란드 남자들이 충분한 고민 끝에 대화에 참여하면 그건 그들의 확실한 의견이다. 언어적 수사가 절제된 에티켓과 예의를 벗어던진 흔들림 없는 의견.

여전히 파리의 사교 모임에 소리 없이 들어가거나 런던이나 도쿄의 상류사회에 뛰어들 때 핀란드인은 많은 사람을 어리둥절하게 하거나 기분을 상하게 만들 것이다. 핀란드인은 일본인과 비슷한 점이 많다는 이야기를 듣는다. 리처드 D. 루이스에 따르면 사실상 보디랭귀지를 전혀 쓰지 않으며, 남의 말을 잘 경청하고, 갈등을 좋아하지 않는다는 점 등에서. 하지만 일본인조차 핀란드인의 직설화법과 무뚝뚝함을 언짢아한다.

이건 여담인데, 스칸디나비아 사람들이 특별히 수다스럽지 않다는 이야기는 들었지만, 그들은 박쥐가 내는 고주파의 찍찍거리는 소리처럼 다소 불가사의하고 비언어적인 소통 방식을 가지고 있다. 다른 사람들 귀에는 사실상 들리지 않는다. 이것은 겉보기에는 대수롭지 않은, 목소리를 거의 내지 않는 핀란드인의 발성법으로 나는 이제야 겨우 해독법을 익히는 중이다. 가장 흔한 발성법은 짧고 급하게 숨을 들이마시는 행동인데, 이는 약간의 끙 소리와 함께 쓰여 동의의 뜻을 나타내며 '네, 하지만'이라는 말과 함께 사용한다. 어떤 덴마크인은 이런 행동을 두드러지게 하길래, 처음 몇 번 당할 때는 불안해지면서 혹시 무슨 발작이라도 일으키나 싶었다. 리처드 D. 루이스는 핀란드인의 이런 의사 표현을 '한숨, 거의 들리지 않는 신음 소리, 그리고 승낙의 끙 소리'라고 설명한다. 모든 민족과 언어는 긍정을 나타내는 '응', 잘 모르겠다는 뜻의 '음?', 그리고 언어적 틱'you know?'처럼 불필요하게 반복하는 언어 습관을 가지고 있지만, 스칸디나비아 언어에서 이런 표현들은 의사소통의 주요 방식인 듯하다.

어떤 면에서 핀란드인은 스칸디나비아 사람들보다 더 스칸디나비아 사람처럼 보이기도 한다. 앞서 이야기했듯이 스웨덴인, 덴마크인, 노르웨이인은 얀테의 법칙에 따라 자기 검열을 한다. 즉 자기 업적이나 재산을 자랑해서는 안 되며, 자기가 다른 이들보다 더 나은 사람이라고 생각해서는 안 된다는 등의 규칙을 지킨다. 핀란드인은 이런 식의 겸손을 완전히 다른 차원으로 올려놓아

많은 사람이 수출 경제에 악영향을 미친다고 주장할 정도다.

"우리는 밖에 나가서 우리가 얼마나 좋은 사람들인지 당당히 자랑할 배짱이 없습니다. 손을 주머니에 집어넣고 한쪽 구석에 서서 누군가가 우리에게 관심을 가져주기만을 기다립니다." 핀란드 관광청 책임자는 최근 이렇게 말했다.

로만 샤츠도 핀란드인의 겸손을 비슷하게 바라본다. "나사못을 예로 들어봅시다. 미국인은 나사못을 이렇게 소개할 겁니다. '이 나사못이 여러분의 삶을 바꿉니다! 행복하게 만들어드립니다. 이건 세상에서 제일 좋은 나사못입니다.' 그러고는 2시간 30분 동안 나사못의 기술적 세부 사항을 지루하게 떠들어댈 겁니다. 한편 핀란드인은 '나사못이 있습니다'라고만 말할 거예요. 무언가를 판매하는 것은 핀란드인의 사고방식에 완전히 반하는 일입니다. 믿을 수 없는 사람들만 물건을 '팔거나 광고한다'고 생각하죠. 하지만 물론 그런 사고방식은 세계 시장에서는 통하지 않습니다."

때로는 핀란드에서조차 통하지 않는다. 핀란드의 주요 일간지 『헬싱긴 사노마트』의 외신부장 헤이키 아이토코스키는 동료들의 과묵함에 자주 당황했다고 한다. 그는 베를린과 브뤼셀에서 통신원으로 일한 뒤 고향으로 돌아왔다. "저는 핀란드인의 신중한 면을 좋아합니다. 하지만 기자들이 좋은 아이디어와 이야기를 내놓는 직장에서는 문제가 있습니다. 핀란드인 기자들은 결코 '이 기사를 크게 내야 해'라고 말하지 않습니다. 저는 자기 아이디어를 자랑스러워해도 된다고 누누이 이야기합니다. 한번은 다른 부서에서 영어를 잘하는 사람을 찾고 있었어요. 적임자를 발견하고 정말 영어를 잘하느냐고 물어봤더니 '음, 아마요. 조금 공부했거든요'라고 말하더군요. 알고 보니 영어 전공자였어요! 아주 유창했고요." 아이토코스키가 말했다.

나는 핀란드인의 병적인 과묵함이 핀란드 사회의 여러 부정적인 면—우울감, 우울증, 폭력 등—의 징후이거나 원인은 아닌지 궁금해지기 시작했다. 아니면 역사적 상처—말하지 않는 편이 나은 너무 많은 갈등과 상실—의 표현일까? 혹은 그냥 날씨의 부작용일까? 리처드 루이스는 이 지역의 날씨는 시시한 잡담을 나누기에 적절치 않다고 주장한다.

핀란드인의 고집스러운 침묵은 특히 핀란드인의 가장 유명한 특징인 음주와 밀접한 관련이 있는 듯했다. 하지만 음주는 침묵의 치료제로 쓰이기도 했다. 자신들이 자초한 고립을 이겨내는 약. 아니면 상호 증상일까? 즉 술과 침묵, 무엇이 먼저일까?

알코올

한누와 야코라는 핀란드인 두 명이 길에서 만난다. 한누가 야코에게 말한다. "술 한잔 할래?" 야코가 고개를 끄덕이고, 두 사람은 한누의 집으로 간다.

두 사람은 보드카 한 병을 말없이 마신다.

다음 병을 따면서 한누가 야코에게 묻는다. "그런데 어떻게 지내?"

야코가 짜증을 내며 대답한다. "우리 여기 술 마시러 온 거 아니었어?"

내가 사람들에게 핀란드에 여행 간다고 말할 때마다 모든 사람이 예외 없이 은근슬쩍 눈짓을 주고받으면서 핀란드인의 유명한 술 문화를 언급했다. "그 사람들은 술을 좋아해"부터 "토요일 밤에 갈 거야? 거긴 아마겟돈이야!"라며 은근히 비꼬는 투였다. 보통은 내 팔꿈치를 꽉 잡으면서 약간 필요 이상으로 오래 내 눈을 쳐다보며 말했다.

그렇게 생각하는 건 내 주변 사람들뿐만이 아니다. 핀란드로 이사하는 외국인 관리자들을 위한 에티켓 가이드에는 이런 조언이 실려 있다. "경고: 식후 칵테일파티나 술자리에서 술을 있는 대로 내놓으면 핀란드 손님들 때문에 술자리가 무한정 길어질 수 있다. 핀란드인은 남은 술, 심지어 반쯤 먹다 남은 술을 두고 자리를 떠나는 걸 좋아하지 않는다."

작곡가 잔 시벨리우스는 사나흘간 연이어 폭음을 한 것으로 유명했다. 전 총리 아티 카리알라이넨도 유명한 술꾼이었는데, 한번은 음주 운전으로 체포되었고 결국 알코올 중독 때문에 총리 자리에서 물러났다. 과음 문화는 휴대전화와 목재 다음으로 주요한 핀란드의 수출품의 특징이기도 하다. 바로 데스메탈 밴드다. 그리고 세계자동차경주대회 포뮬러 원에서 핀란드 선수들은 늘 술고래로 평판이 자자하다. 한 선수가 '음주 요트 운전'이라는 독특한 죄명으로 유죄 판결을 받은 기억이 난다. 심지어 요즘에도 에스토니아인들은 헬싱키에서 오는 연락선이 도착해 발트해 이쪽의 저렴한 술값 덕을 보려는 목마른 핀란드인 수백 명을 쏟아내면 달려가 현관 문간에 있는 아이들을 와락 낚아챈다.

도착하고 처음 며칠 동안은 헬싱키를 걸어다니면서 알코올 중독의 흔적을 거의 보지 못했다. 길거리에 토사물과 깨진 유리 조각도 없었고, 자동차들은 질서 정연하게 달리고 있었다. 불그레한 얼굴로 낡아빠진 실크해트를 쓰고 고개를 뒤로 젖히며 수상하게 묵직한 갈색 종이봉투 속에 든 무언가를 마시면서 뱃노래를 부르는 남자도 없었다.

핀란드인의 음주 평판은 혼란스럽다. 유럽의 1인당 연간 알코올 소비량을 보면 핀란드인은 실제로 평범하기 그지없는 음주자들이기 때문이다. 대부분의 보고서는 핀란드인의 알코올 소비량을 1인당 연간 10~12리터로 보며(음주 자체와는 다른 순수 알코올의 양이다), 순위는 중간 정도다. 스웨덴인은 술을 덜 마시지만 스웨덴 정부는 세계 어떤 나라보다 음주 예방 광고에 많은 돈을 쓴다. 덴마크인과 영국인 모두 핀란드인보다 술을 많이 마시며, 2010년 OECD 술 관련 세계 건강 보고서에 실린 모든 나라의 3분의 2가량이 그렇다. 1980년대 중반에 실시한 북유럽 지역의 음주 습관에 관한 연구에 따르면 모든 스칸디나비아인의 음주 방식은 대체로 비슷했다. 아이슬란드인만 자기네 술버릇을 적극 '인정했다'. 그렇다면 핀란드인이 심한 술고래라는 평판은 어디서 나오는 걸까?

마티 펠토넨은 헬싱키대학교 사회역사학과 학과장이다. 몸집이 크고 친절한 60대 초반의 펠토넨은 1980년대부터 핀란드인과 술의 관계를 연구해왔다. 우리는 헬싱키 도심에 자리잡은 헬싱키대학교의 으리으리한 19세기 건물 안의 책으로 가득한 펠토넨의 사무실에서 만났다. 펠토넨은 핀란드와 술에 관한 모든 농담의 (놀라운) 기원을 설명했다.

"그 농담을 처음 한 건 핀란드인입니다. 아니면 어떻게 핀란드인을 그렇게 잘 알겠어요? 우리는 이 황당한 신화를 우리 손으로 만들었습니다." 펠토넨이 딱 잘라 말했다.

부정적인 국가 이미지는 이웃 나라들에 의해 공포되는 경향이 있다. 영국인이 프랑스인에게 '의뭉스럽다'라는 꼬리표를 붙이고, 미국인이 캐나다인에게 '저능하다'라고 말하는 것이 대표적이다. 하지만 핀란드는 '손수' 부정적인 자아상을 형성해 모두의 수고를 덜어줬다. 펠토넨은 우리 자신의 국민성을 깎아내리려고 극단적인 방법을 쓰는 핀란드인의 성향을 주제로 글을 썼다. 그런데 왜 핀란드인은 그런 식으로 자기 이름을 더럽히는 걸까?

펠토넨은 20세기 초반 지배 계층과 새로 생겨난 산업노동자 계층의 노동운동 간 계급투쟁에서 비롯된 핀란드의 금주운동 때문이라고 말한다. 최소한 지배 계층의 말에 따르면, 노동자 계층은 거의 언제나 만취 상태라 투표권을 줄 수가 없었다. 한 가지 대응책으로 노동운동은 금주라는 형태의 자발적 금욕으로 발전했지만, 이 계획에는 양측 다 잘 알듯이 결함이 있었다. 당시 핀란드인은 심지어 지금보다 더 적은 양인 연간 2리터가량의 술을 마셨기 때문이다.

"금주운동을 하는 데 엄청난 어려움이 있었습니다. 이미 모두 금주 중이었기 때문입니다. 다들 너무 가난해서 술을 마실 수가 없었습니다. 당시 농민운동은 이 금주법을 이용해 사회에서 더 지지를 얻었습니다."

농민운동 대표들은 핀란드 노동자 계층이 술을 통제할 수 없다는 소문을 양산했다. 술을 마시면 점점 난폭해지고 통제 불능이라는 소문은 심지어 그런 술버릇이 생물학적이라는, 즉 피에 흐른다는 이야기로까지 번졌다. 그들이 그런 소문을 낸 이유는 그렇게 믿었기 때문이며, 노동자 계층이 그 후에 자신들이 술에 취하지 않았으며 분별력이 있다는 사실을 증명했다면 더 큰 정치적 권한을 가졌을 것이다. 그들 대부분이 술을 마시지 않았고 행동에 책임을 졌으므로 이는 기정사실이었다.

핀란드인은 점점 더 열심히 상상에만 존재하는 음주를 억제해 1919년 결국 힘들게 금주법을 도입했다. 이는 불가피하게 집에서 증류한 밀주 밀매와 숱한 죽음으로 이어졌다. 그때의 실상을 보여주는 예를 들자면, 이 시기에 만들어진 핀란드 최초의 영화는 주류를 밀매하는 농부 이야기였다. 이미 자아상은 만들어지고 있었다. 1932년 마침내 금주령이 폐지된 뒤 오랫동안 핀란드에는 술 배급제가 있었다. 모든 성인에게 개인 음주 할당량이 주어졌다. 이는 나중에 아이슬란드, 노르웨이, 스웨덴의 국영 독점 주류 판매점으로 대체되었으며, 핀란드에는 무시무시한 국영 주류 판매섬 알코Alko가 있다. 알코는 여전히 굴욕적인 방식으로 평범한 음주인들을 대하지만, 최소한 핀란드의 주류 판매 시스템은 옛날보다는 더 편해졌다. 지금은 주류 판매점이 더 많으며 일부 판매점은 가끔씩 문을 연다. 여전히 더 외딴 지역에 사는 핀란드인은 흔히 수백 킬로미터를 운전해 떨리는 손으로 도수 38도의 보드카 살미아키 코스켄코르바를 사야 한다. 살미아키는 곡물을 증류해 만든 핀란드의 유명한 감초맛 술이다.

핀란드의 지배 계층은 제2차 세계대전 이후 하층 계급 사람들을 난잡한 술꾼으로 묘사하는 데 계속 공을 들였다. 핀란드 노동자들이 어떻게든 피해야 하는 일은 재건이 필요한 나라에서 술로 슬픔을 달래는 것이었다! 핀란드는 국경선을 변경한 뒤 소중한 농경지와 번창한 도시들을 러시아에 빼앗겼을 뿐 아니라 엄청난 전쟁 배상금을 강제로 내야 했는데, 이 돈을 마련하려면 경제 성장이 절실했다. 그러니 그 술병을 내려놔, 미카! 기운 차리고 나라 재건을 시작해보자! 그렇게 금주운동은 정부가 허가한 술자리의 흥을 깨는 역할을 계속했다.

1952년 헬싱키에서 올림픽이 열리고 핀란드인이 수줍게 국제무대로 진출하기 시작했을 때 그들은 다른 나라 사람들이 자기네를 어떻게 생각할지 과하게 의식했다. 당시 핀란드인은 자신들의 알코올 중독 성향을 확신한 나머지 상상에만 존재하는 음주를 통제하려고 그 어느 때보다 더 안달이었다. 여전히 음주량은 1인당 연간 3리터에 훨씬 못 미쳤고, 스웨덴인이 마시는 연간 음주량의 거의 절반에 불과했다. 국영 주류 독점사에서 핀란드 국민 도덕운동을 시작하며 국민의 음주를 지속적으로 통제하고자 했다. 그때부터 술은 레스토랑과 국가에서 운영하는 알코 매장에서만 구입할 수 있었다.

"외국인들은 어떻게 생각할까?" 펠토넨은 최근 당시의 알코올 중독에 관한 핀란드인의 편집증을 주제로 글을 썼다. "1948년 초반 이 같은 불안감을 유발하는 불확실성과 (…) 도덕운동에서 배포한 삽화가 들어간 전단지를 통해 핀란드인을 지배하려는 시도가 있었다. 전단지에서 핀란드인은 동물 가죽 옷을 입고 몽둥이를 휘두르는 원시인으로 그려졌다."

펠토넨은 핀란드인의 음주 평판이 일찌감치 통제 불능 상태가 되었으며, 그 이후로 줄곧 손을 쓰지 않아 제멋대로 확산되도록 방치했다고 믿는다. 유감스럽지만 어느 정도 진실이라고 생각한다. 확실히 핀란드인이 한 해에 술을 얼마나 마시는지가 아니라, 그들이 술을 마시는 방식이 그런 평판을 만들었다. 핀란드인은 폭음을 하거나 '이따금' 술을 마신다. 유럽의 거의 모든 국민보다 더 자주 과음을 한다. 2007년 약 3만 명을 대상으로 한 EU 설문조사에서 핀란드인의 27퍼센트가 폭음—한 번에 다섯 잔 이상—이 평소 음주 습관임을 인정했다(34퍼센트가 그렇다고 답변한 아이슬란드인에 이어 2위였다). 한 해 총음주량으로 따지면 다른 나라 사람들보다 술을 더 많이 마시지는 않지만, 한 번에 마구 들이붓는 경향이 있다.

그렇다면 알코 판매점은 원래 의도인 금주 효과는 없는 듯하다. 영국인의 관점에서 정부가 와인, 맥주, 증류주 판매를 이런 식으로 통제하는 것은 확실히 허슬리스러우며『멋진 신세계』에서 소수의 지배층이 사회 전반을 지배하는 가상의 미래, 보르도 와인을 벌컥벌컥 마셔대는 지배층에게는 억압받는 대중을 지배하는 또 다른 방법에 불과하다. 누군가는 너무 무지한 나머지 과음의 결과를 헤아리지 못하거나 스스로 욕구를 통제할 수 없는 사람들의 건강을 보호하기 위해 국영 독점 주류 판매점을 만들었다면 어째서 설탕과 비계 판매점은 없느냐고 주장할 수도 있다(마시멜로와 돼지 비계 껍질 튀김 전문 판매점이라니…… 그리 나쁘지 않은 생각일지도).
게다가 술 생각이 간절할 때, 가령 밤이나 주말에 와인 한 병을
사고 싶을 때는 '심하게 짜증이 난다'. 스웨덴, 노르웨이, 아이슬
란드, 핀란드에서 이런 주류점들은 대개 오후 6시경 문을 닫는
다. 당연히 일요일에는 아예 문을 열지도 않는다. 내 경험상 술
이 가장 생각나는 날인데.

　일부 주류 독점 판매점은 자기네 제품을 가령 성병 치료제 대
신 평범한 소비재처럼 보이려고 노력하지만, 내가 가본 최악의
주류 판매점은 스톡홀름의 역사지구 감라스탄에 있는 매장이었
다. 술병은 애처로운 알코올 중독자들의 동물적 충동이 닿지 않
는 유리 진열장 안에 있었다. 내가 간 금요일 밤에 손님들은 한
시간 넘게 줄을 서야 했다. 어떻게든 술을 사려고 톡톡히 창피를
당해가며 못마땅한 표정의 늙고 성질 더러운 여자에게 터무니없
는 액수의 돈을 건네는 특권을 얻으면, 여자는 10분 동안 계산
대 뒤로 사라졌다가 싼티 나는 칠레산 싸구려 와인병을 들고 나
온다. 영국의 아르고스Argos, 전자제품, 자전거 등을 판매하는 영국의 무인숍
와 닮았지만 한층 비참한 사회의 하층민들을 위한 곳이다. 미국
의 에세이스트 수전 손택은 스웨덴의 국영 주류 판매점―쉬스
템볼라게트(번역하면 오싹하게도 '시스템')―을 '어떻게 보면 영안
실 같고, 어떻게 보면 밀실의 낙태시술소 같은 곳'이라고 묘사했
다. 크게 틀린 말은 아니다.

　하지만 펠토넨은 전혀 동의하지 않았다. "우리를 안쓰럽게 여
길 이유는 없습니다. 핀란드의 주류 판매점은 덴마크[일반적인 주

류 판매점]보다 낫습니다. 독점 기업이기 때문이죠. 정부가 주요 구매자인 까닭에 더 좋은 와인을 더 낮은 가격에 들여오고, 상품 구성도 훨씬 좋습니다. 영국에서는 오스트레일리아산의 저렴한 와인만 살 수 있고, 상품 구성 또한 핀란드만큼 좋지 못합니다. 우리는 이런 거지 같은 와인은 5유로 이하라고 해도 사지 않습니다." 펠토넨이 도전적으로 말했다.

국민을 질책하는 정부가 국민에게 관대하고 무절제한 나라의 매장에서보다 '더 좋은' 술을 '더 저렴한' 가격에 공급한다니 이상한 상황처럼 보였다. 사실일까? 북유럽 정부의 주류 독점 판매점은 엄청난 구매력을 보유하고 있으며, 이윤 추구의 동기가 없다는 점까지 생각하면 이론상으로는 더 나은 제품을 더 낮은 가격에 공급하는 게 맞다. 스웨덴에서 직접 경험한 적은 없지만 오슬로에 사는 소믈리에 친구가 설명해줬다. 노르웨이에서는 와인에 부가가치세 대신 고정세를 부과하기 때문에 더 품질 좋은 와인이 실제로 영국보다 훨씬 더 저렴하다. 더 비싼 와인을 살수록 더 이득이다.

하지만 펠토넨의 사무실을 나오면서 여전히 그가 핀란드인의 과음 습관의 심각성을 약간 부정한다는 느낌을 떨치기 힘들었다. 펠토넨은 음주 습관이 핀란드의 폭력 범죄율과 관련 있을 거라 '증명하기는 힘들다'고 주장했으며, '서구의 삶에서 오는 압박감' 탓으로 돌리려 했다. 그는 오직 소수의 사람만이 폭음을 한다고 말했다. 핀란드인은 독주를 더 적게 마시고 좋은 와인을 적당하게 즐기는 법을 배우는 중이다. 하지만 핀란드에서 과음의 폐해에 대한 우려는 점점 늘어나고 있다. 술은 현재 핀란드 남성의 주요 사망 원인이며(알코올 남용으로 인한 사망자가 폐암 사망자의 세 배다), 여성들의 경우 두 번째로 높은 사망 원인이다. 『헬싱긴 사노마트』에 따르면 간경화증 사망자는 유럽 어느 나라보다 핀란드에서 더 빠르게 증가하는 추세다. 알 수 없는 어떤 이유로 핀란드인의 간은 세계 어떤 나라 국민보다 알코올의 공격에 취약해 보인다.

자살률은 신뢰하기 힘들기로 유명하지만(가령 가톨릭 국가는 사망 원인을 자살이라고 발표하는 것을 더 꺼린다), 세계보건기구에 따르면 핀란드는 북유럽 지역에서 자살률이 가장 높다. 한 해 10만 명당 17.6명으로, 북유럽 지역에서 자살률이 제일 낮은 덴마크의 11.9명과 비교된다(미국은 11.8명, 영국은 6.9명이다). 이 역시 최소한 어느 정도는 술과 관련이 있을까?

술이 핀란드인에게 미치는 피해는 자살이나 자해만이 아니다. 2001년 UN 마약범죄국이 실시한 세계의 살인 연구 보고서에 따르면, 핀란드의 고의 살인 범죄율은 인구수가 비슷한 덴마크의 두 배 이상이다. 핀란드는 10만 명당 2.3명, 덴마크는 10만 명당 0.9명이었다(영국은 1.2명, 미국은 5.0명이다).

하지만 때로 핀란드인이 폭음과 폭력에 대한 자기네 평판을 마치 자랑스러워하는 것처럼 보일 수도 있다(자살은 그렇지 않지만). 핀란드의 오스트로보트니아 지역은 많은 사람이 핀란드의 정신적 중심지로 생각하는 곳이다. 확실히 오스트로보트니아 사람들은 오래전부터 폭력적이기로 유명했다. 칼을 들고 싸우는 푸코윤카리트라는 말 도둑들은 19세기 중반에 전설적이었다. 로빈 후드와 칼잡이 맥을 되는대로 섞어놓은 것 같았다. 오스트로보트니아 민요는 싸움과 소동을 경쾌하게 노래한다. '헤르메의 끔찍한 결혼식Horrible Wedding in Härmä'(헤르메는 핀란드 전설에서 폭력적이기로 소문난 도시)은 '음주와 싸움이 계속되며 현관부터 계단 위까지 시체로 뒤덮인 장면'을 이야기하는 노래다.

이야기가 나왔으니 어쩔 수 없이 핀란드에서 사랑받고(핀란드 국민에게), 부러움을 사는(스웨덴 국민에게) '시수sisu'를 짚고 넘어가야겠다. 시수는 끈기와 강인함, 남성다움의 정신을 뜻하며, 조용하고 결연하며 신뢰할 수 있다는 느낌을 준다. 극복하기 힘든 역경 앞에서 흔들림 없는 결의를 보이는 능력, 일종의 준비된 극기심이라고도 할 수 있다. 버스가 고장 날 때 '시수'의 정신은 승객들에게 버스에서 내려 불평 없이 버스를 밀게 한다. '시수'는 핀란드 남성들이 열망하는 모든 것이며, 핀란드의 흙 아래 숨은 화강암 기반암이다. 하지만 러시아 보드카 스톨리치나야 한 병을 비우고 눈 속에 처박혀 기절한 바람에 동상으로 코가 잘려나기는데도 응급실에 가지 않겠다고 버티는 것 역시 '시수'일까? 또 핀란드인의 폭음은 그들의 트레이드마크인 남성다움의 또 다른 표현에 불과할까?

그때 이런 생각이 들었다. 무엇이 핀란드인을 핀란드인답게 만드는지 온갖 이야기를 하는 동안 실제로 한 이야기는 무엇이 '핀란드 남자들'을 핀란드인답게 만드는가였음을. 무뚝뚝하고 강인하고 '한결같이 결연한' 술꾼이라는 핀란드인의 자아상은 거의 전부 남성 중심이다. 심하게 남성 우월적인 이탈리아인조차 자아 상에 여성적 요소를 허용하지만, 핀란드인은 그렇지 않다. 이런 현상은 제2차 세계대전 이후 여성들이 대통령과 총리, 그리고 직업인으로 핀란드 사회에서 보여준 두드러지는 역할과 유럽 최초로 여성 참정권이 생긴 나라라는 점을 고려하면 이상하다.

상투어가 대개 그렇듯 상투적인 말이지만, 본인이 남자답고 정력적이라는 과감한 주장을 습관적으로 하는 남자들이 그렇게 주장함으로써 본인의 나약함과 불안감을 숨긴다는 말은 어느 정도 일리가 있다. 대강 때려잡는 엉터리 심리학을 굳이 들먹이지 않더라도, 핀란드 남자들이 속으로는 정말 낮은 자존감으로 마음고생을 하고 있지나 않은지 의심할 수 있다. 이러한 온갖 '시수' 관습은 위장일까? 핀란드 남자들은 술집에서 꼬셔서 잠자리를 한 여자의 수를 동네방네 떠벌리는 숫총각들일까? 180센티미터가 넘는 거구에게 싸움을 거는 땅꼬마? 철인 3종 경기 선수이지만…… 음, 그냥 철인 3종 경기 선수.

아니다, 확실히 그렇지 않다. 절대 아니다. 이 책을 읽고 있는 오스트로보트니아 시민이 있다면 지금 손에 든 도끼를 내려놓길. 하지만 현대 핀란드 남자들은 음주의 건강상 위험과 반사회적 결과를 잘 알고 있음에도 불구하고(한 조사에서 핀란드인은 열한 가지 사회 문제 중에서 술을 핀란드의 가장 큰 사회 문제로 꼽은 유일한 국민이다) 용감무쌍하게도 계속 술을 마신다. 마치 남자다움을 보여주는 일종의 의식이거나 남자로 사는 슬픔을 술로 달래기라도 하듯이. 아니면 둘 다일지도. 혹은 거들먹거리는 스웨덴인이나 고압적인 러시아인의 지배를 받았던 모든 역사적 수모를 잊기 위해 마시는 걸지도 모른다. 심지어 덴마크조차 지배국이었던 핀란드를 공격했다. 비록 15세기였고, 덴마크인들은 까맣게 잊었지만. 확실히 핀란드인에게는 자랑스럽게 돌아볼 역사가 많지는 않다. 하지만 어떻게든 핀란드인은 살아내고 있다.

가령 1939~1940년 구소련을 상대로 한 겨울 전쟁은 핀란드 최고의 '시수'의 순간으로 곧잘 이야기된다. 핀란드군은 놀라운 용맹성과 강인함, 의연함을 보이며 군사력이 세 배 이상인 소련군의 침략을 물리쳤고 사실상 스웨덴의 도움을 받지 않고 해냈지만, 알다시피 핀란드인은 전쟁에서 졌다. 핀란드인은 의심할 바 없이 용맹하고 포기를 몰랐지만 만네르헤임선Mannerheim line, 핀란드가 전쟁 전에 구소련과의 국경 일부를 따라 구축한 요새선은 결국 쓸모가 없었다. 아마 전쟁에서 패해 할양한 영토와 배상금보다 더 한탄스러웠을 일은 러시아에 패한 뒤 늘 실용주의 노선을 걸었던 핀란드가 바로 독일의 손에 넘어간 사실이다. 핀란드인은 3년 동안 나치와 손잡고 구소련과의 전투를 이어갔다.

돌이켜보면 핀란드인이 자기네 자유를 지키는 데 가장 유리하리라 믿었던 편에서 싸웠다는 점을 쉽게 알 수 있고 그 심정도 이해하지만, 현대 역사에서 가장 사악했던 정치 체계의 편에 선 일이 역사적 관점에서는 그리 칭찬할 만하지 않다.

이 사건과 다른 역사적 상처들(아마 가장 고통스러웠을 1918년 핀란드 내전) 때문에 핀란드인이 실제로 스스로를 혐오했을지 궁금한 사람은 나만이 아니다. 핀란드의 소설가 에일라 펜나넨은

1956년에 발표한 유명한 소설 『몽골족Mongolit』에서 비슷한 결론을 내렸다.

나는 "핀란드 남자들은 수 세기 동안 외세의 지배와 패전으로 무너진 자존심을 술로 달랜다"는 나의 이론을 로만 샤츠에게 이야기할 필요가 있겠다고 생각했다.

샤츠는 동의하지 않았다.

"솔직히 별 노력 없는 나약한 변명 같습니다. 핀란드 남자들이 술을 마시기 시작한 이유는 제2차 세계대전이 부끄러워서가 아니라 이 작은 나라가 독일과 러시아를 상대로 스스로를 지킨 일이 몹시도 자랑스러워서입니다. 심지어 한 발은 영국군을 향해 발사됐습니다. 라플란드 어디쯤이었을 겁니다. 아니다, 핀란드 남자들은 훨씬 더 전부터 술을 마셨습니다. 11월에 혼자 여기 앉아 있다고 생각해보세요. 어둡고 우중충하니 술 한잔 생각이 납니다. 기분이 조금 나아지고 한 잔 더 마시면 더 좋아지겠구나 싶죠. 핀란드에서는 술을 마시면서 그 주에 있었던 모든 거지 같은 일을 잊고 필름이 끊겨 한바탕 소동을 일으키며 모든 것을 토해내고 이튿날 아침이면 기억하지 못합니다."

샤츠는 핀란드인의 국가적 술병을 해결할 급진적 대책을 내놨다. "술 관련 규제를 모조리 철폐해야 합니다. 그러면 실제로 수만 명이 죽어가겠지만 그 후에는 실제로 술을 감당할 수 있는 독자 생존 가능한 사람들만 살아남을 겁니다." 샤츠의 농담이었다. 어느 정도는. "저는 자유주의자라 그런지 어떤 사람들은 술을 마셔서 잊을 권리가 있다고 믿습니다."

또한 샤츠는 이른바 '전사 유전자warrior gene' 이야기를 했다. 그 유전자는 핀란드인의 DNA에서 발견되며 핀란드인과 술의 관계를 약간 다른 시각에서 보게 만든다. 전사 유전자를 검색해봤다. 실제로 그 유전자는 모노아민 옥시다아제A라는 효소로 세로토닌과 함께 작용한다. 미국 알코올남용연구소가 실시한 연구에 따르면, 모노아민 옥시다아제A 수치와 음주, 충동적이고 폭력적인 행동 사이에 어떤 상관관계가 있는 듯하다. 연구 결과 핀란드인이 다른 나라 사람들보다 그 효소의 수치가 더 높으며 그 효소는 확실히 알코올과 잘 섞이지 않는다. 만취 상태일 때 일부 핀란드인에게서 그 전사가 나와 술을 더 마실 수 있게 해준다. 『헬싱긴 사노마트』의 헤이키 아이토코스키 기자도 인정한 내용이다.

"파티에 가서 즐겁게 놀다보면 밤 11시 30분이나 그쯤 언제부터 사람들이 공격적인 행동을 보이기 시작합니다. 전사 유전자가 활동을 시작하면 그들은 바보처럼 행동하고 주먹을 날리며 몸싸움을 시작합니다. '점잖은' 사람들이 말이죠. 그리고 왜인지는 알 수 없지만 그런 행동이 용인됩니다. 이튿날 사람들은 웃으면서 '아무개 봤어?'라고 말하고는 잊어버립니다. 미국이라면 강제로 재활시설에 보내버리겠죠. '진짜 웃겼어. 그 인간 진짜 정신 나갔더라'라고 말한다 해도 그게 끝입니다. 우리는 스웨덴에서는 용인되지 않는 행동을 용인하는 경향이 있습니다." 어느 날 아이토코스키가 신문사 근처에서 함께 점심을 먹다가 해준 이야기다.

40년 동안 핀란드에서 산 영국 배우 닐 하드윅도 그 말에 동의했다. "술은 핀란드인을 기분 좋게 하는 대신 공격적으로 만듭니다. 핀란드 사람들은 주중에 일할 때는 대단히 진지하고 실용적입니다. 하지만 금요일만 되면 고주망태가 되죠."

샤츠처럼 하드윅도 핀란드인의 음주가 최소한 어느 정도는 날씨와 겨울의 어둠, 즉 극야 현상 카모스kaamos 탓이라고 생각했다. "2월부터 6월까지는 밤이 너무 길어서 아무 일도 일어나지 않습니다. 끔찍하죠. 봄은 너무 늦게 오고 한 해의 대부분이 정말 어둡습니다. 겨울에는 내내 불을 끌 수조차 없습니다. 영영 적응이 안 되죠. 비타민 D도 먹고 태양등도 써봤는데 핀란드에 더 오래 살수록 더 심해지기만 합니다. 매년 제가 겨울을 견딜 수 있을까 걱정되죠. 아마 그래서 즐길 기회가 될 때 즐긴다는 생각을 할 겁니다. 여름이 너무 짧고 즐길 수 있는 순간이 많지 않으니까요. 그래서 격렬한 쾌락주의가 만연한 거겠죠."

안타깝게도 세계 사람들은 핀란드인을 보면서 이러한 '격렬한 쾌락주의'와 거기서 비롯될 수 있는 대학살을 떠올린다. 진보적이고 현대적인 민주주의를 보여주기에 이상적인 이미지는 아니며, 그래서 최근에 핀란드의 국제적 평판을 염려하는 일이 직업인 사람들은 그 이미지를 바꾸려고 노력 중이다. 5년 동안 핀란드 정부는 노키아의 대표이사부터 학교 교사에 이르기까지 핀란드를 어떻게 생각하며 세계인에게 어떤 이미지이고 싶은지 조사했다. 그 결과가 '핀란드의 여정A Mission for Finland'이라는 제목의 '국가 브랜드 비전'이었고, 핀란드는 이를 통해 세계의 문제 해결사로 자리매김하고자 했다. 또 핀란드인의 정직함과 신뢰성을 강조하는 광고 캠페인을 진행했다. 슬로건은 '기내에 핀란드인 있습니까?'로 '기내에 의사분 있습니까?'의 핀란드 버전이었다. 핀란드는 언제든 신뢰할 수 있다는 의미다.

나는 우연한 기회에 국가브랜드위원회 위원으로 있는 핀란드 음악수출협회 파울리나 아호카스를 소개받았다. 어느 날 밤 핀란드를 대표하는 현대 무용가 테로 사리넨의 공연에서 화재경보기가 작동하는 바람에 생긴 중간 휴식 시간 때였다. 우리 둘 다 우연히도 알렉산더 극장에 있었다. (사리넨의 공연은 놀라웠지만 동시에 약간 제정신이 아니었다. 하도 전위적이라 화재경보기가 족히 몇 분은 울렸음에도 관객들은 뒤늦게야 그게 공연의 일부가 아니었음을 깨달았다. 당연히 우리가 안내를 받고 밖으로 나왔을 때는 이미 소방대가 도착해 있었다.)

"지금 한 나라를 처음부터 새로 설계한다면 그 결과물은 핀란드일 겁니다. 핀란드는 기적입니다. 하지만 그 이야기는 누구도 알지 못하죠." 이튿날 그녀의 사무실에서 만났을 때 아호카스가 확신에 찬 말투로 이야기했다.

아호카스는 무엇보다 핀란드 사회의 기회 균등을 언급했다. "우리가 모든 사람을 돌보고 모든 사람은 출신 배경과 관계없이 공평한 기회를 갖는 사실과 핀란드인의 신뢰성. 즉 핀란드인과 하는 악수는 세계에서 가장 믿을 수 있는 악수이며 날씨조차 그렇습니다. 저는 핀란드의 눈이 좋습니다. 겨울에 도시를 환하게 밝혀주거든요. 영국의 축축함보다는 낫죠."

그때 나는 술 이야기를 꺼냈다. 핀란드의 국제적 이미지 면에서는 약간 무거운 짐 아닌가요?" "흠. 장애물이기는 하죠." 아호카스의 표정이 갑자기 밝아졌다. "하지만 인사불성인데도 신뢰할 수 있다는 건 정말 다행이죠!"

금요일이었던 그날 밤, 나는 헬싱키 중심가로 향했다. 핀란드인이 취하면 얼마나 '인사불성이 되는지' 직접 확인하기로 했다. 우선 저녁 8시 테니스팔라치 극장(1952년 올림픽에서 야구 경기가 열린 곳)에 있는 술집에서 시작했다. 술집 안은 발 디딜 틈이 없었지만 조용했다. 9시가 되자 대만원이었고 술 몇 잔이 엎질러지기는 했지만 별다른 일은 없었다. 10시에 술집을 나와 광장을 가로질러 다른 술집에 들어가서 한층 더 진지한 사회인류학 현지 조사에 나섰다.

11시 30분쯤 술집을 나왔더니 길거리는 더 붐볐다. 고스 복장검은 옷을 입고 흰색과 검은색 화장을 하는 것을 한 십대들이 검은색 긴 가죽 코트를 입고 은 장신구를 걸치고 광장을 지나가며 요란한 짝짓기 음성을 냈다. 술에 취해 심하게 비틀대면서. 유리 깨지는 소리가 점점 커지며 사방에서 울렸고, 병을 줍는 무리가 쓰레기통으로 몰려들었다(모든 북유럽 나라에는 재활용 권장을 위한 병과 캔 환불 제도가 있어서 쓰레기통을 뒤지는 일은 형편이 어려운 사람들 사이에서는 흔한 직업이다. 나 역시 세금 납부일이 다가올 때면 이 대열에 끼어볼까 진지하게 고민했다).

금요일 밤이 토요일 아침으로 바뀌고 헬싱키의 길거리 분위기가 약간 더 위협적으로 변하면서 검은 복장의 사설 경비들이 거의 모든 술집 밖에 배치됐다. 하지만 사실 북유럽의 다른 대도시보다 심하지 않았으며, 영국의 크롤리나 레스터의 금요일 밤보다 확실히 덜 무서웠다.

크롤리에서는 내 목숨이 걱정됐다면, 헬싱키에서는 내 드레스 코드가 걱정됐다.

004

> > >

스웨덴

로디Lordi, 핀란드의 헤비메탈 밴드가 유로비전 송 콘테스트에 나가
우승을 하고, 다른 어떤 유럽 국가보다 1인당 아이스크림 소비
량이 많으며(연간 14리터), 아르헨티나보다 탱고 무용가가 많은 나
라를 사랑하지 않을 도리가 없다. 핀란드는 의심할 여지 없이 특
별한 곳이다.

작고한 예일대학교의 정치학자 새뮤얼 헌팅턴은 자신의 논문
이자 저서 『문명의 충돌』에서 핀란드가 세계의 주요 문화적 대
립 위에 걸터앉아 기독교와 동방정교회라는 두 문명을 나눠놓고
있다고 지적했다. 어떻게 보면 핀란드인은 스웨덴의 영향으로 유
럽 기독교 국가들과 공유하는 역사 ─르네상스, 계몽 시대, 종교
개혁 등─와 전제 군주제 지지자 및 공산주의 체제가 있는 동

방정교회 국가의 역사 사이에서 영원히 갈피를 못 잡고 있다.

이런 이야기를 들으면 핀란드인이 약간 조현병을 앓고 있거나 문화적 '갈등을 겪을' 거라고 생각할 수도 있는데, 실제로 그렇다.『미래는 핀란드에 있다』에서 저자 리처드 D. 루이스는 핀란드인의 모순되는 특징이라고 생각하는 점을 요약해서 설명한다. "핀란드인은 인정 많은 사람들이지만 고독을 갈망한다. 근면하고 지적이지만 때로 굼뜨다. 자유를 사랑하지만 가게 문을 일찍 닫고, 술을 못 사게 하고, 아파트에서 밤늦게 목욕을 금지하고, 극도로 높은 세금을 부과해 자신들의 자유를 제한한다. 육상 경기와 운동에 열광하지만 최근 식단 때문에 서유럽에서 심장병 발병률이 제일 높다. (…) 조국을 사랑하지만 좀처럼 좋게 말하는 법이 없다."

핀란드가 영토의 10분의 1을 어쩔 수 없이 러시아에 할양한 1947년 이후 동서 노선은 말 그대로 나라를 분열시켰고, 핀란드는 이처럼 양분된 상태로 훨씬 더 오랜 세월을 버텨야 했다. "12세기 초반 핀란드인은 강대국 전쟁의 한복판에 휘말렸다. 이 상황은 냉전과 열전을 거쳐 1945년까지 계속됐다. 핀란드인이 이 지정학적 갈등을 조정한 방식이 핀란드 역사의 근본적 특징이다." 리처드 D. 루이스는 이렇게 쓴다. 오랜 시간 양쪽으로 끌려 다녔다. 그리하여 핀란드인의 정신세계에는 뿌리 깊은 금기들이 몹시 어지럽게 뒤엉켜 있으며, 그중 많은 금기는 이 두 문화의 영향 때문으로 보인다.

스웨덴과의 복잡한 관계, 러시아를 향한 불안감, 그리고 다른 나라에서 과묵하고 사교성 없는 자신들을 어떻게 바라볼지에 대한 두려움, 음주와 폭력, 끔찍한 핀란드 내전, 나치에 협력했던 불편한 역사, 1947년 인도의 벵골 분할에 버금가는 분할영토의 상당 부분을 러시아에 할양했다, 늘어나는 노키아 도산 공포, 그리고 1990년 대 초반 국가 부도 사태와 비슷한 또 한 번의 국가 부도 위기 등이 있다.

핀란드스러움을 말할 때 흔히 드는 특징—음주, 폭력, 과묵함, 심지어 사우나까지—은 사실 단지 이런 금기의 징후이거나 부작용이다. 핀란드인은 근본적으로 자신들이 대화 주제로 꺼내지 않는 점들로 규정된다.

이러한 문화 충돌 중 가장 중요한 점은 핀란드와 스웨덴의 관계다. 요전에 아이가 다니는 학교에서 어느 핀란드인 아버지와 친해졌다. 우리는 종종 사교 모임에서 만나 안부를 전하곤 했는데, 밤이 깊어지면서 와인 몇 잔을 곁들이며 더 나은 세상을 만들 방법을 논의했다. 하지만 이 친구의 결코 이해할 수 없는 면이 하나 있었다. 대화를 하다가 종종 본인이 스웨덴계 핀란드인이라는 사실을 뜬금없이 환기시킨다는 점이었다. 두 번째 이야기하길래 "네, 맞아요. 이미 말했잖아요? 그런데요?"라고 했다. 그 친구에게는 어쨌거나 내가 이 사실을 아는 것이 중요했다. 그는 남부 해안 지역 출신의 점잖고 스웨덴어를 구사하는 교양인으로, 자신이 오지와 북쪽 툰드라의 숲에서 온 핀란드인과는 다르다고 생각했다. 자기는 시벨리우스와 알바르 알토의 고향인 핀란드 출신이지, 숲에서 온 퉁명스러운 술꾼들이 사는 핀란드 출신이 아니라는 것이었다.

핀란드와 스웨덴 사이의 교류는 기록에 적힌 시기보다 앞서지만, 아마 올란드 제도라는 징검다리를 통해 핀란드 서남부에서 시작됐을 것이다. 올란드 제도는 수천 년 동안 핀란드에서 유일하게 사람이 거주할 수 있는 지역이었다. 스웨덴인이 정착해 핀란드인과 교역을 시작했다. 그들은 숲속 깊은 곳에서 모피와 타르를 가지고 나왔으며, 1155년과 1293년 사이 점차 핀란드를 '정복했다'.

핀란드인은 스웨덴 통치 시기와 관련해 응어리가 많다. 한 예로 유달리 추웠던 두 번의 겨울 끝에 찾아온 1696~1697년 기근이 있다. 핀란드 인구의 약 3분의 1이 무능력한 핀란드 정부 탓에 굶주렸다. 그때 일은 지금도 잊히지 않는다.

스웨덴이 핀란드 상류층에 미친 영향 중 가장 주목할 만한 것은 19세기 초반 스웨덴이 핀란드를 포기하고도 한참 뒤까지 이어졌다. 1809년 포르부 의회Diet of Porvoo에서 핀란드 대공국이 새로운 핀란드의 지배층(여전히 대부분이 스웨덴계 핀란드인)이 아니라 러시아의 지배를 받는다는 조건에 동의하자마자 스웨덴어 사용자의 평등권이 서둘러 헌법에 명시됐다. 스웨덴어는 두 나라가 분리된 후에도 반세기 넘게 여전히 핀란드의 유일한 공용어였으며, 우월의식은 스웨덴 문화를 훨씬 더 오래 빛나게 했다. "사회적 열망을 지닌 가문들 사이에서는 핀란드 출신이라는 사실을 스웨덴 성姓 뒤에 숨기는 일이 비일비재했다." T. K. 데리의 말이다.

오늘날 스웨덴의 존재감은 줄고 있지만 핀란드에 거주하는 스웨덴계 핀란드인 약 30만 명은 기득권층의 높은 자리와 함께 산업계에서 놀랄 만한 영향력을 발휘하고 있다(아마 가장 유명한 사람은 거침없는 은행가이자 핀란드에서 제일 부자인 비에른 '날레' 왈루스로, 그는 자유시장 자본주의자 스웨덴계 핀란드인을 상징하는 인물이 됐다).

"스웨덴 소수 집단의 영향력을 가늠하기는 어렵습니다. 그들 중 10퍼센트만이 돈 있는 오래된 가문이며 물론 커다란 영향력을 행사합니다. 그들 가문의 자본은 수 세기에 걸쳐 축적한 것이며, 회사와 직원 수천 명을 거느리고 있습니다. 하지만 스웨덴계 핀란드인 대다수는 평범한 사람들입니다. 문제아는 확실히 왈루스죠. 왈루스는 핀란드에서 가장 유명한 자본가로, 하는 말마다 신문 머리기사를 장식합니다." 헤이키 아이토코스키가 말했다.

스웨덴계 핀란드인은 자기네만의 별도 국회인 폴케팅에트Folketinget와 정당 스웨덴인당Swedish People's Party을 두고 있으며 대개 정권마다 장관을 배출한다. 또 국립극장도 보유하고 있는데, 사실상 핀란드의 국립극장만큼이나 크고, 단언컨대 더 우아하다. 심지어 빨간색 바탕에 노란색 십자가가 그려진 별도의 국기도 있다. 스웨덴어는 여전히 핀란드에서 공용어이며, 학교에서는 스웨덴어 사용이 의무다. 해당 지역의 스웨넨어 사용자가 8퍼센트가 넘으면 학교는 반드시 공용어 체제로 운영해야 한다. 핀란드의 6퍼센트만이 스웨덴계 핀란드인이지만, 여전히 핀란드 남부와 서부의 해안에서는 스웨덴계 핀란드인이 대다수를 차지하며, 특히 핀란드 자치령으로 스웨덴어를 사용하는 지역인—하지만 엄연히 핀란드 영토인—올란드 제도가 있다. 몇 년 전 올란드 제도를 방문한 적이 있는데, 어느 아침에 올란드의 주요 관광 명소인 달팽이 농장에 갔던 기억과 매일 밤 각다귀에 시달린 기억이 난다. 스웨덴어를 사용하는 이들 지역에서는 도로 표지판조차 스웨덴어를 먼저 쓰고 핀란드어를 그다음에 쓰도록 법으로 정해져 있다. 런던 일부 지역에는 상당수의—아마 대다수—프랑스인이 산다. 과연 켄싱턴 자치 의회가 프랑스어로 된 도로 표지판을 허용하는 날이 올까?

"스웨덴어를 사용하는 핀란드인과 핀란드계 핀란드인 사이는 여전히 애매합니다. 스웨덴계 핀란드인은 한때 우월의식을 품었지만, 이제 더는 그렇지 않습니다. 그게 역사죠. 핀란드에는 노키아와 칵테일, 스노보딩이 있습니다. 스웨덴 사람들이 필요 없다고요." 로만 샤츠가 말했다.

스웨덴계 핀란드인은 외모가 '순수' 핀란드인과 다르다는 말을 자주 듣지만 그들도 분명 핀란드인이다. 스웨덴인이 되고 싶은 욕망도, 스웨덴으로 가고 싶은 욕망도 거의 없는 핀란드인. 핀란드가 그들의 조국이다. 그래서 핀란드의 2개 국어 사용 원칙이 심지어 신생아들에게도 엄격히 적용된다고 샤츠가 말했다. "제 아들이 어릴 때 아기 수영반에 등록했는데 스웨덴어 반만 자리가 있고 핀란드어 반은 정원이 꽉 찼다는 겁니다. 저는 이렇게 따졌죠. '아기잖아요! 말 자체를 할 줄 모른다고요.' 결국 아들이 독일계 핀란드인이고 독일어는 스웨덴어의 자매어라고 우겨서 등록했잖아요!"

"스웨덴은 사랑하기 싫고 미워하고 싶은 적입니다. 저는 스웨덴계 핀란드인들이 핀란드를 움직이는 게 아니라 파벌을 이뤄 자기네 문제를 해결한다고 생각합니다. 그 사람들은 문화 교육 예산의 많은 부분을 가져가 스웨덴어 프로젝트에 쏟아붓습니다. 스웨덴어 프로젝트에 수상쩍은 거액이 흘러들어갑니다. 남자들의 학연 같은 거겠죠."

"핀란드인은 과거에 스웨덴인에게 엄청난 열등감을 품었고, 지금도 약간은 있습니다." 아이토코스키가 말했다. 다시 말하지만 가능한 일이라고 생각한다. 우리 모두 그러니까.

스웨덴계 핀란드인의 특별대우는 특히 급부상 중인 극우 정당인 진정한핀란드당True Finn의 마음에 맺혀 있다. 진정한핀란드당은 최근 여론조사에서 지지율이 4퍼센트에서 19퍼센트로 급등했으며, 이 글을 쓰는 현재 핀란드에서 세 번째로 큰 정당이다. 이 정당은 이민 반대 발언(핀란드가 다른 북유럽 나라보다 이민자 수가 적음에도 불구하고 진정한핀란드당의 주요 성공 비결)을 수시로 할 뿐 아니라 핀란드에서 스웨덴의 영향을 뿌리 뽑고 싶어한다.

하지만 아이토코스키—스웨덴계 핀란드인이 아닌—는 이 문제를 다르게 바라본다. 그는 진정한핀란드당의 해법을 '소수 집단을 다루는 방법을 보여주는 적절한 사례'로 본다. 핀란드인이 스웨덴인에게 분노할 이유는 충분하지만, 아이토코스키가 보기에는 스웨덴과의 관계는 냉전 시기에 핀란드가 서방과 통하는 소중한 다리였다.

또 역사책에서 스웨덴계 핀란드인을 지우면 곤란해질 수 있다. 핀란드의 많은 역사적 위인, 특히 핀란드의 독립과 발전을 위해 싸운 사람들은 스웨덴계 핀란드인이었다. 대표적으로 핀란드의 국민 시인 요한 루드비그 루네베리, 핀란드에서 제일 위대한 작곡가 잔 시벨리우스, 핀란드에서 제일 위대한 건축가 알바르 알토(어머니가 스웨덴인이었다), 심지어 핀란드에서 제일 위대한 군사 영웅 카를 구스타프 만네르헤임 육군원수도 있다. 모든 핀란드 도시의 중심가는 만네르헤임에서 이름을 따온 것 같다. 무민의 작가인 토베 얀손 역시 스웨덴계 핀란드인이다.

핀란드의 복잡한 역사적 관계를 흥미롭게 해석하기로 정평이 난 사람이 있다. 역사학자 라우라 콜베다. 어느 날 40대 중반의 체구가 작고 열정적인 여성 콜베를 헬싱키대학교에 있는 그녀의 연구실에서 만났다. 핀란드인이 예전 지배국이었던 스웨덴에 열등감을 품고 있다고 생각하는지 물었다.

"스웨덴의 성공이 부러워서겠죠. 스웨덴은 모든 사람을 끌어들이는 태양 같았고 성공을 향해 가는 자석 같았습니다. (…) 제가 보기에 많은 핀란드인은 스웨덴인에게 고마운 마음을 가지고 있습니다."

나는 조금 더 자세한 설명을 부탁했다. 그녀의 말이 지나치게 너그럽게 들렸다. 정말 유감 같은 건 없을까? 그리 크게 밀어붙일 필요도 없었다……

"최근에 웁살라에 머물면서 저와 스웨덴의 관계를 다시 생각하기 시작했습니다. 나는 이 나라를 좋아하나? 싫어하나? 둘 다 약간씩 느꼈습니다. 오늘날 두 나라를 보면 1809년에 분리된 게 애석합니다. 둘 다 서로의 존재가 있어야 완전히 채워질 수 있으니까요. 스웨덴인은 핀란드인에게 진지함, 생동감, 현실 감각을 배울 수 있습니다. 스웨덴은 큰 어려움 없이 교외 주택에서 느긋하고 풍요로운 삶을 살았거든요. 알다시피 현재 스웨덴의 모든 예술가와 작가는 이주민들입니다. 최고의 책과 연극은 스웨덴 밖에서 태어난 사람들의 작품입니다. 스웨덴 사회는 역동성이 부족합니다. 그리고 물론 스웨덴을 보면 그들의 부가 실제로는 그들을 지키는 핀란드에서 온다고 할 수 있습니다. 그래서—비꼬는 게 아니라—그게 현실입니다. 우리 핀란드인이 벽을 떠받치는 동안 스웨덴인은 정원을 가꾸는 약간 그런 느낌입니다."

나는 이 말을 여러 핀란드인에게 들었다. 스웨덴인은 약간 멋을 부리고, 자기 손을 더럽히는 데 결벽증이 있으며, 핀란드인을 부추겨 러시아인의 코피를 터트리게 하고는 보트니아만 저쪽에서 레이스 손수건을 흔들고 있는 이미지다. 여러 핀란드 남자가 스웨덴 남자들에 관해 말하면서 '게이'라는 단어를 사용했다. 앞으로 살펴보겠지만 스웨덴인은 중립국의 지위로 상당한 이익을 챙겼다. 제2차 세계대전 기간과 그 이후에도.

"핀란드에서 스웨덴인은 보통 동성애자 취급을 받습니다. 적어도 남자들은요. 연약하고 창백해요. 거기에 털도 없고요. 스웨덴 군대에서는 머리를 자를 필요가 없습니다. 머리망을 주거든요!"로만 샤츠가 말했다. 이 말이 사실인지 확인해봤더니 놀랍게도 진짜였다. 1971년에 스웨덴 군대는 머리망 5만 개를 주문해 당시 유행했던 군인들의 긴 머리털을 집어넣게 했다.

대표적인 예로 네덜란드 인류학자 헤이르트 호프스테더가 1980년에 실시해 큰 영향력을 미친 전 세계 문화의 가치에 대한 '문화 유형' 연구에서 핀란드 사회는 '남성성 대 여성성' 부문에서 북유럽 지역 중 가장 남성적이라는 결과가 나왔으며, 스웨덴 사회는 북유럽 지역뿐 아니라 전 세계에서 제일 남성적이지 않다는 평가를 받았다.

핀란드의 유로화 채택은 스웨덴에서 완전히 독립했다는 대표적인 증거였다. 스웨덴은 당연히 크로나를 고수했다. 핀란드인은 자랑스럽게도 (시차 덕분에) 최초로 유럽 단일 통화인 유로화를 받아들였다. 그렇지만 양국의 서서히 불타오르는 경쟁은 여전히 매년 육상 경기 수오미-루오치-마오텔루suomi-ruotsi-maaottelu(말 그대로 '핀란드-스웨덴 세계육상경기대회')를 중계할 때마다 한껏 고조된다.

"애국심이 활활 불타오릅니다." 샤츠가 기대감에 두 손을 비비면서 말했다. "올해 핀란드의 TV 슬로건은 '문제는 핀란드의 승리가 아니라 스웨덴의 패배다'입니다."

005

〉
〉
〉

러시아

팻샵보이즈 팬이라면 누구나 ('웨스트 엔드 걸스West End Girls' 가사를 통해) 알겠지만, 1917년 4월 블라디미르 일리치 레닌은 망명생활을 하던 스위스 제네바 호숫가에서 몰래 빠져나와 기차로 스톡홀름을 지나 상트페테르부르크의 핀럇츠키 역으로 보내졌다. 핀란드가 러시아의 지배에서 벗어나는 것은 레닌이 몇 년 전에 약속한 것처럼 오직 시간문제였다.

1809년부터 꿈꿔왔고 국민주의 운동인 펜노만 운동_{핀란드 국권}_{과 문화 회복 운동}과 함께 준비된(표어: '우리는 더 이상 스웨덴인이 아니며 러시아인이 되고 싶지도 않으니 우리를 핀란드인으로 남게 해달라!') 핀란드의 자주권은 핀란드의 용감한 새 시대를 예고했다. 역사학자 라우라 콜베는 이렇게 말했다. "그 시기에 우리는 국가의 정체성과 핀란드어를 바로 세우고, 핀란드의 민족 서사시 칼레발라 [1835년 엘리아스 뢴로트가 발표한 핀란드 민속 시와 신화 모음집으로, 톨킨에게 큰 영향을 미쳤다]라는 신화를 만들 수 있었습니다. 우리의 정체성을 결정했습니다.” 대신 핀란드는 자기 태만이라는 악몽과 같은 상황에 서서히 빠져들었고 그 여파는 수십 년을 갔다.

핀란드에서 공산주의가 대두됐고, 유럽의 다른 나라에서도 마찬가지였다. 급진파 핀란드인들은 붉은 깃발 뒤에 결집했고, 중산층 백인들은 만네르헤임 장군을 따랐다. 장군은 실제로 러시아 황제가 지휘하는 러시아군에서 복무한 전력이 있었다. 그 결과로 시작된 핀란드 내전은 채 넉 달도 가지 않았지만, 내전의 정신적 상처는 오늘날까지 남아 있다. 의용 민병대로 구성된 백군이 승리했고 3만7000명이 사망했다. 많은 공산당원과 지지자가 처형당하거나 감옥에 갔고, 결국 사면됐지만 그 후 수십 년간 이 비극적인 사건은 대체로 묻혔다. 따로 설명이 필요 없겠지만—네네, 내전이었으니까요— 핀란드의 역사는 특히 모질었던 듯하고, 잘 알려진 핀란드인의 과묵함은 치유 과정에 별 도움이 안 됐을 게 뻔하다.

“지금도 공산당원의 무덤에서 어떤 의식을 하기는 어렵습니다.” 공산당 편에서 싸운 가족을 둔 핀란드인이 말했다. “숲속에 비공식적인 공산당원의 무덤이 많습니다. 그런 곳은 널리 알려져 있지는 않지만 시골의 어느 마을을 가든 어떤 가족이 적군 편이었고 어떤 가족이 백군 편이었는지 모든 사람이 알고 있습니다.”

라우라 콜베는 핀란드인이 핀란드 내전을 받아들이는 데 50년이 걸렸다고 말한다. "더 이상 사람들의 기억에 남아 있지는 않지만, 여전히 핀란드의 모든 가정은 내전과 어떤 식으로든 얽혀 있습니다. 백군 쪽이었든 적군 쪽이었든 상관없어요. 오늘날 내전은 1960년대와는 다르지만, 여전히 큰 상처를 준 사건입니다. 실제로 형제간의 싸움이자 공산주의자 대 중산층과 농부들의 싸움이었으니까요."

"백군 편이었는지 적군 편이었는지는 여전히 아주 민감한 문제입니다. 조금만 있어보면 누가 어느 편인지 알 수 있습니다. 그게 중요한 문제가 아니지만 워낙 골이 깊죠. 저는 예전에는 스스로 공산주의자라고 말하고 다녔는데 지금은 입 밖에 내지 않습니다. 요즘은 바보 같은 소리로 들립니다. 하지만 우리처럼 나이 든 좌파들은 서로를 알아봅니다. 눈인사 같은 게 있어요. 하지만 1970년대에 좌익들은 실제로 심하게 매국노 취급을 받았습니다. 기회만 되면 나라를 러시아에 팔아먹었다고요. 하지만 저는 그걸로 무언가를 바란 적이 한 번도 없습니다." 닐 하드윅이 동의했다.

아마 내전의 상처는 구소련이 핀란드를 사사건건 감시하며 핀란드 공산주의자들을 확실하게 지지하지 않았다면 더 쉽게 아물었을지도 모른다. 핀란드-러시아의 관계는 독립 직후에 어느 정도 진전되었으며, 제2차 세계대전이 가까워질수록 러시아의 곰은 다시 한번 서쪽의 작은 이웃에게 관심을 돌렸다.

이전에 러시아가 핀란드에 별 관심이 없었던 것처럼 스탈린도 핀란드 정복을 진지하게 생각해본 적은 없었을 것이다. 다만 상트페테르부르크(구 레닌그라드)를 지킬 더 큰 완충지대를 원했다. 스탈린은 상트페테르부르크 바로 너머에 있는 핀란드 섬 일부는 물론 핀란드 항코 항의 통치권을 요구했다. 핀란드는 이를 거절했고 양국은 1939년 전쟁을 벌였다. 궁극적 시수 시험대가 된 전쟁이었다.

핀란드의 패색이 짙었다. 약 20만 명밖에 안 되는 군대로, 사실상 비행기도 탱크도 없이 120만 병력을 보유한 붉은 군대로부터 나라를 지키려고 했다. 전쟁은 석 달간 이어졌고, 오랫동안 기온이 영하 40도를 밑돌던 영구 동토대에서 벌어진 진정 참혹했던 전쟁 끝에 핀란드 군은 26만 명이 목숨을 잃은 반면, 러시아 군은 12만7000명이 사망했다. 이 전쟁이 얼마나 한결같이 참혹했는지 궁금하다면 페카 파리카 감독의 1989년 영화 「겨울 전쟁 The Winter War」(제2차 세계대전을 다룬 미국 영화 「신 레드 라인」의 핀란드판)이 전쟁을 아주 비참하게 묘사하고 있으니 참고하라. 영화는 세 시간 동안 피로 얼룩진 눈밭과 쩍 갈라진 나무, 새까맣게 탄 참호와 잘린 팔다리를 보여주고, 배우들은 사실상 아무 감정 없이 연기한다(유일하게 '희망적인' 순간은 만네르헤임선에서 핀란드 제23보병연대 군인들이 사우나를 지을 돈을 어떻게든 마련하는 장면이다).

참혹했지만 어떤 면에서 핀란드인은 겨울 전쟁에 자극을 받아 분리된 나라를 단결시키고 세계 다른 나라들의 존경을 받게 됐다. 러시아 군인들이 '하얀 사신'이라고 부른 흰옷을 입은 핀란드의 스키 순찰대원들은 제2차 세계대전의 아이콘이 되었다. 미국 종군기자이자 헤밍웨이의 부인이었던 마사 겔혼은 당시 핀란드에 살고 있었으며, 핀란드인이 강인하고 결연한 이미지를 얻는데 도움을 줬다. "핀란드인은 미약하지만 한결같은 불굴의 용기를 지닌 놀라운 국민이다." 겔혼은 한 특전에서 이렇게 썼다.

중립국 스웨덴은 핀란드가 러시아와 전쟁을 벌이는 동안 과거 영토였던 핀란드를 거의 지원하지 않았으며, 심지어 전쟁 초반에 국제연맹과 연합국이 핀란드를 지원하러 오는 길도 막았다. 당연히 일부 핀란드인에겐 앙금이 남아 있다. 스웨덴이 길을 봉쇄한 일과 전쟁 중에 스웨덴인들 옆에 붙어 있어야 했던 사실뿐 아니라 스웨덴 경제가 그토록 뻔뻔스럽게 성장하고 독일과 영국 두 나라에 원료를 공급하며 그 후 수십 년 동안 용맹한 핀란드에 구소련의 완충제 역할을 맡기고 자기들은 안도했던 과거에 대하여. 한 핀란드인은 이렇게 말했다. "스웨덴은 핀란드가 소련과 맞서 싸우는 동안 기회를 한껏 이용했습니다." 분노가 남아 있느냐고요? 그는 한참을 생각하더니 핀란드인 특유의 간결한 문장으로 답했다. "좋은 질문이군요."

핀란드가 소련을 어느 정도 막아낸 일—앞에서 이야기한 것처럼 만네르헤임선은 결국 1940년 초반에 뚫렸다—은 히틀러가 스탈린을 물리칠 수 있다고 믿는 데 필요한 용기를 주었고, 그래서 비교적 짧았던 겨울 전쟁에 이어 3년간 계속전쟁 Continuation War을 벌였다. 전쟁 동안 핀란드는 처음에 중립을 선언했음에도 불구하고('우린 신경 쓰지 마! 둘이 계속해!') 결국 나치와 연합해 바르바로사 작전 하에 소련과 싸우는 게 제일 이득이라고 결론 내렸다. 핀란드는 독일군 20만 명이 핀란드 북쪽에서 싸우도록 허가하고, 다양한 원자재, 특히 니켈을 내줬다.

생각해보면 그런 협력을 비난하기는 참 쉽지만 핀란드와 히틀러의 동맹을 경멸의 시선으로 보지 않기란 무척 힘들다. 소련은 실제로 핀란드를 침략했을까? 당시 소련 최고사령부의 증거 문서에 따르면 그런 일은 기록에 없었으며, 따라서 핀란드가 독일과 동맹을 맺은 일을 옹호할 구실이 줄었다.

당연히 핀란드인은 동의하지 않는다. "우리는 독일과 함께 구소련에 맞서 싸웠습니다. 독일과 손잡지 않았더라면 결과는 달라졌을 겁니다. 우리는 네덜란드, 노르웨이, 덴마크와 같은 의미의 협력자는 아니었습니다. 군사적 형제였을 뿐입니다. 우리는 실제로 독일의 도움을 받아 러시아의 핀란드 점령을 막았습니다." 콜베가 주장했다.

늘 실용주의 노선을 걷는 핀란드인은 여기서 미세한 구분을 짓는다. 즉 자기네는 나라의 반공 목적 하에서 아주 철저하게 작전을 펼쳐 영토를 되찾고 구소련의 침략을 막았다는 것이다. 또 제3제국, 즉 히틀러 치하의 독일을 지원하지 않았다고 말이다. 우리가 현재 러시아군이 핀란드와 이웃한 발트 제국(에스토니아, 라트비아, 리투아니아 3국을 말하며, 때로 핀란드도 포함한다(이제야 소비에트 시대를 극복 중이다)을 정복한 뒤 자행했다고 알고 있는 끔찍한 잔학 행위를 보면 핀란드인이 소련에 종속되지 않으려고 온갖 수단을 동원한 것은 현명한 조치였다. 역사적 관점에서는 나치와 맺은 동맹의 도덕성이 크게 의심되기는 하지만. 핀란드 북부의 로바니에미 역사박물관에는 이런 설명이 붙어 있었다. "국제 정세 때문에 핀란드는 어쩔 수 없이 독일의 지원을 받았다."

하지만 전쟁 마지막 몇 개월 동안 핀란드는 결국 독일군을 공격했다. 독일군은 그에 대한 복수로 라플란드를 통과해 북쪽으로 달아나면서 눈에 보이는 건물은 모조리 불태우고 다리도 전부 파괴하며 도로를 남김없이 박살냈다. 그래서 나와 아들이 산타 마을에 갔을 때 본 지금의 로바니에미는 콘크리트 아파트 건물이 격자 모양으로 얽힌 삭막한 풍경이었다. 상상하기도 힘들 만큼 궁핍한 시기에 돌더미에서 모든 것을 재건해야 했다.

독일 편을 든 벌로 핀란드는 결국 러시아에 영토의 10퍼센트를 할양했다. 여기에는 비옥한 농경지인 핀란드 카렐리아 지역의 상당 부분, 거의 100개에 이르는 발전소, 드넓은 삼림지대, 무엇보다 핀란드 경제에 중요한 비보르크 항구가 포함됐다. 핀란드 난민들은 핀란드로 돌아왔다. 사실상 핀란드판 분할을 경험한 것이다. 요즘 나머지 유럽 나라들은 까맣게 잊은 한 나라 영토의 분할 사건.

만네르헤임은 어쨌든 구소련의 손아귀에서 핀란드를 구했다. 그의 두 번째 탁월한 조치는 마셜 플랜의 원조를 거절한 일이었다. 미국의 도움을 거절한 일은 핀란드인의 고집과 고지식함을 보여주는 전형적인 예였다. 핀란드는 자금이 절실했지만 용감한 자급자족 정책 덕에 러시아에 진 빚을 청산하고 미국과 맺은 동맹도 모두 끊었다. 미군 기지도 없고, NATO 회원국도 아니었으며, 러시아에 위협적인 존재도 아니었다. 그렇지 않았더라면 핀란드는 서양의 러시아 침략에서 징검다리로 이용되었을지도 모른다. 그 결과 러시아는 핀란드를 힘으로 제압하거나 침략할 필요성을 별로 느끼지 못했고, 그래서 핀란드는 제2의 에스토니아가 되는 대신 냉전이라는 체스 게임에서 전략적 말이 되어 상당한 경제적 이득을 취했다.

많은 사람이 핀란드가 1970년대에 구소련을 무사히 막을 수 있었던 비결을 한 남자, 즉 우르호 케코넨 덕으로 돌렸다. 케코넨은 처음에 총리로 시작해 훗날 25년간 대통령 직을 맡았으며, 핀란드를 대표해 외교적 줄타기를 했다. 1981년 여든 살에 건강 문제로 대통령 자리에서 물러날 때까지. 한 예로 케코넨은 1961년 구소련에 자신이 권력을 쥐고 있다고 안심시킬 목적으로 독재 정부를 만들고 국회를 해산할 생각을 잠시 했지만, 구소련과 얽힌 다양한 위기—1958년 러시아가 핀란드 기업에 한 주문을 취소하고 러시아 대사를 철수시킨 소위 '밤서리night frost' 사건 등—를 겪으면서 핀란드의 독립을 지키려 애썼다. "당시에 우리가 왜 러시아에게 점령당하지 않은 유일한 국가였는지 알고 싶으면 케코넨 전 대통령과 구소련의 관계를 이해해야 합니다." 한 핀란드인이 말했다.

오늘날 케코넨은 핀란드 역사에서 거의 신화적 존재다. 케코넨의 미소 동맹에 대한 소문과 그 반대의 소문뿐 아니라 냉전 시기에 그가 취한 조치들이 1986년 사망 이후 거의 30년이 지난 지금까지도 회자되고 있다.

내가 케코넨의 '능동적 중립주의' 정책을 놓고 누군가는 케코넨이 구소련에 복종하고 구소련의 지도자였던 니키타 흐루쇼프와 친한 사이였다(두 사람은 사냥 친구였다)고 본다고 비판하자 콜베는 이렇게 말했다. "모든 연설에서 케코넨 대통령은 소련과 우호적 관계를 유지하는 일이 중요하다고 늘 강조했습니다. 귀에 딱지가 앉을 정도였죠. 핀란드는 어쩔 수 없이 더 온화한 의견을 냈습니다. 소련의 힘이 워낙 막강했고 소련이 만든 역사를 받아들이라는 사상적 압력이 있었습니다. 러시아인이 이래라저 래라한 건 별로 없었습니다. 저는 그것을 '국가 현실주의National Realism'라고 부르겠습니다. 영국인 입장에서는 우리가 강요와 압력을 받았다고 쉽게 말하겠죠. 영국에게는 물론 NATO가 있었으니까요."

콜베는 케코넨이 '구소련의 지도자들과 긴밀한 유대관계'를 맺었지만 많은 사람이 그보다 더했을 것이라고 설명했다. 사실 케코넨은 소련의 앞잡이였을까?

"제가 이해한 바로는 전부 존 르 카레영국 스릴러 작가의 소설 같았습니다." 닐 하드윅이 1960~1970년대 핀란드와 소련의 관계를 이야기했다. "케코넨은 러시아인들과 아주 가깝게 지냈고 누구 편인지 도대체 알 수가 없었죠. 몇 년 전 런던 극장가에 있는 술집에서 레인코트 차림으로 고주망태가 된 존 르 카레를 본 적이 있습니다. 그 사람을 계속 쳐다보면서 생각했어요. '음, 아는 사람인데 누구지?' 내가 자신을 쳐다본다는 걸 알아차린 존 르 카레가 저한테 말하더군요. '내가 누군지 아시오? 나는 조지 브라운[월슨 정부의 전 노동당 외무장관이자 확고한 반소비에트주의자]이오.'

우리는 잠깐 이야기를 나눴고 제가 핀란드에 산다고 하자 그는 이렇게 답했습니다. '아, 케코넨이 구소련 국가보안위원회KGB 밑에서 일했잖아요.'" 그 말이 사실이든 아니든 거의 확실한 것은 케코넨 전 대통령이 소련의 신임을 받았고(그들은 1979년 케코넨에게 소련의 노벨상인 레닌 평화상을 줬다), 핀란드에 케코슬로바키아라는 수상쩍은 별명을 안겼다는 점이다.

아마 핀란드-소련 관계에서 가장 위험했을 순간은 1978년에 있었다. "소련 당국이 소련과 핀란드 군대 간 합동 군사 작전을 제안했습니다. 그리고 우리 정치인들은 매우 교묘하게 말했죠. '아니요, 우리가 구소련의 군대를 쫓아갈 수는 있을 것 같습니다. 먼저 군대를 보내시면 우리가 따라는 가겠지만 섞지는 맙시다.' 냉전 시기에 우리는 외교적 침략, 잠입 공격을 당할 뻔했습니다." 콜베가 이야기했다.

이 잠입 공격은 여러 형태를 띠었는데, 일부는 핀란드인이 보기에 거의 일링 코미디Ealing Comedy, 1930~1950년대에 영국에서 제작한 코미디물 같았다. 몇몇 핀란드인은 이 시절을 떠올리며 '홈 러시안 Home Russian'이라는 이례적 현상을 언급했다. 핀란드 정치인과 지도층이 대등한 지위에 있는 구소련 담당자와 짝을 이루는 일종의 철의 장막 2인1조제였다.

"물론 소련 대사관의 힘이 막강했고, 모든 핀란드 정치인에게는 소련 측 담당자, 즉 소련 사절이 배정됐는데, 그들은 아주 친한 친구처럼 지냈습니다. 자기 별장, 가족 모임에 초대하기도 하면서요." 콜베는 이렇게 말했다.

양국의 관계는 상호 이득이었다. "구소련은 우리가 하는 일, 지식인과 정치인들이 무슨 생각을 하는지에 관한 정보를 모았는데, 모든 사람이 이런 관계의 목적이 뭔지 알고 있었습니다." 콜베가 말했다. 소련은 핀란드인이 사업차 간 런던, 뉴욕에서 모은 정보를 특히 중요하게 생각했다.

닐 하드윅이 핀란드에 도착한 시기는 마침 냉전이 한창일 때였다. 우리는 내가 머물던 호텔 바에서 만났고, 나는 하드윅에게 그 무렵 헬싱키는 어땠느냐고 물었다. "40년 전 헬싱키는 완전히 동유럽 같았고 기본적으로 모든 것이 금지되어 있었습니다. 필수적인 일만 빼고요. 이런 곳에 외출하는 일은 끔찍했습니다. 밖에서 줄을 서야 했고 문지기가 있었고 자기가 마실 술을 살 수는 있었지만 친구를 만나도 다른 테이블로 옮길 수가 없었어요. 술을 들고 가지는 못하고 웨이터에게 술을 옮겨달라고 부탁해야 했죠. 창문도 가렸습니다. 지나가는 사람들이 술 마시는 모습을 볼 수 없게요." 하드윅이 웃으며 말했다.

평범한 핀란드인의 삶에 러시아가 미친 영향은 엄청났다. 하드윅이 말하길 매일같이 국영 라디오 방송은 15분간 뉴스 단신, 일종의 '오늘의 이웃 나라 소식' 같은 뉴스를 내보냈고 방송은 '순화된 소련 선전'투성이였다. 또 집집마다 하우스 북House Book이라는 기록대장을 두고 그 집에 사는 사람뿐 아니라 모든 방문객의 이름을 적어야 했다. 1월이 되면 가족 중 한 명이 지역 경찰서에 줄을 서서 대장을 확인받고 도장을 받아야 했다. 이 규칙을 지키지 않으면 벌금이 부과됐다.

핀란드 언론과 출판계는 소련의 심기를 건드릴 만한 자료를 늘 조심했다. "선배들 말로는 특히 외교 정책이 민감한 사안이었다고 합니다." 『헬싱긴 사노마트』의 기자 헤이키 아이토코스키가 말했다. "외무장관은 국민을 심하게 압박했습니다. 기본적으로 모든 사람이 핀란드의 독립이 소련에 달려 있다는 걸 알았습니다. 가령 반소련 관련 도서는 도서관에서 다 치웠습니다. 고르바초프가 헬싱키에 와서 핀란드는 중립국이라고 선언한 사건은 엄청난 뉴스였어요. 지금이라면 그러겠죠. '그래서 어쩌라고? 핀란드는 이미 자유국가 아니었어?' 하지만 당시에는 대서특필감이었습니다. 고르바초프는 핀란드를 독립국이 아닌 '중립국'이라고 이야기했습니다. 즉 소비에트 연방이 아니니 '가서 하고 싶은 대로 하라'는 말이었죠." (아이토코스키가 여기서 하지 않은 말은 1991년 고르바초프가 납치당하고 축출되었을 때 고르바초프가 이 사건은 긍정적 변화라고 말한 어느 지도자의 말을 『헬싱긴 사노마트』가 인용했으며, 신문사는 여전히 소련 정치국의 비위를 거스르지 않으려고 조심했다는 사실이다.)

이 모든 우리는 충분히 납득할 만했다. 냉전 시기 거의 내내 러시아 탱크가 핀란드 국경을 따라 정렬한 채 출동 명령을 기다리고 있었다. 러시아가 쳐들어왔다면 누가 핀란드를 지원하러 왔을까? 머리망을 한 중립국 스웨덴? 무장 해제한 독일? 미국은 심하게 멀리 떨어져 있었다. 대신 핀란드인은 자기네가 제일 잘하는 일을 했다. 당시 유행하던 현실정치realpolitik, 이념이나 도덕보다는 실질적 요소를 고려한 정치적 견해를 받아들이고 자존심을 굽혀 머리를 숙인 채 러시아와 우호적인 관계를 유지했다. 금기어가 기하급수적으로 늘어났겠지.

또 패전의 경험과 분열을 초래한 갈등, 그리고 여러 차례 실용주의의 위기 상황에서 국가의 자치권을 포기한 일은 핀란드의 자존심에 큰 타격을 입혔을 수 있다. 게다가 1989년 철의 장막이 무너지면서 핀란드는 사실상 파산했다. 소련이 해체되면서 핀란드는 주요 무역 상대국을 잃었다. 수출은 급감했고 경제는 몇 달 새 13퍼센트 수준까지 위축됐다. 1990년대는 이전 세기에 핀란드인이 경험한 무수한 역경에 패배와 굴욕을 더하는 또 한 번의 상처를 준 긴 10년이었을 것이다.

"맙소사, 절대 그렇지 않습니다. 이건 성공 스토리라고요!" 내 말에 로만 샤츠가 반박했다. "지구상에 지금처럼 핀란드인이 많았던 적은 없습니다. 저는 핀란드 역사가 고통과 지배로 점철된 역사라고 생각하지 않습니다. 핀란드인은 1917년에 독립한 이후 자기네 나라와 문화를 키우는 데 필요한 모든 것을 끌어모으려 애썼습니다."

핀란드인은 실용적인 국민의 본보기였다. 하지만 지난 몇백 년이 그들의 정신에 미친 영향은 어떨까? "그들은 실용적이어야 했습니다. 기온은 영하 40도를 오가고 곰도 있잖아요! 20만 개의 호수와 8개월간의 긴 겨울을 견디는 데 익숙해지면 러시아인은 아무것도 아닙니다. 저는 그것을 기민함, 생존 본능이라고 부르고 싶습니다. 제 눈에는 핀란드화Filandisation[소련에 민감한 문제를 자기 검열한다는 의미에서 붙여진 이름]가 긍정적인 단어로 보입니다. 그 상황을 견디는 유일한 길이었으니까요." 샤츠가 주장했다.

"피해자라는 느낌은 전혀 없었습니다. 우리는 점령당한 적이 없고 그게 우리가 거둔 성공이니까요." 콜베도 같은 의견이었다.

하지만 실용주의에는 모험담이 거의 없다는 생각이 들었다. 현실정치에서는 감동을 주는 강한 긍지를 발휘하기도 힘들고, 크렘린의 연기 자욱한 방에서 은밀한 이야기를 나누는 남자들이나 항코의 여름 별장에서 런던에 관한 토막 소식, 또는 대사관의 크리스마스 파티에서 훈제 연어나 보드카에 열광하기도 힘들다. 새삼스러운 이야기도 아니지만, 오랜 세월 핀란드화는 핀란드인과 대화할 때 꺼내지 말아야 할 주제 목록에 추가될 또 다른 금기어였다.

그렇다면 핀란드 언론은 오늘날 러시아를 어떻게 보도할까? 한 예로 푸틴 대통령은 최근 핀란드가 고려할 가치도 없는 NATO의 무기 배치를 허용하면 '보복 조치'를 취하겠다며 위협했다. 핀란드 신문은 여전히 러시아 지도자에게 공손할까? "그렇지 않습니다. 우리는 거리낌 없이 러시아를 맹비난합니다. 핀란드는 너 이상 친리시아 국가가 아닙니다. 푸틴 정부가 사악하고 공격적인 힘을 휘두른다면 늘 잠재적 위협이 존재합니다. 그렇다면 분명 우리는 그리 안전하지 못할 겁니다. 여전히 두 나라는 가까이 있고 사실 결코 안심할 수가 없습니다. 역사를 아는 사람이라면 결코 그럴 수 없으리라는 사실을 알기 때문이죠." 아이토코스키가 말했다.

006

민중의 촛불

냉전 이후에 핀란드가 가장 크게 칭찬받은 업적은 교육 제도였다. 핀란드에 그 부분을 광고하도록 맡겨졌다면 몰랐을 사실이다. 핀란드 학교가 세계 제일이라고 언급한 건 외국인들이었다.

OECD는 2000년부터 3년마다 세계 교육 제도의 최종 평가표라고 널리 인정받는 순위를 발표해왔다. 세계 70개국 15세 학생들의 수학, 읽기, 과학 성취도의 순위를 매기는 이 평가에서 핀란드는 매번 세 가지 영역 모두에서 1위 아니면 상위권을 기록했다. 최근 『애틀랜틱』은 핀란드를 '서양 제일의 교육 초강대국'이라고 일컬었다.

다년간 전 세계의 교육 전문가들이 핀란드로 몰려와 그 비결을 알아내고자 했다. 금방 드러나지는 않았다. 핀란드인은 노키아가 돈을 버는 것보다 더 빠른 속도로 학교에 세금을 쏟아부으리라 짐작하겠지만, 사실은 그렇지 않다. 핀란드가 학생 1인당 교육에 쓰는 돈은 OECD 평균을 넘지 않는다. 핀란드 교사의 임금은 다른 서유럽 나라의 교사들과 비슷한 수준이며, 실제로 미국 교사들보다는 20퍼센트가량 적다. 또 핀란드 학교의 학급 크기가 더 작고, 아이들이 요람에서 교실까지 직행하며, 키만큼 높은 숙제더미를 안고 집에 올 뿐 아니라, 전문 사이클 선수보다 더 자주 시험을 치르며, 핀란드의 초코 시리얼에는 리탈린_{어린이}_{주의력 결핍 장애에 쓰는 약} 일일 복용량이 적혀 있으리라고 짐작할 수도 있다.

아니다. 다시 말하지만 결코 *그렇지 않다*(고백하자면 핀란드인의 아침 시리얼까지 분석하지는 못했다). 핀란드 학교의 학급 규모는 북유럽 기준과 크게 다르지 않은 20~23명이다. 다른 북유럽 나라에서처럼 핀란드 아이들은 7세가 되어야 정규 교육을 시작한다. 정말 많은 여성 인구가 일을 하며, 육아 비용이 대단히 저렴하고(부모의 소득에 따라 달라진다), 거의 모든 아이가 아주 어릴 때부터 탁아 시설에 맡겨지기 때문이다. 하지만 7세가 되어야만 마침내 장시간 동안 교실에 앉아 있는다. 16세 전에는 시험이 거의 없으며, 숙제도 비교적 적고, 학교 성적을 공개하지도 않는다. 아이들은 하루 평균 겨우 네 시간을 학교에서 보낸다. 영재 교육 같은 건 없다.

여기까지는 대단히 스칸디나비아스럽지만 핀란드는 북유럽 이웃 나라들보다 앞선다. 한 덴마크인 친구는 내가 핀란드 교육 제도를 극찬하자 콧방귀를 뀌며 대학 교육은 그다지 성공하지 못했다고 꼬집어 말했다. 어느 정도 사실이긴 하지만, 핀란드 아이들 95퍼센트 이상은 여전히 16세가 넘어야 고등 교육을 받기 시작한다. 스웨덴인 역시 과거 자기네 땅이었던 핀란드가 현대성과 문명화의 그토록 중요한 지표에서 자기네를 앞선다는 사실에 식식거리며 핀란드가 분명 불공평하게 유리한 입장이라고 주장한다. 특히 극도의 단일성과 비교적 적은 이민자 수에서.

심지어 핀란드인들조차 최초의 PISA 평가표(OECD 국제학업성취도평가)에서 최상위 성적을 독차지하자 약간 당황했다. 처음에는 PISA 제도의 이상한 변칙이겠거니 했으며, 심지어 지금까지 회의적인 반응을 보이는 사람들도 있다.

"핀란드의 학교 제도는 모든 사람이 동등한 기회를 갖는다는 점에서는 좋지만, 저는 핀란드의 교육 제도가 세계 최고라는 평가 결과에는 동의하지 않습니다. 이런 PISA의 조사를 믿지도 않고요. 정답은 단지 핀란드 학교 제도가 다른 서유럽의 학교 제도만큼 좋지만, 우리는 이민자 수가 월등히 적고 가난한 학생도 많지 않다는 것입니다. 또 학생들 99퍼센트가 핀란드어나 스웨덴어를 모국어로 쓰지만, 독일에 가면 학생들 10퍼센트가 터키어를 씁니다. 어쨌든 제 생각은 그래요." 헤이키 아이토코스키가 말했다.

"그 점에 대해서는 비이민자(핀란드인)가 비이민자 스웨덴인보다 우수할 뿐 아니라 핀란드 이민자들이 스웨덴 이민자들보다 우수하다고 말하고 싶습니다." 헬싱키대학교 행동과학학과(핀란드인의 인간 발달과 학습을 세밀하게 조정하는 학과) 학과장 파트리크 스케이닌 교수가 도심 북쪽에 있는 자신의 사무실에 앉아서 이렇게 말했다. "'모든 사람이 우수하다.' PISA를 이렇게 설명할 수 있다는 스웨덴인의 주장은 설득력이 없습니다. 스웨덴보다 이민자 수가 더 많지만 더 나은 교육 제도를 가진 나라가 있고, 이민자 수가 더 적지만 교육 제도는 더 열악한 나라도 있으니까요."

전반적으로 우수한 성취도 말고도 핀란드의 성취도에서 가장 눈에 띄는 부분은 이런 성과가 핀란드의 모든 학교에 고루 퍼져 있다는 사실이다. 즉 핀란드는 학교 간 학업 성취도 격차가 제일 적은 나라다. 성취도가 제일 높은 학교와 제일 낮은 학교 간 격차가 4퍼센트에 불과하다. 성취도가 높은 다른 나라―싱가포르, 타이완, 홍콩처럼 타이거맘 국가들―에서는 학업 성취도가 제일 높은 아이들을 우열반으로 나누어 특별 영재 학교에 보내며, 학교 '안에서는' 성취도 격차가 낮지만 학교 간 학업 성취도를 비교하면 특히 다른 지방에서 성취도 격차는 매우 크다. 반면 핀란드에서는 라플란드의 외딴 지역이나 헬싱키 교외로 가도 아이들의 학업 성취도는 어진히 일정하다.

그다지 중요하지 않은 정보처럼 보일 수 있지만, 국내 인구 이동에 관한 최근 갤럽 조사에서 핀란드는 뉴질랜드와 미국에 이어 3위였다. 미국은 5년 동안 다른 도시로 이동할 가능성이 제일 높은 나라였다. 그래서 스케이닌 교수는 이러한 학교 간 평등이 대단히 중요하다고 믿는다. "100명당 몇 명이 전학을 갈 테고, 학교생활 총 9년 중 그 수를 다 합치면 상당한 비율입니다.

혹시 수학에 큰 구멍이라도 생기면(전학을 해서) 몹시 곤란해지죠." 스케이닌 교수가 말하는 비결은 엄격하게 시행되는 일관된 교육과정이다. 그리고 뒤처지는 학생들에게 일대일 개인 지도를 병행한다(핀란드 학생의 3분의 1가량이 매년 이러한 특별 지도의 도움을 받는다).

마찬가지로 중요한 것은 교사들에게 아낌없이 쏟는 관심과 자원이다. "핀란드에서 전국 교원 양성 학과는 터무니없을 정도로 많습니다." 스케이닌 교수가 말했다. 핀란드에서 교직은 19세기 후반 핀란드 교육 제도가 생긴 초기부터 권위 있는 직업이라는 인식이 있었다. 핀란드가 독립 국가가 되는 데 교사들이 핵심적인 역할을 했기 때문이다. 나를 지도했던 사이코패스와 사회 부적응자 일당을 생각하면 그런 일은 상상하기 힘들지만, 핀란드는 교사들이 오래전부터 나라의 영웅으로 앞장서서 꽃피는 자아상을 규정하고 전파했다. 그야말로 핀란드의 지적 자유를 위해 싸운 전사들이었다.

"사고방식과 정체성을 형성하던 시기라 핀란드 학교는 선구자가 되어 횃불을 들고 나라를 비출 교사들을 채용했고, 그런 의미에서 교사들은 그 이후로 줄곧 그 점에 자부심을 갖고 있습니다." 스케이닌 교수가 말했다. 초기 핀란드 교육의 본질은 생존 기술을 가르치는 것이었다. 목공부터 바느질까지 생존에 필요한 모든 것. 교사들은 '민중의 촛불'로 불리며 핀란드가 자립으로 가는 길을 밝게 비추는 역할을 했다.

교사는 여전히 매력적인 직업이다. 핀란드 대학 졸업생의 4분의

1 이상이 교사를 희망 직업 1순위로 꼽는다. 교직 훈련 지원자가 반문맹자인 경우가 없지 않은 미국이나 영국과 달리, 핀란드에서는 가장 똑똑한 학생들이 교사에 지원한다.

"옛날 선생님들을 생각해보세요." 스케이닌 교수가 말했다. 내가 진저리를 치자 "바로 그겁니다!"라며 웃었다. "그런 경험이 있다면 교사라는 직업을 선택하고 싶을까요? 아니요. 하지만 다정하고 근면하고 성실하고 노련한 교사를 만난 경험이 있다면 생각이 다르겠죠."

핀란드에서 교사 양성 과정은 변호사나 의사가 되는 과정보다 어려울 수 있다. 보통 모집 정원의 10배가 넘는 지원자가 몰리며 때로는 경쟁률이 훨씬 더 세다. 헬싱키대학교에서 2년 전에 120명이 정원인 박사과정에 2400명이 지원했다. 1970년 이후 내내 모든 핀란드 교사는 정부가 지원하는 석사과정을 수료해야 한다. "모든 핀란드 교사는 연구 기반의 교육을 받습니다. 교수법뿐 아니라 교직을 비판적으로 생각하는 법도 같이 배웁니다." 스케이닌 교수가 말했다.

교사들이 핀란드 역사에서 했던 역사적으로 중요한 영웅적 역할에도 불구하고 핀란드의 교육 제도는 교사들에게 석사과정을 의무화하기 전까지는 영국만큼이나 열악했다. 석사과정 의무화는 확실히 핀란드 교육이 성공한 결정적 요소였다.

"교사들에게 석사과정을 수료하게 하세요." 내가 다른 나라에 하고 싶은 조언이 있느냐고 묻자 스케이닌 교수는 이렇게 말했다. 하지만 엄청난 비용이 들 것이라고 말하자 이렇게 대답했다. "그 돈을 쓰지 않을 여유가 있습니까? 그게 아니라면 부모가 등록금을 대줄 수 있을 만큼 부유해서 대학에 가는 사람들뿐일 겁니다. 교사를 직업으로 선택할 가능성이 더 적고 부모가 하는 일을 물려받을 가능성이 더 큰 사람들이죠. 핀란드에서는 모든 사람이 대학에 갈 수 있습니다. 영국은 영리한 노동자 계층의 아이들이 교사가 되기를 바라죠. 그리고 실제로 영국은 더 많은 돈을 쓰지만 성과는 적습니다. 비결은 최고의 학생들을 골라 투자하는 겁니다. 그리 잘하지도 않고 잠재력도 없는 학생들을 교육하느라 돈을 쏟아붓는 대신에요."

핀란드 아이들, 특히 학교생활을 막 시작한 어린 학생들의 학업 성취도가 그렇게 높은 이유를 설명하는 또 한 가지 이론은 핀란드어의 단순함이다. 미국의 저널리스트 맬컴 글래드웰의 잘 알려진 짐작처럼, 중국 아이들의 수학 성적이 좋은 이유는 중국의 숫자 체계가 영어와 다른 많은 언어에 비해 논리적이고 명쾌할뿐더러 단순하고 단음절이기 때문이다. 핀란드어도 마찬가지원리다. "일단 아이가 6세쯤 읽고 쓰는 법을 배우면 그 능력은 완전히 익힌 거지. 물론 어휘력이 늘지만 새로운 단어는 그냥 들어오니까." 내가 그 이론을 이야기하자 핀란드 친구가 내게 한 말이다. 이런 단순함이 핀란드 아이들이 언어를 익히는 데 도움이 될까? 일단 미래 시제가 없어서 시간은 약간 절약될 듯하다. 핀란드에서 스웨덴어를 쓰는 학교의 학업 성취도는 유럽 평균에 더 가깝다. 스웨덴어는 더 복잡한 언어이며 익히려면 시간도 더 걸릴 것이다.

핀란드인의 학업 성취도가 그렇게 높은 또 한 가지, 실제로 꽤 중요한 이유가 있다. 또다시 등장하는 단어, 평등이다. 핀란드에서 교육 제도는 공교육, 사교육으로 구분되지 않는다. 핀란드에는 사립학교가 없다. 적어도 세계 다른 나라의 사립학교 같은 것은 없다. 또 모든 학교 교육은 정부에서 자금을 지원한다. 즉 핀란드에서 얻을 수 있는 교훈은 평등은 칠판 앞에서 시작된다는 것.

그래서 교사와 PISA와 부모가 행복하며, 핀란드 경제는 나무로 만든 물건을 파는 것 외에 경제를 다각화하는 데 도움을 줄 노동력을 확보함으로써 확실히 이득을 얻는다. 하지만 아이들은 어떨까? 아이들도 행복할까?

내가 핀란드로 떠나기 직전에 WHO는 전 세계 학생들이 학교생활을 즐기는 모습이 어떻게 다른지—아니면 다르지 않은지—에 대한 연구 결과를 발표했다. 많은 사람이 놀랐다. 핀란드 아이들은 모든 연구 대상국 아이들 중에서 학교생활을 제일 재미없어했다. 2006년 OECD가 발표한 비슷한 보고서에서는 스웨덴 아이들이 핀란드 아이들보다 학교생활을 더 재미있어한다는 결과가 나왔다. 핀란드 아이들의 시험 성적이 더 높았지만 의사 표현은 스웨덴 아이들이 더 잘했다.

"실제로 [질문을] 살펴보면 학교를 '많이' 좋아합니까라는 질문에 그렇다고 대답한 학생은 거의 없었습니다. 우리 연구에 따르면 아이들은 학교가 '괜찮다'고 생각하지만, 솔직히 사춘기 이전이나 사춘기 아이들에게 무언가를 좋아하느냐고 물으면 대부분은 '괜찮다'고 답할 겁니다. 거기에 핀란드인의 매사 우울한 태도까지 더하면…… 또 WHO 보고서에 따르면 '학교는 중요하다고 생각합니까?'라는 질문에 핀란드 아이들이 가장 긍정적인 답변을 했습니다. 물론 학교 대신 거리를 떠도는 나라의 아이들과 비교하면 핀란드 아이들은 [학교 교육의 모든 점에] 더 긍정적으로 답변하겠죠." 스케이닌 교수가 말했다.

많은 사람이 WHO 보고서를 즉각 물고 늘어지며 핀란드 교육 제도가 무슨 이유에서인지 사회적 이탈과 분노를 키웠으며, 그 결과 핀란드 학생들이 학교에서 총을 들고 미쳐 날뛴 두 사건이 일어났다고 주장했다. 2007년 11월, 18세의 페카에릭 아우비넨은 헬싱키에서 50킬로미터쯤 북쪽에 위치한 요켈라의 고등학교에서 여교장, 보건교사, 학생 7명을 총으로 쏴 죽였다. 그리고 2008년 9월, 헬싱키에서 서북쪽으로 300킬로미터쯤 떨어진 카우하요키 호텔학교에서 22세의 요리사 견습생 마티 유하니 사리가 22구경 소총으로 학생 10명을 총으로 쏴 희생시켰다.

2006년에는 충격적이지만 다행히 인명 피해는 없었던 또 다른 사건이 핀란드 사회를 발칵 뒤집어놓았다. 해외 언론에서는 보도되지 않았지만 그해 5월 또 다른 18세 남학생 칼레 홀름이 핀란드에서 가장 신성한, 15세기에 지은 포르부의 성당에 방화를 해 성당이 소실됐다. 1809년 러시아 황제 알렉산드르 1세가 핀란드에 스웨덴으로부터의 자치권을 인정한 곳이다.

나는 스케이닌 교수에게 두 학교의 총격 사건을 어떻게 생각하는지 물었다. 어떤 식으로든 핀란드 교육 제도에 원인이 있을까? 스케이닌 교수는 그렇게 생각하지 않는다고 했다. 그는 다른 희생양을 염두에 두고 있었다. "수 세기 동안 우리는 당신네들[영국인과 미국인]을 연구해왔습니다. 두 나라의 문학, 예술, 문화 등은 우리에게 본보기가 되었고 요즘은 특히 인터넷이 그렇습니다. 핀란드 청소년들은 미국을 주목하면서 늘 롤모델로 삼습니다. 생각해보세요. 왜 이런 일이 50년 전에는 일어나지 않았을까요? 이유는 간단합니다. 그걸 생각해내려면 정말 똑똑하고 지독하게 미쳐야 했으니까요."

"그러니까 미국인에게 영감을 받은 모방 행동이라는 겁니까? 공부에 대한 압박이나 핀란드인의 우울한 성격과는 아무 관련이 없다고요?" 내가 물었다.

"요즘은 작고 비밀스러운 소수 집단에 속하면 세계 어디서든 네트워크를 찾을 수 있고 핀란드인은 롤모델을 찾는 데 소질이 있습니다. 문제는 교사, 보건교사, 상담교사 간 의사소통을 살펴봐야 한다는 겁니다. 그들은 그다지 활발하게 소통하지 않습니다."

노르웨이 편에서 살펴보겠지만, 총을 든 목적 없는 미치광이들은 과연 세계 어디를 가든 피할 수 없는 비극적 현실이다. 핀란드의 두 학교에서 일어난 충격 사건은 아마 그 사실을 더 분명히 보여주는 징후일 것이다. 앞에서 언급한 것처럼 핀란드는 미국과 예멘에 이어 세계에서 세 번째로 총기 소지율이 높은 나라다. 한 핀란드인은 이렇게 말했다. "우리는 사냥 국가예요. 연간 6만5000마리의 엘크를 사냥하고, 헬싱키에는 곰과 늑대가 가끔 나타나기도 하죠."

며칠 뒤 나는 헬싱키 중심가에 있는 캄피몰에서 무민 기념품을 고르고 있었다. 꼭대기 층에서 십대들 한 무리가 스케이트보드 가게 앞에서 놀고 있는 모습이 보였다. 환하게 웃으면서 음흉한 눈빛을 보이거나 갑자기 움직이지 않으려 애쓰면서 아이들에게 다가가 핀란드의 교육 제도를 연구하는 중인데 '평범한' 학생들의 생각이 궁금하다고 설명했다. 이 아이들에게 몇 가지 질문을 할 수 있었을까? 길게 늘어선 아이들 뒤쪽으로 남자아이 둘과 여자아이 하나가 퇴로를 찾는 모습이 보였다. 공포에 휩싸여 서로 곁눈질을 했다. 그리고 시선을 아래로 떨구고는 자신들의 컨버스 운동화를 쳐다봤다.

전형적인 핀란드인의 과묵함이 세계 공통인 십대의 고뇌를 만나면 특히 활기찬 대화가 불가능하다는 사실을 깨달았어야 했다. 내 질문에 대한 그들의 대답은 대부분 어깨 들썩거리기, 어색한 발 끌기, 끙 하는 소리였다. 특별히 인용할 만한 이야기는 전혀 없었다('전반적으로 학교를 어떻게 생각하니? '푸싯, 프르프프, 괜찮아요'). 하지만 소통은 부재했던 핀란드 청소년들과의 이 짧은 만남에서 결론을 내자면 다음과 같다. 핀란드의 십대들은 다른 모든 나라의 십대들처럼 화가 나 있으며 호르몬의 지배를 받는다.

007

아내들

핀란드의 미래가 지금처럼 밝았던 적은 없다. 물론 자기네 입으로 이야기한 적은 없고 세계의 다른 나라들이 알아채기 시작했다. 국제학업성취도평가인 PISA에서 한결같이 우수한 성적, 튼튼한 경제, 전반적으로 훌륭한 생활수준뿐만 아니라 세계는 조용하고 수줍고 늘 언어터지고 멍들지만 불굴의 핀란드가 세계와 공유할 지식을 아주 많이 가지고 있다는 사실을 마침내 눈치채고 있다.

『뉴스위크』나 영국 레가툼 연구소 등에서 핀란드나 헬싱키를 세계에서 가장 살기 좋은 곳으로 발표하는 영예로운 소식을 들으면 핀란드인은 보통 어깨를 으쓱거리면서 얼굴을 찌푸리고 고개를 흔들면서 자기네는 여전히 북유럽 지역에서 가장 가난한 나라이며, 지금도 기본적으로 500만 명이 숲에서 온 산사람일 뿐 아니라 여건이 허락할 때마다 숲으로 돌아가는 걸 좋아한다고 말한다. 거만한 스웨덴인 몇 명과 함께. 그들은 지금도 늘 그렇듯 사교성이 없으며 자기 파괴적인 알코올 중독자들이다.

"핀란드가 지상낙원이라니 말도 안 되는 소리입니다."『뉴스위크』조사 결과를 언급하자 헤이키 아이토코스키가 말했다. "좋은 나라죠. 이곳에서 많은 것이 만들어지고요. 하지만 낙원이라고 생각하지는 않습니다."『뉴스위크』기사가 나온 지 몇 시간 만에 아이토코스키가 일하는 신문사『헬싱긴 사노마트』는『뉴스위크』의 계산 착오를 물고 늘어졌다. 스위스가 1위를 했어야 한다는 주장이었다.

또 다른 핀란드 기자는 조사 결과에 다음과 같은 기사를 썼다. "자살, 우울증, 알코올 중독, 춥고 어두운 겨울은 어쩌고? 많은 핀란드인이 핀란드를 지킬과 하이드 같은 나라라고 생각한다. 핀란드에는 긍정적인 면과 부정적인 면, 양극단의 모습이 있다. 가령 햇살. 영원히 지지 않는 해는 몇 달에 걸친 어두운 겨울로 상쇄된다." 핀란드인의 만성적인 부정적 자아상을 거의 완벽하게 보여주는 글이다.

몇 년 전 한 설문조사에서 자신을 설명하는 형용사 여덟 개를 선택하라는 질문을 받았을 때 핀란드인은 다음 단어를 골랐다. 정직한, 느린, 믿을 수 있는, 충실한, 직설적인, 내성적인, 시간을 잘 지키는. 자신감 넘치고 공격적인 나라를 설명하는 단어들은 아니지 않은가? 하지만 자신들이 인정하든 안 하든 마침내 핀란드의 전성기가 오는 중이라는 증거가 있다. 핀란드는 툭하면 지배하려 들고 괴롭히던 이웃 나라들의 그늘에서 벗어나고 있다. 최근 세계경제포럼이 발표한 국가경쟁력지수, 즉 한 나라 경제의 지속 성장 가능성을 평가하는 이 조사에서 핀란드는 3위를 했다(스웨덴이 4위로 떨어진 사실이 특히 흐뭇하다).

하지만 여전히 핀란드를 칭찬하는 일은 로만 샤츠나 닐 하드윅 등 외국인들의 몫이다. "언젠가 핀란드에서 바꾸고 싶은 세 가지가 무엇이냐는 질문을 받았습니다. 저는 '기후, 국민, 지리적 위치'라고 농담을 했죠. 요즘은 바꾸고 싶은 게 잘 생각나지 않습니다." 하드윅이 말했다.

나는 예전에 헬싱키를 두 번 갔고 헬싱키와 사랑에 빠졌지만, 당일로 다녀온 포르부―헬싱키 약간 외곽에 있는 정말 아름다운 역사 도시―를 제외하고는 핀란드의 나머지 지역들은 거의 가보지 못했다. 그래서 이 신비로운 땅과 사람들을 더 제대로 알아보고 싶은 마음에 '진짜' 핀란드를 여행하기로 결심했다. 여행을 하고 보니 핀란드인이 자신들과 자기네 나라를 그토록 부정적으로 바라보고 비판하는 이유를 충분히 이해하게 됐다.

북극의 산타 마을을 방문한 뒤에 나는 아들과 함께 나라의 '등뼈' 쪽으로 내려갔다. 내가 알기로 핀란드는 대부분이 숲이다. 기차 창문으로 내다본 핀란드는 단조로운 초록색의 흐릿한 형체에 지나지 않았다. 기차는 그야말로 현대성의 전형이었다. 차비는 저렴했고, 지정 좌석이었으며(영화관의 와인 다음으로 문명화된 나라의 두 번째 증거), 대부분 비어 있었다. 무엇보다 가끔 살아 움직이는 윌리엄 호가스18세기 영국사회를 생생하게 풍자한 영국의 화가이자 풍자만화가의 만화 속으로 들어온 기분이 드는 덴마크의 기차와는 달리 음주, 진한 키스, 고성방가를 해도 결코 누구도 참견하지 않는다.

호텔, 아니 그보다 호텔 커튼은 덜 감동적이었다. 약간 트집처럼 들릴 수도 있지만, 한밤중에 태양이 떠 있는 나라에서 더 두꺼운 커튼에 돈을 투자하리라 기대했으니까. 대신 눈부신 백색광이 밤새 우리 호텔 방을 밝혔고, 잊혀야 마땅했던 영화 「인섬니아」 속 알파치노처럼 나는 잠을 잘 수 없어 거의 미치기 직전이었다. 그 여행에서 묵었던 다양한 호텔 방 커튼 천의 모든 틈과 좀먹은 구멍, 좁은 틈새로 햇빛이 취조실의 램프처럼 내 눈꺼풀 사이를 뚫고 들어왔다. 그리고 각다귀와 모기도 있었다. 여름이라면 핀란드의 시골 지역 어디를 가든 순식간에 구름떼 같은 벌레들에 둘러싸일 것이다. 언제나 먼지 뭉치를 몰고 다니는 찰리 브라운의 친구 픽펜처럼.

핀란드는 놀랍도록 아름다운 경치를 자랑하지만 우리 부자가 로바니에미에서 헬싱키로 가는 동안 들른 지방의 호숫가 도시―오울루, 리살미, 쿠오피오― 는 대개 매력이 없었고, 하나같이 별 특징 없는 현대식 콘크리트 블록과 H&M 매장이 섞여 있었다. 나치의 초토화 정책과 1970년대 진보적인 사회민주주의 주택 정책(후자는 국가적 열등감의 징후라고 한 핀란드인이 설명했다. 핀란드는 자기 나라가 스웨덴처럼 현대적으로 보일까봐 걱정했다)이 결합되어 건축적, 역사적으로 전혀 흥미로운 구석이 없었다. 오래된 건물이 없어서 사실 핀란드인들은 무척 속 시원해했을 수도 있겠다 싶었다. 덕분에 변화와 진보에 더 개방적인 국민이 된 거겠지. 건축 결정론이라고 불러도 좋다. 하지만 나는 여전히 옛날의 느낌이 그리웠다.

내가 아는 한 헬싱키 밖에는 먹을거리가 전혀 없었다. 외식 메뉴는 정말 최악이었다. 형편없는 피자, 철지난 이탈리아 음식이나 순록 고기. 맨날 순록. 이런 도시에서 여름밤에 주민들의 주된 놀거리는 낡은 미국제 자동차를 몰고 돌아다니거나 맥주 한 짝을 싣고 항구에 나가서 가능한 한 빨리 고주망태가 되겠다는 의지를 피력하는 것이었다.

어느 화창한 토요일 밤 쿠오피오에서 우리는 먹을거리를 찾아 산책을 나갔다. 말 없는 무리를 따라 호수로 내려가면서 약간 불안감이 엄습하기 시작했는데 정확히 무엇 때문인지는 알 수 없었다. 결국 아들이 알아챘다. "아이들은 다 어디 있어요?" 아들 말이 맞았다. 아이들이 한 명도 보이지 않았다. 영화 「치티치티뱅뱅」막대사탕으로 어린이를 유혹하는 어린이 사냥꾼이 등장하는 영화의 한 장면 같았다. 쿠오피오 주민들은 아마 아이들을 보모에게 맡겼을 것이고(제발 어린이 사냥꾼만 아니길), 지금은 코가 비뚤어지게 취하는 데 열중해 있었다.

'진짜' 핀란드에서 이처럼 실망스러운 현실을 목격했음에도 불구하고 나는 여전히 핀란드인의 광팬이다. 핀란드에서 나온 앨범은 모조리 가지고 있다. 그리고 나만 그런 게 아니다. 헬싱키는 최근 세계디자인수도로 선정되었고, 핀란드 경제는 그 어느 때보다 더 수출 지향적이며(GDP의 거의 40퍼센트를 차지한다), 핀란드는 사실상 유로존의 다른 국가들보다 2008년 경제 위기에서 더 빠른 회복세를 보였다. 최근 OECD가 발표한 연구개발 분야 국내총지출 순위에서 GDP의 무려 3.87퍼센트로 수월하게 1위를 차지했다. 더 고무적인 점은 이 지출 중 정부 지출의 비율이 비교적 적다는 사실(24퍼센트로, 노르웨이의 46.8퍼센트와 대조적이다). 작은 나라 핀란드는 또한 수많은 특허를 신청하고 있다. 인구수로는 세계 115위지만, 세계지식재산기구에 따르면 특허 신청 규모로는 세계 13위다.

분명 핀란드가 여전히 '모든 계란을 한 바구니에 담는' 경제라는 우려도 계속 나오고 있는데, 문제의 계란은 사면초가에 몰린 휴대전화 회사 노키아다. 한때 노키아는 핀란드 GDP의 4분의 1을 책임졌다. 한 회사로서는 무척 큰 짐이다. 노키아의 상황은 좋지 않다. 세계 최대의 휴대전화 제조사 자리를 삼성에 내줬고, 무엇보다 굴욕적인 일은 2013년 마이크로소프트에 매각됐다는 점이다. 흔히 핀란드의 비극이라고 여겨진 일이었다. 만약 가능한 일이었다면, 오늘날 애플은 이 나라 전체를 살 수 있었을지도 모른다.

"우리는 산업 기반과 경제 기반을 다각화하려고 필사적으로 노력 중입니다. 우리에게는 제2의 노키아가 필요합니다. 목재와 해운을 제외하고 우리가 가진 전부이기 때문입니다. 핀란드에는 소규모 혁신가가 많고, 우리는 연구와 개발에 투자를 아끼지 않습니다. 하지만 핀란드는 엔지니어의 나라이며 마케팅 능력이 부족합니다. 무척 겸손한 민족이니까요." 핀란드의 외무장관 대변인이 나에게 한 말이다.

노동시장 측면에서 핀란드의 가장 유리한 점 한 가지는 확실히 세계에서 남녀가 제일 평등한 사회라는 것이다. 핀란드 여성은 유럽 최초로 투표권을 얻었으며(1906), 의회의 절반을 여성으로 구성하는 것이 관례다. 여성 총리와 대통령도 모두 경험해봤다. 2011년에는 핀란드 대학 졸업자의 60퍼센트 이상이 여성이었다.

"핀란드 여성들은 주도권을 쥐고 있습니다." 자칭 여성이라는 종의 팬이라는 로만 샤츠가 열변을 토했다. "전통적으로 핀란드 농장에서는 여자가 남자들을 포함해 집안의 모든 일을 관리했고 남자는 바깥일을 모두 책임졌습니다. 핀란드 남자들은 아내에게 상의하지 않고는 어떤 일도 결정할 수 없었죠. 남자들이 설거지를 합니다. 핀란드에는 주부가 없어요. 한 사람만 벌어서는 누구도 살 수가 없으니까요. 여자들은 집에 있지도, 모유 수유를 하지도 않고, 자기 직업과 은행 계좌를 가지고 있습니다. 정말 좋은 점은, 이혼하는 데 100유로밖에 들지 않는다는 겁니다."

이러한 양성평등은 기업세계로까지 확장된다고 샤츠는 말했다. "외국에서 남자 둘이 핀란드 회사에 와서 남직원 둘과 여직원 한 명을 만나면, 여직원이 커피를 타거나 기록하는 일을 할 거라고 짐작하는 경우를 수없이 봤습니다. 그리고 15분 뒤 외국에서 온 두 남자는 뭔가 대단히 이상하다는 사실을 깨닫습니다. 여자가 다른 두 남자 직원의 상사처럼 보이는 거죠. 핀란드 여자들을 과소평가하지 마세요. 핀란드에는 고등학교 학위, 대학 학위를 받은 여성이 더 많으며, 여성 국회의원 비율은 세계에서 제일 높습니다."

"핀란드 여자들은 굉장합니다. 저는 영국에서 여자들이 남자들과 같이 있을 때 평소보다 약간 더 멍청한 척하는 데 너무 익숙해졌어요. 그래야 남자들이 겁먹고 달아나지 않는다고 생각하니까요. 하지만 핀란드 여자들은 주도권을 쥐고 있습니다. 두드러진 모계 중심 사회입니다." 닐 하드윅도 같은 의견이었다.

'아내 업고 달리기 세계선수권대회'가 이런 분위기에 잘 어울리는지 모르겠다. 아들과 나는 그 대회를 보려고 잠깐 들렀다. 이 대회는 매년 7월 도로가 일차로뿐인 작은 도시 손카야르비에서 열린다. 핀란드 한복판에 있는 도시다. 내가 아는 한 이 우스꽝스러운 대회는 주로 아시아 텔레비전 보도진들을 위해 열린다. 그들은 별난 핀란드의 스포츠 경기를 무엇보다 사랑하기 때문이다(오울루 에어기타 세계경연대회, 각종 작은 물건과 휴대전화 던지기 대회, 오울루 마늘 축제, 습지 축구 세계선수권대회도 참고하라). 이 대회는 수공예품 가판대, 복권 판매대, 맥주 천막 등이 들어선 시골 장터 같은 분위기의 지역 학교 운동장에서 열리며, 1990년대 중반에 다른 남자의 아내를 훔친 불한당과 도둑에 관한 이 지역의 전설에서 유래했다고 한다. 오늘날 이 행사는 전 세계의 관광객, 적어도 에스토니아인 관광객을 불러 모으고 있으며, 에스토니아인이 거의 매년 우승을 차지한다. 나는 대회 참가자들이 부부, 심지어 커플일 필요가 없으며, 다른 사람의 배우자를 빌릴

수도 있다는 이야기를 듣고 약간 실망했다. 비록 대회의 유래가
된 목적에는 부합하는 듯하지만.

대회는 알고 보니 일본 게임 방송 스타일의 장거리 장애물 경
주였다. 남자와 남자 등에 업히는 여성이 다양한 허들과 물웅덩
이가 설치된 20미터쯤 되는 코스를 빨리 달리는 릴레이 경기다.
진지한 스포츠 경기인지 판토마임인지는 잘 모르겠다. 일부 참가
자는 가장 무도회 복장을 하고 있었고(아스테릭스, 오벨릭스, 스머
프), 어떤 사람들은 꽤 열심히 훈련을 한 듯 보였다.

각자 흥미로운 변형 동작으로 아내를 업었다. 어떤 남성 주자
는 손쉽게 등에 업기를 선호했고, 어떤 사람은 양손으로 아내를
어깨 위에 짊어지는 '파이어맨스 캐리' 방법을 썼다. 한편 어떤
사람은 품위 없는 자세를 골랐다. 처음 생각한 카마수트라 동작
을 퇴짜 맞았는지 여자가 머리를 아래로 떨구고 남자의 어깨에
매달려 있었다. 다리를 벌려 남자의 목에 두른 여자의 머리가 남
자의 등에 계속 쿵쿵 부딪혔다. 이 자세는 물웅덩이를 만났을
때 특히 무모한 방법이었다. '아내'의 머리를 한동안 물속에 담
근 채로 남자는 반대편으로 천천히 걸어갔다.

관중은 끝이 해진 청바지 차림에 양말 위에 샌들을 신고 티셔
츠 아래로 불룩한 배를 내민 채(남자들 역시) 거의 아무 말 없이
경기를 지켜봤다. 신선한 완두콩을 봉지째 들고 천천히 와작와
작 씹으면서 손잡이 없는 플라스틱 컵에 든 맥주를 마셨다.

첫 경기가 끝나고 맥주 천막에서 대회 조직위원 한 명과 대화
를 나눴다(시장이었던 것 같은데, 결국 알아내지 못했다).

"누가 이겼나요?" 나는 이렇게 질문하며 예의 바른 대화를 시도했다.

"알 게 뭡니까?" 그는 이렇게 대답하며 맥주잔을 비웠다.

이 경기에서 단연코 제일 보기 힘들었던 부분은 실제로 아내를 업거나 심지어 장애물을 넘는 것이 아니라(물론 나로선 둘 다 이해할 수 없었지만), 큰 허들을 넘을 때마다 아내가 배턴처럼 팀의 다른 선수에게 넘겨졌다는 사실이다. 그리고 그 전에 앞선 선수가 탄산수 한 병을 다 마셔야 했다. 겉보기에는 무해해 보이지만, 누군가 숨을 헐떡거리며 성인 여자를 업고 80미터가 넘는 거리를 달려 허리까지 오는 차디찬 물을 헤치고 나가야 할 때 물 한 병은 최대 150리터짜리 물 한 통에 맞먹는다. 몇몇 남성은 여기서 완전히 무릎을 꿇고 콧구멍으로 거품 섞인 물을 내뿜으며 트랙 위에 몽땅 토했다. 이 모양 빠지는 스트로쿼르 간헐천 같은 분출은 마침내 거의 내내 침묵을 지키던 관중 사이에서 약간의 반응을 불러일으켰다. 그들은 이 장면을 조금 좋아했다. 몇몇은 희미하게 웃기까지 했다. 이곳 핀란드 벽지에서 탄산수를 서둘러 마시다가 한 남자의 머리가 폭발하는 모습을 지켜보는 것은 즐거운 여름날 오후의 오락거리였다. 도저히 반박할 수가 없다. 아들과 나도 정말 즐거웠으니까.

사회에서 여성의 두드러지는 역할—정부에서든 얼굴을 고무 도어노커처럼 파파 스머프의 등에 튕기면서 트랙을 도는 품위 없는 경기를 참고 보는 일이든—은 겉으로는 핀란드 사회가 이웃한 스칸디나비아 나라들과 닮아 보이는(아마 핀란드에만 있는 듯한 아내 업고 달리기는 빼고) 많은 부분 중 하나다. 하지만 핀란드가 정말 스칸디나비아인지, 심지어 북유럽인지도 여전히 의심스럽다.

앞에서 살펴봤듯이 어떤 의미에서 핀란드인은 스칸디나비아인보다 더 스칸디나비아 사람들 같다. 고맥락 단일성, 과묵함, 개방성, 신뢰성, 복지제도를 갖추고 있고, 술과 짠맛이 나는 감초를 좋아한다는 점에서. 로만 샤츠는 이렇게 말했다. "핀란드인은 놀라울 만큼 다원적이고 자유로운 사회를 유지합니다. 성적 취향, 정치, 종교 원하는 어떤 소수 집단이든 속할 수 있고, 누구도 참견하지 않습니다. 언론의 자유도 100퍼센트 보장됩니다. 어떤 사람도 특정 발언을 한 일로 곤란에 처하지 않습니다. 진정 열린 문화입니다." 모두 대단히 스칸디나비아스럽지만 러시아의 정치적, 문화적 영향력을 과소평가해서는 안 된다. 최근 핀란드는 무역, 외교, 저렴한 술을 위해 점점 더 발트해 너머 에스토니아와 EU로 눈을 돌리고 있다.

국수적인 진정한핀란드당의 부상이 앞으로 핀란드와 이웃 나라들의 관계에 어떤 영향을 미칠지 지켜보는 일은 흥미로울 것이다. 이 정당은 유럽과 동맹을 끊고 싶어한다. 또 노르웨이, 스웨덴, 덴마크의 우익 정당들과 친밀한 유대를 맺고 있으며, 러시아에는 크게 애정이 없다. 그래서 아마 핀란드는 앞으로 자신들의 북유럽스러움을 더 많이 수용할 듯싶다.

"제가 보기에 핀란드는 자신들이 유럽인보다는 스칸디나비아인에 가깝다고 생각하는 것 같습니다. 하지만 그 생각은 변하고 있죠. 핀란드는 덴마크에는 전혀 유대감을 느끼지 않는 듯합니다. 노르웨이인은 자신들처럼 야외활동을 좋아하는 민족으로 산과 스키를 즐기고 돈도 많지요. 하지만 아이슬란드는 사실 스칸디나비아 지도에 없습니다." 닉 하드윅이 말했다.

"어떤 사람들은 본인을 스칸디나비아인이라고 생각하고, 또 다른 사람들은 그렇지 않고 유럽인이 되기를 열망합니다. 저는 둘 다이고 싶습니다. 북유럽 모델이자 북유럽인의 생활 방식을 대표하고 싶습니다. 스칸디나비아는 속하기 좋은 집단이죠." 아이토코스키가 말했다.

핀란드에 대한 역사적 지식이 미천해 핀란드가 훨씬 더 불안하고 문화적 깊이가 얕은 나라이리라 짐작했다. 그런데 강철 같은 저력을 지닌 사람들을 만났다. 그들의 저력은 단순한 지구력이나 시수 이상, 고통과 시련 앞에서 단순히 남자다운 척하는 인내심 이상이었으며, 끝 모를 회복력과 뛰어난 지략, 자부심뿐 아니라 수 세기 동안 연마한 기민한 정치적 실용주의를 보여줬다. 허약한 문화의식을 지닌 신경질적인 탈식민지 피해자들을 생각하고 왔지만, 오히려 절제심 강한 보기 드문 영웅들을 만났다.

"두번 다시 우리를 피해자라고 이야기하지 마세요. 우리 나라 문화는 상실과 전쟁의 영웅적 요소로 세운 것이나 다름없습니다. 늘 합의를 통해 더 나은 미래를 만들어왔고 그 점이 영웅적 요소입니다. 전쟁은 이 나라를 하나로 단결시켰습니다. 우리 역사는 스웨덴의 역사보다 더 극적이었습니다. 스웨덴은 고요하고 아름답고 부유하고 산업화된 현대 국가이며, 1809년 이후로 아무 일도 일어나지 않았습니다. 작은 나라 핀란드는 늘 전쟁, 변화, 혁명, 1990년대의 수모……를 겪었고요." 라우라 콜베가 말했다.

"하지만 한시도 지루할 새가 없죠." 콜베가 환하게 웃으며 덧붙였다.

3장

아이슬란드

001

>>>
>>>

하우카르들

누군가는 아이슬란드가 이 책에 등장해서조차 안 된다고 주장할지 모른다. 어쩌면 아이슬란드인들도 동의할 테고. 어쨌든 아이슬란드는 스칸디나비아에서 탈출하고 싶어했던 사람들이 세운 나라이며, 아이슬란드인은 엄청난 불편을 감수하고 이 계획을 실행에 옮겼다. 그래서 그들을 다시 여기로 끌어들이는 건 옳지 않아 보인다. 게다가 아이슬란드는 북미 대륙으로 가는 중간에 위치하며, 다른 북유럽 나라들보다는 독일, 미국, 영국과 더 많은 무역을 한다. 또한 인구가 31만9000명에 불과하다. 인구수가 비슷한 스웨덴의 예테보리나 덴마크의 오르후스에 따로 장을 할애할 생각은 없으면서 어째서 아이슬란드만 따로 다루느냐고? 왜 준국가나 다름없는 강한 정체성을 지닌 그린란드나 페로 제도는 넣지 않았느냐고? 그린란드는 덴마크의 자치령이었다가 독립했으며, 페로 제도는 현재 덴마크 자치령이다. 그리고 북유럽 예외주의라는 면에서 생각하면 아이슬란드인이 최근 예외적이었다고 말할 수 있는 유일한 점은 부실한 경제 관리뿐이다. 우리가 원하는 종류의 예외주의가 아니다.

하지만 이 특이한 사람들과 이 나라의 넋이 나갈 정도로 아름다운 풍경을 만나러 가려는 몇 가지 타당한 이유가 있다. 유전적인 면에서 아이슬란드는 스칸디나비아보다 더 스칸디나비아스러운 나라다. 이곳은 도망자, 솔직히는 범죄자들이 살던 땅이다. 서부 노르웨이에서 온 범법자들이 서쪽으로 오는 길에 데려온 스코틀랜드와 아일랜드의 성 노예들이 함께 살았다. 아이슬란드인은 지금도 고대 스칸디나비아 언어, 즉 과거의 더 순수한 스칸디나비아 말을 쓴다. 전 세계의 유전학자들이 오래전부터 아이슬란드로 모여들 정도였으니 순수─몰인정한 사람들은 근친교배라고 할 수도 있지만─혈통이 맞다. 또한 아이슬란드는 682년 동안 덴마크의 지배를 받았고, 앞으로 살펴보겠지만, 지금도 여전히 코펜하겐의 과거 식민 지배국 사람들과 가까우면서도 다소 복잡한 관계다. 게다가 아이슬란드는 북유럽협의회 회원국으로, 이 사실이 아이슬란드가 '북유럽 나라인가 아닌가?'에 거의 확실히 답을 한다.

무엇보다 아이슬란드가 우리의 관심을 받아야 하는 주된 이유는 최근 아이슬란드의 무책임한 경제 운용은 작고 단일하고 끈끈한 전통 북유럽 사회 모델에 잠재하는 위험을 여실히 보여주기 때문이다. 즉 실제로 밝혀졌듯이 한 나라는 지나치게 북유럽화될 수 있으며, 아이슬란드가 바로 그런 나라다.

우선 '최근 아이슬란드 경제사'를 빠르게 훑어보자. 2003~2008년 아이슬란드 3대 은행 글리트니르, 카우프팅, 란즈방키는 아이슬란드 GDP의 열 배에 달하는 1400억 달러를 대출하며 중앙은행의 지급준비금 25억 달러를 하찮은 금액으로 만들어버렸다. 몇몇 기업가는 당시 정부의 부추김에 넘어가 전례 없는 국제적 과소비를 시작했다. 덴마크 백화점부터 영국의 프로축구클럽 웨스트햄 유나이티드 FC까지 닥치는 대로 사들였고, 성인 인구 상당수가 나이지리아발 스팸 메일에서나 볼 법한 황당무계한 금융 전략을 열렬히 수용했다. 가령 일본 엔화로 대출을 받거나 스위스 프랑으로 주택담보대출을 받았다. 방금 전까지는 허리까지 오는 생선 내장 속에 몸을 담그고 있다가 어느새 새로 뽑은 포르셰 카이엔의 옵션 목록을 살피고 있었다.

북유럽스럽지 않은 무절제의 사례는 끝도 없다. 엘튼 존이 비행기로 날아와 생일 파티에서 노래 한 곡을 부르고, 전용 제트기를 택시처럼 부르는가 하면, 싱글몰트 위스키에 8000달러를, 영국 시골 지역에서 열리는 주말 사냥에 16만 달러를 아무렇지도 않게 썼다. 카우프팅 런던 지점 최고 책임자는 어느 파티에 덴마크역사박물관을 대관하고 톰 존스를 불러 노래를 시켰으며, 레이캬비크의 실제 눈은 남아메리카산 눈_{남아메리카산 마리화나}라는 의미으로 그 양이 늘었다고 한다.

2008년 말 리먼브라더스가 파산하면서 한때 GDP의 850퍼센트(참고로 미국은 350퍼센트)에 달했다고 알려진 아이슬란드의 부채가 드러났고, 연쇄 반응을 일으켜 크로나화 가치가 거의 절반까지 곤두박질치는 결과를 낳았다. 이 단계에서 아이슬란드 은행들은 주주들에게 돈을 빌려줘 자기네 은행 주식을 사들이게 했다. 물론 나는 폴 크루그먼이 아니지만, 내가 봐도 지속 가능한 사업 모델은 아니었다. 아이슬란드 정부는 은행이 진 빚을 갚을 돈이 없었다. 어쩔 수 없이 통화시장에서 크로나화를 인출하고 국제통화기금IMF을 비롯한 다른 여러 나라에서 총 63억 달러를 대출받았다. 작은 페로 제도조차 마지못해 5300유로를 냈는데, 아이슬란드인에게는 특히 치욕적인 돈이었을 것이다. 이자율은 최고치인 18퍼센트를 찍었다. 주식시장은 77퍼센트 하락했고, 물가 오름세는 20퍼센트에 달했으며, 크로나화 가치는 80퍼센트까지 떨어졌다. 조사 기관마다 차이는 있지만, 아이슬란드의 총부채는 최종적으로 200억에서 720억 달러 사이 어딘가, 달리 말하면 아이슬란드 국민 1인당 부채는 6만1000에서 33만8000 달러 어딘가였다.

몇 주 만에 실업률이 통상적인 2퍼센트(한 아이슬란드인은 여기에 들어가는 실직자는 '정신지체인과 출국 금지된 시민들'이라고 설명했으며, 그때까지는 취업을 원하는 모든 사람이 취업할 수 있었다)에서 10퍼센트 이상으로 증가했다. 인플레이션은 독일 바이마르 헌법에 쓰인 것처럼 손쉽고 신속한 복수와 함께 시작됐다. 지금은 불법인 엔화 주택담보대출과 스위스 프랑 대출 비용이 두 배로 뛰었고, 많은 사람이 담보로 잡힌 집과 자동차 가격보다 더 많은 빚을 떠안게 됐다. 뉴스에서는 올리브유 한 병 값이 210달러에 달한다는 소식을 전했다. 놀랍지도 않지만 아이슬란드인 셋 중 한 명은 나라를 떠나고 싶어했다. 『타임스』는 아이슬란드가 '무능한 약소국'이 되었다는 머리기사를 내걸었다.

경제 붕괴 직후 처음 레이캬비크에 도착한 나는 붕괴 직전의 사회에서 살아가는 삶은 어땠는지 궁금했다. "세 은행이 무너졌을 때 폭탄이 터진 것 같았습니다. 하지만 모든 게 어떻게든 굴러가기는 했어요. 사회 공공사업, 심지어 은행까지도요. 경제가 붕괴되고 몇 주 동안은 모든 게 극도로 불안정했습니다. 음식이 부족했냐고요? 진짜로 사회가 무너질까봐 두려웠습니다. 어떤 건 공포스러울 정도였죠. 레이캬비크에서는 범죄가 급증했습니다. 사람들은 경보 장치를 달았어요. 국회 건물이 불타고 창문이 박살났습니다. 분노가 극에 달했죠. 때로 집단 우울증 증세도 보였습니다. 많은 사람이 차와 직장을 잃고 이제 집까지 잃게 생기자 탈출구를 찾을 수가 없었습니다. 제가 아는 많은 사람도 심각한 상황에 처했습니다. 저는 수백만 크로나화의 빚이 있고 큰 부담을 느낍니다."

2009년 1월 소위 '주방 날붙이 혁명'이 일어났다. 시위자 2000명이 국회 건물 밖에서 주방용품을 챙챙 소리 나게 두드리며 스키르skyr(금요일 밤 과음 전에 위벽 보호를 위해 즐겨 먹던 아이슬란드식 요구르트) 병을 던졌다. 1949년 아이슬란드의 NATO 가입을 반대하는 시위 이후 처음으로 최루가스가 사용됐다. 총리 게이르 하르데를 필두로 1940년대부터 정권을 잡았던 우익 연합이 마침내 축출되었다. 하르데는 '세계 금융 허리케인'을 탓했지만 결국 사회민주연합당의 요한나 시귀르다르도티르가 이끄는 연합에 권력을 넘겨줬다. 시귀르다르도티르는 당시 나이 68세로 전직 스튜어디스였으며, 두 아이의 엄마이자 여섯 아이의 할머니였다. 뿐만 아니라 전 세계 최초로 동성애 사실을 커밍아웃한 총리였다. 대중의 항의가 이어지자 중앙은행 총재이자 전 총리였던 다비드 오드손이 노르웨이 경제학자 스베인 하랄 외위가르로 교체됐다. 시귀르다르도티르는 즉각 30퍼센트 지출 삭감안과 세금 인상안을 발표하고 몇 군데 대사관을 팔려고 했다.

경제 붕괴는 범인 없는 범죄가 된 것 같았다. 하르데는 결국 란즈도뮈르 형사 재판소에서 직무 태만으로 기소되었다. 전 세계 지도자 중 최초로 2008년 세계 경제 위기에 대한 책임을 추궁받았다. 아이슬란드를 붕괴시킨 광범위한 금융 관리 부실에 대한 책임이 인정되어 2년 징역형을 구형받았지만 결국 무죄 판결을 받았다. 이 기간 내내 대통령이었던 올라퓌르 라그나르 그림손은 정말 놀랍게도 2012년 재선에 성공해 지금도 아이슬란드의 대통령이다. 2016년 7월에 임기가 끝났다. 채무국에 빚진 돈을 갚으려는 아이슬란드 국회의 시도에 번번이 거부권을 행사한 사실이 그의 식을 줄 모르는 인기의 비결이었는지도 모르겠다.

레이캬비크는 기나긴 파티가 끝난 이튿날 아침의 집 같은 분위기였다. 나는 때맞춰 도착해 쓰레기봉투에 재떨이를 비우고 주인 없는 속옷을 모으는 집주인들을 만날 수 있었다. 나와 이야기를 나눈 사람들은 피곤하고 어리둥절하고 화나고 어쩔 줄 몰라 하는 것 같았다.

레이캬비크는 한때 피오르부터 그 너머의 산까지 아름다운 전경으로 유명했지만, 오늘날 그런 전경이 있던 자리는 해안가를 따라 우뚝 솟은 대형 사무실과 고층 아파트가 점령하고 있다. 반짝거리는 새 건물들은 역시 비어 있었다. 마치 새로 훔친 보석함들을 겹겹이 쌓아둔 모양새였다. 호화스러운 항구 앞 콘서트홀 겸 오페라하우스인 하르파의 현장 인부들 빼고는 크레인들이 레이캬비크 건축 현장에 묵묵히 세워져 있었다. 하르파는 아이슬란드의 경제적 자만이 최고조일 때 짓기 시작한 건물로, 미완성인 채 남겨두었더라면 더 많은 돈이 들었을 것이다.

관광안내소의 친절한 여직원에 따르면 다행스럽게도 크로나화 가치가 폭락한 덕에 관광객 수가 약간 늘었다고 한다. 전 세계의 나머지 대다수 나라에서 관광객이 급감하던 시기였다. 아이슬란드는 언제나 비싸기로 유명한 관광지였고, 경제 붕괴 이전에 『이코노미스트』는 아이슬란드를 세계에서 여행하기 제일 비싼 나라로 꼽았다. 하지만 파운드당 200크로나까지 환율이 떨어지면서(이전 환율의 거의 두 배), 완전 헐값까지는 아니더라도— 아이슬란드는 지금도 전기와 해산물만 빼고 사실상 거의 모든 것을 수입한다— 적어도 당시 물가는 런던과 비슷했다. 레이케드 reyked, 즉 레이캬비크의 악명 높은 금요일, 토요일 밤 술집 순례가 갑자기 훨씬 더 저렴해졌다. 맥주 1파인트에 600크로나가량이었으니까. 그 때문에 레이캬비크 시내 중심가의 가게와 식당에서 들리는 목소리 대부분은 외국인의 것이었다. 길거리, 술집, 식당에는 현지인이 거의 없었다.

최근에 모든 것이 계획대로 진행되지는 않았다는 다른 증거들이 있다. 주요 번화가인 뢰이가베귀르를 걷는데, 한 가게 창문에 '브라운은 똥색이다Brown is the Colour of Poo'라는 슬로건을 적은 티셔츠가 걸려 있었다. 전 영국 총리 고든 브라운의 사진이었다. 영국 정부가 테러방지법에 따라 아이슬란드를 테러국으로 분류해 자산을 동결하면서 고든은 아이슬란드에서 증오의 대상이 되었다("당신네 영국인들은 순 이자율만 노리는 창부잖아요!" 한 아이슬란드인은 나한테 이렇게 투덜거렸다).

레이캬비크에 도착한 첫날, 어부가 운영하는 작은 판잣집 식당 새그레이핀('바다의 왕Sea Baron')에서 칠레인 커플과 프랑스인 남성 사이에 앉아 점심을 먹었다. 식당은 항구 앞 창고들 사이에 있었다. 우리는 긴 공용 테이블에 파란색 플라스틱 생선 포장용 통 위에 끼어 앉아서 김이 모락모락 나는 후마르수파(아이슬란드의 별미인 작은바닷가재 수프)를 열심히 먹었다. 하우카르들은 아이슬란드의 또 다른 별미다. 후마르수파라면 기꺼이 다시 먹겠지만, 내 목숨이 붙어 있는 한 하우카르들을 다시 먹는 일은 결코 없을 것이다. 듣자 하니 이쪽 지역에서 잡은 상어 고기를 날로 먹으면 독성이 있다는데, 아이슬란드인은 상어 고기를 먹는 일을 단념하지 않았다. 대신 상어 고기를 18개월에서 최대 4년 동안, 상당히 막연한 표현이지만, '먹을 수 있는' 상태가 될 때까지 땅에 묻어 썩히기로 했다. 그게 하우카르들이다.

나는 레이캬비크 시내의 한 술집에서 하우카르들을 약간 맛봤다. '맛만 보고 싶다'는 여행객을 많이 상대한 듯한 종업원이 전혀 맛있어 보이지 않는 각설탕만 한 크기의 회색 고기를 밀봉된 병에 담아 내왔다. "걱정 마세요. 냄새만큼 맛이 없지는 않아요. 냄새만 견디면 그 뒤엔 괜찮아요." 종업원이 웃으며 말했다.

거짓말이었다. 정말이지, 상당히 멀리서 병을 열었는데도 냄새가 지독했다. 무더운 한여름의 오줌과 토사물이 섞인 고층 주차장 계단을 떠올리게 하는 냄새였다. 하지만 그건 약과였다. 화끈거리는 비린 치즈 맛은 훨씬, 훨씬 더 역했다. 하우카르들이라는 이름은 의성어라는 결론을 냈다. 그걸 먹자마자 터져나오는 비명 소리.

그 후 고래 회, 바다비둘기, 훈제 바다오리까지 레이캬비크에 있는 동안 먹은 음식들은 전부 비교적 괜찮았지만 하우카르들을 먹은 뒤에는 아이슬란드인이 궁금해졌다. 대체 어떤 사람들이기에 지구상에서 가장 맛있고 신선한 해산물에 둘러싸여 있으며 얼음으로 그 생선을 저장하면서, 독성이 있는 썩은 상어 고기를 먹겠다는 생각을 했을까? 남다른 잔혹성의 증거처럼 보였다.

나는 아이슬란드의 역사를 살펴보기 시작했다. 상대적으로 짧지만 끝없이 암울한 자료들만 나왔다.

초기의 아이슬란드는 노르웨이의 범법자들과 그들이 데려온 스코틀랜드, 아일랜드 동행자들이 정착한 무법천지이자 반종교적인 나라였다. 아이슬란드의 메마른 땅 바로 아래 격노한 공포스러운 존재를 달래기 위해 인간 제물을 바친 일도 없지 않았다. 행정 권한도 왕도 군대도 없었고, 잡다한 법은 대부분 당시 긴급한 문제였던 근친상간과 관련된 것이었다. 13세기에 자신들도 어쩔 수 없는 통제 불능 상태가 되자 아이슬란드는 결국 노르웨이에 개입해줄 것을 부탁했다. 노르웨이의 올라프 왕은 아이슬란드인을 어떻게든 기독교로 개종하려 애썼지만, 아이슬란드의 기독교는 기껏 해봐야 늘 성의 없는 종교 의식뿐이었다.

전염병, 해적, 화산 폭발, 한결같이 끔찍한 기후 때문에 아이슬란드 인구는 20세기 후반 거의 내내 불과 몇만 명에 머물렀다. 이 기간을 축소 모형으로 만든 박물관에서는 천연두, 흑사병, 모든 것을 뒤덮은 숨 막히는 화산재 연기, 발아래 수북이 깔린 죽은 소들, 그리고 아마 이따금씩 있었던 것 같은 주교 참수나 빙하 위에서 흔들리는 역시나 불운한 북극곰—지금도 가끔 일어난다—따위를 전시하고 있었다. 제일 끔찍했던 일은 1783년에 일어난 라키 화산 폭발로, 북유럽의 많은 지역에 냉각 효과를 일으켰다. 뒤이은 기근으로 아이슬란드 인구의 4분의 1이 사망했으며, 당시 노르웨이와 아이슬란드를 지배하던 덴마크는 남은 아이슬란드인을 유틀란트반도로 대피시키고 이 저주받은 땅을 바나오리 1000만 마리에게 넘길지 말지 심각하게 고려했다. 1700년대 초반 아이슬란드 인구는 50만358명이었다. 100년 뒤에는 47만240명으로 줄었다. 사실상 다른 모든 유럽 국가의 인구는 폭발적으로 증가한 시기였다.

19세기에 아이슬란드인은 마침내 뜨뜻미지근한 독립 운동을 시작했지만, 앞서 이야기한 것처럼 가장 뜻밖의 해방가, 바로 아돌프 히틀러가 개입한 덕분에 덴마크로부터 완전히 독립했다.

"아이슬란드인 12만 명은 아돌프 히틀러가 자신들의 군주이자 덴마크와 아이슬란드의 왕이었던 크리스티안 10세를 비난하는 데도 눈도 깜박하지 않았다." 당시 『타임스』는 이렇게 전했다.

덴마크군은 곧 또 다른 준점령국 미군으로 교체됐다. 미군은 2006년까지 아이슬란드에 주둔했다. 아이슬란드는 유럽에서 가장 가난한 나라였지만, 미국의 마셜 플랜 예산과 대대적 사회기반시설 확충 계획으로 상황이 완전히 달라졌다. 아이슬란드는 번창했고 자신감이 붙기 시작했다.

최근 아이슬란드는 북유럽 예외주의라는 면에서 콧대가 한껏 높아졌다. UN 인간개발지수에 따르면 세계 제일의 선진국일 뿐 아니라 유럽에서 1인당 생산성이 네 번째로 높은 나라이기 때문이다. 경제자유지수에서도 높은 순위를 기록했고, 1인당 국민총소득은 오래전부터 영국보다 높았으며, 한번은 OECD에서 다섯 번째로 부유한 국가에 올랐다. 아이슬란드는 유럽에서 출산율이 가장 높으며, 오래전부터 남녀평등의 귀감이 되는 나라였다. 1980년에는 세계 최초로 여성, 그것도 싱글맘이 대통령으로 선출됐다. 바로 비그디스 핀보가도티르였다. 아이슬란드 남성들은 평균 기대 수명 78.9세로, 세계 어떤 나라의 남성들보다 기대 수명이 길다. 심지어 여성들의 수명은 더 길어 평균 기대 수명이 82.8세에 달한다. 또한 아이슬란드는 세계에서 1인당 책 구매량이 가장 많다. 이건 좋은 일이다.

물론 크레파Kreppa(경제 위기) 이후 아이슬란드인만큼이나 칭찬할 만한 이 모든 업적은 아이슬란드의 끝 모를 경제적 오만에 가려졌다. 아이슬란드는 단일 쟁점 국가가 됐다.

2008~2009년 아이슬란드 경제 체제에 정확히 무슨 일이 일어났는지 분석하는 책과 기사가 쏟아졌지만 여기서 자세히 다루지는 않을 생각이다. 하지만 아이슬란드의 상황이 왜 그렇게 엉망이 되었는지는 알고 싶었다. 결국 북유럽 나라들이 이룬 성공의 상당 부분은 세 가지 요인 덕분이었다. 동질성, 평등주의, 사회적 결속. 아이슬란드는 이 모든 걸 충분히 갖추었으며, 어떤 부분은 북유럽 이웃 나라들보다 자질이 훨씬 많다.

하지만 어딘가에서 뭔가가 크게 잘못됐다. 아이슬란드는 북유럽의 매력을 잃은 걸까? 멀리서 들리는 사이렌의 목소리에 홀려 고개를 돌린 걸까? 아니면 애초에 진짜 북유럽이었던 적이 없는 걸까?

> ⟩
> ⟩
> ⟩

은행가들

"우리는 그들을 어느 정도 스칸디나비아인이라고 생각한다. 즉 모든 사람이 모든 것을 똑같은 양으로 나눠 갖기를 바라는 온순한 사람들. 아이슬란드인은 그렇지 않다. 그들 속에는 야생의 피가 흐른다. 지금은 다친 척하는 말처럼." - 마이클 루이스, 『배니티 페어』 2009년 4월호 '툰드라의 월스트리트' 중에서

2009년 미국의 저널리스트 마이클 루이스는 오늘날 유명한─그리고 노골적이기로 유명한─아이슬란드 관련 기사를 『배니티 페어』에 실었다. 망상에 사로잡힌 빚잔치부터 무례한 아이슬란드 남자들, 그리고 좀 가혹한 말이지만 못생긴 여자들까지 모든 것을 낱낱이 이야기했다. 루이스는 아이슬란드가 과시적이고 가부장적이며 위험에 빠지기 쉬운 사회라고 결론 내렸다.

루이스는 아이슬란드의 경기 침체가 1980년대 초반 어획 할당제 도입과 어느 정도 직접적인 연관이 있다고 봤다. 과거 아이슬란드인은 다들 낚시를 했다. 배를 타고 바다로 나가서 고기를 잡았다. 어떤 날은 빈손으로 돌아오고, 또 어떤 날은 고기를 가득 잡아 돌아왔다. 하지만 1983년, 거친 날씨 탓에 여러 해 흉년

이 이어지자 아이슬란드 정부는 어획량 할당 제도를 시행하기로 했다. 아이슬란드 어부들은 무모하기로 유명해 날씨가 어떻든 상관없이 바다로 나갔고, 어획 할당제는 이런 행동을 막으려는 목적이었다. 정부는 기존의 모든 배에 면허증을 발부해 배 크기에 따라 연간 총 한도량 중 정해진 비율을 잡도록 허가했다. 말이 많은 정책이었다. 어떤 사람들은 정부에게 천연자원을 이런 식으로 배분할 권리가 없다고 주장했다. 다른 한편으로는 한 해에 잡을 수 있는 한도를 정해놨으니 어부들이 위험한 행동을 덜 하겠지 하는 기대도 있었다.

아이슬란드 경제 위기가 실제로 시작된 때는 조금 지나서인 1991년이었다. 어부들은 허가를 받고 할당량을 거래해 향후에 잡을 고기를 담보로 돈을 빌렸다. 한 논평가는 "20년 전 한 번의 결정이 이 나라를 무너뜨렸다"고 말했다.

기슬리 파울손은 1980년대 초부터 아이슬란드 어촌사회를 연구해왔으며, 학자로서는 최초로 어획 할당제의 영향을 문서로 기록했다. "저는 [2008년 경제 붕괴와 어획 할당제 사이에] 관련성이 있다고 봅니다. 최초 할당량의 소유자들은 하룻밤 사이에 부유해졌습니다. 모든 할당량이 결국 15개 민간업체 손에 들어갔습니다. 재산권은 불명확했고 소유권을 속이는 일이 비일비재했습니다. 그리고 할당량 소유자들은 15개 어업회사에서 난 수익으로 은행업을 시작했습니다."

어부에서 은행가로 변신한 이들이 엇나가기 시작할 때 어째서 아무도 반대하지 않았을까? 외국 경제학자와 논평가들이 수시로 경고했다. "정말 설명하기 어렵습니다. 비판적 논의가 금지됐습니다. 이곳 대학을 포함해서요. 대학 건물을 어느 백만장자의 돈으로 지었거든요. 반대자들은 성공을 즐기지 못하는 외톨이 취급을 당했습니다. 이 기업가들은 연구, 공공 시설과 박물관 건축, 축제 따위에 상당한 자금을 댔습니다." 파울손이 방 안에 있는 우리에게 손짓하며 말했다.

"실제로 많은 돈이 사회 전반으로 흘러들어갔습니다. 모든 식당이 은행가들로 북적였고, 당연히 몹시 불건전했죠. 진짜 돈이 아니었어요. 모두 빌린 돈이었습니다. 이 조직들(은행)이 근본적으로 감당하기 힘든 부채를 지고 있었다는 사실을 이해하서야 합니다. 저는 아이슬란드 은행가들이 외국 은행가들과 전혀 다른 일을 했다고 생각하지는 않습니다. 하지만 외국의 방법을 있는 그대로 받아들여 하나도 바꾸지 않았죠. 그리고 결국에는 정말 구역질 나는 짓을 합니다. 서로 돈을 대출해줬어요. 그 은행들을 자세히 지켜보면서 어떻게 계속 빌리고 또 빌릴 수 있었는지 궁금했습니다. 자기들끼리 말고는 그 무엇도 팔지 않는 것 같았습니다. 결코 자기네 자본을 걸지는 않았죠." 독립 월간지 『아이슬란드 리뷰』의 편집자이자 시간제 낚시 가이드로 일하는 비아르드니 브린욜프손이 그날 늦게 시내에 있는 자신의 사무실에서 이야기했다.

21세기 초 아이슬란드에서 일어난 일은 전혀 북유럽스럽지 않아 보였다. (단적인 예로 핀란드, 스웨덴, 덴마크는 아이슬란드의 온라인 은행 아이스세이브 채무 분쟁에서 예금을 돌려달라고 요구한 영국을 공개적으로 지지했다. 당시 영국 기업과 지방 정부 당국, 국민은 고이율에 혹해 아이슬란드 은행 란즈방키의 자회사인 아이스세이브에 상당한 금액을 예금했다가 은행이 도산하면서 예금액을 모두 날렸다.) 기업, 언론, 정권이 몇몇 극단주의 이론가의 손에 놀아나면서 상상을 초월하는 액수의 빚을 태평스럽게 늘리는 행동이나 허머 스트레치 리무진과 전용 제트기 모두 스칸디나비아보다는 대처 시절의 영국 또는 미국을 떠올리게 하는 듯했다.

나는 어느 날 밤 레이캬비크의 화려한 레스토랑에 갔다. 식당은 전성기 시절의 유물이었다. 은은하게 반짝이는 솜털무늬 벽지, 필리프 스타르크가 디자인한 투명 아크릴 의자(디자인을 잘 아는 사람처럼 보이고 싶지만 그렇지 않은 이들이 하나같이 선택하는 제품), 푸아그라, 파인애플 등이 들어간 호객용 메뉴와 탄두리소스, 카망베르 치즈, 파르마 햄으로 만든 햄버거 '뉴패션'까지. '여긴 정말이지 창궐하는 신자유주의적 자본주의의 추악한 얼굴이로구먼. 스웨덴 사람들도 햄버거에 카망베르와 탄두리소스는 안 넣을 텐데.' 속으로 이런 생각을 하며 급하게 자리를 떴다.

북유럽 형제들 중에서 아이슬란드와 극명히 대조되는 나라는 직계 조상인 노르웨이인이다. 노르웨이인이 난초 꽃을 피우려고 애쓰는 농부처럼 애지중지 석유 수익금을 관리하는 동안, 아이슬란드인은 자신들이 찾을 수 있는 가장 휘황찬란한 외국 자산, 가령 프로 축구단, 호텔, 백화점을 마구잡이로 사 모으기 시작한다. 거기다가 『베니스의 상인』에서 안토니오가 샤일록에게 제 살을 담보로 돈을 빌린 이후로 세상에서 제일 경솔한 대출을 한다.

"우리는 모든 것이 다른 어떤 나라보다 더 좋고 빛나기를 원했던 것 같습니다. 마치 아이슬란드에 대단히 우수한 민족이 살아서 유럽과 미국에 새로운 업무 모델을 소개할 수 있기라도 한 것처럼 말이죠." 지금은 실직한 전 은행 직원이 말했다.

"이런 바이킹 문화가 있습니다. 모든 사람이 바이킹이 얼마나 위대한지 들으면서 자랐죠. 아이슬란드 영웅 전설에서 아이슬란드인은 어디를 가든 늘 왕 앞에 불려갔습니다. 손쉽게요. 아이슬란드인이 노르웨이에 가면 노르웨이 왕이 이렇게 말합니다. '이보게, 궁으로 오세!' 아이슬란드인은 지금도 그렇게 느낍니다. 바이킹들처럼 모든 사람이 평등하다고요. 아이슬란드인은 모두 이런 말을 들으며 자랐죠. '우리는 작은 나라일지 모르지만 모든 사람을 상대할 수 있어.' '우리한테 먼저 묻지 않고 이라크를 침략할 수는 없어.' 아이슬란드는 스스로 큰 목소리를 낼 수 있다고 생각하는 평범한 나라입니다." 몇 년간 아이슬란드에 산 영국인 테리 거널이 한 말이다.

덴마크에는 경제 위기가 닥치기 훨씬 전부터 아이슬란드인을 두고 하는 말이 있는데, 그 어느 때보다 더 적절해 보인다. "자기한테 너무 큰 신발을 신어서 자꾸 자기 신발 끈을 밟고 넘어진다."

케임브리지대학교 스칸디나비아 역사 강사인 엘리자베스 애시먼 로 박사 역시 아이슬란드인의 바이킹식 태도가 최근 경제 붕괴의 근원인지도 모른다고 생각했다. "실제로 바이킹 시대 아이슬란드인은 자기 권리를 존중받고 싶어했고 누가 자기들한테 이래라저래라하는 걸 좋아하지 않았습니다. 또 아이슬란드 정부는 똑똑하고 용감한 사람들에게 보상을 했습니다. 그런 행동은 금융 위기에서도 그대로 나타났죠."

이러한 선천적 우월감 때문에 금융 분야에 대한 모든 비판이 아이슬란드에서는 그렇게 쉽게 묵살됐을 것이다. 외부에서 하는 비판은 하나같이 일종의 괴롭힘으로 치부됐다. 2006년 덴마크 국립은행이 아이슬란드 은행들은 망각의 길을 걷고 있다고 경고하는 보고서를 발표했을 때도 그랬다. 아이슬란드인은 이 경고를 시샘으로 치부했다.

하지만 결국 현실은 녹록지 않았다. "저는 2007년 은행에서 일하기 시작했는데, 이미 3개월 전에 돈이 바닥난 상태였습니다." 레이캬비크의 근사하지만 반은 비어 있는 많은 카페 중 한 곳에서 이야기를 나눈 아이슬란드 여성 잉가 옌센이 말했다. "언제 월급을 받을 수 있을지 몰랐죠. 회사는 사람들을 해고하기 시작했어요. 한 동료가 매일 출근해서 이렇게 말했던 기억이 납니다. '모두 망할 거야!' 우리는 '그래, 맞아'라고 말했지만 진짜 그러리라고 믿지는 않았어요." 잉가는 결국 2008년 말 유럽의 대형 사무실 건물을 관리하는 일자리를 잃었다.

2009년 초 마이클 루이스는 아이슬란드가 '사실상 파산 상태'였다고 설명했다. 그는 호텔 방에서 랜드로버 레인지로버가 폭발하는 소리를 들었다고 했다. 현지인들이 부채에 허덕이는 자동차로 보험 사기를 감행한 것이다. 마이클 루이스는 닥치는 대로 악담을 퍼부었다. 여자들은 '칙칙한 갈색 머리의 덩어리들'이며 남자들은 야만인이라고 말했다. "목, 금, 토…… 나라의 절반이 일 처리를 하듯 인사불성이 되도록 마셔댔다." 마이클 루이스는 이렇게 적었다.

하지만 경제 위기는 누구 책임이었을까? 내가 아이슬란드에 있는 동안 아이슬란드 언론은 불만에 찬 아이슬란드인들의 연이은 페인트 공격을 보도했다. 자기들 말로는 책임져야 할 사람들의 건물에 분노를 표출하는 중이라면서. 카우프팅 은행 전 CEO 크레이다르 마우르 시귀르드손과 진정한 거물이자 아이슬란드에서 가장 부유한 남자 비외르골퓌르 토르 비외르골프손이 대표적이며, 시귀르드손의 집은 빨간색이 약간 들어간 폴락풍으로 꾸며져 있었다.

아이슬란드 경제 위기를 상징하는 얼굴을 찾는다면 비외르골프손이 딱이다. 아이슬란드 최초의 억만장자이자 20세기 초 아이슬란드의 사업가였던 토르 옌센의 손자이며, 아이슬란드 역사상 가장 파란만장한 기업가 비외르골퓌르 그뷔드뮌손의 아들이다. 아버지 그뷔드뮌손은 전과자이자 전직 축구선수이며 회복 중인 알코올 중독자로서, 2009년 7월에 파산했다. 그뷔드뮌손은 아들 비외르골프손과 함께 러시아에 술을 팔아 번 돈으로 다른 무엇보다 웨스트햄 유나이티드 축구 클럽(결국 2009년에 매각했다)과 란즈방키 은행의 지배 지분을 사들였다. 경제 위기 이전에는 많은 아이슬란드인이 그뷔드뮌손을 그의 아버지 토르 옌센이 그랬던 것처럼 자애로운 아버지 상이라고 생각했다. 두 사람 다 사회 사업과 문화 사업에 돈을 내놨다.

그뷔드뮌손 가문은 대략 열다섯 가정을 이루었고 통칭 '문어

가문'으로 알려져 있었다. 그들의 '고귀한 손'은 아이슬란드 경제의 상당 부분을 장악했었다. 이제 몇몇 집안은 부끄러워하며 아이슬란드를 떠났고 남은 이들은 세간의 이목을 피해 조용히 지내고 있다.

소매 기업가 요한네스 욘손과 그의 아들 욘 아우스게이르 요한네손은 이 문제와 관련해 자주 언급된다. 뵈이귀르 그룹의 소유주인 두 부자는 아이슬란드 언론 매체와 소매업 부문 대부분을 장악했다. 영국 백화점 하우스 오브 프레이저, 햄리스, 상상력은 다소 떨어지는 해외 투자 회사인 냉동식품 체인 '아이슬란드'가 대표적이다. 뵈이귀르 그룹은 2009년 초에 도산했으며, 마침내 아이슬란드 언론을 쥐고 있던 군건한 장악력도 잃기 시작했다(아이슬란드 소유권의 복잡하고 비밀스러운 관계를 보여주는 대표적 사례이지만, 이 글을 쓰는 지금도 요한네스는 TV 채널과 신문사를 소유하고 있다).

하지만 대부분의 책임은 주로 1929년부터 아이슬란드를 통치한 중도우파 독립당, 그리고 전 총리이자 나중에 중앙은행 총재를 지낸(현재는 아이슬란드 최대의 일간지 『모르귄블라디드』 편집장) 다비드 오드손과 그다음 총리인 게이르 하르데가 졌다.

이런 정치인과 기업가 상당수는 서로 측근들이었다. 같은 학교, 같은 대학(주로 레이캬비크의 고급 사립학교인 라틴 스쿨) 출신이었으며, 같이 어울렸다. 그리고 여기서 아이슬란드의 아킬레스건이 드러난다. 인구가 31만9000명뿐인 나라에서는 모든 사람이 한두 단계만 거치면 서로 다 알 확률이 대단히 높으며, 특히 아이슬란드의 지배 계층은 끼리끼리 어울리는 역사가 있는 듯하다.

"이런 대출[아이슬란드 은행이 자기네 은행 주식을 더 살 수 있게 하려고 주주들에게 빌려준 돈]은 아이슬란드가 얼마나 부패했었는지 끔찍한 기억을 떠올리게 할 뿐입니다. 아이슬란드는 정말 작은 사회라 기업가, 규제 기관, 언론, 정치인이 결국에는 모두 한 침대를 썼습니다." 경제 붕괴 이후 영국 신문은 한 아이슬란드인의 말을 인용했다.

"아이슬란드 회사에서 사람을 어떻게 고용하는지 이해하려면 그 회사의 정경 유착부터 살펴봐야 합니다." 아이슬란드의 대표 시인이자 소설가 신드리 프레이손이 말했다. "아니면 가계도를 보세요. 그것도 아니라면 하나뿐입니다. 금주 모임! 아이슬란드는 긴밀한 사회이지만, 그 때문에 족벌주의와 파벌이 쉽게 생깁니다. 모두 이러한 경제 문제의 한 가지 원인이죠. 본인이 속해 있는 스포츠클럽의 회원이나 가족을 채용합니다. 아이슬란드에서는 그런 일이 비일비재하고 그런 문화에 너무 익숙하다보니 그걸 부패라고 부르지도 않습니다. 아이슬란드에서는 그런 상황을 피하기가 상당히 힘들고, 이 사람들을 법의 심판대에 세우려고 하면 문제가 생깁니다."

다른 북유럽 국가에서는 장기적 안정과 책임, 평등, 번영을 키운 바로 그 사회적 결속이 아이슬란드에서는 정반대의 결과를 낳았다.

2001년에 EU 부패방지 조직인 반부패국가연합GRECO은 아이슬란드에서 "정부와 재계의 긴밀한 관계는 부패를 키울 가능성이 있다"고 경고했다. 아이슬란드에서 정부와 언론과 기업이 얼마나 긴밀하게 얽혀 있는지 보여주는 적절한 사례는 2004년 기각된 언론사 소유 제한 법안이다. 민간 기업의 언론 독점 소유를 끝내기 위해 도입된 (본질적으로는 뵈이귀르 그룹을 겨냥한) 이 법안은 대통령 올라퓌르 라그나르 그림손이 거부권을 행사하면서 화제를 모았다. 그림손은 법안 승인을 거부하는 전례 없는 조치를 취했다. 알고 보니 그림손의 전 선거 사무장이 새로운 법안에 저촉될 수 있는 텔레비전 방송국 중 한 곳의 연출자였으며, 그 연출자의 딸은 뵈이귀르의 직원이었다.

능력 중심주의라는 이상과 민주적 자유는 미국의 위치타_{미국 캔자스주 남부에 위치한 캔자스주 최대의 도시}(물론 위치타는 네덜란드를 속여 40억 유로를 가로챈 적은 없지만)보다 작은 나라에서는 늘 힘겹게 쟁취해야 한다. 또 의사와 교사가 부족하면 기업가와 정치인, 경제학자 역시 부족할 확률이 높다. 그 때문에 아이슬란드인이 하는 수 없이 세계 제일의 궁극적 팔방미인이 된 것이다. 내가 인터뷰한 사람 대다수가 부업으로 택시 운전과 여행 가이드 일을 하고 있었으며, 그러한 멀티태스킹은 사회 계층으로까지 확대된다. 가령 전 총리는 시인으로, 그 총리의 외무장관은 물리 치료사로 자주 소개되었다.

실제로 아이슬란드 인구가 얼마나 적은지는 아무리 강조해도 지나치지 않는다고 본다. 동물 종이었다면 세계야생생물기금 WWF의 멸종 동물 목록에 올랐을 것이다. 거의 인간 노랑코 알바트로스급이다. 국가 기반시설을 지을 수 있었다는 사실이 놀라울 따름이다. '심장외과 전문의, 언어 치료사, 요가 강사는 있을까? 불가리아어 번역가는 있을까? 아이슬란드 7종 경기 선수 같은 건 있을까?'(찾아보니 있었다. 헬가 마르그리에트 토르스테인스도티르라는 선수였다.) 그리고 도대체 어떻게 텔레비전 오디션 프로그램을 할 수 있지? 지금쯤이면 온 국민이 심사위원 시몬 코웰손 앞에서 '할렐루야'를 적어도 한 번은 노래하지 않았을까?

"아이슬란드에도 「엑스 팩터X Factor」영국의 오디션 프로그램으로 세계 각국에서 제작되었다가 있었어요. 하지만 세 번째 시즌이 끝난 뒤에 출연자가 동이 났습니다. 영국 해크니에 살면서 제가 늘 놀랐던 점은 인구가 아마 150만 얼마쯤 되는 지역에 영화관이 하나도 없다는 사실이었죠. 아이슬란드는 거의 모든 걸 갖추고 있지만 그걸 이용할 사람이 없으니 유지하는 일이 큰 부담입니다." 브린욜프손이 말했다.

아이슬란드가 다른 북유럽 나라들과 다른 점 또 하나는 진정으로 자유롭고 다양한 언론이 없다는 것이었다. 북유럽 전 지역에는 진지한 독립 신문사가 발에 차일 정도로 많지만, 아이슬란드에서 언론은 신자유주의자가 소유하고 있거나 혹은 좌지우지했다. 그들은 반대 담론을 차단했다.

"신문사 네 곳, 잡지사 열두 곳, 기자 0명." 2005년 무료 영자신문 『레이캬비크 그레이프바인』이 내건 머리기사다. 한창 경제호황기에 아이슬란드에서 독자적인 목소리를 낸 몇 안 되는 언론사였다. "우리 나라 작가들은 모두 웬만큼 성공하면 무슨무슨 프로젝트에 참여한다며 뵈이귀르나 란즈방키에 고용되기 일쑤였습니다." 전 편집장이 고발했다.

"이런 사람들이 언론을 장악했으니 아이슬란드는 너무나 불건전한 사회가 돼버렸죠. 자기네를 비판하는 사람들은 모두 돈으로 매수했습니다. 저는 그들을 비판했다는 이유로 [연예 잡지 『세 오흐 호르』에서] 해고당했습니다." 브린욜프손이 말했다.

마지막에는 사실상 모든 언론사—국영 TV 방송국부터 라디오, 민간 TV 방송사, 신문사까지—가 집권당인 독립당과 긴밀하게 연계된 사람들의 손에 들어갔다. 심지어 국립경제연구소조차 1990년대 후반에 문을 닫게 됐다. 정부의 정책에 의문을 제기하는 보고서를 너무 많이 발표한 뒤였다.

다시 말해 한 나라는 자국의 이익을 위해 지나치게 작아질 수도, 서로 지나치게 긴밀해질 수도, 또 지나치게 단단히 엮일 수도 있는 듯하다. 강력한 사회관계망은 특정 환경에서는 측근끼리의 부패를 낳고 민주적 담론을 가로막는다. 실제로 밝혀졌듯이 누구나 자신의 이익을 위해 과도하게 북유럽화될 수 있다.

덴마크

그래서 아이슬란드는 북유럽 패밀리 안에서 위치가 어느 정도일까?

수 세기 동안 아이슬란드의 지식인 계급은 거의 코펜하겐에서만 교육을 받았으며, 심지어 오늘날도 코펜하겐은 아이슬란드인에게는 중요한—아마 여전히 제일 중요한—문화 대도시다. 레이캬비크-코펜하겐 비행기 노선은 다른 어느 도시보다 많으며 아이슬란드인은 나라 밖 다른 어떤 곳보다 코펜하겐에 많이 산다. 많은 아이슬란드인 가정, 아니 어쩌면 대다수는 덴마크인 친척이 있다.

덴마크어는 오랫동안 아이슬란드 교육 제도를 장악했다. 중년의 아이슬란드인들이 말하기를, 자신들이 학교를 다닐 때는 교과서가 대부분 덴마크어로 되어 있었는데, 그럼에도 불구하고 여전히 노르웨이어나 스웨덴어가 더 쉽다고 했다(이 말을 들으니 덴마크어와 씨름하느라 참담했던 기분이 한결 나아졌다). 하지만 아이슬란드의 젊은 층, 즉 뒷마당에 미군 항공 기지를 두고 영국 TV 방송을 보고 자란 세대에게는 영어가 제일 흔한 제2외국어다. "젊은 세대에게 덴마크어는 공룡 같아 보이겠죠." 아이슬란드 어촌사회 연구자 기슬리 파울손이 말했다.

파울손의 동료 교수 윈뉘르 디스 스카프타도티르와 그녀의 가족들에게 덴마크는 여전히 의미가 큰 나라다. 스카프타도티르 교수 역시 덴마크에 친척—그녀의 할머니—이 살고 있으며, 많은 아이슬란드인에게 그렇듯 덴마크는 우월하고 품위 있는 분위기를 간직한 나라다. "제가 어릴 때는 세련되고 좋은 건 모두 덴마크산이었어요. 무언가가 좋으면 무조건 덴마크. 결혼한 여자들은 덴마크에 가서 요리를 배웠고[아이슬란드 요리의 폐단의 흔적은 예상했던 것만큼 심각하다], 그걸 교양의 정점이라고 생각했어요. 사람들은 덴마크어 단어를 쓰며 자신의 교양을 과시했습니다. 심지어 우리 어머니 세대도요. 어머니는 십대에 덴마크에 살림하는 법을 배우러 갔어요. 덴마크는 정숙한 젊은 여자들이 예절 교육을 받으러 가는 곳이었죠."

내가 이야기를 나눈 몇몇 아이슬란드인이 말하기를 덴마크를 향한 아이슬란드인의 존경심은 거의 일방적이었으며, 그들은 요즘도 덴마크인이 자기네를 깔본다고 생각한다. 한 아이슬란드인은 코펜하겐의 어느 술집에서 덴마크 여자에게 수작을 걸었던 이야기를 했다. "제가 아이슬란드에서 왔다고 말하자마자 가버렸어요. 우리를 그린란드인보다 한 단계 위로밖에 생각하지 않는 것 같아요." 또 다른 아이슬란드인은 자기 형이 언젠가 코펜하겐에 갔다가 덴마크인 몇 명이 자기를 '덜떨어진 아이슬란드인'이라고 부르는 걸 우연히 들었다고 했다. 형이 못 알아들을 줄 알고 덴마크어로 말이다.

아이슬란드인은 덴마크인의 무시에 주로 유머로 반응한다. "사람들은 덴마크 억양으로 아이슬란드어를 하는 농담을 자주 합니다. 진짜 웃겨요. 우리는 아이슬란드어를 쓰는 노르웨이인을 두고는 농담을 하지 않습니다. 오로지 덴마크인만 비웃죠." 스카프타도티르가 말했다. 그는 영어를 하는 덴마크인 흉내를 냈다. 분노에 차 꽥꽥거리는 소리 같았다(사실 덴마크어 억양으로 하면 거의 모든 말이 웃기게 들린다. 심지어 덴마크어조차).

오해는 말길 바란다. 아이슬란드에 실제로 반덴마크 감정은 없다. "우리는 덴마크인을 사랑합니다. 어떤 아이슬란드인이 덴마크인을 증오한다고 하면, 뭐 세상 어디를 가나 얼간이는 있으니까요. 우리는 생김새로는 노르웨이인과 더 비슷할 수 있지만, 아이슬란드인은 덴마크인, 스웨덴인, 노르웨이인을 만나면 덴마크인과 제일 친하게 지냅니다. 영국인들처럼 우리 두 나라는 유머 감각이 비슷해요. 하지만 노르웨이 사람들은…… 정말이지 말도 못하게 따분해요. 노르웨이인은 어떻게 보면 오랜 세월 동맹을 맺고 덴마크에 맞섰다는 점에서 우리 막냇동생 같아요." 어느 택시 기사가 내가 사는 곳을 말하자 이렇게 이야기했다.

아이슬란드와 덴마크의 애증관계는 2006~2008년에 아이슬란드 기업가들이 시작한 엽기적인 마구잡이 '투자'의 흥미로운 실마리다. 아이슬란드가 인수한 가장 대표적인 기업 상당수가 전 식민 지배국이었던 덴마크 기업이었다. 코펜하겐의 2대 백화점인 일룸과 마가신 두 노르와 함께 코펜하겐에서 가장 유서 깊고 웅장한 호텔인 당글레테레와 덴마크 언론사, 덴마크 항공사를 인수했다.

　객관적인 경제적 관점에서 보자면 더없이 어리석은 투자를 했다. 가령 두 백화점은 오래전부터 애물단지 취급을 받았으며 둘 다 수년 동안 적자였다. 그래서 틀림없이 다른 계획이 있을 거라고 결론 내릴 수밖에 없다. 덴마크 기업을 마구잡이로 사들인 건 식민지 독립 후의 기이한 복수였을까? 이 시기쯤 열린 아이슬란드와 덴마크 간 축구 경기에서 그럴지도 모른다는 증거가 나왔다. 경기 도중에 아이슬란드를 응원하던 관중이 '다음에는 티볼리를 접수하러 오겠다'고 연호하기 시작했다. 즉 덴마크의 역사적 유원지인 티볼리를 사버리겠다고 위협한 것이다. 티볼리는 덴마크의 문화유적지를 통틀어 가장 신성하며 인기 있는 관광 명소다. 캐나다인이 캐나다-미국 간 럭비 경기에서 그레이스랜드_{엘비스 프레슬리가 생전 살던 저택}를 사버리겠다고 외치는 것이나 다름없었다.

　"덴마크인은 늘 저한테 아이슬란드가 일룸을 비롯한 덴마크 회사를 사들이는 이유가 뭐냐고 물었습니다. 옛 식민지 국가가 이런 기업들을 사들이고 자기네 건물로 부동산 놀이를 하자 엄청 화가 났던 거죠." 테리 거널이 말했다.

사실 덴마크와 아이슬란드 간 식민 역사는 최근 크게 수정됐다. 19세기 말 아이슬란드는 독립을 위해 반덴마크 감정을 고의로 자극해 효과를 본 한편, 아이슬란드 역사학자들은 과거 지배국을 향한 적의를 누그러뜨렸다. 가령 덴마크인은 아이슬란드인에게 문화와 언어를 그대로 쓸 수 있도록 허용했는데, 이는 같은 시기에 스웨덴이 식민지였던 핀란드를 대한 방식과는 크게 대조된다.

"다행히 지금은 사실 덴마크인보다 아이슬란드의 지배 계급이었던 농장주들이 우리를 더 억압했다는 인식이 있습니다. 덴마크 왕은 바꾸려고 했지만, 농장주들은 20세기 초까지도 노예제를 유지하고 싶어했습니다. 제가 학교를 다닐 때는 덴마크인이 나쁜 놈들이었다고 배웠지만, 요즘 젊은 세대는 그런 역사를 전혀 모를 겁니다. 덴마크인과 이야기를 나눠보면 그런 부분은 아예 캄캄해요. 젊은 층은 더합니다. 아이슬란드가 어디 붙어 있는지조차 모릅니다. 이런 식으로 반응하죠. '에스틀란Estland(덴마크어로 에스토니아. 덴마크인에게는 아이슬란드와 발음이 비슷하게 들린다) 말인가요?'" 스카프타도티르가 말했다.

"두 나라는 오랫동안 애증관계였습니다. 물론 우리 아이슬란드는 식민지였고, 경제 상황은 좋지 않았습니다. 교도소에 간 사람들도 있습니다. 덴마크인은 아이슬란드인에게는 노래와 춤을 못 하게 하면서 자기네는 계속 노래하고 흥겹게 놀았죠. 하지만 전반적으로 우리를 그렇게 가혹하게 대하지는 않았습니다. 어쨌든 아이슬란드는 축구 경기에서 덴마크를 이기면 여전히 엄청나게 자랑스러워하지만, 가령 영국에 이기면 그렇지 않습니다."

파울손은 노르웨이인이 아이슬란드인에게 더 친가족처럼 느껴진다고 했다. "많은 면에서 우리는 덴마크인보다는 노르웨이인과 더 비슷합니다. 특히 천성, 핏줄, 과거, 바이킹, 루터교, 청교도주의라는 면에서요. 우리가 보기에 덴마크인은 너무 놀기 좋아하는 면이 있고, 과도하게 휘게에 집착하죠." 파울손은 핀란드와 아이슬란드의 뜻밖의 연관성도 지적했다. "두 나라 다 소외감을 느낍니다. 둘 다 스칸디나비아 지역에 속하지 않거든요. 우리는 핀란드 남자들이 우울하고 술주정뱅이라고 알고 있습니다. 우리도 약간 그렇고요. 알코올 중독은 점점 문제가 되고 있죠."

덴마크인, 스웨덴인, 노르웨이인은 대체로 서로의 언어를 이해하지만 아이슬란드어와 핀란드어는 분명히 다르다. 아이슬란드인이 북유럽 회의에 참석하면 하나같이 나중에는 한구석에서 핀란드인과 영어로 이야기한다고 들었다(그래서 이 두 나라가 북유럽 나라들 중에서 영어를 제일 잘하는 듯하다).

"아이슬란드인은 늘 자신들이 핀란드인과 비슷하다고 말합니다. 유머, 음주 문화, 어둠이 공통점이라면서요. 아이슬란드에는 덴마크와 달리 펍 문화가 없습니다. 퇴근길에 한잔하기가 힘들죠. 그러려고 하면 바보 취급을 당합니다. 아이슬란드인은 핀란드인처럼 폭음을 합니다. 아이슬란드에서는 맥주 판매가 금지되어 있습니다. 모두 주정뱅이가 될까봐서죠. 하지만 증류주는 살수 있어요. 스코틀랜드와 무역 협정을 맺었거든요." 테리 거널이 말했다.

"최근 [영웅 전설을 전시하는 박물관] 컬처 하우스에서 아이슬란드 문화를 주제로 멋진 전시회를 했어요. 스코틀랜드, 헤브리디스 제도, 아일랜드, 영화 「브레이브하트」의 장면들을 비롯한 자료들을 볼 수 있었습니다. 그리고 눈에 안 띄는 한구석에 '오 맞아, 우리 중 많은 사람이 스칸디나비아 출신이지'라는 취지의 전시물들이 있었어요. 그들은 언저리에서 노는 걸 좋아합니다."

덴마크인은 아이슬란드인이 식민지 과거사를 곱씹는다는 사실을 거의 모른다. 나는 가끔 덴마크인 노년층이 아이슬란드 이야기를 할 때 살짝 죄책감을 내비친다는 느낌을 받는다. 하지만 대개는 아이슬란드 아이들이 여전히 학교에서 덴마크어를 배워야 한다는 사실에 대한 죄책감이었다. 심지어 사실도 아니다. 아이슬란드 학생들은 스칸디나비아 언어를 하나씩은 배워야 하며, 양국의 밀접한 관계 때문에 대부분 덴마크어를 선택한다.

"아이슬란드에 살면 살수록, 아이슬란드인에 대해 가르치는 시간이 늘면 늘수록 아이슬란드인에 관한 어떤 이야기든 그 반대로도 이야기할 수 있다는 확신이 강해집니다. 아이슬란드인은 그런 역설을 대수롭지 않게 생각하죠. 아이슬란드의 유명한 풍자 프로그램에 나오는 인물이 있는데, 구레나룻을 풍성하게 기르고 모든 문제에 할 말이 있는 평범한 사람입니다. 그는 무언가를 맹비난하면서 이야기를 시작했다가 끝에 가서는 완전히 반대로 말합니다. 그게 아이슬란드인이죠." 거널이 말했다.

요정들

　아이슬란드로 떠나기 전에 두 가지 주제만은 절대 입 밖에 내지 말자고 다짐했다. 가수 비외르크와 요정이었다. 아이슬란드인은 또 한 명의 외국인 멍청이가 이 두 주제를 묻는 걸 참을 수 없어 할 테니 예의 바르게 자제해야겠다고 생각했다.

　알고 보니 비외르크 이야기는 수시로 등장했다(한번은 동네 신문 가판대에서 뜨개질 잡지를 사는 비외르크를 본 것 같아 상당히 흥분했는데 잘못 봤다. 비외르크가 아니었다). 하지만 대개는 살아 있는 가장 유명한 아이슬란드인, 바로 요정 이야기가 더 피해야 하는 대화 주제였다.

　반면 요정이 실제로 존재한다는 아이슬란드인의 믿음은 너무 강해서 믿지 않기가 힘들다. 요정은 지금도 여전히 아이슬란드인에게 중요한 존재라는 사실을 금세 알 수 있었다. 그 사람이 요정을 믿든 안 믿든 관계없이. 요정의 존재를 주제로 [나 혼자] 자체 여론조사를 실시했다. 나는 장난식으로 질문을 던졌는데 대다수가 상당히 진지하게 설문에 응했다. 많은 사람이 진지한 표정으로 요정의 존재를 확실히 믿는다고 말했고, 한 커플은 어릴 때 '무언가'를 봤다고 주장하기까지 했다.

거의 10년마다 한 번씩 아이슬란드인은 요정, 그들 말로는 '숨겨진 사람들'을 어떻게 생각하는지 설문에 참여하며, 결과는 대체로 변함없다. 1998년에 실시한 조사에서는 54.4퍼센트가 요정을 믿는다고 답했다. 2007년에 실시한 조사에서는 32퍼센트가 숨겨진 사람들이 존재할 '가능성이 있다'고 답했고, 16퍼센트는 '그럴 것 같다'고 답했으며, 8퍼센트는 요정이 확실히 존재한다고 답했다. 많은 아이슬란드인은 심지어 자신이 믿는 요정의 종류를 구체적으로 이야기할 수 있다고 했다. 26퍼센트는 꽃의 요정을, 30퍼센트는 집의 요정을, 42퍼센트는 수호천사를 믿는다고 했다. 이 결과를 넓은 시각에서 보면 아이슬란드인의 45퍼센트만이 하느님을 믿는다.

실제 목격자의 이야기로는, 요정은 인간과 비슷한 모습이지만 직접 만든 전통 옷을 입고 대개 양을 쳐서 생계를 꾸리며 평생 텔레비전을 절대 보지 않는다고 한다. 아이슬란드 요정들은 인간과 가까운 자연 속에서 산다. 하지만 그 자연이 어떤 식으로든 방해를 받으면 파괴를 일으킨다.

1995~1996년 UC 버클리 민속학 전문가 발디마르 하프스타

인은 소위 '요정에게 괴롭힘을 당한' 도로공사 인부 몇 명과 인터뷰를 했다. 그들은 요정들이 야단법석을 떨며 작업을 방해했다고 말했다. 듣자 하니 매년 있는 일이었다. 기계가 이유 없이 작동을 멈추거나 인부들이 다치거나 불길한 꿈을 꾸거나 일이 엉망이 되거나 날씨가 갑자기 안 좋아지는 등(당연히 요정들이 의심을 받는다. 아니면 대서양 제도의 갑작스러운 날씨 변화를 어떻게 설명할 수 있겠는가?). 1970년대 초반에 이런 사건들이 갑자기 늘어났으며, 가장 대표적으로는 레이캬비크에서 서쪽으로 통하는 도로를 건설하느라 소위 '요정 바위'를 옮기려고 한 일이 있었다. 요정을 중심으로 돌아가는 수많은 자연 현상이 벌어진 뒤라 천리안 능력자를 불러 바위를 옮기는 일에 요정들의 허락을 받으려 했다. 천리안 능력자는 요정들의 허락을 받았다고 주장했지만, 얼마 안 있어 불도저가 실수로 송어 양식장에 물을 대는 파이프에 균열을 내 송어 7만 마리가 폐사하는 사건이 벌어졌다. 모두 요정들 짓이라고 했다(하지만 나는 이와 관련된 하프스타인의 논문에서 그 공사의 기술 책임자가 아이슬란드 심령연구학회 회장이라는 사실을 우연히 발견했다. 아이슬란드인이 멀티태스킹에 능하다는 건 알지만 이건 약간 수상쩍다).

그리고 레이캬비크 교외 근처에 '요정 언덕'이라고 있었다. 1970~1980년대에 지방 당국이 수차례 다시 만들려고 했지만 결국 포기할 수밖에 없었다. 한 인부의 말로는 불도저의 시동을 걸 때마다 '어쩐지 두려움'이 들었고, 방송국 직원들이 언덕을 촬영하려고 할 때마다 카메라가 제대로 작동하지 않았다고 했다.

하프스타인은 요정의 활동이 주로 새로운 건축 공사에 집중되는 것은 '개발과 도시화를 막는 초자연적 제재, 즉 초자연적 존재가 시골의 가치와 전통 농촌 문화를 지킨다는 증거'라고 추측한다. 문자 그대로 초자연적 존재가 지킨다는 말인지 아이슬란드인이 지킨다는 말인지는 분명치 않지만, 요정들이 '문화 정체성, 민족주의, 사회적 변화라는 시급한 사안'을 해결 중이라고 덧붙인다. 즉 요정들은 현대세계를 두려워한다.

테리 거널은 이미 만났지만, 내가 말하지 않은 사실은 거널이 레이캬비크대학교 민속학과 조교수라는 것이다. 거널은 수십 년간 북유럽 나라들의 민족학 연구에 몰두해온 까닭에 자기 사무실에 앉아서 실실대면서 '꼬마 요정'에 관한 질문을 쏟아내는 외국 기자들에게 이골이 났다. 그는 모든 사람이 각자의 신화와 미신을 가지고 있다는 사실을 곧장 지적했다.

"자연을 이해하는 한 방식일 뿐입니다. [영국 도시] 버밍엄 사람들이 자연을 이해하는 방식과 다르지 않습니다." 머리를 뒤로 질끈 묶은 40대의 거널 교수가 말했다. 나는 때마침 눈살을 찌푸렸고 거널은 말을 이어갔다. "버밍엄에서도 자기 아이를 길거리에서 놀게 놔두지는 않잖아요. 소아 성애자나 테러리스트 같은 사람들에게 납치당할 위험이 있으니까. 하지만 이런 범죄의 실제 희생자가 몇 명이나 될까요? 아이들을 겁주는 데 이용하는 거죠. 아이슬란드에서도 마찬가지입니다. 무언가가 잡아먹으니까 산에 가지 마라, 트롤이 사니까 폭포 근처에 가지 말라고 하는 겁니다."

물론 아이슬란드에는 아이들의 목숨을 위협하는 덫이 유난히 다양하다. 심지어 버밍엄보다 많다. "자기 집이 눈에 보이지 않는 무언가에 의해 파괴될 수 있고, 수도꼭지를 틀면 유황 냄새가 나며, 저 아래 멀지 않은 곳에 마그마가 있다는 사실을 알고 있을 때 밤하늘을 올려다보면 아름다운 빛이 보입니다. 그 빛은 자연의 알 수 없는 힘에 강렬한 의미를 불어넣습니다. 바람이 눈을 쓸어가 어떤 모양을 만들고 우리가 바람에 중심을 잃고 넘어질 수 있다는 사실을 알고 있을 때 자연에 이런 힘이 있음을 깨닫습니다. 바이킹 시대, 심지어 청동기 시대로 거슬러 올라가면 스칸디나비아와 아일랜드 지역에서도 똑같은 종류의 전설을 만날 수 있습니다."

하지만 아이슬란드는 유독 요정에 집착하는 것처럼 보였다. "맞습니다. 가장 흔한 이야기는 어릴 때 요정과 같이 놀았다는 것입니다. 하지만 중요한 사실은 많은 아이슬란드인이 요정을 안 믿지는 않는다는 거죠." 거널이 말했다.

그는 한 가지 예로 한 아이슬란드인이 자기 집 뒤뜰에 자쿠지를 만들 계획을 세운다는 시니리오를 들어 설명했다. 자쿠지를 만들려면 큰 바위를 옮겨야 할지도 모른다. 이웃 사람 한 명이 울타리 너머로 몸을 숙이고는 "정말 그렇게 하려고요? 그거 요정 바위인 거 알죠?"라는 취지의 말을 한다.

"대부분은 계획을 바꿀 겁니다." 거널이 말했다.

경제 위기가 터지기 직전 아이슬란드는 새 오페라 하우스를 지으려는 야심찬 계획을 세우고 있었다. 위치는 결정됐다. 알려지기로는 보르가홀트 힐이라는 요정들의 거주지였다. 건실한 덴마크 건축회사 아르키테마와 아이슬란드 건축회사 아르크팅이 시공사로 선정되어 초자연적인 거주민에게 경의를 표하고 앞서 말한 요정들의 지하 거주지에서 영감을 받아 오페라 하우스 설계를 시작했다. 아일랜드에서는 고블린이 도로의 방향을 좌지우지하지 않고, 스웨덴에서는 발전소 건설을 허락받으려고 트롤 중개인을 고용하지 않는다.

"아이슬란드는 1940년이 되어서야 20세기로 뛰어들었기 때문입니다. 미군 기지에서 나온 돈 덕분에 마침내 도로를 건설하고 도시들이 번성하기 시작했습니다. 어둠은 마침내 사라졌지만, 1970년대까지도 모든 사람에겐 시골에 사는 친척이 있었습니다. 바로 이런 신화가 있는 곳이죠." 거널이 설명했다.

나는 거널에게 미국 알루미늄 생산업체 알코아가 아이슬란드 동부에 알루미늄 제련소를 건설한 말 많았던 일과 관련해 전해 들은 이야기를 물었다. 알코아 측에서 요정들과 소통할 사람을 고용해 제련소 건설 장소가 괜찮을지 물어봤다는 게 사실일까? 그러니까 '요정 안전' 전문가? (그만하자!)

"아름다운 이야기죠. 알코아와 관련해서는 아이슬란드인들 사이에서도 의견이 나뉩니다. 누구는 빨리 돈을 벌고 싶어하고, 또 누구는 장기적인 환경 문제와 홍수 등을 걱정하죠. 수백만 달러가 들어갔고 시위자들은 가능한 모든 수단을 동원해서 언론의 관심을 끌려고 했습니다. 그들의 자연스러운 선택은 요정을 들먹이는 거였죠. 알코아가 먼저 나서서 전문가를 고용했습니다."

그러니까 선제 조치였다는 건가? "네, 일전에 캐나다 라디오 방송에서 다른 요정 전문가와 인터뷰를 한 기억이 나는군요. 인터뷰 진행자가 요정 전문가에게 아이슬란드의 모든 회사가 이런 의식을 하는지 물었죠. 전문가는 '네, 그렇습니다'라고 답하고는 비용이 얼마이며, 부지의 면적에 따라 비용이 달라진다는 등의 이야기를 하기 시작했습니다. 저는 뭐야? 하는 표정으로 그 사람을 쳐다봤습니다."

거널은 아이슬란드인이 현대의 개발을 방해하는 정령들을 기꺼이 믿는 것은 자연에 대한 과거 시골의 가치와 현대세계의 더 근본적인 대결을 뜻한다는 하프스타인의 말에 동의한다. 한편 아이슬란드인이 그토록 미신을 잘 믿는 이유를 또 다른 이론으로 설명했다. "아이슬란드는 경건주의 운동[북유럽 지역의 토속 신앙을 근절하기 위해 특히 더 열성적으로 활동하는 극단주의 루터교인들]을 받아들이지 않았습니다. 17세기에 노르웨이에서는 이 같은 신화를 몰아내려는 대대적인 노력이 있었습니다. 저는 노르웨이 어르신들과 이 주제로 대화를 나눈 적이 있습니다. 실제로 한 여자분은 남편이 이런 [초자연적] 이야기를 시작하자 빗자루로 저를 쫓아내려고 했습니다. 외국인한테 감히 이런 '헛소리'를 한다는 거였죠."

아이슬란드는 외딴곳에 위치했기 때문에 선교사들이 들어오지 못했고, 사람들은 여전히 미신을 많이 믿었다(심지어 클레이파르바튼에 사는 거대한 벌레, 깊이가 1000미터나 되는 화산호, 아이슬란드 동부에 있는 또 다른 호수 라가르플리오트호에 사는 괴물과 웨스트피오르가 지금도 주술에 걸려 있기로 유명하다는 이야기는 꺼내지도 않았다). 그 전날 차를 몰고 가다가 뢰이가르바튼셀라르 동굴 앞에서 차를 세웠다. 이 동굴 안에서 이야기를 하나 읽었다. 어느 날 밤 양치기 하나가 눈보라를 피해 양떼를 이끌고 이 동굴로 들어왔다가 자리를 잡고 자려는데 무언가가 양치기의 발을 잡고 끌고 가려 했다. 몸을 버둥대면서 물리치고 다시 자려고 하자 또 같은 일이 반복됐다. '누군가가' 양치기가 동굴에서 자는 걸 원치 않았다. 그래서 양치기는 양떼를 모아 몇 킬로미터 밖에 있는 마을로 서둘러 향했다. 눈보라는 2주 동안 이어졌다. 동굴에 있었더라면 양치기는 양떼와 함께 눈 속에 파묻혀 굶어 죽었을 것이다. 이 모든 이야기가 동굴 벽 명판에 '뢰이가르바튼셀라르의 전설'이 아니라 사실이라고 적혀 있었다.

그렇다면 최근 일어난 일들은? 나는 사실 이 문제를 깊이 생각하지 않았다. 거널의 사무실 창문으로 얼어붙은 레이캬비크를 내다보다가 거널이 아이슬란드인이 요정을 기꺼이 믿는 점과 신자유주의 경제학자와 정치인들의 설교에 잘 속아 넘어가는 점 사이에 연관이 있다고 생각하는지 궁금했다.

거널은 큰 소리로 웃더니 잠잠해졌다. "글쎄요. 아이슬란드인은 지금 이 순간을 위해 사는 사람들입니다. 이런 경향은 자연과도 관련이 있습니다. '그냥 하루를 견딘다'는 마음으로 살아갑니다. 크리스마스 시즌에 아이슬란드인은 누가 겨울을 견디고 살아남을 수 있을지 점을 칩니다. 촛불을 켜고 앉아서 촛농이 누구 쪽으로 흐르는지 보는 거죠. 알코아 사태에서처럼 먼 미래를 생각하지 않고 자연에서 얻을 수 있는 것을 얻는 법을 배웁니다. 그래서 아이슬란드 농가와 스웨덴의 농가 건물을 비교해보면, 스웨덴에서는 건물에 자부심을 가지고 있는 반면 아이슬란드는 그저 사람이 사는 건물이라고 생각합니다. 건물이 어떻게 생겼는지는 신경 쓰지 않죠. 대출도 같은 맥락에서 볼 수 있을 것 같습니다. 오늘 빌릴 수 있는 돈을 빌리고 내일 일은 내일……이라는 식이죠. 그리고 오늘 하루를 견딘다는 바로 그 생존 본능이 그들을 구원하는지도 모릅니다."

나는 자리에서 일어나면서 반농담으로 요정을 본 적이 있느냐고 거널에게 물었다. 그는 의자에서 몸을 움직이더니 시선을 피했다.

"제 아내는 확실히 요정을 믿고 또 많이 보면서 자랐어요. 한번은 유스호스텔 바닥에서 자야 했던 적이 있습니다. 아내가 방에 사람이 너무 많다고 해서 저는 그들은 진짜 사람이 아니란 걸 증명해야 했죠."

"그런데 교수님은 어떻습니까?"

"맞고 틀리고는 제가 말할 수 있는 문제가 아닌 것 같습니다."

"제 질문은 그게 아닌데요."

그가 뜸을 들이더니 말했다.

"저는 거의 아무것도 보지 못했습니다."

005

수증기

이틀 정도 자동차를 렌트해 레이캬비크로 향했다. 내가 평생 달려본 어떤 도로와도 달랐다. 마침내 아이슬란드에 도착했다.

아이슬란드의 수도 레이캬비크에서 불과 몇 킬로미터 거리의 변두리인데, 울퉁불퉁한 회색빛의 이끼 덮인 용암으로 가득한 몹시 춥고 황량한 지역이 나왔다. 마치 달 표면 같았다. 그리고 몇 분 뒤 스코틀랜드 고지대를 통과했다. 아이슬란드는 그런 식이었다. 1분 전에는 헤더로 뒤덮인 산이 빛과 어둠이 대비를 이루는 하늘에 맞닿은 풍경 속에 있다가 어느새 고비 사막을 건너고 있다. 모퉁이를 돌면 풀이 완만하게 파도치는 샤이어「반지의 제왕」속 프로도의 고향를 지나다가 곧 20층 높이의 폭포가 쏟아지는 화강암 산 모르도르「반지의 제왕」에서 반지 원정대가 향하는 어둠의 땅로 바뛴다. 그러더니 갑자기 달에 도착한다(실제로 아폴로 11호가 여기서 달 착륙 연습을 했다). 심지어 날씨는 더 변덕스럽다.

계속 앞으로 가자 무섭도록 장엄한 바트나이외퀴들이 나타났다. 바트나이외퀴들은 아이슬란드 최대의 빙하로 면적 8300제곱킬로미터에 두께는 1킬로미터다. 『론리플래닛』에 따르면 룩셈부르크 면적의 세 배라고 하는데, 룩셈부르크 면적을 제대로 아는 사람한테나 도움이 될 정보지 나한테는 아니다. 심지어 아주 멀리서도 빙하의 크기에 눈이 휘둥그레진다. 빙하들이 하얀 당의를 얹은 커다란 머핀처럼 산 전체에 이리저리 펼쳐지며, 하얀 당의가 계곡 아래로 줄줄 흘러내린다.

바트나이외퀴들은 바다와 만나며 이외쿨사우를론만에서 수백 개의 빙산으로 산산이 부서진다. 빙산들이 위엄 있는 속도로 대서양으로 향하는 동안 버스만 한 크기의 얼음들은 파란빛을 뿜어낸다. 마치 얼음 안에 전등이라도 켠 것처럼. 정말 근사한 보드카 바 수십 개가 스쳐 지나가는 장면을 지켜보는 느낌이다. 눈부시게 빛나는 파란 하늘 아래 재킷도 입지 않고 한 시간 넘게 서 있었다. 유일하게 들리는 소리는 삐긱삐긱, 끼끼, 짤랑대는 얼음의 교향곡이었다.

나는 정찬용 접시만 한 얼음 하나를 주워들었다. 유리처럼 매끈거리는 그 얼음을 혀로 핥았다. 어쩐지 그래야만 할 것 같아서.

아이슬란드 최대 규모의 폭포 굴포스에서는 비바람이 세상의 종말이라도 닥친 양 점점 거세졌다. 휘몰아치는 비바람이 매시간 수십만 리터씩 쏟아지는 폭포에서 이는 거대한 물보라를 키왔다. 심장이 멎을 정도로 경이롭다. 그리고 게이시르의 간헐천들을 돌아봤고, 전설적인 간헐천 스트로퀴르 바로 옆에 서서 세상에서 가장 짜릿한 자연 현상을 몸소 체험했다.

아이슬란드는 계집애 같은 사내들을 위한 안전 수칙을 갖추고 있는 나라이면서 스토르퀴르 가장자리 바로 너머에는 형식적인 밧줄 하나만 쳐놓았을 뿐, 펄펄 끓는 물이 뿜어져 나올 때 목숨을 구해줄 관리자나 안전 요원 한 명 없다. 즉 김이 펄펄 나는 파란색 웅덩이에 넋을 잃은―직경 2미터쯤 되며 눈알 모양의 커다란 부적 나자르 본죽을 닮은―간헐천 초행자는 간헐천이 분출하는 모습을 보려고 위태로울 정도로 가까이 다가갈 수 있다. 물이 위쪽을 향해 완전히 불룩해지기 시작하는 순간에도. 내가 발견한 바로는 그건 곧 분출이 시작된다는 첫 번째 신호이지만, 물은 바닥이 안 보이는 우물 속으로 다시 살짝 가라앉으며 보는 사람을 안심시킨다. 스토르퀴르는 말 그대로 증기를 모은 뒤 35미터 위 허공으로 하얗고 거대한 물기둥을 쏘아 올렸다. 처음 온천이 솟구쳐 오를 때는 죽을까봐 무서워서 허둥지둥 도망쳤다. 팔을 사방으로 미친 듯이 허우적대면서. 솔직히 두세 번째도 마찬가지였다. 네다섯 번쯤(스토르퀴르는 약 4분에 한 번씩 분출한다)부터는 자신감이 붙어 무덤덤하게 서 있었다. 새로 도착한 사람들도 충격-경외감 순의 똑같은 과정을 거쳤다.

일생에 한 번뿐일 지질학적 기적을 경험한 뒤 이틀 동안 다음 목적지로 운전해가면서 아이슬란드의 자연과 기후가 분명 아이슬란드인에게 영향을 미쳤겠다는 생각이 들었다. 한 나라나 지역의 지형과 기후가 그곳에 사는 사람들의 성격을 결정한다는 이론은 그리스 역사가 헤로도토스 시대부터 제기되었다(헤로도토스는 그리스가 완벽한 인간을 양성하는 데 최적의 환경이라고 주장했다). 2000년 뒤 프랑스 사상가 바롱 몽테스키외는 독자들에게 프랑스가 실제로 이상적인 지형이라고 장담했다. 지리나 기후 결정론은 요즘에는 그럴 만한 이유로 그다지 인기 있는 이론은 아니다. 가령 더 따뜻한 나라 사람들은 태생적으로 '게으르다'고 주장하는 데 이용됐다. 하지만 나는 어째서인지 이런 생각이 자꾸 들었다. 거의 모든 북유럽 사람에게, 또 북유럽 역사의 거의 모든 기간에 기후와 지리가 그들의 사고방식 및 문화에 장기적으로 두드러진 영향을 미쳤다는 생각.

스토르퀴르 옆에 서서 심지어는 간헐천과 아이슬란드의 경제적 무책임 사이에 약간의 연관성이 있다고 확신하기에 이르렀다. 아이슬란드인은 뜨겁게 타오르며 부글부글 거품이 일고 폭발을 일으키는 이 섬에서 살아남았다는 사실에 용기를 얻어 세상이 그들을 향해 내던질 수 있는 불가사의하고 파괴적인 힘, 그것이 난폭한 지질활동이든 사나운 날씨든 국제 금융시장이든 뭐든 간에 감당할 수 있다고 믿었다. 불꽃을 일으키는 이 황량한 암석 덩어리에서 살아갈 수 있다면 웬만한 외부 위협에는 겁먹지 않을 것이다.

여전히 이 이론을 다듬으며 아이슬란드의 장관을 이루는 또 다른 지질 명소, 싱베들리르에 도착했다. 거대한 화강암 유적인 싱베들리르는 레이캬비크에서 동쪽으로 50킬로미터가량 떨어져 있다. 이 좁은 협곡은 고대 아이슬란드인의 첫 의회이자 세계에서 제일 오래된 의회인 알싱Althing의 자연 야외 무대였다. 930년부터 아이슬란드인은 여기에 모여 나라의 법적, 정치적 운명을 논의했을 뿐 아니라 축하식과 기념식을 열었다. 음침하고 으스스한 곳이다. 1602년에서 1750년 사이 참수형 30회, 교수형 15회, 화형 6회를 집행했으며, 여성 18명이 이곳에서 익사형을 당했다. 대부분 근친상간으로 유죄 판결을 받은 사람들이었다.

하지만 이상하게도 이 화강암 열곡두 개의 평행한 단층애로 둘러싸인 좁고 긴 골짜기에서 나의 지형 결정론을 뒷받침할 근거를 더는 찾을 수 없었다. 대신 차에 앉아 비가 잦아들기를 기다리는데 이런 생각이 들었다. 내가 여기서 본 것은 아이슬란드인과 그들의 정신 나간 빚잔치에 관한 완전히 다른 이론의 상징 아닐까?

내가 가진 가이드북에는 이 엄청난 지각 균열, 즉 싱베들리르가 유럽과 미국의 교차점이라고 적혀 있었다. 유라시아와 미국의 지각판은 이 지점에서 매년 1센티미터씩 서서히 멀어진다. 동서 간의 이 지질 구조적 줄다리기는 당연히 아이슬란드가 존재할 수 있는 이유다. 하지만 훈제 바다오리 샌드위치를 무릎 위에 올려놓고 김이 서린 나의 렌트카 복스홀 아스트라에 앉아서, 싱베들리르는 21세기 초반 10년 동안 아이슬란드가 저지른 실수를 보여주는 완벽한 상징이기도 하다는 결론을 내렸다.

아이슬란드인이 본래 켈트족의 피가 약간 섞인 서부 노르웨이인이라는 사실은 앞서 이야기했다. 그렇다면 어째서 아이슬란드인은 국제 시장에서 편하게 돈을 벌어들였을 때 노르웨이인 선조들이 최근 석유 수익금을 두고 발휘한 엄격한 재정적 자제력을 갖지 못했을까? 아이슬란드인은 루터교와 사회민주주의, 북유럽의 뿌리를 가지고 있으면서 어째서 자유시장 자본주의 아메리칸드림에 고개를 돌렸을까?

미국인은 제2차 세계대전 기간에 아이슬란드에 들어와 레이캬비크 바로 외곽에 있는 케플라비크에 공군 기지를 세웠다. 역사학자 T. K. 데리는 이렇게 말한다. "제2차 세계대전은 아이슬란드에 생각지도 못한 번영을 가져다주었다. 높은 수익을 낸 생선 수출, 미군 비행장 건설 작업, 때로 원주민 인구의 3분의 1에 달하는 미군들을 위한 온갖 종류의 서비스로 부를 축적했다." 2007년에 철수하기 전까지 수많은 미국 공군이 아이슬란드를 거쳐갔다. 그토록 적은 인구에 미친 영향력은 분명 상당했다. 그들이 쓴 돈과 그들이 지은 사회기반시설뿐 아니라 문화, 심지어 종교적으로도. 세계 어디든 미국인이 공군 기지를 건설하는 곳은 다 그랬다. 필리핀, 그린란드의 카나크(툴레), 일본의 오키나와 등(가령 세계에서 가장 건강하고 수명이 긴 시민이었던 오키나와 사람들은 미국 식습관의 영향으로 일본에서 비만율과 당뇨 발병률이 제일 높은 시민이 되었다).

미국은 정말 아이슬란드인을 무책임한 사치꾼의 나라로 만들 만큼 실질적인 영향을 미쳤을까? 마이클 루이스 양반, 여기까진 미처 몰랐죠? 마이클은 2012년에 발표한 저서 『부메랑』에서 아이슬란드를 유럽의 대표적 재정 취약국으로 언급했다.

테리 거널은 지난 반세기 동안 미국 문화가 동쪽의 유럽 문화

만큼이나 아이슬란드에 큰 영향을 미쳤다고 지적했다. "그 점이 아이슬란드 경제 위기의 또 다른 카드였다고 생각합니다. 아이슬란드인은 아메리칸드림이라는 개념을 알게 됐죠. 누구나 단시간 안에 부자가 될 수 있다고요."

앞에서 살펴봤듯 아이슬란드의 경제 붕괴는 1990년대 초반에 실시한 어획 할당제로 시작되었지만, 아이슬란드는 정부의 주도 하에 다양한 미국식 자유시장의 길을 걸었다. 소득세를 북유럽 지역에서 최저 수준(22.75퍼센트)으로 낮추고 대규모 민영화를 진행했다. 여기에는 가장 치명적이었던 은행도 포함되었고, 오드손과 하르데 같은 정치인들은 미국의 신자유주의 경제학자 밀턴 프리드먼의 열렬한 신봉자가 되었다. 양국의 감정은 상호적이었다. 밀턴 프리드먼의 아들 데이비드 프리드먼은 언젠가 이렇게 썼다. "중세 아이슬란드의 제도들은 (…) 시장경제가 정부의 가장 기본적인 기능을 어디까지 대신할 수 있는지 실험하기 위해 어느 미친 경제학자가 만든 것일지도 모른다." 그때가 1979년이었으며 그의 말은 현실이 되었다.

나는 아이슬란드가 어느 정도는 스칸디나비아의 축소판이 되리라 기대했다. 아이슬란드인은 노르웨이인과 닮았으며 고대 스칸디나비아 언어를 쓴다. 현대적 사회복지제도, 높은 교육 수준, 평등, 민주주의, 질 좋은 니트 의류를 보유하고 있으며, 주류 판매 면에서는 노르웨이, 스웨덴, 핀란드와 같은 콤플렉스를 가지고 있어서 국영 주류 판매점에서 마뜩찮은 눈빛을 보내는 나이든 여자 점원에게 술을 사야 한다. 젊은 남자들은 파이프 담배를 피우는데, 그게 늘 희한하게 안심이 된다. 하지만 현대의 아이슬란드인은 한 발은 스칸디나비아에, 다른 한 발은 미국의 황량한 서부에 두고서 일반적인 북유럽의 모습과는 크게 다른 모습으로 진화했다. 비바람에 얻어맞고 자연에 겁을 먹고, 그런대로 친절하지만 여전히 거들먹대는 식민 권력에 종속되어서, 또 미국 손님들에게 대단히 다른 생활 방식, 즉 그들 눈에는 낯선 유혹거리일 생활 방식을 구경당하면서 아이슬란드인은 기이한 잡종으로 변했다.

그 결과 아이슬란드인의 유전적 동질성과 밀접한 관계를 맺고 있는 적은 인구는 신뢰성, 책임, 개방성, 건강한 시민사회, 장기적 관점, 개인의 자제력으로 이어지지 않았다. 이 요인들 덕분에 다른 북유럽 국가들은 그토록 큰 성공을 거두었는데 말이다. 대신 위험한 모험을 좋아하는 아이슬란드인의 유전적 기질과 개신교의 규제가 없었던 역사는 부패, 족벌주의, 비민주주의적 경제 무질서 상태를 키우기에 완벽한 기후를 낳았다. 빠른 의사결정을 가능하게 하고 신뢰와 책임감을 키울 줄 알았던 끼리끼리 문화는 빠른 의사결정을 가능하게 했을 뿐 아니라 누군가에게는 책임을 회피하고 반대 의견을 억압하는 수단으로 이용됐다. 거래는 통상적인 민주적 경로 밖에서 이루어졌다. 뇌물이 오갔고 반대론자들은 침묵했으며 이 모든 일은 눈 깜짝할 사이에 일어났다.

그러면 아이슬란드는 장차 어떻게 될까? 아이슬란드는 용돈을 빼앗긴 채 세계인의 앞에서 말없이 서 있는 벌을 받고 있다. 제조업도 신통찮고, 빌린 돈을 갚기에는 바다에 물고기도 별로 없다. 대신 자신들의 발밑에서 우르릉대는 무시무시한 동력 자원에 기대를 걸고 있다.

아이슬란드에서 가장 유명한 관광지는 블루 라군이다. 블루 라군은 지열로 데워지는 으스스하고 희부연 푸른색 야외 온천으로, 레이캬비크 외곽에서 45분 거리의 별세계 같은 용암층 한가운데에 있다. 나는 늘 달을 닮은 이 연못이 인도네시아 플로레스 섬의 삼색 호수 같은 자연 현상이라고 생각했다. 확실히 블루 라군을 소유한 회사는 그런 추측을 정정하려는 어떤 노력도 하지 않는다. 하지만 실제로 블루 라군의 따뜻한 물과 건강에 좋다는 실리카 머드는 근처 스바르트셍기 지열 발전소에서 전기를 생산하고 남은 온수다. 발전소는 1970년대부터 운영되기 시작했다('공장 폐수에서 목욕하세요!'는 관광객을 유혹하기에 그리 좋은 광고 문구는 아닌 듯싶다). 그 폐수 속에는 소금, 조류, 그리고 무엇보다 각종 피부병에 좋다는 실리카가 다량 함유되어 있다. 요즘은 블루 라군 매장에서 고급 얼굴용 크림으로 포장해 판매 중이다.

내가 블루 라군에 갔을 때는 기온이 0도 정도여서 따뜻한 공용 탈의실에서 빠르게 걸어 나와 타월 천으로 만든 가운을 벗어던지고 38도의 물속으로 가능한 한 빨리 뛰어 들어갔다. 물이 내 허벅지쯤 오는 높이라 차가운 공기와 접촉을 최소화하기 위해 별수 없이 어색하게 쪼그려 앉는 데 적응해야 했다. 발가락은 온천 바닥에 깔린 질척한 실리카 머드 속에서 꼼지락거렸다. 또 사람이 너무 많아서 블루 라군은 사진에서보다 훨씬 작아 보였다. 하지만 오리걸음으로 덜 붐비는 쪽으로 가자 왜 거기에 사람이 적은지 금방 알 수 있었다. 물이 타들어갈 듯 뜨거워서 제자리에 가만히 있을 수가 없었다. 나는 아래를 내려다보고는 깜짝 놀랐다. 내 몸이 삶은 바다가재 색으로 변해 있었다. 얼른 쪼그려 걷기로 반대쪽으로 갔다. 피로가 전혀 풀리는 것 같지 않았다.

아이슬란드인은 수 세기 동안 자기네 나라의 얇은 지각을 이용해왔으며, 오늘날 아이슬란드의 사실상 모든 집이 지열로 난방을 한다. 가망 없는 금융계에서 빨리 돈을 벌고 싶은 마음에 아이슬란드인은 지열 에너지로 눈을 돌리고 있다. 전기를 저장하고 그 전기를 곧잘 이야기되는 케이블을 이용해 영국과 유럽으로 보낼 수 있는 성배는 아직 못 찾았지만, 청정기술 산업이 아이슬란드가 도산 위기에서 벗어나는 한 가지 방법이 될 수 있다는 희망적 관측이 늘고 있다. 또 아이슬란드인은 자신들의 지열 노하우를 인도네시아와 동아프리카 같은 '지각이 얇은' 지역으로 수출하기 시작했으며, 지열 생산량을 세 배로 늘려 이미 아이슬란드에 기반을 갖추고 있는 구글 같은 회사를 더 많이 유치하겠다는 야심찬 계획을 가지고 있다.

큰 목표는 아이슬란드가 모든 디지털화된 정보를 보관하는 서버 기지, 즉 세계 '친환경 데이터 허브'가 되는 것이다. IT 산업은 현재 세계 에너지 소비량의 약 2퍼센트를 차지하며, 서버 수요가 커질수록 서버를 운영하고 열을 식힐 지속 가능하고 오염 없는 동력에 대한 수요도 커질 것이다. 이미 아이슬란드 경제는 고비를 넘기고 살아날 조짐을 보이고 있다. 성장률이 유럽 평균을 넘어섰으며, 실업률은 낮아졌고, 재정 적자도 잘 관리하는 중이다. 자국의 은행을 도산하게 만들었다는 판단은 그다지 오심이 아니었던 것으로 밝혀졌다. 도덕적으로 문제는 있었지만 아이슬란드인이 지금까지 수십억 유로에 달하는 외채 상환을 이유 없이 거절한 일은 아이슬란드 경제에 분명 도움이 되었다. 적어도 국가 부도 상황은 피했으니까.

아이슬란드가 사기를 되찾으려면 조용히 윙윙대는 컴퓨터 서버 몇 대로는 부족할 것이다. "요즘 당당한 아이슬란드인은 거의 없습니다. 우리는 이런 사태를 스스로 만들었다고 자책하고 있습니다. 국가 정체성이 실추됐습니다." 레이캬비크에 있는 술집 카피바린에서 만난 작가 신드리 프레이손이 말했다.

한편 동쪽으로 1600킬로미터가량 떨어진 곳에 사는 아이슬란드인의 선조인 노르웨이인 역시 나름의 정체성 위기에 직면하려는 참이다. 단지 금융 문제만이 아닌 훨씬 더 심각한 결과를 불러올 훨씬 더 큰 규모의 위기.

4장

노르웨이

던들

슬로츠파르켄, 즉 왕궁 공원의 잔디밭은 소풍 나온 사람과 먹고 마시고 노는 노르웨이인들로 붐볐다. 하늘은 구름 한 점 없이 파랗고 스칸디나비아 지방이 늘 그렇듯 세계 어느 하늘보다 약간 더 높아 보였다. 근처 발코니에서 실크해트를 쓴 통통한 남자 한 명이 손을 흔들고 있다.

오늘 이곳 오슬로에서 우리는 드문 행운을 누리고 있다. 오늘은 5월 17일 쉬테네 마이, 즉 노르웨이의 제헌절이다. 올해 제헌절은 멋진 날씨의 축복을 받은 일요일이고, 어젯밤 노르웨이는 민스크 출신의 바이올리니스트가 노르웨이 민속 음악에서 영감을 받아 만든 이상하게 따라 부르기 쉬운 노래로 유로비전 송 콘테스트에서 압도적 승리를 거두면서 노르웨이에게는 최악인

과거의 악몽_{덴마크와 스웨덴의 지배를 받았던 역사}을 잊었다.

아, 잊지 말자. 노르웨이인이 지구상에서 가장 부유한 국민이라는 사실. 상당한 부자.

나는 오슬로 도심 거리에 줄을 선 사람들 틈에 끼어서 노르웨이 학생들이 도시 곳곳을 거닐며 왕궁으로 가는 연례 퍼레이드를 구경했다. 실크해트에 연미복을 차려입은 왕 하랄 5세와 턱수염을 기른 왕세자 호콘, 그 외 여러 왕실 가족이 고개를 끄덕이고 손을 흔들며 국민에게 인사하고 있다.

노르웨이인은 오늘날 자신들의 운명에 만족하는 듯 보이지만, 스칸디나비아 다른 지역에서 노르웨이의 제헌절은 적잖이 생색내기로 비친다. 저명한 스웨덴 민족학자 오케 다운은 언젠가 노르웨이의 제헌절을 '국가적 망상'이라고 표현했다. 덴마크인과 스웨덴인에게 노르웨이 제헌절 이야기를 하면 눈을 부라리며 쿡쿡 웃을 것이다. 마치 '노르웨이인은 우리랑 달라. 아주 국수주의적이지. 좀 과거에 머물러 있달까. 아직도 그 많은 석유를 껴안고 마음 내키는 대로 원 없이 살잖아'라는 듯이. 일부는 실제로 그렇게 이야기하며, 노르웨이인은 보수주의 수구들이고 편협하고 광신적인 애국주의자라고 덧붙인다(이 이야기를 한 덴마크인은 앞서 이야기한 것처럼 고양이 생일에 덴마크 국기를 고양이 변기통에 꽂는다).

내가 보기에 문제는 어느 정도 노르웨이인의 국경일 복장에 있다. 그들은 약간 특이한 노르웨이인들이며, 5월 17일 제헌절은 이 특별함을 온갖 멋진 방법으로 보여준다. 가장 무도회가 단연 최고다.

나는 아침 9시에 호텔에서 나오자마자 그런 복장을 무더기로 마주치기 시작했다. 남녀노소, 어떤 경우에는 사람들이 데려온 반려동물까지 모두 지역 전통 의상으로 차려입었다. 옷 전체에 수가 놓인 던들dirndl, 원래는 알프스 산악 지방에서 입던 전통 의상으로, 허리 둘레는 좁고 폭은 아주 넓은 치마나 원피스, 반짝이는 실크해트, 은색 버클이 달리고 징이 박힌 신발과 밝은 색 단추가 달린 반바지, 니커보커스무릎 근처에서 졸라매는 품이 넓고 느슨한 반바지 따위가 있으며, 이 특이한 복장을 통칭해 '부나bunad'라고 한다. 아기들은 머리 전체를 감싸는 모자인 레이스 보닛을 쓰며, 개들은 빨간색, 하얀색, 파란색 리본을 매고, 택시와 전차와 유모차 역시 국가의 상징 색으로 장식한다. 당연히 선원용 제복과 악대, 깃발도 있으며, 크고 작은 깃발들이 높이 들어올려져 가벼운 봄바람에 나부낀다.

군중 속에 섞인 한두 명의 광신도 이야기가 아님을 분명히 해 둔다. 가령 왕족 가장행렬 속 유니언잭 무늬의 정장을 입은 얼굴이 불콰한 남자나 재향군인 퍼레이드 속 엉클샘미국을 의인화한 것으로 주로 흰 수염에 중절모를 쓴 키 큰 남자 차림의 남자처럼. 퍼레이드 참가자와 구경꾼 무리 중 상당수가 아름다운 18, 19세기 시골 사람 복장을 하고 있었다.

"맞아요. 우리는 좀 특이하죠." 퍼레이드에 다가갔을 때 나의 걱정 어린 표정을 본 구경꾼 한 명이 말했다. 특히 십대 소녀들이 자유롭고 자랑스럽게 하이디의 할머니와 휴가를 즐기는 에바 브라운히틀러와 동반 자살한 히틀러의 애인을 섞은 듯한 옷차림을 한 모습에 놀랐다. 나는 십대에 옷이 약간이라도 친구들의 관심을 끌겠다 싶으면 집 밖으로 나가지 않으려 했다. "퍼레이드는 하루 종일 노르웨이 전역, 심지어 미국과 캐나다에 있는 노르웨이인 사회에도 생방송으로 나갑니다." 아까 그 행인이 말했다. 그는 실제로 평상복을 입은 몇 안 되는 사람 중 한 명이었고 환하게 웃으며 이렇게 덧붙였다. "그라툴레레르 메 다겐!(생일 축하해요!)" "근사하게 차려입어야 돼." 내가 5월 17일에 오슬로에 간다고 얘기하자 노르웨이인 요리사 친구가 말했다. 그 충고를 듣길 잘했다. 이날 노르웨이인들은 노르웨이 지방의 400여 가지 전통 의상 중 하나를 입거나 그렇지 않으면 대부분 결혼식에 온 듯한 차림이다. 남자와 소년들은 정장과 넥타이, 선글라스에 머리는 헤어젤을 범벅해서 넘겼고, 여자들은 우아한 여름 드레스에 하이힐을 신고, 소녀들은 제일 예쁜 새 파티 드레스를 입었다. "나는 평소에는 후드티에 청바지 차림으로 출근하지만 5월 17일 제헌절 행사에 갈 때는 셔츠와 좋은 신발을 신어." 요리사 친구가 덧붙였다. 머리털 나고 처음으로 정장 차림으로 공개 퍼레이드를 구경했지만 정장을 입고 와서 다행이었다.

북유럽 사람들 중에서 노르웨이인만 자기 나라의 성년식을 그토록 열정적으로 기념하며, 복장에 총 3000만 크로네를 쓴다(사람들이 의상 한 벌에만 쓰는 돈이 최고 7만 크로네[즉 1350만 원]에 이를 것이다). 하지만 그토록 호사스러운 기념식을 하는 역사적 이유는 이해하기 쉽지 않다. 1814년 덴마크에서 독립해 노르웨이 헌법을 제정한 일을 오늘 기념하는 것이지만, 사실 그건 시작에 불과했다. 그 후 스웨덴의 손아귀에서 벗어나려는 길고 느리고 다소 억제된 노력을 했으며, 1905년에 이르러서야 스웨덴으로부터 완전히 독립할 수 있었다. 심지어 그때도 던들을 휘날리며 전력을 총동원해 스웨덴의 폭정에서 벗어나 자유를 거머쥐는 일이 노르웨이인에게는 그다지 문제도 아니었다. 독립은 수십 년 동안 끊임없는 괴롭힘 끝에 얻은 것이었으며, 그 후 오슬로 거리에서 소규모 접전이 몇 차례 있었다. 결국 스웨덴은 심하게 나쁜 지능 탓에 국민 투표에 동의했다. 스웨덴은 노르웨이가 자기네 편에 남는 쪽을 택할 줄 알았지만 노르웨이는 분리를 택했다.

한 노르웨이인은 5월 17일은 사실 "스웨덴을 '엿 먹이는' 날"이라고 했다. 그런데 노르웨이 제헌절 행사는 주로 1945년 독일의 지배에서 벗어난 데서 시작됐다. 나는 이 모든 이야기를 그날 아침 늦게 들었다. 어느 카페의 야외 테이블에 앉아 세상에서 가장 비싼 맥주(거의 20달러)를 소중히 껴안고서 오슬로 바로 외곽의 학교에서 일하는 여교사와 대화를 나누면서 알게 됐다. "정말 우연히 5월 17일은 독일군이 '항복'한 날과 같습니다." 그 교사가 말했다. 실제 날짜는 5월 8일이었지만 아마 노르웨이인이 굉장한 거리 파티를 준비하려고 깃발을 모으고 버클에 광을 내느라 일주일 조금 넘게 쓴 것 같다.

다른 북유럽 나라들과 그들의 국경일은 어떨까? 핀란드와 아이슬란드만 오랫동안 다른 나라의 지배를 받았으며, 그래서 그 두 나라의 국경일이 덴마크나 스웨덴의 국경일보다 더 정열적인 건지도 모른다. 핀란드는 러시아에서 독립한 날(1917년)을 기념하지만, 늘 그렇듯 핀란드스럽게 내성적인 방식으로 치른다. 그날은 거의 전부 각자의 집에서 텔레비전으로 기념하는데, 아마 독립 기념일이 12월이라 퍼레이드를 하려면 무릎까지 쌓인 눈과 씨름해야 하며, 무엇보다 핀란드인의 기질이 그렇기 때문이다. 아이슬란드인만 좀 상대가 될 만하다. 노르웨이인과 취향이 같아서 애정을 듬뿍 담아 상상해낸 19세기 중세 소작농 복장을 한다. 아이슬란드인이 원래 자의로 망명한 노르웨이인이라 인정이 되는 건지는 잘 모르겠다.

한편 스웨덴인은 자신들이 너무 세련된 나머지 이 같은 공개적 변장을 하기 힘들다고 생각한다. 게다가 점령당한 경험이 없어서 멍에를 벗어던진 사건을 기념할 일도 없다. 스웨덴의 6월 6일 '국경일'은 작위적이고 성의 없이 치러진다. 16세기에 스웨덴이 칼마르 동맹에서 탈퇴한 것을 기념하는 날이다. 내가 듣기로는 그날 산발적으로 국기를 흔들기는 하지만, 이따금 우익 극단주의 단체에 장악당해 이런 공공연한 민족주의의 표현에 극단적 인종주의자들이 난데없이 등장하지 않을까 싶어 많은 스웨덴인이 두려워한다. 일부 노르웨이인은 자기들이 5월 17일에 변장을 하고 깃발을 흔드는 모습을 스웨덴 사람들이 질투한다고 하지만, 내 생각에 스웨덴인이 노르웨이인처럼 국경일을 기념해야 한다면 최소한 인구의 절반은 심한 수치심을 느낄 것이다. 이 같은 북유럽의 민족낭만주의는 지금도 제2차 세계대전 기간에 스웨덴이 나치와 놀아났던 불편한 기억을 떠올리게 한다. 한편 노르웨이인은 어떤 스칸디나비아 형제들보다 더 결연하게 독일에 맞섰고, 그런 까닭에 그렇지 않으면 인기가 없었을 제헌절을 부활시키는 데 그토록 거리낌이 없는 것이다.

한편 덴마크인도 떠들썩한 기념일 행사 자체를 스웨덴 못지않게 터무니없다고 생각할 것이며, 덴마크 역시 제2차 세계대전 때 몇 년간 독일의 지배를 받은 일 말고는 점령당한 역사가 없다(솔직히 독일의 점령은 전체적으로 보면 역경이라고 할 수도 없다). 앞에서 이야기했듯 열성적인 광신적 애국주의자가 북한보다 많은 곳은 없겠지만, 안타깝게도 덴마크인은 청바지와 자전거 헬멧 말고는 전통 의상이라고 부를 만한 옷을 찾기 힘들 것이다.

이제 노르웨이 차례다. 툭하면 놀림받는 장관을 연출하며 공공연하게 애국심을 드러내는 북유럽 나라. 나는 만만한 표적을 놀릴 기회를 좀처럼 놓치지 않는 사람이지만, 오슬로 거리에서 던들 차림을 한 사람들과 어울리면서 전혀 뜻밖에도 노르웨이인과 그들의 제헌절 행사에 대한 생각이 호의적으로 바뀌기 시작했다.

우선 한 가지 이유는 니커보커스를 입고 커다란 아이보리색 망토를 걸친 채 21세기 유럽의 수도 거리를 중간계에서 탈출한 도망자 같은 모습으로 활보하려면 꽤나 대담해야 하기 때문이다. 또 제헌절 행사는 선망의 대상인 민족의 자신감과 덜 복잡하고 더 순수했던 과거와의 관계를 보여준다. 제임스 와트가 증기기관을 발명했을 때 우리 대부분이 벽돌과 매연 가운데 사는 삶을 선택하면서 떠나온 바로 그 과거. 영국에서는 이러한 전통

문화가 남아 있는 얼마 안 되는 흔적은 게으른 코미디언들(또는 한때 "이 생에서 모든 것을 한번쯤은 경험해보라. 근친상간과 민속 무용만 빼고"라고 말한 영국 지휘자 토머스 비첨)에게 만만한 소재다. 노르웨이의 제헌절 쉬테네 마이는 대개 19세기 후반에 만들어진 국가 정체성과 실제로 존재하지도 않을 시골 전통의 미화된 이미지가 전후에 재유행하는 것일 테지만, 행사에 참여하는 사람들의 진정성은 의심할 여지가 없다.

그날 내가 오슬로의 넓고 깨끗한 거리에 서서 받은 강렬한 인상은 스스로를 있는 그대로 온전히 받아들이는 나라, 막대한 물질적 부뿐만 아니라 하나의 역사 안에 깊이 뿌리내린 그 못지않게 소중한 시민의 화합이었다. 말하자면 견고한 민족정신 자본이다. 노르웨이인은 정교하고 비싸고 또 누군가의 눈에는 우스꽝스러워 보이는 지역 전통 의상을 입고 길거리로 나가 서로에게 신호를 보낸다. "나는 당신과 비슷해. 우리는 같은 역사와 가치를 공유하고, 나는 엄청난 돈을 들여 어떤 옷도 마다하지 않고 공개적 망신을 무릅쓰며 이런 마음을 보여줄 준비가 돼 있어."

결국 나는 오슬로 중심가에 몇 시간 동안 서서 행복해하며 아이들의 전통 퍼레이드를 구경했다. 유치원생 나이부터 십대까지 연령대가 다양했던 많은 아이는 노르웨이 국적이 아니었고, 나는 그날 노르웨이가 부러웠다. 그들의 유대감과 주눅 좋은 당당함, 아 그리고 망토도 부러웠다. 세상에는 망토가 더 많아져야 한다. 나도 망토가 참 잘 어울렸는데.

어느 순간 열 살 미만의 아이들이 형형색색의 옷을 입고 세상

어디를 가든 그 나이대의 아이들이 행진할 때 보이는 산만한 모습으로 시끌벅적하게 지나갔다. 나는 눈물을 참으려고 안간힘을 썼다. 분명 한심할 정도로 눈물이 많은 남자의 상황에서 헤아려야 하지만(나는 요즘 픽사에서 나오는 영화는 사실상 시청 금지 처분을 받았고, 주요 스포츠 경기만 혼자서 볼 수 있다는 허락을 받았다), 도대체 이게 다 뭐란 말인가? 소말리아 소녀가 깃발을 자기 키보다 세 배는 높이 들어올리느라 낑낑거리면서 지나가고 그 뒤로 시크교도 소년이 전통 복장을 하고 따라가는데, 내가 할 수 있는 일이라고는 콧물 범벅으로 대성통곡하지 않으려 애쓰는 것뿐이었다. 나를 그토록 감동시킨 부분은 그들의 인종뿐 아니라 소말리아, 터키, 이라크, 파키스탄 아이들이 '중세 판타지'의 아름다움을 재현하려고 '순수' 노르웨이인 친구들과 똑같이 열심인 모습이었다. 그 아이들 역시 다른 사람의 시선을 의식하지 않고 당당하게 호빗의 나들이 복장을 차려입었다. 이보다 더 잘 융화될 수는 없다.

실제로 그리 오래지 않은 1980년대에 노르웨이는 가두 행진, 정신병원 방화, 인종차별주의자 신나치들의 오슬로 거리 퍼레이드, 비서구계 이민자들을 향한 공격 등 우익 활동으로 홍역을 치렀다. 하지만 2001년에 부트 보이즈라는 신나치주의 집단의 회원들이 15세 오슬로 혼혈 소년을 살해해 유죄 판결을 받은 일이 있었다. 대중의 항의가 빗발쳤다. 오슬로에서 4만 명이 참여한 대규모 집회가 열렸고, 모두가 극우파들이 인터넷의 황야로 후퇴했다고 추측했다. 그 무렵 5월 17일 거리 행진에 나가고 싶었던 비서구계 아이들이 다니던 많은 오슬로 학교는 우익 폭력배들의 폭파 협박과 시위운동의 표적이 되었다. 그에 대응해 5월 17일을 다문화 포용 행사로 만들려는 지역 당국과 시민단체의 적극적인 노력이 있었다. 그 계획은 그날 아침 멋지게 실현된 것 같았다. 적어도 내가 보기에는 그랬다.

그날 늦게 노르웨이 시골 지역 도처에서 치러지고 있는 5월 17일 행사(노를란 지역의 티에타라는 마을에서는 몇몇 아이가 손수레에 실은 기름통을 흙길에서 밀며 망치로 두드리고 있었다), 주로 난해하고 불가사의한 온갖 다양한 생방송 가운데 NRK1에서 전통의상을 입은 인터뷰 진행자가 한 이라크 여성에게 노르웨이인으로 살아간다는 건 어떤 의미인지 물었다. "민주적인 사회주의자이자 다원주의자가 되는 것이요. 뭐 그렇게 외향적이지는 않지만요." 여성은 이렇게 답했다. 다른 진행자들은 이민자든 아니든 누구나 노르웨이인이 될 수 있으며, 노르웨이의 핵심 가치 중 하나가 '위협을 느끼지 않는 것'이라고 강조했다. 또 어떤 사람은 그 전날 밤 유로비전에서 우승한 러시아 출신의 도전자가 '새로운 노르웨이'의 좋은 모범을 보였다고 했다. 그러고는 이렇게 덧붙였다. "노르웨이에 그렇게 많은 억양이 있다는 사실을 자랑스럽게 여겨야 합니다."

텔레비전을 보고 있는데 그날 신문의 머리기사가 눈에 들어왔다. "그 무엇도 제헌절처럼 우리를 단결시키지 못하며…… 갈라놓지도 못한다" 나는 머리기사에서 이야기한 분열의 증거를 찾기 위해 기사를 처음부터 읽었다. 일부 노르웨이인이 제헌절 행사를 반대하기라도 했나? 알고 보니 그 논란은 ― 큰 논란이었고, 기사가 다섯 페이지나 됐다 ― 하델란 지역의 한 도시에서 제헌절 가두 행진 경로를 약간 변경한다는 내용이었다. 일부 사람이 행진 중단을 원하거나 참여하고 싶지 않다는 내용이 아니라 지역 의원 몇 명이 특정 양로원 앞을 지나가지 말아야 한다고 결정한 데 분노한 것이다. 제헌절 논란은 여기까지만 하기로.

그날 아침 퍼레이드를 보면서 저 멀리에 있는 왕에게 열심히 손을 흔들어준 뒤 풀이 무성한 둑에 앉아, 어린아이들이 버스를 향해 헐레벌떡 뛰어가더니 시내 중심가에서 멀어지는 모습을 지켜봤다. 이제 진짜 파티가 시작되려는 모양이었다. 이번에는 고등학교 졸업생들 차례였다.

스칸디나비아 전역에서 고등학교 졸업생들은 흥겹게 쟁그랑대는 비닐 쇼핑백을 움켜잡은 채 덮개가 없는 트랙터, 트럭, 버스 뒤에 타고 자기네 고향 구석구석을 돌면서 졸업을 축하하고 서로 눈이 맞는다. 덴마크와 스웨덴에서는 어떤 이유에서인지 애매하게 선원 같은 옷차림에 챙이 달린 하얀 모자를 쓴다. 마치 요트클럽 회원 같은 복장이다. 졸업식이 주로 평일인 까닭에 다른 모든 사람은 하루 일과를 시작하는데 몇몇 사람만 흥에 겨워 화려한 옷차림을 하고 열광하는 이상한 불협화음을 볼 수 있다(졸업생 '퍼레이드'라고는 하지만 사실 줄 서서 구경하는 사람은 아무도 없다). 어느 날 오후 가족과 함께 덴마크 집 근처 해변에 갔는데, 트럭 한가득 파티를 하는 졸업생들이 도착해 곧장 옷을 벗어던지더니 바다로 뛰어들었다. 영국이나 미국에서라면 어린 자녀들의 눈을 가리고 큰 소리로 혀를 차며 경찰이 출동하겠지만, 덴마크의 부모들은 유행에 맞게 다듬은 음모의 행렬이 자녀들의 눈앞을 지날 때 큰 소리로 웃으면서 박수를 친다.

언제나 합리적인 스웨덴인은 시험이 끝난 뒤에 축하 파티를 하는 반면, 노르웨이에서는 시험 '전에' 고주망태가 된다. 집단 자신감의 증거인지 철저한 허무주의의 증거인지는 잘 모르겠다. 또 노르웨이인은 빨간색 멜빵바지를 입고 선원용 모자를 쓴다. 바지는 깃발과 배지로 장식하고, 최소한 그해에는 멜빵을 늘어 뜨려 입는다(또 하나 특이한 점은 졸업생들이 특별히 인쇄한 명함— 루세코르트—을 주고받는다는 것이다. 명함에는 본인의 사진과 농담 한두 마디가 적혀 있다. 더 어린 아이들—버스를 타고 부랴부랴 도시를 벗어나지 않은—은 사방으로 뛰어다니며 최대한 많은 명함을 모았다. 미치도록 사랑스러웠다). 곧 던들과 망토는 몸을 흔들며 춤을 추는 빨간 멜빵바지의 바다로 변했다. 이따금씩 엉겨 붙던 새빨간 팔다리들은 시간이 갈수록 점차 풀밭으로 엎어졌다.

그날 오슬로에서 알몸 수영은 없었지만 술은 넘쳐흘렀다. 전설의 헬게필리 helgcfylla(폭음을 뜻하는 노르웨이어)였다. 독립 기념일의 취객과 고등학교 졸업생들은 고소득 전문직들이 근무하는 반짝이는 유리 고층 건물이 빼곡한 재개발한 항구지역 아케르 브뤼게 한복판에서 흥청망청 술을 마시고 노래하며 흥겹게 떠들고 놀았다. 오슬로에서 가장 화려한 술집과 가장 비싼 부동산이 모여 있는 지역이다. 눈에 띄는 노르웨이의 새 오페라 하우스가 멀지 않은 곳에 얼음 조각처럼 떠 있고, 술자리는 점심시간쯤 본격적으로 시작돼 이튿날 아침까지 이어진다. 그날 노르웨이인의 반은 오슬로에 나와 있는 것 같았다. 신나게 놀겠다는 분명한 의도를 가지고. 저녁나절이 되자 거리는 빈 샴페인 병으로 뒤덮였다. 유로비전 우승곡인 '나는 동화와 사랑에 빠졌다I'm in Love with a Fairytale'가 프롱네르베이엔 창턱 위 스피커에서 쾅쾅 울려 퍼졌다. 프롱네르베이엔은 카페와 술집이 즐비하고 손님들이 심야의 햇살 속으로 떠들썩하게 쏟아져 나오는 곳이다. 여자들은 자수가 수놓아진 무릎 길이의 두꺼운 치마를 입고 망토를 두른 남자들과 춤을 추며, 빨간색 멜빵바지를 입은 아이들은 빨간색 선원 모자를 쓴 다른 아이들과 춤을 췄다. 노르웨이에 있기에 좋은 날이었다.

2년여가 지난 어느 날, 다민족을 수용한다는 이러한 큰 계획은 오슬로 한복판에서 일어난 끔찍한 폭탄 테러와 뒤이어 우퇴위아섬에서 일어난 잔혹한 집단 학살 행위로 산산조각 났다. 둘 다 정신 나간 미치광이의 짓이었다.

샤넬 에고이스트

"자신을 좋아한다는 망상에서 벗어나는 순간 순수함은 끝난다." – 존 디디온, 『자존심에 대하여On Self-Respect』 중에서

한겨울에도 태양빛이 너무 따가워 어쩔 수 없이 눈을 게슴츠레하게 떴더니 햇빛이 눈에 반사되어 풍경이 라이트 박스로 비춘 것처럼 반짝인다. 공기는 상쾌했고 공항 터미널에서 가는 길에 신선한 소나무 향이 났다. 내가 오슬로 시내로 가느냐고 묻자 버스 기사는 흠 하고 읋는 소리를 낸다. 긍정의 의미이겠거니 했지만 버스가 제대로 된 방향으로 가고 있는지 불안한 기색으로 주변을 살폈다. 오슬로 주변 피오르 곳곳에 자리한 요트 항구들을 지나 줄 맞춰 늘어선 침엽수 사이로 형광색 도보 여행자들을 흘끗 쳐다봤다. 하이테크 지팡이 때문에 마치 스키를 두고 와서 숲속 비탈길을 일렬종대로 걷고 있는 사람들 같았다. 노르웨이가 얼마나 아름다운지 생각났다. 아마 지금까지 내가 가본 나라

중 가장 아름다운 곳이리라.

7개월 전 과격파 인종차별주의자인 32세 오슬로 남성 아네르스 베링 브레이비크가 어느 오후 노르웨이의 한 해 평균 살인율의 두 배인 77명을 혼자서 죽였다. 브레이비크가 비서구계 이민자들—그날 그의 간접적 공격 대상이었던— 을 가장 못마땅해했던 이유는 그들이 노르웨이에서 일어나는 거의 모든 폭력 범죄의 원인이라고 생각했기 때문이다.

내가 앉은 버스 좌석에서 봤을 때는 전혀 변한 게 없는 듯했다. 나는 뭘 기대했을까? 철조망 담과 끊임없이 오가는 순찰대? 당시 노르웨이 총리가 우퇴위아섬과 오슬로 테러 희생자들을 추모하는 행사에서 공공의 자유를 옹호한, 내 평생 들은 가장 용감한 연설을 한 나라에서 그럴 리가 없어 보였다. 옌스 스톨텐베르그 총리는 '더 열린 마음과 민주주의'를 외쳤다. 한편 당시 세계 다른 나라의 정치인들은 대부분 그 같은 테러 공격을 이용해 복수를 맹세하고 유권자들의 불안 심리를 자극하는 가운데 더 큰 권한과 권력을 모았으며, 이를 통해 시민의 자유를 위태롭게 만들었다. 노르웨이 총리의 연설은 북유럽의 정치 지도자들이 자주 세계의 도덕적 나침반 역할을 해왔음을 상기시켰다.

오슬로를 이리저리 돌아본 결과—주로 저렴한 레스토랑을 찾으려고 굶주린 성냥팔이 소녀처럼 식당 밖 메뉴판을 들여다보면서—느낀 분위기로는 별로 변한 것이 없다는 내 인상이 맞는 듯했다. 오슬로 거리에는 바리케이드가 없었고, 이 용감하고 차분한 도시에는 새로운 보안 시설도 없었다. 지하철에 엑스선 장치도 없었고, 쇼핑몰을 순찰하는 무장한 경찰도 없었을뿐더러 공공건물에서 보안 검색을 하지도 않았다. 여전히 왕궁 정문으로 바로 걸어 들어갈 수 있었으며 어떤 종류의 울타리나 문도 없었다.

즉 노르웨이 사회 구조와 알맹이는 변하지 않은 듯했고, 그날 늦게 오슬로대학교 역인 블리네른행 전철을 타면서 그저 "브레이비크는 노르웨이를 어떻게 바꿨을까?"라고 묻는 것은 그 사람에게 필요 이상으로 큰 의미를 부여할 뿐이라는 생각이 들었다. 하지만 해야 하는 질문이었고, 그래서 나는 노르웨이를 다시 찾았다.

정신이 꽤 온전하다고 밝혀지기는 했지만, 노르웨이 외교관과 간호사 부부의 아들인 이 정신 나간 나르시시스트는 내가 보기에는 확실히 제정신이 아니었으며 정신에는—그 전에는 멀쩡했다고 가정하면—어린 시절에 치명적 균열이 생긴 듯했다. 그때 생긴 균열이 성인기에 개인적 좌절과 합쳐지면서 그의 삶은 불가피하게 이런저런 파괴를 향한 포물선을 그린 것으로 보인다(미래 어느 단계에서 그의 자살은 자연스러운 종착지로 보였을 것이다). 브레이비크는 진형적인 비극적 외톨이였다. 어머니와 함께 살면서 인터넷에서 이슬람 혐오 발언을 검색해 인종차별적 편집증을 키웠고, 이렇게 찾은 자료를 꼼꼼하고 기이하게 편집해 알아듣기 힘든 1500쪽 분량의 성명서를 만들었다. 이슬람교의 위협에 대한 증오로 가득 찬 온갖 망상에서부터 자기가 좋아하는 애프터셰이브 로션—샤넬 플래티넘 에고이스트—까지 온갖 이야기를 담은 이 성명서를 유럽 전역에 있는 1003명에게 이메일로 보냈다.

이 정신이상자의 행동에서 우리는 그 사람을 만든 나라에 대한 어떤 점을 알 수 있을까? 아마 아무것도. 하지만 브레이비크의 테러 공격은 분명 노르웨이 사회의 근간을 뒤흔들었으며—전례 없는 규모의 대학살은 확실히 그랬다—그의 출신 국가 또한 짚고 넘어가지 않을 수 없는 사실이었다. 이 상상하기도 힘든 폭력 행위는 비서구계 이슬람 극단주의자가 아니라 노르웨이인이 저질렀다. 최근 스웨덴과 덴마크에서 일어난 다행히 소규모였던 몇 번의 테러 공격도 그랬다. 하지만 브레이비크는 노르웨이에서 나고 자란 유럽 최초의 반무슬림 테러리스트였다.

"제가 7월 22일에 본 그의 첫 번째 사진은 라코스테 티셔츠의 깃을 세워 입은 모습이었어요. '나 이 남자 아는데. 축구 시합에서 본 사람이야. 나랑 학교도 같이 다녔는데.' 저는 그 사진을 보고 이런 생각을 했어요. 정말 평범한 사람이었거든요." 한 노르웨이인이 말했다.

특별히 자랑할 만한 일은 아니지만, 고백하자면 오슬로 시내 중심가에서 첫 번째 폭탄이 터져 브레이비크가 죽인 77명의 희생자 중 첫 8명이 사망한 지 몇 시간 만에 전 세계 언론이 하나같이 이슬람교 테러리스트의 소행이라고 속단한 뒤 범인의 진짜 정체가 평범한 노르웨이인으로 밝혀졌을 때 나는 아주 조금 안도했다. 이슬람 테러리스트의 소행이 아니었다는 안도는 물론 범죄 그 자체에 대한 생각과는 전적으로 별개이며, 그런 공격이 불러올 수 있는 응징에 대한 두려움과 더 관련이 있다. 이처럼 극악무도한 이슬람 테러 공격은 이민에 관한 정치적 담론을 수십 년 전으로 되돌려버렸다. 누구는 노르웨이에 거주하는 무슬림의 삶을 옹호할 수 없게 되리라 추정하고, 또 누군가는 그 테러 공격이 스칸디나비아 주류 우익의 지지 기반을 강화하는 데 이용되어왔다고 추정한다. 2001년 9.11 사태 이후 그랬던 것처럼. 브레이비크의 정체가 알려지고 몇 시간 만에 여러 극우 단체의 웹사이트와 블로그는 이미 예측 가능하고 폭력적인 반이슬람 정서를 확산시키기 시작했고, 몇몇 무슬림은 오슬로에서 폭행을 당했다.

확실히 노르웨이 경찰치안국은 그런 사건을 예상하지 못했다. 그러한 테러 공격이 있기 불과 몇 개월 전에 작성된 보고서에는 우익 과격 단체는 '2011년 노르웨이 사회에 심각한 위협을 가하지 않았다'고 적혀 있었다.

누군가는 가해자가 외부인, 즉 기존의 가해자 범주에 들어가는 사람이었다면 그 공격을 이해하기가 최소한 조금은—정말 아주 조금은—쉬웠을 것이라고 추측한다. 하지만 가해자는 금발에 파란 눈을 한 노르웨이인 '애국자'였다. 그들 중 한 명이었다.

노르웨이인은 브레이비크의 테러 공격에 다양하게 반응했다. 분명 공포, 주로 연대, 그리고 물론 브레이비크의 생각에 대한 혐오감이었다. 하지만 어떤 사람들은 브레이비크의 정신 상태에 대한 토론만 넘쳐나고, 그의 생각이나 다른 노르웨이인이 그 생각의 어디까지 동의하는지는 충분히 이야기하지 않았다고 여겼다. 한 노르웨이인은 브레이비크의 성명서를 바탕으로 덴마크에서 제작하는 연극을 소개하는 『가디언』의 온라인 기사를 언급했다. 연극은 브레이비크의 소송이 진행되는 동안 다소 시시하게 첫 공연을 했다. "이곳 노르웨이에서는 브레이비크가 한 말에 대해서는 거의 아무런 논의도 이루어지지 않았습니다. 실제로 브레이비크의 생각은 많은 사람이 믿고 싶어하는 것과 달리 주류와 그리 동떨어져 있지 않습니다. 노르웨이인은 대부분 인종차별주의자가 아니지만, 일부 노르웨이인은 대단히 염려할 만한 견해를 가지고 있습니다. (…) 노르웨이는 왜 세계 최악의 단일 총기범 잔혹 사건이 이 나라에서 일어났는지 스스로에게 매우 진지한 질문을 던질 필요가 있습니다. 생전 나쁜 일이라곤 일어난 적 없는 이 평화롭고 화목한 나라에서 말입니다."

흔히 7.22 사태라고 부르는 이 테러 사건 이전에 노르웨이에는 북유럽 지역을 통틀어, 그리고 유럽 안에서도 가장 강력한 주류 우익 정당이 있었다. 바로 진보당이다. 진보당의 지지율은 브레이비크 테러 사건 이후 떨어졌지만, 2013년 9월 노르웨이에서 있었던 지난 총선거에서 금발의 당수 시브 옌센이 이끄는 가운데 16.3퍼센트를 득표하며 승리했다. 이 승리는 브레이비크가 진보당에서 오랫동안 활발한 활동을 펼친 당원이었다는 점을 생각하면 더욱 놀라웠다. 2013년까지 진보당은 다른 정당으로부터 수시로 손가락질을 받았지만, 결정적으로 총선거에서 승리하면서 사상 최초로 중도우파 연합 정부와 손을 잡았다.

진보당의 전례 없는 선거 승리는 내가 이웃 나라에서 들었던, 노르웨이인은 우익 백인 우월주의 집단 KKK단의 그림자에 불과하다는 설명을 확인시켜주는 것 같았다. 가령 노르웨이는 덴마크나 스웨덴보다 훨씬 적은 이민자를 수용했으며, 최근에는 거부된 망명 신청자들을 한 해 약 1500명씩 본국으로 송환했다. 브레이비크 테러 사건을 다루는 언론 보도 역시 수많은 노르웨이 우익 단체와 활동가, 블로거를 언급했고, 노르웨이에서 이슬람 공포의 불온한 하위문화처럼 보이는 현상들을 소개했다. 여기에는 무슬림이 운전하는 택시 승차를 거부하는 페이스북 모임과 소위 유라비아Eurabia, 유럽과 아라비아의 합성어로 유럽에서 이슬람의 영향력이 커지면서 생긴 신조어파가 있다. 이들은 노르웨이 정부가 석유에 목마른 유럽 정부들이 만든 음모, 즉 무슬림이 유럽을 장악하게 만들어 오펙OPEC, 석유수출국 기구 국가들을 회유하려 한다는 1970년 초반의 음모와 관련되어 있다고(실제로 이 음모를 믿는 사람들이 있다. 노르웨이는 세계 최대의 산유국이라 이 음모론에 가담하지 않은 듯했다) 믿었다.

이전에 노르웨이를 방문했을 때 나는 주요 일간지 『다그블라데트』에서 홀로코스트를 부정하는 영국 역사학자 데이비드 어빙이 그 주에 노르웨이 남부의 릴레함메르 근처에서 강연을 한다는 기사를 읽었다. 노르웨이인은 덴마크인보다 더 적극적이고 성공적인 저항운동을 했다는 사실을 자랑스럽게 내세우지만, 일부 노르웨이인은 1940~1945년 독일이 유럽을 점령했을 때 독일인과 손을 잡았다. 특히 당시 총리였던 비드쿤 크비슬링의 이름은 노르웨이에서 반역자와 동의어가 됐다. 노르웨이에서 가장 유명한 문학인 크누트 함순(노르웨이판 제임스 조이스)은 자신이 받은 노벨상을 나치 정권의 정치가 괴벨스에게 바치고, 나치 정권의 부역자 노릇을 했던 신문 『아프텐포스텐』에 유명한 히틀러의 부고 기사를 썼다. 그는 히틀러를 "최고의 개혁자"라 칭하며 "그의 가까운 추종자였던 우리는 그의 죽음 앞에 머리를 숙인다"라고 덧붙였다. 함순의 평판은 영원히 회복되지 않았다. 한편 『아프텐포스텐』은 여전히 노르웨이에서 구독자가 제일 많은 일간지다.

노르웨이는 얼마나 우익이었을까? 브레이비크가 저지른 일은 노르웨이의 정치 풍토를 어떻게 바꿔놨을까? 검은색 셔츠는 옷장 뒤에 박아두고 목의 나치당 문신은 옷깃으로 숨기며 이슬람을 증오하는 인터넷 트롤들은 숨어서 자기 상처를 핥았을까?

제2의 크비슬링들

"테러 사건 직후 모든 사람이 여전히 충격에 빠져 있었다. 누구도 그런 일이 일어나리라 예상하지 못했다. 너무나 극악무도했다. 우리 중 상당수는 폭력이 그런 사람들, 이런 웹사이트나 보고 있던 우리 사이에서 비롯되리라 예상했고, 나는 그들의 공격 대상이 되어 노르웨이에서 잘못된 모든 일의 상징으로 전락했다. 하지만 우리는 그 일이 그런 식으로 일어나리라고는 예상하지 못했다. 무슬림이나 나 같은 사람들, 유명한 다원주의 지지자들을 공격할 줄 알았지, 그런 식일 거라고는 생각지도 못했다."

나는 다문화 지식인들의 요새이자 브레이비크가 몹시도 혐오한 오슬로대학교에 스칸디나비아의 걸출한 사회인류학자 토마스 휠란 에릭센을 만나러 갔다.

2009년 5월 17일 제헌절 기간에 여행하면서 에릭센을 처음 만났고, 우리는 노르웨이의 제헌절과 그 의미에 대해 이야기를 나눴다. 에릭센은 한때 TV 방송에 노르웨이의 삐딱한 다원주의자로 자주 등장해 제헌절 행사에 이견을 제시하며 약간의 균형을 맞추는 역할을 했다. 하지만 그는 최근에 마음을 바꿨다. 에릭센은 노르웨이 제헌절에 관해 이렇게 말했다. "예전에는 정말 제헌절 행사를 좋아하지 않았습니다. 하지만 최근에 행사 주제가 꽤 많이 바뀌었습니다. 요즘은 훨씬 더 포용적이며, 거의 다문화 축제에 가깝습니다. 그래서 많은 소수 집단 아이들이 참가하고, 그 아이들도 그날만큼은 다른 모든 사람과 같은 활동을 할 수 있습니다. 노르웨이 제헌절 행사는 보통 제대로 인정받지 못하지만, 지금은 호주의 건국 기념일처럼 포용 의식이 되고 있다는 사실이 고무적인 것 같습니다. 현재 호주 건국 기념일에 열광하는 사람은 대부분 많은 이해관계가 걸려 있는 동아시아 이민자들입니다."

이번에 만났을 때는 에릭센이 브레이비크의 잔혹 행위가 앞으로 제헌절에 어떤 영향을 미치리라 생각하는지 알고 싶었다. 에릭센은 잘 모르겠다고 했다. "모든 사람이 조금이라도 이득을 얻으려 합니다. 많은 집단이 자신들의 목적을 위해 그때의 테러 공격을 이용하려고 할 겁니다. 심지어 이슬람교를 혐오하는 우익조차 이미 그렇게 하고 있습니다. 자신들을 희생자로 묘사하면서요. 그들은 7.22 사태의 궁극적 원인은 다문화주의였다고 말합니다. 마치 미국이 9.11을 자초했다고 말하는 셈이죠. 대단히 천박하지만 실제로 그렇게 말하고 있습니다. 그저 자기네가 폭력을 선동했다는 내부의 비난을 피하고 싶은 겁니다. 7.22 사태 같은 폭력은 아니지만 여전히 폭력, 분노, 의심을 조장했죠."

놀랍게도 노르웨이 우익—반다문화주의자와 이슬람 혐오주의자, 어쩌면 브레이비크가 본인의 성명서에서 거론한 블로거들—은 실제로 브레이비크 이후의 담론을 완전히 뒤엎으려고 했다. 그들은 언론이 이민과 노르웨이인 무슬림(인구의 약 3퍼센트로 추산된다) 논의에서 자기 검열을 하고 있으며, 자기네 우익이 억압받고 있다고 주장했다. 브레이비크의 살인 행위를 자신들에게 유리하게 이용한 것이다! 저명한 우익 비평가 브루스 바위는 노르웨이에 거주하는 '유라비아파' 미국인으로, 브레이비크 테러 사건이 일어난 직후에 『월스트리트저널』에 악명 높은 칼럼을 기고하며 이 같은 주장을 폈다. 그리고 그날 아침 나는 한 노르웨이 신문에서 전자책 『제2의 크비슬링들: 세계의 좌파들은 오슬로 대학살을 이용해 이슬람 논쟁을 어떻게 잠재웠나』로 출간된 바위의 최신 저서의 서평을 읽었다.

듣자 하니 에릭센은 책에서 '제2의 크비슬링' 목록에 이름이 올랐다고 한다. 반유대주의자는 말할 것도 없고. "처음이라고요! 그런 말은 생전 처음 듣습니다." 내가 그 이야기를 하자 에릭센이 웃으면서 말했다.

신변 안전이 걱정되는지 물었다. "아니요. 저는 겁이 별로 없습니다. 협박 메일도 자주 받고요. 오래됐죠. 그런데 제가 뭘 할 수 있겠습니까? 하루 종일 경찰의 보호를 받을 수도 없고, 그리고 싶지도 않습니다. 물론 7.22 사태 이후에 이런 개인적인 공격은 의미가 약간 달라졌습니다. 사람들은 내전, 반역자, 크비슬링 같은 대단히 폭력적인 비유를 쓰는데, 저한테는 갑자기 그런 말들이 재미있게 들리지 않습니다. 예전에는 이런 사람들을 꽤 웃긴다고 생각했는데 요즘은 몹시 감정적으로 변했어요."

앞에서 말한 것처럼 내가 에릭센을 두 번째 방문한 뒤 노르웨이는 총선거를 실시했다. 그 코미디언들이 지금 권력을 잡고 있다. 진보당은 새로운 '우울한' 집권 연합의 일부가 되고 있다. 진보당은 1970년대 초반 징세 반대 운동으로 시작한 당이며, 미국이나 영국의 관점에서는 상당히 이상해 보일 수 있는 우익/복지국가 혼합 공약을 내세우고 있다. 공공 지출 증가를 주장하면서 노인 복지를 강조하고, 동시에 비서구계 이민자들을 향한 공포심을 조성하는 더 전통적인 우익 정책을 펴고 있다. 덴마크 국민당이 사용한 전략과 비슷하다. 결코 이 말을 진보당에 흘리는 실수만 저지르지 마라. 나는 이미 저질렀다. 처음 진보당과 인터뷰 약속을 잡으면서(2013년 총선에서 승리하기 전에). 다음은 진보당의 공보비서에게 받은 답변이다.

우리는 이들 정당과는 아무 관련이 없습니다. 과거에도 없었고 앞으로도 없을 겁니다. 이 부분에 대해서는 만나서 더 자세히 말씀드리겠습니다. 기자님이 언급한 정당들과 우리 진보당의 유일한 공통점은 이민 관련 논의에서 '솔직한' 목소리를 낸다는 겁니다. 그게 전부입니다.

뭐, 그렇게 말했다. 그럼에도 불구하고 내가 노르웨이인 친구에게 진보당에 대해 묻자 그는 이렇게 말했다. "이민자들을 괴롭히는 문제에서는 진보당이 노동당보다 훨씬 능수능란하다는 걸 모르는 사람이 없어. 이민자들에게 못되게 굴고 싶으면 진보당에 표를 던져."

브레이비크 이전에 진보당의 발언은 대단히 과격했다. 가령 과거 진보당의 당 대표는 모든 무슬림은 테러리스트이며 세계를 '이슬람화'하려는 장기적인 계획을 갖고 있다는 점에서 "히틀러와 같다. 그들은 이 목표를 착착 실행 중이며, 아프리카까지 진출했고 유럽에서는 거의 완성 단계다. 우리는 목소리를 높여야 한다!"고 주장했다. 이전 선거에서—다시 말하지만 브레이비크의 테러 사건 이전— 진보당은 복면을 쓰고 총을 든 남자의 사진과 함께 '범인은 외국인이다'라는 문구가 적힌 전단을 발행했다.

나는 진보당의 외교 대변인 모르텐 회글룬과 만날 약속을 잡고 노르웨이 국회(덧붙이자면 사실상 경비가 없었다) 뒤편에 있는 건물의 진보당 사무실로 들어갔다.

브레이비크가 7년 동안 진보당 당원이었으며 지역 청년 지부장을 지냈다는 사실을 알았을 때 회글룬은 어떤 기분이었을까? 그뿐 아니라 진보당은 노르웨이에서 유일하게 브레이비크의 유럽 블랙리스트 정당에 들지 않았으며, 영국 극우 단체 영국방어동맹(그리고 제러미 클락슨 인종차별, 동성애 혐오 발언 등으로 물의를 빚은 영국 방송인) 같은 단체들과 함께 브레이비크의 착한 편 목록에 들어가 있었다. "브레이비크는 진보당 당원 아니었나요?" 내가 물었다.

약간 우둥퉁하니 시골 술집 주인 같아 보이는 회글룬이 대답했다. "역겨운 일이었죠. 하지만 그는 우리 정당도 못마땅하게 여겼습니다. 우리는 생각해봐야 합니다. 이민 문제를 이야기할 때 모두에게 이로운 결정을 하고 있는가? 하지만 이슬람 이야기를 할 때는 종교로서의 이슬람이 아니라 과격파 이슬람을 가리킵니다. 우리는 원하는 어떤 종교든 믿을 자유와 모스크를 지을 자유를 허용합니다."(이것은 덴마크국민당이 지속적으로 반대해온 문제라는 점을 언급할 필요가 있겠다.)

이튿날 다시 오슬로대학교에 돌아와 바워의 '제2의 크비슬링' 목록에 이름을 올린 또 다른 인물 신레 방스타를 만났다. 방스타는 사회인류학자로 노르웨이에 거주하는 무슬림의 삶을 연구해왔다.

방스타가 웃으며 말했다. "네, 저는 분명 언론의 자유를 반대합니다. 노르웨이에서 이민 문제에 대해 공개적 발언을 할 때 감수해야 하는 위험이죠. 저는 정기적으로 협박 메일을 받습니다. 그래서 새삼스럽지는 않았죠. 브레이비크는 직접 작성한 성명서에서 대학을 손쉬운 공격 대상으로 봅니다. 미래의 단독 테러범들에게 주는 지침이었죠. 하지만 마르크스주의자에 관한 한 사회학부가 훨씬 더 엉망이라는 사실을 확신한 것 같습니다."브레이비크는 수감된 뒤 오슬로대학교 정치학과에 입학 허가를 받았다. 방스타는 분위기를 가볍게 만들려고 별일 아니라는 듯이 웃었다.

나는 방스타가 노르웨이 우익 전문가라서 만나러 온 것이었다. 나는 이렇게 질문했다. 브레이비크의 견해는 평범한 노르웨이인의 생각을 얼마나 많이 대변합니까?

"글쎄요. 브레이비크는 노르웨이인의 35퍼센트가 자기를 지지한다고 주장했지만, 완전히 망상입니다. 하지만 document.no(악명 높은 반이슬람교 사이트) 같은 웹사이트가 있습니다. 매달 방문자가 5만 명이 넘죠. 최악의 반이슬람교 집단 중 하나인 시안SIAN은 페이스북 팔로워 수가 1만 명이라고 주장하지만, 막상 동원하려고 하면 겨우 서른 몇 명이 모입니다. 많은 사람이 요즘 다양한 웹사이트의 많은 글이 7.22 테러 사태 이전에 있던 글과 마찬가지로 끔찍하다고 말할 겁니다. 또 여론조사와 이민자를 향한 태도를 살펴보면 노르웨이에서 이슬람교와 이슬람교인을 향한 태도는 별로 변한 게 없습니다. 앞으로도 마찬가지일 거고요."

하지만 일반 시민들은 어떨까? 어떻게 인종차별주의자가 평범한 노르웨이인일 수 있을까? 나는 뱅스타에게 더 현명하게 행동해야 하는 사람이나 매체가 무심하게 인종차별을 하는 경우가 꽤 많아서 여전히 수시로 충격을 받는다고 말했다. 노르웨이뿐아니라 덴마크에서도, 그리고 아이슬란드에서도 목격했다. 가령어느 일간지의 만평은 아프리카인을 전통 이상에 과장된 입술과코뼈로, 아시아인을 뻐드렁니와 찢어진 눈으로 묘사했다. 또 코미디 쇼에서 이민자들의 언어 능력을 조롱하고 '검둥이'란 뜻의노르웨이어 단어 '네게르neger'를 사용했다. 나로서는(그리고 물론 북유럽 지역을 찾는 일부 흑인에게도) '니그로negro', 심지어 깜둥이를 뜻하는 '니거nigger'와도 비슷하게 들려서 거북스럽다. 나는최근에 40년간 '니그로 빌리지Negro Village'(어떤 랜드마크 때문인 것 같은데, 아마 검은색 굴뚝 네게르뷔negerby)라는 애칭으로 불리다가 결국 더 중립적인 '이스턴타운'으로 이름을 바꾼 스웨덴 도시에 대한 이야기를 들었다. 하지만 주민들은 바뀐 이름 대신 옛날 이름을 계속 고수했다고 한다. 그런 식의 태도 때문에 북유럽 사회가 1950년대에 머물러 있는 게 아닐까 싶다. 이번에는 안 좋은 쪽으로. 하지만 이 문제에 이의를 제기하면 그들은 누구라도 기분이 나쁠 만큼 진심으로 어리둥절해하거나—보통 아무 잘못이 없다는 듯 문자 그대로 받아들이며 "근데 입술이 진짜 두껍잖아요!"라는 식으로—정치적 정당성을 공공연하게 들먹인다.

"노르웨이인들은 자기 나라에서 일어나는 인종차별을 늘 잘 받아들이지 못합니다." 방스타가 내 말에 동의했다. "우리는 착한 사람들이고 인종차별은 나쁜 사람들이 하는 거니까요. 지난 10년간 '네게르' 같은 노르웨이어 단어를 사용해도 될지를 놓고 공개 토론이 벌어졌고, 사람들은 자리에서 일어나 이렇게 이야기했죠. '나에겐 이 말을 할 권리가 있는데, 내가 왜 노르웨이에 사는 아프리카계 청년들의 예민함을 배려해야 합니까?' 몇 주 전에 팀북투라는 스웨덴 래퍼이자 가수가 한 신문사 편집자들에게 연락해 아프리카 부족의 입술을 두껍게 표현한 만평에 불만을 제기하는 사건이 있었는데, 또다시 논쟁의 핵심은 '왜 당신이 그렇게 화를 내?'였어요. 그렇게 그 싸움은 언론의 자유 문제가 되어버렸습니다. '여기 이런 일을 막으려고 애쓰는 정치적으로 올바른 사람들이 있습니다.'"

아, 모욕적인 만화를 실을 권리를 옹호하는 스칸디나비아 사람들 말이다. 그들은 당연히 2006년 마호메트 만평 사건 때도 여기에 있었다. 덴마크 신문 『윌란스포스텐』은 이슬람 선지자 마호메트를 놓고 천박하고 일부러 재미없는 만평(터번 안에 폭탄을 숨겨놓는 등) 몇 편을 실으며 언론의 자유를 심각하게 위협한다고 믿는 행동에 맞섰다. 이슬람 종교 지도자 마호메트의 묘사를 금하는 이슬람 율법도 그중 하나였다.

"네, 맞습니다. 물론 노르웨이는 마호메트 만평 사건에 연루되었습니다. 실제로 다마스쿠스에 있는 노르웨이 대사관이 방화 피해를 입었습니다."

"너무나 맥 빠지지 않습니까? 비서구계 국가에서 오는 이민은 예로부터 고립된 북유럽의 이 작은 단일 민족 국가에서 실패할 수밖에 없는 운명일까요?" 내가 물었다.

"흥미로운 질문이네요." 방스타는 잠시 뜸을 들이더니 답했다. "그러니까 제가 보기에는 특정 문제들은 우려할 만한 타당한 근거가 있습니다. 동성애 증오, 반유대주의, 노르웨이의 일부 무슬림 사회에서 여성을 대하는 방식 등의 문제요. 하지만 저는 비서구계 국가나 다른 나라에서 오는 이민이 그런 부분에서는 반드시 좋은 일도 나쁜 일도 아니라고 생각합니다. 분명 문제가 생기겠지만 해결할 수 없다고 생각하지는 않습니다. 저는 확실히 급진 좌익—사실 요즘은 듣기 힘든 말이지만—은 아닙니다. 그들은 '수백만 이민자를 받아들이자'고 운동하잖아요. 확실히 그런 식의 비현실적 접근법은 지지하지 않습니다. 하지만 성과 지표를 보면 노르웨이는 실제로 비서구계 국가에서 오는 이민을 상당히 잘 해결하고 있는 것 같아요. 가령 고등학생과 대학생들의 출신지, 특히 여성의 숫자를 보면요."

나는 그 전날 토마스 휠란 에릭센에게도 똑같은 질문을 했다. 우익은 노르웨이, 더 나아가 스칸디나비아 지역으로 들어오는 비서구계 이민에 일가견이 있을까? 아니면 스칸디나비아 사회는 자신들과 확연히 다른 사람들을 통합하는 문제에서는 태생적으로 젬병일까?

"음, 거의 모든 무슬림은 우리 두 사람과 비슷합니다. 이웃과 사이좋게 지내고 싶어하고, 평화로운 삶을 원합니다. 유럽 어느 나라를 가든 히잡과 할랄 고기에 대한 딜레마를 안고 있으며, 그래서 우리에게는 실용적인 해결책이 필요합니다. 이 문제에 관한 아주 훌륭한 연구 자료가 있는데, 그 자료는 2세대 이민자들이 대단히 '노르웨이화'되고 있다는 사실을 잘 보여줍니다. 그들은 개신교인처럼 생각합니다. 여자아이들을 보면 명예와 수치심 대신 양심의 가책을 느끼고요. 매우 개신교스러운 태도죠. 하느님과의 관계는 사회 전체와 공유하는 사안이 아니라 개인적인 것이 되고 있고요."

"실제로 개신교인과 이슬람교인은 매우 쉽게 공통의 이해에 도달합니다. 두 종교는 성별, 정절 관념뿐 아니라, 세상만사가 우연히 이루어지는 게 아니라 모든 것에는 삶을 의미 있게 만드는 초월적 존재가 있다는 생각 등 세상을 바라보는 관점에서 많은 공통점을 갖고 있기 때문입니다. 저는 가끔 파키스탄인과 터키인이 1950년대에 노르웨이에 왔더라면 더 쉽게 동화할 수 있었을 텐데 하고 생각합니다. 당시 노르웨이는 더 시골이었고 여전히 남녀 차별이 존재했거든요. 북부 노르웨이에서는 여자들이 부엌에서 설거지를 할 때 남자들은 주방에 앉아 담배를 피웠어요. 우리 부모님 세대에는 그게 정상이었죠. 노르웨이가 그토록 평등한 개인주의 사회로 변하기 전에 왔더라면 더 쉽게 순응할 수 있었을 겁니다." 에릭센은 키가 크고 앙상하며 감정 표현에 솔직한 50대 초반의 남성으로, 이 같은 아이러니를 비웃었다. 하지만 덴마크는 경우가 다르다고 말했다.

"뭐랄까, 이슬람교는 덴마크인의 삶의 방식과는 약간 상극으로 보입니다. 그 이유는 글쎄요, 덴마크인이 여가 시간에 뭘 할까요? 나가서 맥주를 퍼마시고 죽은 돼지고기를 먹고 집에 가서 낯선 사람들과 섹스를 합니다. 그리고 무슬림에게 이렇게 말하죠. '좀 더 어울려보지그래요? 덴마크에 사는 게 감사하지 않나요?'"

"사람들이 '오, 당신도 닥치는 대로 다 받아들이자는 그 빌어먹을 다문화주의자군요?'라고 말하면 저는 늘 이렇게 이야기합니다. 제 말은, 음, 그러니까 노르웨이에 살고 싶으면 받아들여야 하는 몇 가지가 있습니다. 우선 추위와 어둠입니다. 그걸 견딜 수 없다면 다른 곳으로 가야죠. 두 번째는 남녀평등입니다. 그렇지 않으면 결코 행복해질 수 없고, 노르웨이는 어딘가 근본적으로 잘못됐다는 생각이 늘 들 테니까요."

프리루프트슬리브

나는 오슬로를 떠나야 했다. "그곳을 떠나오기 전까지 누구에게든 반드시 흔적을 남겨놓고야 마는 이상한 도시." 크누트 함순의 걸작 소설 『굶주림Hunger』의 첫 문장이다. 나는 매일같이 텔레비전과 신문 1면에 나오는 브레이비크의 회심에 찬 미소에 점차 구역질이 나기 시작했다.

오슬로에 있는 동안 몇 가지 다른 놀거리를 찾아보려 했지만, 말했다시피 오슬로 물가는 살 떨리게 비싸다. 미국의 브루킹스 인구소가 최근 세계 200대 부자 도시를 대상으로 실시한 조사에 따르면, 오슬로 시민들은 세계에서 두 번째로 부유하며(미국 코네티컷주의 주도 하트퍼드 바로 다음이었다), 연간 평균 소득이 7만4057달러다. 그 정도는 벌어야 할 것 같다. 오슬로는 대중교통 운전기사들이 요금 때문에 사과하는 유일한 도시다. "미안합니다. 여기는 노르웨이잖아요." 아주 가까운 거리를 가는데 50크로네(1만 원)나 내라기에 내가 놀란 표정을 짓자 전차 운전기사가 진심으로 자책하듯이 말했다.

문화사박물관에 사미인Sami, 북유럽의 유목 소수민족 관련 전시를 보러 간 적이 있다. 평소와 다름없이 노르웨이인들은 탄압받은 자국의 토착 소수민족에 대한 전시를 살금살금 걸어서 구경하고 있었다. 다른 말로 '라프인Lapps'이라고도 하는 사미인은 요즘 인종차별적 단어다. 사미인은 사실상 여섯 번째 북유럽 국민이며 유럽에서 유일한 유목민이다. 그들의 영토는 북부 노르웨이와 스웨덴, 핀란드, 러시아 서북부 일부의 국경에 걸쳐 있다. 그들의 순록이 어느 쪽으로 가느냐에 달려 있다. 사미인은 노르웨이에서 1만3000여 명에 달하고, 언어는 1987년에 공식 인정을 받았으며, '일부 사미인은 여전히 자연과 아주 가까이 살지만 또 다른 사미인은 텔레비전 앞에서 여가 시간을 보내며 이웃집에 갈 때도 자동차를 타고 다닌다'는 이야기를 들었다. 사미인들의 새롭고 방탕한 생활 방식을 그린 작은 그림이 하나 있었는데, 컴퓨터와 휴대전화가 놓인 십대의 침실이 묘사되어 있다. 몹시 이상했다.

물론 미술관은 방대한 규모의 민속 의상뿐 아니라 뜨개질 본도 대규모로 전시하고 있었다. 노르웨이의 더 최근 역사를 다루는 전시실에서는 노르웨이 밴드 아하의 '테이크 온 미Take on Me'가 반복해서 흘러나왔다. 거기서 나는 지난 30년간 발행된 신문 1면을 정독했다. 노르웨이 최초의 여성 총리(1981), 에이즈 최초

발병(1983), 최초의 세븐일레븐(1986). 1969년 노르웨이인이 최초로 석유를 발견한 대박 복권 당첨 이야기는 어디에도 없었다. 더 이상했다.

넋이 나갈 정도로 아름다운 뜨개질 본조차 한참 보니 시들해 지기 시작했고, 속담에도 있듯이 "오슬로가 지겨워졌다면 (…) 사흘 이상 있어서였다". 내가 매몰찬지 모르겠지만, 오슬로는 아주 사랑스럽고 대도시 순위에 부합하려고 무던히 노력하지만 개인적으로는 북유럽의 수도 중 제일 지루하다. 코펜하겐의 역동성과 다양성, 스톡홀름의 아름다운 풍경과 장엄한 건축물, 헬싱키의 불안한 짜릿함이 있는 '독특함'이나 잔존하고 있는 냉전의 분위기와는 경쟁 상대가 안 된다. 레이캬비크는 현관문만 열면 화산과 빙하가 있으니 공정한 경쟁 대상이 되기 힘들고. 오슬로는 어쩐지 다른 나라의 제2의 도시 같은 느낌이 든다. 물론 수 세기 동안 그래왔지만.

노르웨이를 좀더 돌아볼 차례였다. 자연과 관련된 무언가를. 노르웨이인과 노르웨이스러움을 주제로 대화하다보면 자신들과 자연의 특별한 관계, 그리고 프리루프트슬리브Friluftsliv, 즉 야외 생활에 대한 애정을 거듭거듭 이야기한다. 스웨덴인은 왈가왈부할지 모르겠지만(보통은 그렇지 않다고 왈가왈부할 것이다), 노르웨이인은 자기네 자연 환경과 누구보다 더 밀접한 관계를 맺고 있는 것처럼 보인다. 노르웨이의 풍경은 그들의 불타는 애국심의 원천이다. 그 이유는 역사적으로 노르웨이인이 북유럽 이웃들보다 자연에 더 넓게 흩어져 살았기 때문이 아닌가 싶다. 내가 가지고 있는 '세계백과사전'에 따르면 노르웨이는 유럽에서 인구 밀도가 가장 낮은 나라로, 1제곱킬로미터당 11명이 살고 전 국민의 4분의 3이 노르웨이 해안지역 16킬로미터 안에 산다. 노르웨이는 늘 소작농과 어부들의 나라였으며, 국민은 작고 외딴 공동체에 흩어져 살며 수백 가지 지역 사투리를 썼다. 그리고 오랫동안 식민지였으며, 수도인 오슬로는 외국 문화 확산의 중추였기 때문에 덴마크가 코펜하겐에, 스웨덴이 스톡홀름에 거는 식의 기대를 걸지 않았다. 또한 덴마크와 스웨덴은 대립과 경쟁의 역사를 함께 겪은 까닭에 서로를 통해 자국을 바라보고 규정했지만, 노르웨이는 자기 나라만 신경 쓰는 경향이 있었다. 산과 바다라는 거대한 물리적 장벽이 가로막고 있어서였다.

이런 분권화는 자연 환경에 대한 과도한 존중과 함께 노르웨이인을 이해하는 또 다른 열쇠다. 오늘날도 여전히 덴마크가 '주변부' 문제로 씨름하고 스웨덴이 점점 더 중앙 집중화되는 동안 노르웨이 사람들은 더 북쪽의 산과 바다, 금방이라도 얼어붙을 것 같은 추운 섬 등 여러 지방에 흩어져 산다. 북부 노르웨이에서 북부 스웨덴으로 넘어갈 때 이런 차이는 뚜렷해진다. 노르웨이 땅에는 가게와 잘 정비된 도로 및 공공건물이 늘어선 작은 도시들이 있고, 반대쪽 스웨덴에는…… 아무것도 없다. 노르웨이에서는 자기가 살고 싶은 곳에 살 권리가 법률에 명시되어 있다. 나라 북쪽, 특히 전략적으로 중요한 땅인 바렌츠해와 스피츠베르겐 제도 근처 지역 인구를 유지하는 한 가지 전략이다.

세계의 다른 곳에서는 공업화가 도시화로 이어졌지만, 노르웨이에서는 별로 그렇지 않았다. 어업(여전히 활발하며, 물론 요즘은 대규모 공장식 연어 양식장도 포함된다)과 노르웨이 남부 도시 스타방에르를 중심으로 하는 서해안에 기반을 둔 석유 산업 덕에 이런 추세가 바뀌었다. 석유로 축적한 부 덕분에 요즘 수도에서 아주 멀리 떨어진 곳에 거주하는 노르웨이인은 풍족하게 산다. 훌륭한 사회기반시설과 문화 시설 및 체육 시설, 내가 갔던 인구가 500명 정도 되는 마을 오페이드의 크누트 함순 센터처럼 아름다운 공공건물을 갖추고 말이다. 크누트 함순 센터는 굉장히 아름다운 현대적 개념의 건축물로, 나와 함께 간 가이드의 말에 따르면 함순의 소설 『굶주림』에 나오는 요소들을 살려 디자인한 퍼스펙스 발코니가 밖으로 돌출해 있는 검은색 건물이다. 건물을 짓는 데 800만 유로에 달하는 공공 자금이 들어갔으며 현대의 어느 수도에 갖다놔도 어울릴 만하지만, 크누트 함순 센터의 방문자는 연간 2만 명에 그친다. 세계 어디에서 오든 머나먼 북극권 한계선 근처에 있기 때문이다.

이 주제로 이야기를 나눈 노르웨이인 웡베 슬링스타는 노르웨이 석유기금oil investment fund, 노르웨이 중앙은행의 일부인 노르웨이 은행투자관리NBIM에서 관리하는 기금으로 정식 명칭은 정부 연기금의 대표로, 노르웨이인과 자연의 관계를 프랑스인과 문화의 관계에 비유했다. "노르웨이인에게는 월요일 아침에 스키를 타고 왔다, 산행을 하고 왔다는 대화를 나누는 일이 매우 중요합니다. 노르웨이인은 산장과 해변 별장에 이처럼 열광하며, 또 자연에 열광합니다." 또한 슬링스타는 상당수 노르웨이인의 성姓이 자연과 연관 있다고 지적혔다. "우리 노르웨이인의 이름은 보통 자연의 실제 장소에서 따오는데, 사람들은 조상 대대로 살았던 장소와 그 장소가 실재한 곳임을 안 지 그리 오래되지 않았습니다. 제 이름은 강굽이 지역에서 따왔는데, 정확히 그 강이 굽이지는 곳에 우리 아버지의 농장이 있었습니다. 그래서 이처럼 아주 강한 정체성을 띠며 자연과 관련이 깊죠. 도시에 살면 오히려 그런 점을 더 강화하려는 경향이 있습니다."

노르웨이인이 자연과 맺는 긴밀한 관계를 엿볼 수 있는 한 가지 사례는 최근 방송된 충격적일 정도로 지루한 TV 프로그램 두 개의 괄목할 만한 성공이었다. 첫 번째 방송은 오슬로에서 베르겐까지 가는 산악 열차 여행을 7시간 동안 실시간으로 따라갔다. 그냥 열차 앞에 카메라 한 대를 고정해놓고 촬영했다. 터널이 특히 매력적이었을 것이다. 하지만 이 프로그램의 전례 없는 시청률에 국영방송국 NRK는 한발 더 나아가 노르웨이 '고속' 여객선 후르티그루텐 중 하나인 MS 노르노르게에 카메라를 설치해 엿새간의 항해를 생방송으로 연속해서 내보냈다. 남쪽의 베르겐에서 북쪽 러시아 국경에 있는 키르케네스까지 가는 여정이었다. NRK는 참신할 정도로 솔직하게 '지루하기 짝이 없는 생방송'이라고 홍보했지만, 이 프로그램은 엄청난 시청률을 기록하며 하나의 문화 현상이 되었다. 국민의 절반이 방송을 시청했고, 사람들은 후르티그루텐을 함께 보는 파티를 열었다. 배가 해안을 따라 북상할 때 사람들은 밖으로 나와 모닥불을 피우고 연안에서 손을 흔들었으며, 작은 배들은 여객선을 즐겁게 뒤쫓으며 물 위에서 깐닥거렸다. 후르티그루텐 방송은 온라인에도 업로드되며 덴마크에서 20만 명이 시청했을 뿐 아니라(노르웨이 언론이 의기양양하게 '남의 떡이 커 보여서'라고 이야기한 현상) 전 세계 다른 나라에서도 인기를 얻었다. 방송은 역대 가장 인기 있는 노르웨이 텔레비전 프로그램에 올랐는데, 내용은 죄다 풍경이었다⋯⋯.

정말 아름답기는 했다.

여객선의 다른 승객들을 둘러봤다. 대부분 카드 게임을 하거나 맥주를 마시거나 배 앞에 설치된 텔레비전 화면을 보고 있었다. 저 사람들은 창밖으로 지나가는 풍경을 못 봤을까? 내 얼굴은 창문 쪽으로 고정되어 있었다. 지난 한 시간 동안 쭉. 노르웨이가 여객선의 속도에 맞춰 한결같은 속도로 지나가고, 노르웨이의 자연은 북극의 선명한 빛을 받아 정말 또렷이 드러나며 하얀 산봉우리의 들쭉날쭉한 굴곡과 화강암 바위의 표면 하나하나까지 보였다. 창문 너머 풍경이 최고화질로 방송되고 있는 것만 같았다. 창문 밖 빛줄기가 아로새겨진 자연은 그렇게밖에는 설명할 도리가 없다. 산봉우리는 1000배 크기로 확대한 상어의 입 같았다.

나는 보되에서 노르스코트로 가는 여객선 후르티그루텐을 탔다. 노르스코트는 부두 하나와 목조주택 몇 채로 이루어진 아주 작은 어촌으로, 북극권 바로 안쪽에 자리한다.

노르웨이의 피오르는 컴퓨터 그래픽으로 만든 것처럼 믿기지 않게 아름답다. 이런 황홀한 풍경의 마력과 노르웨이인의 자연 사랑에 나는 완전히 넋이 나갔다. 비록 2월이었고 사방이 눈과 얼음투성이였지만, 방수 잠수복을 입고 물속을 헤치고 들어가 성게를 찾자는 꾐에 넘어갔다. 로디라는 내 스코틀랜드 친구는 노르웨이인 아내 및 아이들과 함께 이곳에 살면서 현지인들이 '까마귀 공'이라고 부르는 성게를 낚아 이 지역 최고의 레스토랑에 납품한다. 정말 최상품 성게였지만 물은 욕이 나올 정도로 차가웠다. 장갑을 안 끼고 맨손을 담갔다가 말 그대로 물 안에서 손이 불타올랐다.

하지만 노르스코트의 풍경은 영혼을 위해 차려진 향연이었다. 매일 아침 나는 눈밭을 뽀득뽀득 밟으며 어선을 향해 갔다. 귀가 먹먹해지는 고요 속에 잠시 멈춰 서면 내 귀울림 소리만 들린다. 나는 산을 올려다보고 깜짝 놀랐다. 오슬로를 까맣게 잊고 있었다.

005

바나나

"가난한 산사람 제드는 가족을 제대로 먹여 살리지도 못했죠. 그러던 어느 날 제드가 사냥감을 향해 총을 쐈다가 땅 밑에서 졸졸 흐르는 원유를 발견했어요." – 폴 헤닝, 『베벌리 힐빌리즈』 중 '제드 클램펫의 노래'

노르웨이까지 와서 통합과 이민 이야기만 하는 것은 1897년에 클론다이크강금광이 발견된 캐나다의 강에 가서 북미 원주민들의 어려운 형편 걱정만 하는 꼴이나 다름없다. 거의 역사 내내 노르웨이인 대다수에게 이슬람화, 이민, 대중영합주의 정치인 문제는 거의 관심 밖이었다. 노르웨이는 지난 40년간 모든 사람, 특히 노르웨이 국민의 상상을 초월하는 골드러시를 경험했기 때문이다.

1969년 노르웨이 북해에서 엄청난 양의 석유가 발견되면서 다른 어떤 요인보다 현대 노르웨이 사회의 발달에 좀더 나은 쪽으로 영향을 주었으며, 그리고 앞으로 살펴보겠지만, 나쁜 쪽으로도 영향을 주었다. 이 검은 황금, 석유는 노르웨이 전 국민의 삶에 영향을 끼친다. 매일같이 아주 많이. 현대 노르웨이의 성공, 즉 사회복지제도와 사실상 전례 없는 생활수준, 튼튼한 사회기반시설, 공공 서비스, 혁신적인 박물관 건물은 대부분 석유 덕분이다.

인구가 불과 500만 명이 약간 넘는 이 나라는 현재 세계 최대의 국부펀드를 보유하고 있다. 1인당이 아니라 절대 규모로 2011년에 6000억 달러를 기록하며 아부다비를 앞질렀고 계속 증가하는 중이다. 노르웨이 국부펀드는 현재 6170억 달러 규모이며, 줄잡아 이번 10년이 끝나기 전에 1조6000억 달러를 넘길 것으로 추산된다. 넓은 시각에서 보자면 노르웨이는 그리스 국채의 두 배까지 쉽게 갚을 수 있지만, 결정적으로 지금까지 나라 안에서 돈을 쓰지 말라는 경제학자들의 경고를 귀담아듣고 매년 불과 4퍼센트만을 국내에서 쓰며 나머지는 세계 다른 나라에 투자했다.

솔직히 노르웨이인은 금수저를 물고 태어나지 않았다. 노르웨이는 항상 억압받았고 스칸디나비아 3국 중 돈에 쪼들리는 가난한 친척이었다. 시골 벽지에 사는 노르웨이 국민은 척박한 땅—노르웨이 영토의 불과 2.8퍼센트만이 경작 가능한 땅이었다—과 위험한 바다에서 팍팍한 생활을 어렵게 이어갔고 노르웨이의 기후와 지형에서 비롯되는 극복하기 힘든 역경에 자주 맞닥뜨렸다.

그러던 어느 날 제드라는 남자가 나타났다. 쾅! 콸콸! 대박!

던들을 입는 소작농에서 던들을 입는 록펠러 가문이 된 노르웨이인의 변신 이야기의 기원은 1959년 네덜란드 흐로닝언에서 천연가스를 발견한 사건이다. 이 발견으로 더 북쪽에 있는 노르웨이 대륙붕에 더 많은 화석연료가 있을지도 모른다는 추측을 자아냈다. 네덜란드의 필립스 석유가 대륙붕 탐사 허가를 요청했고, 노르웨이 정부는 서둘러 대륙붕에 대한 영해권을 주장했다. 당시 노르웨이 땅은 연안에서 17해리(약 32킬로미터)에 불과했다. 노르웨이의 주장은 영국과 덴마크의 심기를 건드렸다. 양국 정부 역시 자기네도 북해 일부에 대한 소유권이 있다고 믿었다. 그리고 여기서 노르웨이의 석유 기적 이야기는 뜻밖에 흥미진진한 방향으로 흘러가며 스칸디나비아에서 가장 오래가는 음모론 하나가 생긴다.

1965년 초, 3국 정부 대표가 만나서 북해 대륙붕을 분할하는 협약을 체결한다. 협약은 그해 3월 다소 서둘러 합의와 비준이 이루어졌으며, 노르웨이인에게 상당히 유리하게 진행되었다. 덴마크인에게 이 협상에 대해 물으면 온 진심을 담아 노르웨이인이 사기를 쳤다고 대답할 것이다. 그 점을 집요하게 캐물으면 마치 "어떤 인간들인지 잘 알잖아요"라는 듯 애매하게 손을 흔들면서. 어떤 사람들은 그 협약에 서명한 덴마크 외무장관 페르 헤케루프가 소문난 알코올 중독자였으며 그날도 술에 취해 있었다고 넌지시 언급할지도 모른다. 그런 뒤 북해 해저의 새로운 국경 이야기를 꺼낼 것이다. "그 작자들이 그린 국경선 좀 보세요. 갑자기 노르웨이 국경선이 석유를 찾은 지역으로 내려갔잖아요!"

덴마크 친구들에게 오랫동안 이 소문을 들었고 이제 직접 사실을 알아내야 할 때라는 생각이 들었다. 내가 알아낸 사실은 다음과 같다. 헤케루프는 정말 알코올 중독자였다. 그리고 맞다, 최초의 거대한 노르웨이 유전 에코피스크(지금도 상당한 양의 석유가 솟아나고 있으며, 2050년까지 계속되리라 예상된다)는 노르웨이가 새롭게 국경선을 정한 영해 바로 아래 서남부 지역에서 발견되었다. 가슴이 아릴 정도로 덴마크 영해와 가까운 곳이었다. 실제로 덴마크는 해저의 깊이와 관련된 기술적 문제를 바탕으로 북해의 그 해역에 대한 영해권이 누구에게 있는지 타당한 불만을 제기했다. 또 어떤 이유에서인지 그 협약에서는 통상적인 계약 철회 기간이 지켜지지 않았다. 그렇다면 왜 덴마크는 그토록 선뜻 서명을 했을까? 국경 조약의 위험을 경고하는 역사적 선례도 많으면서.

사실 당시에는 어느 누구도 북해에 석유가 있거나, 설령 있다고 해도 채취할 수 있으리라고 믿지 않았다. 그 문제로 입씨름하는 대신 덴마크는 사소한 말다툼으로 보이는 해저 문제로 노르웨이의 심기를 건드리지 않기로 했다. 어업권이 훨씬 시급한 문제였으니까.

헤케루프가 서명할 당시 술에 취해 있었다는 증거는 없지만 알코올 중독자들이 비상시에 맨정신인 적은 잘 없지 않은가?

"큰 성과였죠." 토마스 휠란 에릭센은 고소해하는 심정을 별로 숨길 생각도 않고 인정했다. "대륙붕 해역을 200해리까지 손에 넣은 방식은 정말이지 교묘했습니다. 옌스 에벤센[무역장관]이라는 사람이 설계자였죠. 노르웨이인이 70퍼센트를 가져왔어요!"

덴마크인은 아마 술 취한 사회민주당 소속 장관을 석유 채굴권 협상 테이블에 보낸 것을 후회하지 않았을까? 누군가는 당연히 그랬을 것이라고 이야기한다. 이 문제는 지금도 노르웨이와 덴마크 사이의 쟁점일까? 결코 그렇지 않다. 최소한 정치, 외교적 차원의 문제는 아니다. 하지만 이 사건은 덴마크에서 북해 유전에 관한 유명한 신화에 반드시 등장하며, 덴마크 노년층 사이에서 끊임없이 회자된다. 자신들의 석유 운명을 사촌 나라, 그 여우 같은 노르웨이인에게 사기당한 이야기로 말이다. 또한 그 사건으로 덴마크인들 사이에서 노르웨이인은 약간 가증스럽고 부정적인 이미지로 각인됐다. 어째서인지 돈 관리를 제대로 못하는 게으른 외톨이 이미지가 있으며, 스웨덴인들 사이에서도 비슷한 이미지다.

"악, 걔네는 평생 일이라고는 안 하잖아." 나의 덴마크인 남자 친척(이름을 말했다고 고마워할 사람이 아니니 밝히지 않겠다) 한 명이 언젠가 이렇게 말했다. "자기네로 충분한 거지. 다른 사람이 필요 없는 거야." 덴마크인은 노르웨이인이 게으르다는 증거를 있는 대로 늘어놓는다. 가령 스웨덴 이주 노동자가 노르웨이 생선 가공 공장에서 일한다거나 노르웨이 레스토랑에서 서빙하는 이야기를 듣는 걸 좋아한다. "오슬로에 갔는데 노르웨이 웨이터에게 한 번도 서빙을 못 받았어!"는 덴마크로 돌아온 사람들이 흔히 하는 불평이다(노르웨이에서 일하는 스웨덴인은 3만5000명으로, 시간당 최고 47달러의 보수에 혹해서 노르웨이 가게 등에서 반숙련직으로 일한다). 특히 많은 덴마크인이 즐거워한 이야기는 몇몇 스웨덴인이 노르웨이 가공 공장에서 바나나 껍질 까는 일을 한다는 소식이었다. 그리고 그 이야기는 사실이다! 내가 확인한 결과 바나나는 유명한 노르웨이 샌드위치용 스프레드에 들어갈 재료였다. 게으른 노르웨이인과 착취당하는 스웨덴인이 한 일화에 다 등장한다. 덴마크 사람들은 기쁨을 주체하지 못했다.

한편 스웨덴에서는 노르웨이인의 거만한 태도에 대한 분노가 확산되고 있다. 최근 한 사회학 연구에서 스웨덴인 3800명을 대상으로 노르웨이인에 대한 설문을 실시했다. 무엇보다 노르웨이인이 줄을 잘 안 서는지(스웨덴인 59퍼센트가 '대단히 그렇다'고 답했으며, 내가 한마디 보태자면 스웨덴인은 어미젖을 빨려고 달려드는 새끼 돼지 앞에서도 한껏 예의를 갖춰 줄을 선다), 노르웨이인이 로터리에서 운전을 할 줄 아는지('아니요'), 노르웨이인이 장애인 주차 구역에 주차하는지('항상!') 질문했다. "스웨덴 사람들이 노르웨이인에 대해 어찌나 부정적인 답을 많이 하는지 놀라웠다. 스웨덴인은 노르웨이인들 때문에 늪에 빠졌다고 생각한다." 저자는 연구 보고서에 이렇게 적었다. 그리고 국경지대에서 관계가 험악해질 가능성이 있다는 경고를 덧붙였다.

북해 협상 문제로 돌아가보자. 사실 덴마크인은 얼마 안 되는 해저 영토에서 꽤 많은 석유를 채취했다. 소위 덴마크 유전Dan Field에서 1972년에 석유 생산을 시작했고, 1991년부터 석유를 자급자족할 수 있게 됐다. 2004년 석유 생산량이 최고치에 달했을 때는 연간 약 1억4200만 배럴을 생산했다.

두 나라가 자기네 석유 노다지를 관리한 방식을 비교해보면 흥미롭다. 노르웨이 에포피스크 유전에서는 1971년 6월에 석유를 처음 채굴했고, 그 이후 새로 영해선을 정한 영해에서 스타트피오르, 오세베르그, 굴팍스, 트롤 등 세계 최대의 유전들이 잇따라 대거 발견되었으며, 10년 동안 더 북쪽으로 이동했다. 1972년에 노르웨이는 자체적으로 국영 석유회사를 설립해―상상력도 풍부한 이름 스타트오일Statoil(국영 석유)―법에 의해 노르웨이 내 모든 석유 사업에 주요 협력사로 참여했다(법은 후에 개정되었다). 노르웨이 정부는 국영화한 석유 생산에 확고한 통제권을 행사했고, 앞에서 이야기했듯이 석유기금이라는 국부펀드를 설립해 지금까지 놀라운 자제력을 발휘해 운영 중이다.

한편 덴마크 유전은 A. P. 묄러 머스크 그룹의 전유물이 되었고, 유전의 운영은 회사 이름과 동명인 설립자의 아들 머스크 매키니 묄러가 최근 사망하기 전까지 그에게 감독을 받았다.

덴마크의 원유 생산량은 몇 년 전 최고치를 기록했지만, 노르웨이는 여전히 하루 약 200만 배럴, 연간 약 7억3000만 배럴을 생산하고 있다. 스타트오일은 수익과 현재 기록적 수익 면에서 북유럽 지역에서 전 분야를 통틀어 최대의 기업이다. 또한 피크 오일peak oil, 석유 생산이 최고점에 이르는 시점이 임박했으며 노르웨이인은 곧 생선을 말리고 양털을 깎던 암흑시대로 돌아갈 것이라는 거듭되는 경고에도 불구하고 계속해서 엄청난 양의 원유를 발견하고 있다. 최고 수십억 배럴의 원유가 매장된 두 개의 거대한 석유 웅덩이가 2011년 바렌츠해에서 발견됐으며, 때마침 만년설이 녹고 있어서(어떻게 그럴 수가 있지?) 노르웨이인은 또 반짝거리는 풍경 속 북극 땅 아래 900억 배럴의 원유가 묻혀 있으리라고 추정했다. 마치 그 정도로는 길고 어두운 겨울을 견디기에 부족하다는 듯 노르웨이는 세계 다섯 번째 천연가스 생산국이기도 하다. 가스는 수년 내로 노르웨이 석유 생산량의 절반 이상을 차지할 것으로 예상된다.

하느님이 있다면 분명 짓궂은 유머 감각을 발휘해 농부 에이일Eigil, 고대 스칸디나비아 말에서 유래한 남자 이름과 던들을 입은 그의 아내에게 그 값비싼 보물을 조금씩 나눠주었을 것이다. 툭하면 놀림을 받던 스칸디나비아의 막냇동생은 유복해졌다. 1969년 첫 유전을 발견한 뒤 노르웨이는 대단히 빠른 속도로 스칸디나비아에서—그리고 실제로는 전 세계에서—가장 잘사는 나라의 반열에 올랐다. 오늘날 노르웨이는 북쪽의 두바이이며, 만에 사는 크로이소스Kroiesos, 큰 부자로 유명한 리디아 최후의 왕다. 현재 노르웨이는 1인당 국내총생산이 룩셈부르크에 이어 세계에서 두 번째로 높은데, 사실 룩셈부르크는 제대로 된 나라라고 하기 힘들다.

나는 이 뜻밖의 횡재가 빈약한 자원들을 끌어모아 긴 겨울을 나고 거의 평생을 메마른 산과 얼어붙은 초원, 혹독한 바다 한가운데에서 사는 데 더 익숙했던 사람들에게 어떤 영향을 미쳤는지 알아내는 일에 몰두했다. 여러 차례 이월된 거액의 복권 당첨금은 노르웨이인의 집단 심리와 성격에 어떤 영향을 미쳤을까?

006

네덜란드병

노르웨이 석유기금은 단언컨대 현대 노르웨이의 가장 위대한 성취, 즉 북유럽의 자기 훈련과 절제의 궁극적 결과이며 책임감 있는 국가 재정 관리의 귀감이다. 훌륭하게 운영되고 엄격하게 관리된 이 국부펀드는 세계의 모든 산유국에게는 선망의 대상이다. 모든 비산유국은 말할 것도 없고.

이 거대한 금항아리를 전 세계에 배분하는 역할을 하는 최고 책임자는 노르웨이은행투자위원회NBIM의 대표 윙베 슬링스타이다. 나는 슬링스타를 만나려고 오슬로 시내 중심가에 있는 노르웨이 중앙은행 건물 꼭대기층(아마 근처에서 일어난 브레이비크 폭탄 테러의 결과로 아주 말쑥한 복장의 경비 요원들과 엔터프라이즈 우주선에서 순간 이동하는 기분이 드는 이중 문 '기밀식 출입구' 등 어느 정도 보안 시설을 갖추고 있었다. 모든 은행의 의무 사항이다)에 위치한 우주 지배자의 방으로 향했다.

"국부펀드의 목적은 소비 바구니를 지키는 겁니다." 슬링스타가 설명했다. 경제 분야 기초 지식이 전무하다시피 한 나의 무식함은 대화 초반에 들통 났을 것이다. 그래서 슬링스타는 그 말이 무슨 뜻인지 친절하게 설명해줬다. "우리는 석유와 가스를 다른 나라에 팔았고 조만간 무언가를 사야 합니다. 따라서 우리가 원하는 것은 지금부터 몇 세대가 무언가를 구입할 수 있게 만드는 겁니다. 최소한 오늘날 우리가 살 수 있는 것과 같은 가치로요. 그래서 세계의 성장률이 크면 펀드에서 높은 수익을 거둬 장차 우리의 구매력을 지킬 필요가 있습니다."

노르웨이 석유기금은 8000개가 넘는 회사의 주식을 보유하고 있다. 이는 사실상 노르웨이인이 전 세계 상장회사의 1퍼센트 이상, 유럽 상장회사의 거의 2퍼센트, 아시아 상장회사의 거의 0.7퍼센트를 소유하고 있다는 의미다.

노르웨이 석유기금이 최근에 일부 애널리스트들이 더 위험한 거래 대상이라고 평가한 부문, 기령 부동산에 투자하기 시작했다는 이야기를 들었다. 일례로 파리의 유명한 사무실 건물을 사들였다. 나는 몸을 앞으로 기울이고 펜 끝으로 턱을 톡톡 두드렸다. 그러면서 이렇게 질문했다. 어째서 노르웨이는 자신들이 가진 금항아리로 더 위험한 방식을 택한 겁니까?(금항아리라는 말은 내가 붙이지 않았다.)

슬링스타, 머리를 깨끗하게 밀고 연갈색 염소수염을 기른 호리

호리한 50대 남성인 그는 동의한다는 듯이 웃으며, 노르웨이 석유기금은 원래 30년 정도만 운영할 목표로 설립됐다고 설명했다. 그 기간은 오래전에 끝났지만 그들은 새로운 유전과 기존 유전을 활용할 새로운 방법을 계속 발견하고 있는데, 이 말은 장기적이고 더 위험한 투자 결정을 내릴 수 있다는 뜻이다. "2008년 이후 시장이 하락할 때 우리는 1조 크로네가 넘는 주식을 샀습니다." 슬륑스타가 말했다. 노르웨이의 투자 상품뿐 아니라 모든 주식이 급락하고 있던 당시로서는 대담한 행보였다.

나는 노르웨이인이 노르웨이 석유기금을 어떻게 생각하는지 궁금했다. 노르웨이가 아부다비를 제치고 세계 최대의 산유국이 되었을 때 노르웨이의 재무장관 시비에른 욘센은 지역 신문사에 이렇게 말했다. "세계 최대의 기금이 되는 것이 목적은 아니지만, 기금의 규모가 커지고 있다는 사실을 밝히는 일은 늘 기쁩니다." (욘센이 자쿠지 안에 몸을 기대고 이렇게 말한 뒤 남은 샴페인을 비우고 샴페인 잔을 어깨 너머로 던지는 상상을 하고 싶다.) 이 많은 돈은 국민적 자부심의 원천이었을까, 아니면 이런 이야기 자체가 천박하다고 생각했을까?

"물론 우리는 축복받고 운이 좋아서 이런 천연자원을 보유하고 있지만 우리가 자부심을 갖고 있는지는 잘 모르겠습니다. 두 세대만 거슬러 올라가도 우리 조상들은 이 모든 부를 조심스럽게 손에 넣었습니다."

노르웨이인은 석유로 번 돈을 쓰고 싶은 유혹을 어떻게 뿌리쳤을까? 한편 1980년대 영국의 마거릿 대처 정권은 실패했고 현재 일부 아랍 국가는 눈에 띄게 실패에 다가서고 있다.

"두 가지입니다. 첫째는 석유기금 설립자들이 네덜란드병 천연
자원으로 단기 급성장을 이룬 나라가 장기적으로는 경제 침체를 맞는 현상을 피하는
방법을 확실히 알았습니다. 우리는 경제를 쉽게 무너뜨릴 수도
있었습니다. 우리에게는 석유 없이도 살아갈 수 있는 수출 중심
의 경제가 필요합니다. 세계에서 경쟁할 가능성을 없애면 석유
가 동날 때 그 가능성을 되찾을 수 있다고 확신하기 힘들기 때
문이죠."

"전통적으로 우리는 몹시 가난한 나라였습니다. 검소한 소비
습관을 가지고 있었고 사람들은 해안 주변에 살았죠. 노르웨이
는 사실 유럽의 일부가 아니었습니다. 유럽식 봉건 제도가 없었
고, 사람들은 도시와 마을을 만들지 않았으며 각자 독립적으로
살았습니다. 문명보다는 자연과 더 깊은 유대를 맺으면서요. 사
고방식이 다르죠?" 노르웨이인은 가장 기본적인 생필품만으로
연명하는 데 이골이 났다. 슬릉스타가 말했다시피 '과거에는 미
리 저장해놓지 않으면 겨울에 먹을 게 없는 나라였다'. 노르웨이
인은 사치와 방탕을 멀리했으며, 저장과 비축의 필요성을 늘 염
두에 뒀다.

우리는 유럽의 현재 위기를 놓고 잠깐 이야기를 나눴다. 슬릉
스타는 다른 유럽 국가들이 제각각 경제적 수렁에 빠지게 된 이
유에 대해 놀라울 정도로 솔직한 이론을 폈다. 그들 각자가 전형
적으로 행동했을 뿐이라고 했다.

"아이슬란드에 가면 궁금해질 겁니다. '아이슬란드인이 이 무

한한 현금을 손에 넣었을 때 실제로 무슨 일이 일어났을까?' 그
들은 사냥감을 찾아 돌아다니는 바이킹의 자아상을 충족시키기
위해 이 돈으로 전 세계를 돌아다니며 돈을 챙겼습니다. 바이킹
의 2.0 버전인 우리 노르웨이인은 이 석유기금으로 그렇게 할 수
있었지만 그러지 않았습니다. 석유기금은 이미 거기에 있으며 지
켜야 하는 부로 봤거든요. 아일랜드인은 영국인의 집주인이 되고
싶어서 이토록 큰 집을 지었습니다. 또 그리스에 가면 이렇게 묻
게 되죠. '그리스인의 자아상은 뭐지?' 저는 예전에 철학을 공부
했는데 아리스토텔레스가 이렇게 말했습니다. '철학, 그게 뭔가?
음, 첫 번째 전제는 일하지 않는 것이지.' 제가 그리스인에게 약
간 매몰차게 굴고 있지만, 그리스인이 일하지 않는다고 비난해서
는 안 됩니다. 그들은 철학자라 거기 앉아서 삶에 대해 생각해
야 하니까요!"

그리스인은 저금리로 타락한 나라의 다소 극단적인 예이지만,
사실 노르웨이인도 어느 정도 타락했다. 노르웨이인을 절약의
귀감, 엄청난 횡재에 오염되지 않은 국민으로 묘사하는 것은 은
행에 묻어둔 수백만 달러에 상관없이 원래 일하던 공장, 술집의
평소 자리로 돌아간 복권 당첨자처럼 약간 어폐가 있다.

노르웨이 작가 시멘 세트레는 탁월한 저서 『석유광: 세계에
서 가장 부유한 석유의 땅으로 떠난 여행Petromania: A Journey
Through the World's Richest Oil Land』(안타깝게도 노르웨이어판만 출간
되어 있다)에서 석유로 벌어들인 돈이 장기적으로는 어떤 나라
에도 긍정적 영향을 미치지 못하는 이유를 이야기한다. 여기에

는 노르웨이도 포함되어 있다. 세트레는 노르웨이인이 오일 붐이 있기 전보다 근로 시간이 연간 23퍼센트나 줄었으며, 휴가를 더 많이 쓰고(4주가 아니라 5주), 병가를 더 많이 내며(유럽 1위), 은퇴도 더 일찍 한다(63.5세)고 지적했다. 세트레는 노르웨이의 석유 수익금이 '일과 여가 시간의 관계를 망가뜨렸다'고 한 노르웨이 관련 OECD 보고서를 인용한다.

노르웨이는 특히 생산 능력에 소홀했던 것 같다. 어떤 무역 상대국보다 더 빠른 속도로 산업력을 잃었고, 오늘날 제조업 수익이 GDP의 10퍼센트에도 못 미쳐 스웨덴의 약 20퍼센트와 비교된다. 석유와 가스는 현재 노르웨이 수출액의 절반 이상을 차지하며, 어류와 무기가 나머지 수출액의 대부분을 차지한다. 그 때문에 한참 동안 '메이드 인 노르웨이' 제품을 볼 수 없었던 것이다.

노르웨이는 현재 세계경제포럼의 국제경쟁력지수에서 5위에 머물고 있지만(주요 북유럽 주요 4개국 중 가장 낮다), 유난히 두드러지는 한 가지 통계 자료—나 같은 경제 무지렁이가 보기에도—가 특히 염려스럽다. 바로 OECD가 발표한 연구개발 분야 국내 총지출 수치. 이 수치는 한 나라의 GDP 비율로 생각할 때 미래 경제 성과의 주요 지표다. 노르웨이는 R&D에 비교적 적은 돈을 투자—스웨덴의 3.42퍼센트와 비교되는 GDP의 1.71퍼센트—할 뿐 아니라 투자액의 거의 절반이 정부에서 나온다(스웨덴의 약 4분의 1과 비교된다). 이러한 수치가 기존의 성공에 안주하는 국민의 증거가 아니라면 그땐 내가 경제학자다.

노르웨이 사회 구조에서 가장 우려되는 면은 전체 노르웨이

인구 중 생산 연령의 3분의 1 이상이 아무 일도 하지 않는다는 사실이다. 100만 명 이상이 정부 보조금으로 살아가며 대다수는 연금 수급자다. 또 상당수(34만 명)가 장애, 실직, 질병 수당을 받는다. 비율로 따지면 유럽 최대이다. 노르웨이 아이들의 상황도 우려스럽기는 마찬가지다. 문해력, 수학, 과학 능력이 유럽 평균을 밑돌며, 이 추세는 지난 10년간 더 나빠져왔다. 좀처럼 자기 풍자를 하지 않는 노르웨이 언론은 '요즘 젊은 사람들은 하나같이 언론의 유명 인사가 되고 싶어한다'며 곧잘 불평했다고 한다.

OECD는 노르웨이가 해결해야 할 가장 큰 과제는 국민에게 일하고 공부하고 혁신할 동기를 부여하는 것이라고 경고했다. 오늘날 노르웨이 일자리의 거의 10퍼센트는 외국인들 차지다. 일자리 대부분이 바나나 껍질 벗기기, 생선 내장 제거하기, 병원 바닥 청소(시멘 세트레에 따르면 노르웨이 청소 직원의 거의 절반이 외국인이다) 등 노르웨이인이 기겁해 달아날 만한 일이다. 최근 『뉴욕타임스』는 오슬로의 상업은행 한델스방켄에서 경제학자 크누트 안톤 모르크와 인터뷰한 뒤 그의 말을 인용했다. "이건 석유-여가 프로그램입니다…… 우리는 현실에 안주해왔어요. 별장이 점점 늘어나고 있습니다. 우리는 세계에서 휴가 일수가 거의 제일 많고 지나치게 후한 복지 혜택과 병가 방침을 누리고 있지요. 언젠가 끝날 꿈입니다."

이미 많은 노르웨이인이 매년 석유기금의 4퍼센트 이상을 지출할 것을 요구하고 있으며, 전통적으로 이런 압박은 진보당에서 나왔다. "어째서 우리는 세계에서 휘발유 값이 제일 비쌉니까? 왜 우리 나라 병원은 세계 최고가 아니죠? 어째서 제 우편물이 오늘 아침 8시가 아니라 9시에 도착했나요?" 그들은 이렇게 묻고 심지어 이런 이야기까지 한다. "세계에서 가장 부유한 나라에서 어떻게 이런 일이 일어날 수가 있죠?"

"돈은 우리를 바꾸고 있지만 우리는 그 이야기를 별로 하지 않는다. 하지만 석유 수익금이 우리에게 어떤 영향을 미치는가는 이 시대의 가장 중요한 질문이다." 세트레는 자신의 책 『석유광』의 마지막 부분에서 이렇게 말한다.

나는 뉴욕에서 세트레에게 연락을 했다. 세트레는 현재 뉴욕에 살고 있다. 그리고 세트레의 책이 2009년에 출간되었을 당시 어떤 평가를 받았는지 물었다.

"저는 노르웨이 전 국민이 관심을 가질 만한 주제라고 생각했어요. 하지만 결과적으로 스웨덴인이 더 관심을 보였습니다. 제가 제기하려고 했던 문제는 대개 외면당했습니다. 특히 기성세대와 산유국 사람들에게요. 회의감이 크게 들었죠. 제가 책 관련 강연을 하면 누군가 자리에서 일어나 석유는 노르웨이로서는 축복이었다고 이야기합니다. 사람들은 종종 저에게 배가 불렀다는 식으로 말했습니다. 석유가 노르웨이에 안겨준 부에 감사하지 않는다고요. 제가 이야기하고 싶은 점은 노르웨이가 석유 때문에 얼마나 나빠졌는지가 아니라 어떻게 변했는지라고 말했습니다."

세트레는 조국을 지나치게 암울하게 묘사하고 싶진 않았다. 노르웨이의 상황은 대단히 좋지만 기름이 동나면 어떻게 될까

하는 걱정은 먼 미래로 미뤄지고 있다. 하지만 결국 기름은 바닥날 테고, 공공 부문이 GDP의 52퍼센트를 차지하는 노르웨이 경제는 더 이상 존립하기 힘들 것이다. "노르웨이인은 새로운 환경에 적응해야 할 겁니다. 아마 사회복지제도도 축소될 테고, 국민은 줄어든 정부 서비스로 어떻게든 살아가야겠죠. 또 한 가지 질문은 포스트 오일 시대에 경제계는 무슨 일을 하고 사람들이 어떤 일을 할까입니다. 전체 노르웨이 경제가 석유에 지나치게 의존하고 있으니까요. 이런 질문을 잘못 해결하면 장차 노르웨이는 힘들어질지도 모르며, 이는 정치적 불안정으로 이어질 수 있습니다. 저는 노르웨이 정부 기관들이 이 문제를 해결할 수 있을 만큼 견고하다고 생각합니다. 하지만 현재 노르웨이는 최고 전성기를 살고 있으며 정부의 재산은 거의 비현실적일 정도입니다. 이 상황은 사실 거의 이치에 맞지 않으며, 지금부터 내리막길로 접어들리라 봅니다."

나아가 세트레는 노르웨이에서 석유업계 로비 단체의 막강한 권력과 그런 단체의 반기후변화 선전, 그리고 앙골라, 카자흐스탄, 알제리 등 수상쩍은 정권을 비롯한 나라들에서 석유 로비 단체의 활동을 축소, 은폐하려는 노력을 경고한다. 또 석유 산업은 노르웨이의 외교 정책을 좌지우지하며 "우리를 소외시키고 반사회적인 나라로 만들고 있다"고 주장한다. 그 결과 노르웨이는 유럽에서 열외로 취급받을 뿐 아니라 그 어느 때보다 더 보호주의자가 되고 있다. 세트레는 스타트오일이 다방면에서 노르웨이인의 삶에 점점 더 치명적인 영향을 미친다고 지적한다. 가령 스타트오일은 노르웨이 문화권에서 중요한 부분이 되고 있으며, 젊은 예술가와 음악가들에게 상당한 보조금을 지급한다. 유일한 함정은 회사를 비판하지 않겠다고 약속하는 계약서에 서명해야 한다는 점이다.

스타트오일에 제기된 가장 심각한 혐의는 문화 검열이 아니다. 국제 환경보호단체 그린피스는 스타트오일이 캐나다에서 논란이 많았던 오일샌드원유를 머금은 모래나 흙 개발 사업에 참여하기로 하면서 환경 모범 국가라는 노르웨이의 평판을 완전히 떨어뜨렸다고 이야기한다. 오일샌드는 추출과 사용 모든 면에서 원유보다 더 많은 오염을 유발한다. 비록 스타트오일이 사업 계약을 체결하면서 환경 부담을 최소화하는 추출 방식을 쓰겠다고 약속하기는 했지만, 그린피스는 스타트오일의 사업이 '분명 온실가스 대량 배출과 환경 훼손을 야기할 것'이라고 지적한다. 스타트오일은 기업의 사회적 책임이라는 문제에 강경한 목소리를 내지만, 몇 년 전 『비즈니스위크』에서 이야기한 '노르웨이 역사상 최악의 뇌물 수수와 권력 남용 스캔들'로 타격을 받았다. 이란 공무원들에게 뇌물을 준 사건이었다. 실제로 스타트오일의 윤리 규범이 여느 석유 회사들과 어떻게 다른지는 잘 모르겠다.

노르웨이 석유기금의 최고경영자 윙베 슬링스타와 윤리 문제를 놓고 잠깐 이야기를 나눴다. 슬링스타는 석유기금이 담배 사업에 투자하지 않았고 무기 투자에서 UN의 권고 사항을 따랐으며, 회사의 정책과 내부 관행을 바꾸려고 노력 중이라고 설명했다.

"누구도 탓할 사람이 없는 8000개 회사에 투자할 수는 없습니다. 뭘 어떻게 해야 할까요? 손을 씻고 우리 문제가 아니라고 말할까요? 아니면 자리에 앉아서 개선의 여지가 있고 우리가 할 일은 그 개선책을 찾는 거라고 말할까요?"

하지만 석유 그 자체가 환경에 미치는 영향은 어떨까? 노르웨이인은 그 문제를 어떻게 받아들였을까? 슬링스타는 호흡을 가다듬었다.

"그러니까 만약 석유가 기후변화를 일으키는 탄소 배출의 원인으로 밝혀지고…… 사람들 대부분이 그런 생각을 한다고 판단되면 그때는 적어도 우리 석유기금이 석유 회사들에 그 문제를 인식시키고자 할 수 있는 조치를 취할 겁니다." 슬링스타는 '만약'이라는 말에 내가 살짝 웃는 걸 눈치 챘다.

이 일은 물론 노르웨이의 부가 관련되는 한 쉽사리 꺼내기 힘든 골치 아픈 문제다. 제일 똑똑한 논평자들은 모든 화석 연료와 특히 석유가 우리 지구에는 악재로 작용한다는 사실을 다 인정한다. 화석 연료와 석유는 지속 불가능하고 대기를 오염시키며 지구의 온도를 천천히 높일 가능성이 커 보인다. 노르웨이는 자체 에너지의 상당량을 깨끗하고 재생 가능한 수력발전에서 얻음으로써 소비자의 직접적인 죄책감은 덜어준다. 자기가 파는 제품에 본인은 일체 손대지 않는 교활한 마약 밀매자나 다름없다.

누군가는 노르웨이인에게 한층 더 불편한 주제는 석유 가격을 올리는 지정학적 갈등─이라크 침공이나 리비아 내전 등─에서 직접적인 이익을 취한다는 사실일 거라고 추측한다. 국제 분쟁에서 중재해달라는 부탁을 그토록 자주 받는 나라―가령 스리랑카에서 26년간 계속된 내전을 종결짓는 역할을 한 것처럼―가 세계의 다른 지역에서 석유 생산과 관련된 다양한 분쟁으로부터 가장 큰 이득을 취한다니 대단히 아이러니다. 나는 슬링스타에게 노르웨이의 막대한 부가 석유가 전 세계에 일으킨 환경 파괴 및 인간성 파괴로 얼룩져 있다고 생각하는지 물었다.

"저마다 대답은 다를 겁니다. 그런 생각을 하는 사람도 있겠죠. 대다수가 석유가 이산화탄소를 배출하는 건 맞지만 석탄보다는 나을 거라고 대답하리라 봅니다. 하지만 재생 가능하고 지속 가능한 다른 에너지원은 어떨까요? 그래서 우리는 새로운 기술에 투자하는 특수 프로그램을 시행하고 있습니다." 슬링스타가 신중하게 답했다.

분명 슬링스타가 본인이 대표로 있는 석유기금의 막대한 부의 출처를 나쁘게 말할 일은 결코 없을 듯싶었다. 반면 토마스 휠란 에릭센은 거리낌 없이 말했다.

"흥미롭네요. 뭔가 알고 계신 것 같군요. 우리는 결코 오염을 우리가 보유한 부와 연결 짓지 않습니다. 실제로 노르웨이인은 자신들이 대단히 깨끗하다고 생각하지만 스웨덴인보다 훨씬 더 많은 오염을 일으키죠." 에릭센은 2009년 첫 인터뷰 자리에서 노르웨이인이 석유에 책임을 느끼느냐고 질문하자 이렇게 답했다.

브레이비크 사태 이후 다시 만났을 때 에릭센은 새로운 견해를 내놓았다. "그러한 정신적 난제는 7월 22일 범죄의 가해자가 우리 중 한 명이었다는 사실을 깨달았을 때의 상황과 매우 비슷합니다. 외국인을 탓할 수가 없었죠. 우리는 한 나라 국민인 우리 자신을 해결책의 일부라고 늘 생각해왔는데, 석유와 관련해서는 갑자기 문제의 일부가 됐습니다. 우리 스스로 그 사실을 납득하지 못하고 있습니다. 대부분은 실제로 부인합니다. 이렇게 말하면서요. '글쎄요. 알다시피 우리가 캐나다에서 원유를 추출하는 가장 더러운 방법인 오일샌드 사업을 하지 않았더라면 누군가 환경 지속성이 더 낮은 방법으로 했을 겁니다.' 그런 식으로 주장하면 모든 문제를 같은 방법으로 주장할 수 있습니다. 기본적으로 이런 거죠. '우리가 하지 않았다면 다른 누군가가 했을 테고, 그들은 우리보다 훨씬 더 나쁠 것이다.'"

"노르웨이에서 누구 한 명이라도 석유 추출을 전면 중단하자고 이야기한 적이 있습니까?" 내가 물었다.

"없습니다. 사실 우리는 엄청난 속도로 원유를 퍼내고 있습니다. 제 증거는 대부분 전해 들은 이야기인데 사실 제 연구 분야가 아니라서요. 북부 해안에 있는 핀더스의 수산물 가공 공장을 예로 들면, 보수는 좋지만 추운 곳에서 힘들게 생선뼈를 발라내는 일을 합니다. 지금은 대부분 중국에 외주를 주고 있죠. 생선을 중국으로 보내 뼈를 발라 핀더스 박스에 포장해서 다시 받습니다. 하지만 나머지 작업은 노르웨이인이 아닌 타밀 사람과 러시아인이 합니다. 노르웨이인은 런던이나 파리에 가서 '언론'에서 무언가를 하죠." 에릭센이 큰 소리로 웃으며 말했다. "그게 타락의 진짜 증거입니다! 어떤 사람도 공장에서 일하거나 기술자가 되고 싶어하지 않습니다. 모든 사람이 유명해지길 원하죠. (…)

사람들은 지금의 세상을 당연하게 여기는 경향이 있습니다. 그 무엇도 절박하지 않거든요. 내가 내일 출근할지는 별로 중요하지 않습니다. 세상은 어떻게든 굴러가니까요. 병가는 1990년대 이후 계속 늘어났습니다. 사람들이 감기에 더 자주 걸려서가 아니라 회사가 그렇게 중요하지 않다고 생각해서입니다."

007

버터

앞에서 이야기했듯이 노르웨이는 늘 약간 주변부에서 고립되어 있었고, 내부 지향적인 나라였다. 어떻게 보면 노르웨이가 수세기 동안 겪은 지정학적 혼란이 아름답고도 무자비한 자연보다 현대 노르웨이인의 정신을 형성하는 데 더 적은 역할을 했다.

덴마크는 제국을 건설하고 잃었으며, 늘 유럽 제국의 다리 역할을 했고, 스웨덴과 끊임없는 다툼을 벌였다. 스웨덴은 핀란드를 지배하고 잃었으며, 유럽 깊숙이 들어가 전쟁을 벌였고, 제2차 세계대전 이후에는 제조업으로 세계를 제패했다. 핀란드 역시 노르웨이처럼 나름 저주스러운 방식으로 지리적으로 고립되어 있지만, 동서의 줄다리기에서 밧줄 역할을 한 덕에 북유럽 지역의 지정학에 본의 아니게 더 많이 관여했다. 처음에는 스웨덴, 이어서 러시아의 지배를 받았고, 수많은 전쟁으로 피투성이가 됐지만 저항했으며, 북유럽 나라들 중 유일하게 유로화를 수용했다. 아이슬란드 역시 북유럽 역사의 변두리에 존재했다고 볼 수 있다. 물론 아이슬란드는 아메리카 대륙을 '발견했고', 최근에는 두 번째 소란을 피웠다. 이번에는 세계 금융시장에서였다.

노르웨이인은 늘 사람들과 어울리지 않고 혼자 지내는 경향이 있었다. 심지어 자기네 나라 안에서도 넓게 흩어져 산다. 서로 최대한 거리를 두려는 듯이. 심지어 노르웨이인이 엄청난 용기와 독창성을 발휘해 세계로 나아가 정당하게 축하받은 탐험―가령 로알 아문센들, 프리드쇼프 난센들, 토르 헤위에르달들―을 할 때도 역시나 사람이 별로 없을 만한 곳인지 아주 신중하게 고려한 뒤 탐험을 한 것 같다.

외부 세계는 가끔 노르웨이인에게 그다지 영향을 주지 않는 것처럼 보인다. 예전에는 생선과 목재가 있었고, 지금은 석유와 독점 유제품 회사도 보유하고 있다. 그들은 실제로 다른 사람들을 필요로 하지 않는다. 아마 자신들이 먹을 바나나 껍질을 벗길 스웨덴인 약간만 제외하고. 한번은 잡지 기사를 쓰느라고 노르웨이 관광청에 잠깐 도움을 구한 일이 있었다. 내가 받은 첫인상은 노르웨이에 관광을 오라고 대놓고 장려하기보다는 점잖게 환영하는 듯한 모습이지만, 괜찮다면 여행객들이 유람선 안에만 머물러 있기를 더 바라는 눈치였다.

노르웨이 사람들은 왜 그렇게 폐쇄적일까? 덴마크와 스웨덴의 지배를 받으면서 노르웨이는 자결권뿐 아니라 크게는 자의

식 또는 국가라는 의식 역시 잃었다. 길었지만 그다지 치열하지는 않았던 독립 운동 끝에 1905년 마침내 자치권을 인정받았다. 그 후에 일어난 일은 노르웨이인과 스웨덴인의 확연한 차이, 그리고 다음 세기 동안 각 나라의 발전 방향을 잘 보여준다. 스웨덴은 의식적이고 통일된 행보로 주목받는 자리로 나아갔고, 기술과 산업 발전, 현대 사상, 세속주의, 사회적으로 진보적인 정치를 받아들이며 전후 시기에 가장 성공적인 산업국가, 제조업 강국, 현대적인 다문화 국가로 거듭났다. 그것도 모자라 훌륭한 대중음악과 섹시한 테니스 선수까지 키워냈다.

토마스 휠란 에릭센은 이렇게 말했다. "스웨덴은 향상과 진보의 길을 걸으며 미래로 나아가고 현대 사상을 받아들였습니다. 제 생각에는 그게 유일한 길이라고 믿었기 때문입니다. 그 전에 스웨덴은 매독에 걸린 늙은 나라였기에 회복이 필요했습니다. 하지만 노르웨이는 정체성을 찾아 구축해야 했습니다. 그래서 온갖 기괴한 의상과 민족낭만주의가 지금도 계속되는 겁니다."

노르웨이인은 현대세계를 좋아하지도 원하지도 않기로 결심했다. 그들은 전통 의상 부나, 민속 무용, 말린 생선을 더 좋아했고, 안전한 과거 농경 시대로 돌아가 자연과 바다와 더불어 살고 싶어했다. 그때 석유를 발견하면서 상황이 크게 달라졌지만, 오히려 그 덕분에 노르웨이의 전통인 지리적 인구 확산과 고립주의, 보호무역주의 정책을 유지할 수 있었다.

"말하자면 유럽을 같은 선상에 놓고 보면 노르웨이와 스위스는 도드라집니다. 두 나라는 사실 유럽의 일부가 아닙니다. 스웨덴과 덴마크에는 귀족과 봉건 제도가 존재했고, 두 나라는 어느 정도 유럽식 세계관을 가지고 있었습니다. 드넓게 펼쳐진 작은 마을들과 농노가 있는 농장도 그렇고요. 하지만 노르웨이에는 그런 게 없습니다. 그래서 공통 언어를 쓴다는 사실로 미루어보면 예상보다 차이가 훨씬 큽니다." 윙베 슬링스타가 말했다.

하지만 때로 이런 고립주의는 노르웨이에 부메랑이 되어 돌아온다. 2011년 노르웨이에 버터가 동났다는 소식이 보도되었을 때 스칸디나비아 다른 지역에서는 흥겹게 노래를 불렀다. 버터 대량 섭취를 권장하는 다이어트 방법이 노르웨이 전국을 휩쓸며 국내 버터 재고가 바닥났다. 노르웨이는 국내 낙농업을 보호하기 위해 수입 유제품에 과도한 세금을 부과하고, 그 결과 버터 가격이 급등했다. 사람들이 사재기를 시작하면서 유제품 독점 기업이나 다름없는 노르웨이의 티네 사가 생산하는 국산 버터 제품이 동났고, 곧 노르웨이인은 덴마크 친구들에게 노르웨이에 올 때 덴마크 버터 루어파크를 트렁크에 채워오라고 부탁하기 시작했다.

"망신스럽고 부끄러운 일이었죠." 진보당의 농업 문제 대변인 토르게이르 트렐달이 헛기침을 했다. "우리가 마지막으로 이웃 나라에서 무상 식품 지원을 받은 시기는 제2차 세계대전 기간이었습니다."

"나는 버터 없는 토스트를 씹는 성질 고약한 부자 노르웨이인이 되느니 차라리 버터 쿠키를 입안 가득 베어 문 매 맞는 유럽연합의 시민이고 싶다. 석유를 판 돈이 넘쳐나는 작은 나라에서 국민에게 버터 같은 기본 생필품을 공급할 수 없다니 대단히 아이러니하다······ 노르웨이인이 모든 요리를 마가린으로 해야 한다는 사실을 생각하면 집에서 구운 우리 스웨덴 전통 사프란 빵이 훨씬 맛있을 것이다." 당시 다소 화가 난 한 스웨덴 기자는 기사에서 이렇게 말했다.

샤덴프로이데, 즉 남의 불행에서 기쁨을 느끼는 태도는 썩 유쾌하지 못한 일이지만, 화목해 보이는 스칸디나비아 삼두정치의 표면 아래 곪아터지는 적나라한 분노와 질투를 잘 보여준다. 하지만 노르웨이인은 본인들의 보호무역주의를 부끄러워하지 않는다. 최근에 노르웨이는 덴마크 치즈에 독단적으로 262퍼센트의 수입 관세를 부과해 덴마크인들의 분노를 샀다. 과거 식민지 통치에 대한 노르웨이식 복수였다.

이러한 면을 잘 보여주는 또 다른 사례는 노르웨이를 비웃는 이웃 나라들의 수많은 농담이다. 노르웨이인은 늘 동네 바보 역할을 맡는 듯하다. 영국인이 아일랜드인을 비웃는 농담이나 미국인이 폴란드인을 비웃는 농담과 비슷하다. 그 같은 농담은 인종차별적이고 지나치게 단순하며 정치적으로 올바르지 못하고 식민주의적이다. 그런 농담은 당연히 생각이 바로 박힌 모든 사람에게 강하게 규탄받아야 하며 두번 다시 해서는 안 된다.

다음은 내가 제일 좋아하는 농담이다.

스웨덴인, 덴마크인, 노르웨이인이 배가 난파해 무인도에 갔다. 스웨덴 사람이 조개껍데기를 하나 발견했는데, 문지르면 소원을 하나씩 들어주는 마법의 껍데기였다. "볼보와 비디오와 매끈한 이케아 가구가 있는 저의 넓고 편안한 대저택으로 돌아가고 싶어요." 스웨덴인은 그렇게 말하고는 이내 사라졌다. "저의 작고 아늑한 코펜하겐의 아파트로 돌아가 라거 여섯 캔을 챙겨서 관능적인 여자친구와 함께 편안한 소파에 앉아 있고 싶어요." 덴마크인이 이렇게 말하고는 사라졌다. 노르웨이인이 잠시 고민한 끝에 조개 껍데기를 문지른다. "여긴 정말 외로워요. 두 친구가 다시 돌아왔으면 좋겠어요."

다음 두 이야기는 내 아들에게 양해를 받고 쓴다. 아들이 다니는 덴마크 학교에서 들은 이 이야기는 노르웨이 농담이 발전 중이라는 증거다. 흥미롭게도 나의 덴마크인 아내는 이 농담이 비교적 새로운 변화라고 이야기한다. 자기가 학교 다닐 때만 해도 운동장에서 하던 농담에 등장한 지진아가 덴마크 제2의 도시 오르후스 사람들 차지였다면서(한편 나의 노르웨이인 친구 한 명은 예전에 스웨덴인을 조롱하는 이런 농담을 자주 했다고 한다). 물론 1970년대에 노르웨이인의 서유 수익은 요원한 환상이었다. 노르웨이인의 농담은 노르웨이의 통화 가치가 상승하면서 대중성도 같이 상승한 걸까?

한 경찰이 펭귄을 앞세우고 코펜하겐 도심을 활보하는 노르웨이인을 만났다.
"지금 당장 펭귄을 동물원에 데려가셔야 합니다." 경찰이 강경하게 말했다.

"알겠어요!" 노르웨이인이 말한다.

두 사람은 다음 날 또 만나지만 노르웨이인은 여전히 펭귄과 함께 있다.

"제가 동물원에 데려가라고 말씀드린 것 같은데요." 경찰이 말했다.

"그렇게 했어요! 동물원이 마음에 드는 눈치더라고요. 오늘은 영화관에 갈까 생각 중이에요." 노르웨이인이 말한다.

아래 이야기도 유사한 맥락이다.

한 노르웨이인 남자가 영화관에서 여직원에게 표를 구한다. 몇 분 뒤 남자가 돌아와 표를 한 장 더 산다. 그러고는 다시 와서 한 장을 사고, 또 한 장을 산다.

결국 표를 판매하던 여직원이 남자에게 묻는다. "왜 자꾸 새 티켓을 구입하세요?"

그 남자는 화를 내며 말한다. "제가 들어가려고 할 때마다 문 앞에 있는 남자가 표를 반으로 찢잖아요!"

에릭센에게 덴마크인이 노르웨이인을 향해 하는 농담을 어떻게 생각하는지 질문했다. 신경 쓰일까? "아, 우리는 별로 신경 쓰지 않아요. 덴마크는 애처로울 정도로 작은 평지 국가잖아요. 그냥 배가 아픈 거죠…… 사실 우리는 덴마크 사람들을 아주 좋아합니다. 세계인이고 또 휘겔리하잖아요. 국기조차 휘겔리하죠.

심지어 국기 무늬가 들어간 포장지에 물건을 포장해서 팔기도 합니다. 노르웨이에서 국기는 거의 신성시됩니다. 누군가 햄 통조림 옆면에 국기를 넣었다가는 난리가 날 겁니다."

노르웨이인은 덴마크인이나 스웨덴인이 주장하는 것처럼 멍청하지 않다고 결론 내릴 수 있을 것 같다. 예상하다시피 북해 해저에서 그 많은 원유를 다 채취하기란 쉬운 일이 아니다. 노르웨이는 최근(이 글을 쓰는 지금) UN 인간개발지수에서 1위를 차지했다. 인간개발지수가 원래 부보다 가치로 국가를 평가하는 방편으로 만들어졌다는 점을 생각하면 아이러니다. 그럼에도 불구하고 노르웨이가 공식적으로 세계 최고의 국가로 인정받았다는 의미다. 어느 정도는. 또한 세계에서 남녀가 가장 평등하며 정치적으로 가장 안정된 나라다. 한편 유럽에서 수감된 범죄자 수가 제일 적은 나라로─국민 중 불과 3500명─인구수가 비슷한 스코틀랜드는 노르웨이의 두 배다.

그리고 노르웨이 역시 농담으로 응수한다. 가령 덴마크어를 조롱할 기회를 결코 놓치지 않는다. 노르웨이인은 노르웨이어가 진정한 순수 스칸디나비아 언어라고 생각한다. 이는 19세기 분리 독립 운동의 중요한 요소였으며, 특히 덴마크의 잔재를 뿌리 뽑는 방편이었다. 이때쯤 노르웨이인은 또 다른 공용 노르웨이어, 뉘노르스크를 각 지역의 방언을 바탕으로 구성하는 급진적 조치를 취했다. 뉘노르스크는 실제로 사용자가 가장 많은 노르웨이어인 보크몰보다 고대 스칸디나비아 언어와 전통 노르웨이 방언에 더 가까웠다. 뉘노르스크는 결코 보크몰을 대신하지는 못했지만 노르웨이인 10퍼센트를 조금 웃도는 인구, 주로 노르웨이 서부에서 많이 사용하는 공식 언어다.

실제로 덴마크어 — 특히 스웨덴인과 노르웨이인이 명료함이 떨어지고 있다고 주장하며, 실제로도 덴마크인은 점점 많은 단어를 불분명하게 웅얼거리며 발음하고, 알아듣기 어려운 목구멍 소리를 더 많이 쓴다 — 는 스칸디나비아 전역에서 점점 더 놀림거리가 되고 있다. 설마 할 수도 있지만 내 평생 본 가장 웃기는 텔레비전 스케치 코미디 쇼짧은 콩트로 구성된 코미디 쇼는 노르웨이 코미디언 두 사람이 나와서 대화하려고 애쓰는 덴마크인 흉내를 내는 '우티 보르 하게'라는 코너였다(그 코미디 쇼는 영어 자막판도 있으며, 유튜브에 '덴마크어Danish Language'라는 제목으로 올라와 있다. 지금까지 300만 명 이상이 시청했다). "덴마크어는 의미 없는 후두음으로 전락했어." 자포자기한 '덴마크인' 한 명이 이렇게 입을 연다. 그 덴마크 남자는 철물점에 들어간다. "'안녕'이라는 덴마크어 단어조차 생각나지 않았어. 어떤 말도 알아들을 수가 없었지. 그래서 그냥 철물점 주인이 하는 말을 따라했어. 무슨 말이라도 해야 해서 그냥 카멜로소Kamelåså, 덴마크어 발음을 이용해 만든 의미 없는 가짜 덴마크어라는 단어를 말했어." 이 코미디 쇼는 철물점 주인이 카메라에 대고 애원하면서 끝난다. "아무런 조치도 취하지 않으면 덴마크 사회는 망할 거예요! UN과 국제사회에 부탁드립니다. 제발 우리 좀 도와주세요."

이런 다정한 놀리기는 친한 이웃끼리나 한다. 더 먼 나라에서 온 이민자들을 향한 노르웨이인의 태도는 엇갈린다. 브레이비크의 재판이 끝나갈 무렵 오슬로에 루마니아인 집시 200명이 들어왔을 때도 그랬다. 집시들은 오슬로 중심부에 있는 소피엔베르그 교회 마당에 캠프를 쳐 지역 정치인과 언론의 공분을 샀다. 어떤 노르웨이 웹사이트는 집시들을 '쥐떼' '짐승 같다'고 표현했다. "이 사람들은 여기에 있을 권리가 없으며, 소피엔베르그 교회와 노르웨이에서 추방해야 합니다. 노르웨이와 오슬로가 세계의 사회복지 사무소 역할을 하는 상황을 방치할 수는 없습니다." 한 정치인이 TV2에 나와서 말했다. 이 글을 쓰는 지금 오슬로 시장은 집시들을 추방하라는 탄원을 금지하려고 노력 중이며, 다른 사람들은 노르웨이 국경을 폐쇄하자는 이야기를 진지하게 논의 중이다.

평소처럼 당시 총리 옌스 스톨텐베르그는 온건한 목소리를 냈다. "7월 22일 사태가 우리에게 보여준 한 가지는 특정 집단에 속해 있다는 이유로 사람을 평가하거나 낙인찍지 않는 것이 얼마나 중요한가입니다. 이런 단어와 표현은 더 많은 증오와 갈등을 불러올 뿐입니다."

우리가 할 수 있는 일은 그런 성서가 이 추운 북쪽 나라에서 벌어지는 싸움에서 마침내 승리하길 바라는 것뿐이다. 노르웨이인은 약간 더 개방적이고 너그러운 마음을 보여주는 것이 더 잘 어울릴지 모른다. 최근 온갖 충격을 겪었음에도 불구하고 노르웨이인은 감사해야 할 일이 아주 많다. 그들은 사회적 결속, 평등, 동질성, 삶의 질이라는 면에서 덴마크인과 비슷하게 유리한 위치에 있으며, 오히려 7.22 테러 사태는 노르웨이 사회를 더 하나로 단결시켜준 듯하다.

"7.22 테러 사태 이후에 사람들은 우리가 진정 빌어먹을 한 가족이라고 느꼈습니다. 우리는 정말 작은 사회입니다. 총리, 오슬로 시장, 왕세자, 모든 전문가는 그 자리에 없었지만 우리 안에, 우리 사이에 있었습니다. 노르웨이 왕은 사별당한 삼촌처럼 말했고, 국무총리는 우리 이웃처럼 말했으며, 심지어 왕세자조차 대단히 강한 문화적 친밀함을 줬습니다. 사회 상하류층의 격차가 하도 적어서 서로 마주칩니다. 사는 곳은 도시 이쪽인데 겨울에 도시 바로 외곽 언덕으로 스키를 타러 가면 때로 총리를 마주친다는 사실을 모두가 압니다. 저는 많은 사람이 그렇듯 총리를 아주 조금 알지만, 마주치면 안녕하세요라고 인사를 건넵니다." 에릭센이 말했다.

"중요한 점은 이 문제를 사회학적으로 볼 수 있다는 겁니다. 노르웨이인이 총리를 알거나 총리를 아는 누군가를 알 확률은 인구가 두 배인 스웨덴보다 두 배 높습니다. 스페인보다는 여덟 배 높습니다. 이처럼 자신이 중요한 가문과 실제로 연결되어 있다는 느낌을 받습니다. 신뢰 수준이 높습니다. 노르웨이인이 다른 곳으로 여행을 갈 때 그리워하는 한 가지는 그냥 전차에 앉아 졸면서 이곳이 안전하다는 사실을 아는 겁니다. 그런 느낌 말이에요."

이처럼 아무런 위협을 받지 않는 졸음, 평화, 안정감, 고요의 느낌도 당연히 북유럽 사람들이 누리는 안전감과 삶의 질, 더 나아가 행복의 핵심이다. 하지만 안전, 기능, 합의, 중용, 사회적 결속이 삶의 전부는 아니며, 단지 수많은 욕구의 토대일 뿐이다. 스칸디나비아가 사람들이 그 피라미드 모양의 땅에서 찾고 싶어하는 몇 가지—가령 더 남쪽 나라에서 찾는 열정과 재치, 화려함과 삶의 환희—가 약간 부족할지도 모른다는 점을 지적하는 사람이 내가 처음은 아닐 것이다.

5장

스웨덴

가재

금요일 저녁, 말뫼에 있는 중앙광장에 왔다. 내 주변에서 수천 명의 군중이 긴 테이블 옆에 따닥따닥 붙어 서서 서로 팔짱을 끼고 스웨덴어로 부르는 스코틀랜드 민요 '마이 보니 라이스 오버 디 오션My Bonnie Lies Over the Ocean'의 박자에 맞춰 팔을 앞뒤로 흔들고 있다. 테이블 위에는 빈 병과 캔, 그리고 세계에서 가장 큰 가재 잔치의 잔해들이 흩어져 있고, 현재 소금기를 쭉쭉 빨아대고 후루룩거리는 소리가 최고조에 달하는 중이다.

전통적인 스웨덴 가재 파티인 크레프트스비카kräftsvika는 스웨덴에서 보기 드물게 공공 무질서를 허락하는 날이다. 안전망 없이 떠들썩하게 자신들의(그게 아니라면 잠자고 있을) 바이킹 정신을 풀어놓는 흔치 않은 순간이다. 가재 파티는 매년 8월 중순,

겨울의 어둠이 내리기 전 여름이 마지막 발악을 할 때 열린다. 까치발로 주변을 어슬렁거릴 필요는 없다. 모두 고주망태가 되어 있으니까. 나 역시.

말뫼의 중앙광장에 도착했을 때 쿠오피오에서 한 경험을 떠올리며 아이들이 없는 광경을 보고 조심했어야 했다. 한두 시간 뒤면 얼굴이 불콰해져서 생전 처음 보는 노부인과 컨트리 댄스를 추고 있으리라는 사실을. 문제의 노부인은 한 손에 빈 슈납스 병을 움켜잡고 있었고 나는 원뿔 모양의 종이 모자와 갑각류 만화가 그려진 플라스틱 턱받이를 하고 있었다. 스콜!Skål, 스웨덴어로 건배

"한 병을 다 비우자. 첫 잔을 다 비우자. 노래하자. 뛰어보세!" 무대 위의 포크밴드가 템포를 높이며 밴조와 하모니카, 바이올린을 동원해 '무도회' 음악에 가까운 곡을 연주했다. 스웨덴은 술자리 노래가 많기로 유명하며, 여기 모인 모든 사람이 가사를 아는 눈치였다. 몇몇 주정꾼이 테이블 위에 올라가 조심스럽지만 열정적으로 춤을 췄다. 양팔을 벌려 우스꽝스러운 모자를 허리춤에 대고, 셔츠는 여전히 반바지 안에 단단히 집어넣은 채로. 이제 캄캄해진 방으로 기어서 돌아갈 시간이다.

여기는 스웨덴이다.

여기는 전혀 스웨덴이 아니다.

우리는 마침내 북유럽 퍼즐에서 제일 중요한 조각에 도착했다. 허브, 십자가, 로제타석으로 스칸디나비아의 문화, 정치, 사회와 관련된 역사의 상당 부분을 알 수 있다. 스웨덴은 다른 어떤 이웃보다 세계 나머지 나라들이 스칸디나비아를 바라보는 시

선에 큰 영향을 미쳤다. 즉 현대적이고 자유롭고 집단주의적이며—가재 파티는 제외하고—대단히 따분하다는 이미지에 제일 크게 기여했다. 우리는 인구가 가장 많고(930만), 거의 모든 면에서 가장 성공하고 가끔은 제일 짜증나고, 확실히 스칸디나비아 지역에서 가장 영향력 있는 나라(덴마크에는 미안하지만 속으로는 사실이라고 생각하겠지), 바로 스웨덴에 도착했다.

핀란드 역사학자 라우라 콜베는 스웨덴이 태양이나 자석, 때로는 일종의 블랙홀 같다고 했다(비록 매끈한 소파와 훌륭한 탁아 시설을 갖추고 있지만). 모든 북유럽 나라는 감탄하며 스웨덴을 돌아봤고 관심을 가지고 다가갔다(어떤 경우에는 쓰고 버렸다). 지난 500년간 수시로. 스웨덴은 형이자 지역 대표이자 롤모델이다. 우리는 『가디언』이 언젠가 '세계 역사상 가장 성공한 사회'라고 이야기한 나라에 도착했다.

수 세기 동안 스웨덴의 북유럽 형제 나라는 모두 스웨덴으로부터 피해를 입고 협박을 당하며 분노를 느꼈다. 실제로 스웨덴은 중부 유럽의 길고 넓은 땅을 위협하기도 했지만, 요즘은 평화를 사랑하기로 유명하며 아마 중립국인 스웨덴은 유혈의 역사를 기억하고 싶지 않을 것이다. 핀란드인과 노르웨이인, 덴마크인 모두 크게 성공한 잘난척쟁이 이웃 나라 스웨덴에 여전히 분노와 질투를 느끼는 게 당연하다. 그리고 말할 필요도 없이 북유럽 연합과 북유럽 이사회, 국경 개방 정책, 그리고 타이의 푸껫부터 스페인의 그란카나리아섬의 수영장 주변에 형성되는 스칸디나비아의 패밀리 등 네 나라가 세계에 보여주는 걸으로 형제 같은 모습에도 불구하고, 더 파면 팔수록 더 많은 스웨덴인과 이야기를 나누면 나눌수록(그리고 더 술에 취할수록) 외부인이 스웨덴인에게 느끼는 한결같은 반감을 더 많이 발견하게 될 것이다. 수 세기 동안 긴장 상태, 경쟁, 배신으로 남은 비교적 작은 상처일 수도 있지만, 단언컨대 그런 반감이 있으며 스웨덴은 늘 관심의 대상이다. 그 반감은 덴마크가 마지못해 스웨덴의 경제적 성공과 이케아의 세계 시장 제패에 대응하는 방식(이케아가 가장 품위 없는 제품인 도어 매트 따위에 덴마크 도시명에서 따온 이름을 계속 고집하는 건 전혀 도움이 되지 않는다) 속에 있다. 또 노르웨이인이 자기네 나라에서 바나나 껍질을 벗기는 일을 하는 스웨덴 이민자들 이야기를 하면서 얻는 즐거움 속에 있다. 그리고 핀란드인이 스웨덴 '게이' 남자들과 겨울 전쟁 이야기를 속닥거릴 때 있다.

물론 스웨덴 밖에 사는 우리에게 스웨덴 사람들은 정말 상냥하고 존경할 만한 존재다. 20세기에 스웨덴이 이룬 업적은 무궁무진하며 대부분 숭고하다. 합리주의자부터 경건한 세속주의, 산업 역량, 경제적 성공, 그리고 물론 모든 사람을 끌어이는 너그러운 사회복지제도라는 희망의 횃불까지. 지난 수백 년 내내 스웨덴은 자타 공인 세계의 사회적 실험실이었다. 모두 한마음이 되어 더 나은 삶의 방식을 개척하고 더 높고 현대적인 도덕규범을 준수하며 정말 기억하기 쉬운 4분짜리 팝송을 만드는 데 열중한 영웅적인 금발들.

우리는 스웨덴의 무료 학교와 재단 병원, 화목한 '중도의' 합의 정치, 그리고 경제 평등과 양성평등에 관한 뉴스를 곧이곧대로 받아들인다. 최근 영국 언론의 주목을 받은 스웨덴의 혁명은 쿤스캅스콜란Kunskapsskolan이라는 지식 학교다. 통신회사가 설립한 대표적 기업 학교인 이곳은 교실이 없는 오픈 플랜식의 자유로운 교육을 하며, 아이들이 직접 본인의 학업 목표를 정하고 시간표를 만든다. 내가 다닌 학교가 그런 식으로 운영됐더라면 첫날 아침에 「파리대왕」 속 아이들 꼴이 났겠지만, 영국 언론은 스웨덴의 이런 학교를 보면서 부러워한다.

현재 스웨덴의 교육 모델은 세계의 정책 입안자와 정치인들의 주목을 받고 있다. 데이비드 캐머런부터 프랑수아 올랑드, 심지어 버락 오바마까지 중도 성향의 많은 서양 정치 지도자가 스웨덴의 혼합경제와 합의 기반 정치를 모방하고 싶어했다. 이 조용한 북유럽의 백조는 늘 별 불평불만 없이 목표를 달성하는 것처럼 보인다. 진보적인 노동법을 시행하는 일이든, 금융 위기 후에 경제 회복을 지휘하는 일이든, 테니스 실력을 놀라운 수준으로 끌어올리는 일이든 뭐든 간에.

최근 스웨덴이 행한 가장 대담한 사회적 실험은 다문화 분야였다. 지난 40년 넘게 스칸디나비아에서 제일 큰 나라였던 스웨덴은 다른 어떤 유럽 국가보다 많은 이민자를 수용했다. 오늘날 스웨덴 인구의 거의 15퍼센트는 스웨덴 밖에서 태어난 사람들이며(북유럽에서 두 번째로 이민자 수가 많은 덴마크의 약 6퍼센트와 대조적이다), 다음 세대까지 포함하면 인구의 거의 3분의 1이 스웨덴이 아닌 다른 나라 출신이다. 19세기 후반까지만 해도 단일 민족의 고립된 농촌 공동체였으며, 지난 2세기 동안 외교 정책이 배타적이고 중립적이었던 나라로서는 놀라운 수치다. 앞으로 살펴보겠지만 이러한 발전은 그만한 대가를 치렀기에 가능했다.

지난 몇 년 동안 전 세계는 갖은 금융 위기와 경제 위기에 대처하는 비결을 알고자 스웨덴을 주시했다. 스웨덴은 수십 년 전 신용 거래에서 비롯된 비슷한 롤러코스터 같은 시절을 겪었기 때문이다. 1985년 스웨덴 정부가 신용 대출 시장의 규제를 철폐한 뒤 스웨덴인은 당시 넘쳐나던 소위 '산타클로스' 신용 거래를 마음껏 이용했고, 주택 거품이 불가피하게 꺼졌을 때 그 대가를 치렀다. 1990년대 초반 스웨덴은 위기를 맞았다. 실업률이 네 배로 뛰고, 예산 적자는 치솟았다. 하지만 스웨덴 정부는 더 민첩하게 대응해 혼란을 잠재우고 주요 공공 부문 지출과 세금 삭감을 시행하는 한편 복지국가의 핵심을 유지했다. 공공 서비스를 개혁하고 민영화했다. 심지어 영국의 마거릿 대처가 시도한 개혁보다 더 광범위한 수준이었다. 스웨덴의 각 학교가 국가의 교육 제도가 아닌 독립된 교육을 실시할 수 있도록 장려하고, 환자들에게는 개인 의사를 포함한 모든 의사를 선택할 자유를 주며 나라에 비용을 청구하게 했다. 무엇보다 은행을 철저히 통제하고 통제의 고삐를 결코 늦추지 않았다. 덕분에 스웨덴은 최근 세계 경제 위기에 잘 대처했고 그렇게 다시 한번 기세 좋게 앞으로 나아갔다. 주변에서 일어나는 지진은 감지하지 못한 눈치였다.

덴마크의 유사한 '호박벌' 모델(높은 세금, 광범위한 공공 부문, 폭넓은 사회복지제도)처럼 스웨덴은 많은 경제학자의 경고를 계속 무시해왔으며, 경고는 제2차 세계대전 이후 이런저런 형태로 나오고 있다. 스웨덴은 급성장까지는 아니더라도 적어도 자국의 힘으로 아주 잘하고 있다. 앞에서 이미 언급했지만 스웨덴은 세계경제포럼이 최근 발표한 국가경쟁력지수에서 4위를 차지했고, UN 인간개발지수에서 덴마크와 핀란드보다 앞선 10위를 차지했다. 1위는 노르웨이로, 넘쳐나는 석유 수익금 덕분에 절대 금액으로 보자면 다가올 수십 년 동안도 가장 부유한 북유럽 국가의 지위를 굳건히 지킬 것이다. 하지만 스웨덴의 위력은 테트라파크(세계 최대 규모의 식품 용기 제조사), H&M(세계에서 두 번째로 큰 의류회사), 산업설비 회사 아틀라스 콥코, 에릭손, 볼보, 그리고 결혼생활의 무덤인 글로벌 체인 이케아 등 대형 다국적 기업을 키우는 데 있다. 실제로 북유럽 지역에서 가장 큰 회사의 거의 절반이 스웨덴 회사다.

조금 걱정스러운 소식은 실업률이 몇 년 동안 비교적 높았다는 점이다. 현재 실업률은 7.3퍼센트다(스웨덴의 실업률 수치는 조앤 콜린스의 나이(현재 84세의 영국 배우로 실제 나이보다 네 살 줄여서 활동하는 영국 배우 정도의 신뢰성을 가지며, 실제로는 훨씬 더 높을 것이다). 무엇보다 심각한 점은 청년 실업률이 다른 북유럽 나라들보다 훨씬 높다는 사실(거의 30퍼센트). 그럼에도 불구하고 스웨덴의 GDP와 성장률은 다른 북유럽 나라들보다 계속해서 앞서고 있다. 정부 부채도 감소 추세로, 유럽 대륙의 나머지 나라들과는 현저히 대조된다. 스웨덴의 정부 부채 비율은 GDP의 35퍼센트로, GDP의 평균 90퍼센트인 유로존과 비교된다.

우리에게 스팽글 달린 튜브톱과 열기 불편한 우유팩과 에드뮤크 제품(개인적으로 제일 좋아하는 이케아 제품군인 찻잔 세트의 이름이다)을 팔 뿐 아니라 스웨덴은 최근 주목할 만한 여러 건의 문화 수출을 했다. 여기에는 전 세계의 공항 서점을 북유럽 누아르물로 점령한 것도 포함된다. 대표적으로 3500만 부를 판매한 헨닝 망켈과 6000만 부를 판매한 스티그 라르손이 있다. 또한 스웨덴은 (미국과 영국에 이어) 세계 3위의 음악 수출 시장이다. 과잉 생산된 듣기 거북한 틴팝10대 취향의 팝뮤직을 만들어내는 데 묘한 재능을 타고난 듯한 작곡가와 프로듀서가 많다. 화려하고 일렁거리고 황당할 정도로 따라 부르기 쉬운 케이티 페리, 핑크, 브리트니의 노래 모두 스웨덴인이 만든 곡이다.

'그리고' 스웨덴에는 대담한 총리가 있다. 내가 아는 한 이 점은 분명 올바른 방향으로 가는 첫걸음이다.

나는 스웨덴을 몇 년에 걸쳐 수차례 방문했다. 대부분 목적지는 말뫼였지만, 수도인 스톡홀름과 그 외 지역에도 갔으며 꽤 많은 스웨덴인을 알게 됐다. 하지만 노르웨이인과 마찬가지로 나에게 스웨덴인의 이미지는 주로 내 덴마크 친구와 가족들에게 들은 이야기에서 비롯됐다. 스웨덴의 역사적 경쟁자였던 나라의 국민에게 균형 잡힌 시각을 기대해서는 안 됐다. 사실 기대하지도 않았지만.

"나는 스웨덴에 한 번 가봤어." 한 덴마크인 친구는 이렇게 말하면서 은근슬쩍 덧붙인 기억이 난다. "아마도……"

나는 다른 친구에게 최근에 갔던 예테보리 여행이 어땠느냐고 물었다. "스웨덴은 굉장했어. 17세기에는." 아이고야.

　남쪽에 있는 이웃 나라가 본 스웨덴의 이미지는 한결같이 뻣뻣하고 재미없고 규칙에 집착하고 숨 막히도록 순응주의적인 사회에 살며 담배를 씹는 아둔한 민족이다. 덴마크인은 스웨덴인의 지나치게 점잔 빼는 태도와 마치 수벌 같은 복종, 규칙에 집착하는 경향을 대화 주제로 삼는 걸 즐긴다.

　한 덴마크인 친구가 일전에 만나서 한 가지 일화를 말해줬다.

　"스웨덴 대학생 한 무리가 매주 금요일 오후에 만나서 한 주를 끝낸 기념으로 와인 한 병을 나눠 마셨어. 몇 주가 지나고 한 친구가 갑자기 자리에서 일어나며 이렇게 말했지. '나는 진심으로 이 와인을 과세품으로 신고해야 한다고 생각해.' 나머지 학생들 사이에서 잠깐 토론이 벌어졌고, 결국 그 학생들은 해당 기관에 세금 5크로나를 신고하는 데 동의했어."

　스톡홀름 외곽에 사는 스웨덴인 지인들을 방문한 친구 한 명은 또 다른 이야기를 해줬다.

　"승강장에서 스톡홀름행 기차를 기다리고 있는데, 양복 차림의 스웨덴 남자가 다가오더니 이렇게 말하는 거야. '죄송한데 거기 제 자린데요.' 승강장은 반 이상 비어 있었지만 그 남자에겐 매일 기차를 기다리는 지정석이 있었고 내가 그 자리를 차지했던 거지. 그래서 비켜줬어."

　듣는 사람을 불편하게 만드는 덴마크인이 하는 스웨덴인에 대한 묘사의 유일한 대안은 대개 못지않게 편파적이고 지나치게 순진한 세계의 언론이 전하는 이야기다. 영국과 미국의 신문과 잡지들은 오래전에 스웨덴을 진보적 사회 정책, 혼합 자본주의, 근사한 가구, 샤워도 빵을 굽고 턱수염을 기르며 픽시 자전거를 타는 힙스터의 전형이라고 결정했고, 어떤 일이 있어도 그 생각을 고수한다.

나는 한 나라에 이토록 순종적인 스테퍼드 와이프Stepford Wife, 사회 통념과 남편의 의사를 무조건 따르는 순종적인 아내를 더 깊이 파보고 싶었다. 확실히 어떤 민족도 덴마크인이 바라본 스웨덴인만큼 답답하고 재미없을 수는 없다. 또 좌편향된 언론이 주장하는 것처럼 이처럼 완벽할 수도 없다. 아마 진실은 그 사이 어딘가일 것이다.

002

> > >

도널드 덕

고인이 된, 오소리 머리에 뉴욕 출신인 유대계 미국인 정치 에세이스트, 바로 수전 손택은 스웨덴에 관한 흥미로운 정보를 줄 가장 확실한 첫 번째 정보원은 아닐지도 모른다. 하지만 수전 손택은 1960~1970년대에 12년간 스웨덴에 살았고, 듣기로는 그 시기에 특별히 훌륭하지는 않은 잉마르 베리만스러운 영화를 몇 편 제작했다. 내가 보기에 더 흥미로운 사실은 그 나라를 떠나면서 스웨덴을 엄청나게 씹어대는 악의적인 작별의 글을 남겼다는 점이다.

손택은 스웨덴인을 다정한 민족이라고 생각하지 않았다. "침묵은 스웨덴의 국민적 악습이다. 솔직히 스웨덴은 따분하고 품위 없는 제2의 그레타 가르보로 넘쳐난다." 그리고 스웨덴인은 칠칠치 못하고 의심이 많으며 '규칙에 목을 맨다'고 덧붙였다. 물론 혐오스러운 알코올 중독자라는 말도 빠뜨리지 않았다. "스웨덴인은 강간당하기를 원한다. 그리고 술은 온 국민의 자기 강간법이다." 그녀는 이렇게 쓰면서 문제의 수류탄 핀을 뽑아 어깨 너머로 던지고는 팬아메리칸의 비행기를 타고 JFK 공항으로 날아가버렸다. 심지어 스웨덴의 중립은 알고 보니 인도주의자의 고결한 제스처라기보다는 집단적 편집증에 가까웠다(위선적인 건 말할 필요도 없다. 스웨덴인 절반 이상이 제2차 세계대전 기간에 친독파였다고 손택은 지적했다).

아마 본인의 영화가 성공을 거두지 못해서 스웨덴에 악감정이 있었는지도 모르지만, 손택은 많은 사람이 스웨덴의 강점이라고 생각한 부분까지 약점으로 봤다. "스웨덴의 합리성은 결함투성이라고 확신한다. 너무 심한 억압과 불안감, 정서적 분열 때문에…… 그들은 거의 병적이다." 스웨덴의 포르노물 역시 문제가 있다. "성욕을 감퇴시킨다…… 마치 산부인과 남자 전문의가 보는 백과사전에나 나올 만한 설명처럼…… 남자들을 따분하게 만든다."

아참, 야채도 너무 익혀 먹는다.

무엇보다 손택은 스웨덴인의 과묵하고 속내를 잘 안 드러내며 소심한 성격에 미치기 일보 직전으로 진저리가 난 듯했다. 나는 스웨덴 사람을 꽤 많이 아는데, 사실(주의: 스웨덴인 930만 명을 모두 만나보지는 못했다) 내가 보기에는 그다지 따분하지도 내성적이지도 않았다(물론 가재와 슈납스가 근처에 없다는 전제 하에서).

좋게 보면 스웨덴 사람들은 사심 없이 다른 사람의 말을 경청하고 심지어 쓸데없는 말을 할 때도 좀처럼 끼어들지 않으며 상대방의 농담에 웃어준다(예의상인지 불쌍히 여겨서인지는 모르겠지만, 무슨 상관인가?). 어느 스웨덴 가이드북에는 이런 말이 적혀 있다. "당신의 말수가 많아질수록 스웨덴인은 더 오래 들어주고 더 과묵해진다." 나처럼 말 많은 허풍쟁이에게는 완벽한 청중이다. 나는 스웨덴 사람들이 좋다.

덴마크인, 즉 학자, 기자, 항구 거리 뉘하운에서 아이스크림을 사는 데만 관심이 팔린 어리벙벙한 중국인들까지 아무나 붙잡고 자기네가 세계에서 가장 행복한 국민이라고 외칠 사람들과는 달리 스웨덴인은 스스로 그렇게 대단한 국민이라고 생각하지 않는다. 몇 년 전 스웨덴 여론조사소는 스웨덴 청년들에게 스웨덴인이 어떤지 설명해보라고 했다. 응답자들이 가장 많이 사용한 여덟 개의 형용사는 다음 순서대로였다. 샘 많은, 뻣뻣한, 근면한, 자연을 사랑하는, 조용한, 정직한, 부정직한, 외국인을 혐오하는.

하위 세 개(30개 중) 특징, 즉 스웨덴인에게 가장 결여된 부분은 다음과 같았다. 남성적인, 섹시한, 예술적인.

스톡홀름 다문화교류센터 창립자인 얀 필립스마르틴손이 쓴 책 『다른 사람들이 보는 스웨덴인Sweds as Others See Them』은 스웨덴인을 설명하는 단어를 몇 가지 추가한다. 뚱한, 심각한, 뻣뻣한, 따분한, 겉으로만 친한, 붙임성 없는, 시간을 잘 지키는, 융통성 없는, 거만한, 지나치게 조심스러운. 스웨덴인을 분석하는 자료에 자주 나오는 또 다른 단어는 '수줍음이 많은'이다. 1960년 대에 스웨덴인을 관찰 연구한 한 미국 정신의학자는 스웨덴 사람들이 다른 나라 사람들보다 얼굴을 더 자주 붉힌다고 보고했다. 뭐가 그렇게 부끄러웠을까?

자주 거론되는 한 가지 이유는 멍청해 보일까봐 유난히 걱정해서다. 이 말을 듣고 처음 든 생각은 아이 이름을 '한스 한센' '옌스 옌센' '스벤 스벤손'으로 짓는 일이나 좀 다시 생각해보지였다(그리고 이왕 말이 나왔으니 하는데, 군인들의 머리망도 짚고 넘어가야 한다). 하지만 스웨덴의 대표적인 민족학자 오케 다운은 자신의 저서 『스웨덴식 사고방식』에서 이렇게 말했다. "스웨덴인은 논쟁적 사안에 대한 입장을 밝히기 전에 상대방의 입장을 파악하려고 노력한다. (⋯) 스웨덴인은 무엇을 말할지, 어떻게, 그리고 언제 말할지, 다음 사람들이 어떻게 반응할지를 심사숙고한 다음 말하는 것 같다. 일단 말할 결심이라도 한다면 말이다."

웃음거리가 될지도 모른다는 이 같은 두려움은 스웨덴인이 자신들을 정의할 때 쓴 주요 단어에서도 드러난다. '두크티그 duktig.' 문자 그대로는 '유능한'이라는 의미이지만, 여기서 유능하다는 말은 스웨덴인 특유의 영리함을 일컫는다. 근면하고 책임감 있는 영리함. 시간을 잘 지키고 법을 준수하고 성실한 영리함. 과시적인 영리함보다는 일본식의 책임감 있는 유능함을 뜻한다. 2년 전 「스트릭틀리 컴 댄싱」BBC에서 방영된 리얼리티 미션 프로그램으로, 후에 '댄싱 위드 더 스타'로 이름이 변경됐다에서 누가 이겼는지 아는 영리함이 아니라, 지우개를 쓰지 않고 제 시간에 세금 신고서를 완성하는 영리함을 말한다.

물론 수줍음은 북유럽 특유의 대화를 싫어하는 경향과 밀접한 관련이 있다. 영국 기자 앤드루 브라운은 1970년대에 자신이 살았던 스웨덴에 대한 우울한 체험기인 『유토피아에서 낚시하기 Fishing in Utopia』에서 이렇게 쓴다. "나는 스웨덴인보다 서로 대화를 안 하는 나라에 살아본 적도 없고, 그런 나라를 생각할 수도 없다." 이걸 읽고 처음 든 생각은 이 기자가 핀란드 사우나에 가본 적이 없구나였다. 하지만 스웨덴의 과거 동쪽 영토였던 핀란드와 마찬가지로 스웨덴인이 과묵한 한 가지 유력한 설명은 앞서 이야기한 '고맥락' 사회 이론이다. 스웨덴인은 모두 상대방이 무슨 생각을 하는지 알고 있으며, 세계관, 기대, 목표가 이렇게 유사하다는 것은 의사소통하기엔 더 쉬울지 모르지만 죽기 직전까지 서로 짐작만 하다 갈 수도 있다는 뜻이다. 오케 다운의 말을 한 번 더 인용한다.

"스웨덴의 동질성은 친한 친구끼리 느끼는 안도감을 거의 주지 못한다. 반대로 다른 사람의 행동을 해석하고 이해하는 자기 능력을 쉽게 과대평가하도록 만든다. 그래서 '잘못된' 신호를 보내면 위험할 수 있다. 가령 사회주의를 지지하면서 비싸고 우아한 옷을 입는 것처럼."

노르웨이 인류학자 토마스 휠란 에릭센은 노르웨이인과 스웨덴인의 관계를 놓고 나와 대화를 나누면서 비슷한 이야기를 했다. "스웨덴인은 사회생활에서 갈등을 피하는 문화가 훨씬 더 지배적입니다. 몸을 사리고, 논쟁과 심한 의견 충돌을 피하려 하며, 절제된 표현을 많이 씁니다. 노르웨이인이 스웨덴인을 상대할 때는 문화적으로 충돌하는 일이 많습니다. 우리 노르웨이 사람들은 스웨덴 사람들을 늘 조롱합니다. 지나치게 격식을 차리고 뻣뻣하고 절대 속내를 드러내지 않으니까요. 즐겁고 예의 바른 분위기를 유지하고 싶어서죠.”

말뫼의 가재 축제는 일탈 행위였음이 분명해졌다. 스웨덴이 SF 영화 속 암울한 디스토피아처럼 보이기 시작했다. 모든 사람이 서로의 마음을 읽을 수 있고 감정, 의견, 충돌을 억눌러야 하는 세계. 인도의 인류학자 H. S. 딜론은 이렇게 말했다. “토론에 열 올리는 사람들은 모두 불안하고 신경질적인 인물로 비친다.” 오케 다운에 따르면, 그 결과 “스웨덴인은 다른 사람들처럼 ‘강하게 느껴지지’ 않는 것 같다”.

다운의 말이 사실이라면, 스웨덴인의 수줍음과 삼가는 태도는 심지어 스웨덴의 산부인과 병동과 장례식장에서도 볼 수 있다. 나는 아직 보지 못했지만 북유럽식 억제의 가장 극단적인 예일 듯싶다. 오케 다운이 말하기로 분만 중 “스웨덴 여성들은 가능한 한 신음 소리를 내지 않으려 노력하며, 분만 과정이 모두 끝나면 자신이 소리를 많이 질렀는지 묻곤 합니다. 그렇지 않았다는 이야기를 들으면 크게 기뻐하고요”. 다운은 한 조산사의 말을 인용해 이렇게 말했다. 스웨덴 사회에서는 “강한 감정을 드러내는 일이 금지되는데 분만은 강한 감정을 표출하는 것이 자연스러운 상황입니다”. 한편 장례식장에서는 살짝 훌쩍거리는 정도만 용인되며 “절망의 울부짖음은 사람들을 거북하게 만들고 또 두

고두고 이야깃거리가 될 만한 일"이라고 다운은 경고했다. 그렇다고 해서 스웨덴인이 지인의 죽음을 슬퍼하지 않거나 마음 아파하지 않는다는 말은 아니다. "그보다는 강한 감정을 드러내는 요령이 없고, 서투른 행동 등의 실수를 저지를까 걱정해서입니다"라고 강조했다.

마찰을 피하려는 이러한 욕망은 스웨덴의 정치에서(앞으로 살펴보겠지만 반대 의견이 비민주적으로 금지될 수 있는 수준의) 기업세계로까지 확장되며, 널리 알려진 대로 합의 문화가 특징이다. 스웨덴 기업은 대개 분명한 위계가 없는 수평 구조다. 모든 사람이 하고 싶은 말을 할 수 있다. 경영진과 직원은 서로 평등하다고 생각한다. 민주주의와 평등이 원칙이다. 이 원칙은 특히 의사결정을 할 때 해결하기 힘든 부작용을 낳을 수 있다. 나의 덴마크 친구 한 명은 스웨덴 회사의 대표인데, 모든 의사결정에 전 직원을 참여시키려는 스웨덴인의 과도한 본능에 미치려고 한다. "이 사진을 바꾸고 싶으면 데스크 직원에게도 동의를 얻어야 한다니까." 친구가 아주 약간 과장해서 그렇다고 보니 만만하게 다룰 수 있는 덴마크인을 고용하는 것이 스웨덴 기업에서는 상당히 흔한 관례라고 한다. 스웨덴 관리자들이 합의에 너무 집착하다보니 호응이 적은 결정은 통과시킬 수가 없다.

"우리는 직원들을 다 불러 모아서 의사를 묻는 이런 절차를 거칩니다. 어떤 일도 그냥 바꿀 수 없습니다. 준비와 논의를 거쳐야 하죠. 스웨덴 사람들은 자기 생각대로 되지 않는다고 화를 내거나 실망하지 않습니다. 타협의 한 과정이니까요."

지연과 정체를 위한 준비 과정처럼 보이지 않는가? 그렇다면 스웨덴 기업은 최근 수십 년 동안 어떻게 그토록 큰 국제적 성공을 이루었을까? 이런 유의 준비를 하려면 수많은 사람이 오랜 시간 같은 방향으로 움직여야 하기 때문에 스웨덴인은 독단적 경영으로 득을 보려고 하지 않는다. 반대로 덴마크인은 더 민첩하고 빠르게 반응하는 중소 규모 회사 운영에 탁월하다. 몇 가지 사례를 제외하고 덴마크 회사들은 진정으로 세계적인 규모로 성장하고자 애쓴다.

스웨덴인이 서로 '유능하게' 보이려고 애쓰지 않을 때는 '라곰 lagom'한 인상을 주려고 애쓸 것이다. '라곰'은 스웨덴의 또 다른 중요한 좌우명이다. '적당한' '합당한' '타당한' '상식적으로 행동하는' '합리적인'이라는 의미다. 확실히 루터교 교리를 떠올리게 하며, '라곰'의 어원은 훨씬 더 오래전인 바이킹 시대로 거슬러 올라간다. 전해지는 말로는 모닥불 주변에서 뾰족한 잔에 벌꿀술을 나눠 마실 때 이 조심성 많고 배려심 깊은 바이킹들은 너무 많이 마시지 않으려고 주의하면서 잔을 옆 사람에게 건넸다고 한다(그런 뒤 나가서 수도승의 목을 잡아 찢었다). 라게트 옴laget om은 대강 번역하자면 '돌리다pass around'라는 뜻인데, 시간이 지나면서 '라곰'으로 변했다고 한다. 오늘날에 와서는 집단의 자발적인 절제를 의미하게 됐다.

'라곰'은 스웨덴 사회의 다양한 행동 양상을 규정한다. 한결같이 비과시적인(적어도 스와로브스키 크리스털이 박힌 아이폰 케이스나 파스텔 색 스웨터가 필요한 스톡홀름 도심의 특정 지역 밖에서는)

소비 패턴부터 타협, 온건, 합의에 주로 의지하는 정부 체제까지. '라곰'은 덴마크의 허구적인 사회 선언문이자, 덴마크 이상은 아니더라도 스웨덴 사회(스웨덴어로는 '얀텔레그Jantelag'라고 한다)를 규정하는 얀테의 법칙과 확실히 관련이 있다. 스웨덴인은 위험을 무릅쓰는 것을 더 무서워하고, 자신의 업적을 자랑하거나 뽐내는 것을 더 싫어하며, 더 절제된 표현을 쓰고 겸손한 경향이 있다.

하지만 내가 말뫼에서 본 것처럼 스웨덴인은 북유럽 지역에서 단연코 최고의 술자리 노래들을 보유하고 있으며, 술이 많이 들어갈수록 더 사교적으로 변한다. 외부인이라면 대개 엄격하게 지켜지는 수많은 사회적 의례를 어렵사리 통과해야 그 지점에 도달할 수 있다. 스웨덴의 디너파티는 초심자들에게는 특히 큰 스트레스다. 영국의 여권 신장론자 메리 울스턴크래프트는 1796년에 스웨덴의 디너파티를 경험하고 나서 다음과 같이 말했다.

스웨덴인은 자신들의 예의 바름을 자랑한다. 하지만 교양 있는 사람의 품위와는 거리가 멀며, 온갖 성가신 형식과 격식에 불과하다. 실제로 곧바로 상대방의 성격을 파악하고 편하게 해주기보다는, 예절 바른 프랑스인처럼 스웨덴인의 과한 공손함은 상대방의 모든 행동을 끊임없이 억압한다.

그래서 여기 기본 지침을 소개한다. 혹시라도 스웨덴식의 과한 공손함을 상대해야 하는 상황이 생길 경우를 대비해서.

우선 신발을 벗을지 말지는 모든 외국인이 스웨덴인의 집 앞에 도착했을 때 스스로 해야 하는 질문이다. 집주인에게 신발을 벗어야 할지 묻는 질문에는 그렇게 하고 싶지 않다는 속내가 담겨 있다. 예절 바른 집주인은 강요하지 않겠지만, 그 후 바닥을 더럽힌 당신을 남몰래 경멸할 것이다. 하지만 신발을 기계적으로 벗으면 다른 사람들은 전부 신발을 신고 있는데 혼자서만 양말을 보이며 파티장을 도는 민망한 사태가 발생할 수 있다. 한 스웨덴 에티켓 안내서에는 이런 조언이 적혀 있다. "다른 사람의 집 안에서 무슨 일이 있어도 절대 신발을 신지 마라. 물론 다른 사람이 신발을 신고 있지 않는 한." 스웨덴인은 언제 신발을 벗어야 하고 언제 그러지 말아야 하는지 그냥 안다고 덧붙이면서. "집주인의 눈을 똑바로 쳐다보고 악수를 한 다음 다른 사람들의 발을 내려다보라. 본인의 발이 다른 모든 사람의 발과 똑같이 신발을 신은 상태인지 벗은 상태인지 확인하기 전까지는 절대 현관 앞을 떠나지 마라." 하지만 도착했더니 혼자이고 다른 사람들은 보이지 않는다면? 간단하다. 망한 거다.

사실 스웨덴인은 신발 부분에서는 외국인한테 어느 정도 관대하지만, 어기면 결코 용서받지 못할 황금률이 하나 있다. 시간 엄수. 너무 일찍 와서도 안 되며―아무도 고마워하지 않는다―마찬가지로 절대 초대받은 시간에서 5분 이상 늦어서도 안 된다. 스웨덴에서 '세련되게 늦는다'는 개념은 '세련되게 허세를 부린다'는 말과 같은 뜻이다.

파티장에 제시간에 도착해 현관 시험을 통과했다면 파티장을 돌면서 다른 손님들과 차례로 돌아가며 악수를 하고 왕실 초청 공연_{영국에서 재위 중인 군주의 요청으로 유명 배우와 뮤지션들이 하는 공연}이 끝난 뒤의 여왕처럼 자기소개를 하라(덴마크에서도 똑같이 한다. 예외적으로 스웨덴에서는 세례명만 말하는 대신 자기 이름과 세례명 둘 다 말하는 편이다). 사실 나는 이 절차를 아주 좋아한다. 비록 다른 손님들 이름을 금세 까먹기는 하지만. 나도 조언을 하나 하자면, 나중에 저녁 식사를 하면서 그 손님들을 다시 만나면 남자는 '에리크Erik', 여자는 '마리아Maria'라고 부르는 모험을 해봐도 좋다. 스웨덴인은 대부분 에리크, 아니면 마리아인 것 같으니까 (덴마크에서는 '세바스티안' '헬레'라고 불러보라).

저녁 식사를 하러 가기 전 사람들과 어울리는 동안 연봉이 얼마인지, 학력은 어떻게 되는지 자유롭게 물어보고 덴마크인이 얼마나 인종차별주의자인지에 대한 입장을 아주 명확하게 밝혀라. 금세 스웨덴 사람들의 사랑을 듬뿍 받게 될 테니까. 여주인의 오른쪽에 앉았다면 운이 나쁜 거다. 다른 손님들은 이제 손을 비비며 당신이 할 짧은 건배사를 기대한다. 자리에서 일어나 남편의 기분을 상하게 하지 않으면서 겸손하고 재치 있게 여주인을 칭찬해야 하는 사람이 자기가 아니라는 사실에 안도하면서. 건배사가 끝나면 손님들은 잔을 높이 들고 다른 손님들과 차례로 눈을 맞춘다. 내내 한쪽 눈으로는 여주인을 쳐다보면서. 여주인이 잔에 입을 대면 다른 손님들도 자유롭게 술을 마신다.

이것은 식사의 서두일 뿐이다. 미트볼과 얀손스 프레스텔세(앤초비가 들어간 감자 그라탱. 스웨덴의 위대한 발명품)가 나오는 동안과 그 후에 일어날 수 있는 일로만 책 한 권을 쓸 수 있을 듯싶지만 상상에 맡기겠다. 딱 하나만 더 경고한다. 나는 딱 한 번 이 터무니없는 실수를 저질렀다. 하지만 마음 넓은 초대자들이 내가 민망하지 않도록 당황한 눈빛으로 조심스럽게 내 실수를 흉내 냈다. 나는 거기서 한 가지 교훈을 얻었다. 건배할 때 절대 잔을 부딪치지 말 것. 수년 동안 할리우드 바이킹 영화에서 흥청거리며 마시는 장면을 수차례 보고 그렇게 믿게 됐겠지만, 스칸디나비아에서는 노동자들이나 하는 용서할 수 없는 행동이다.

내 지침이 그렇게 종합적이지 않다 싶으면(맞는 말이지만, 다 쓰려면 진짜 평생이 걸릴지도 모른다) 스웨덴인의 머릿속 차가운 심해를 항해하는 데 필요한 최적의 자료로 오케 다운의 책 『스웨덴식 사고방식』을 참조하라. 스톡홀름에 있는 북유럽 박물관의 전 관장이자 스톡홀름대학교 민족학과 전 학과장이었던 오케 다운은 이 시대의 가장 위대한 북유럽 민족학자로 손꼽히는 사람이다. 그는 스웨덴다움의 '권위자'로 불리며 그의 책은 성격 분석의 걸작이다. 그토록 완벽한 글, 아니 한 나라를 그렇게 잔인하게 꼬챙이에 꿰는 모습은 처음 봤다.

다운은 스웨덴인을 불안감으로 고통받는 짝 없는 외기러기 민족이며, 다른 사람들과 같이 엘리베이터를 타느니 차라리 계단을 택하는 사람들이라고 설명한다. 스웨덴인의 더 재미있는 버릇들로는 시골 가기, 얇은 비스킷 먹기, 소리 낮춰 말하기, 논란이 될 만한 대화 주제 피하기 등이 있다. "주목할 만한 점은 스웨덴 문화가 '질서 정연함'을 정말 중요시한다는 사실입니다."

다운은 시간 엄수와 철두철미한 준비성은 스웨덴인이 가장 중요하게 생각하는 특징에 들어간다고 덧붙인다. 음, '섹시해'.

『스웨덴식 사고방식』은 1985년에 쓰였고 나는 그때 이후 과연 상황이 달라졌는지 궁금했다. 다운이 더 이상 우리 생각에 동의하지 않으면 어쩌지 걱정하면서 거의 별 기대 없이 그의 최근 글을 검색해봤는데, 다행히 내가 틀렸다. 다운은 70대 후반의(그리고 다운의 책이 영화로 제작되면 스웨덴 배우 막스 폰쉬도브가 연기할 것이다) 아주 활발한 사람으로, 스톡홀름 중심부의 부촌에서 잘 살고 있다. 실제로 내가 이메일로 연락했을 때 다운은 권위 있는 가드 라우싱 상을 막 수상한 직후였다. 상금은 80만 스웨덴 크로나(약 1억3000만 원)로, 테트라파크의 억만장자가 인문학 연구의 뛰어난 작품에 지원하려고 유산으로 남긴 돈이었다. 정말 친절하게도 다운이 나를 자기 집으로 초대해줘 더 자세한 이야기를 나눌 수 있었다.

스웨덴인은 정말 사람들과 엘리베이터를 같이 타지 않습니까? 너무 극단적으로 느껴져서요.

"네, 사실입니다. 우리는 모르는 사람들과 대화하는 방법을 잘 모릅니다. 정말 흥미롭죠. 거의 모든 사람은 이야기하는 걸 좋아하니까요. 남유럽에서는 대화가 삶의 가장 큰 기쁨이고요. 프랑스인 동료 한 명은 스웨덴에 왔다가 버스에서 대화가 금지되어 있다고 확신했대요. 다른 이유를 찾을 수 없었던 거죠." 다운이 빙그레 웃으며 말했다.

다운은 불빛이 희미한 자신의 넓고 천장이 높은 아파트 거실에 앉아 말을 이어갔다. "스웨덴인은 외국인에게 '특별한' 인상을 주곤 합니다. 우리는 그렇게 말이 많지 않은데, 스웨덴에서는 그게 좋은 덕목입니다. 예의 바르게 '나는 당신 말을 들을 준비가 되어 있습니다'라는 의미로 받아들여지죠. 하지만 잠시 뒤 미국인이나 다른 나라 사람들은 이렇게 생각하기 시작합니다. '이 사람은 자기 생각이 없나? 할 말이 없나?' 미국에서는 수줍음이 많은 사람을 멍청하다고 생각하니까요."

다운은 산업화 이전, 고립된 삶을 좋아하던 스웨덴인의 성향을 설명했다. 19세기 중반까지만 해도 스웨덴은 인구 밀도가 매우 낮았다. 19세기 후반 농업개혁, 즉 농장들을 더 대규모 농장으로 병합한 개혁은 농민들과 농촌사회의 고립을 악화시켰다. "많은 사람을 만날 일이 전혀 없었죠. 주로 가족과 이웃이었고 모든 것이 공평했습니다. 문제는 있었지만 비슷비슷한 것이었죠. 문제가 뭔지 이야기할 필요도 없었습니다. 아무 말 없이 이웃집을 찾아가 문을 두드리고 잠시 앉아 있다 올 수 있었습니다. '오늘 비가 오는구먼' 이런 말을 건넬지도 모르지만, 할 수 있는 이야기는 모두 전에도 수없이 했던 것이었습니다."

스웨덴 농부들이 다정한 침묵 속에 앉아 있는 이런 이미지가 이상하게 가슴 뭉클했지만 산업혁명 이후 상황은 달라지지 않았을까. 다운은 그렇지 않다고 말했다. 그 당시 스웨덴인은 다른 사람들로부터 고립되는 일에 능숙했으며, 심지어 도시 생활을 하면서도 여전히 그랬다. "그래서 스웨덴에서 마치 타인이 존재하지 않는 듯이 그들 속으로 걸어 들어가는 사람들의 모습을 목격했는지도 모릅니다." 다운이 덧붙였다.

마침내 스웨덴에서 수시로 경험한 숨이 멎을 듯한 무례함의 이유를 알 것 같았다. 사과도 없이 밀치고 지나가거나 자기도 모르게 길을 막아서거나 당연한 예의를 완전히 무시하는 일 말이다. 나는 대개 화가 나서 어쩔 줄 몰라 했다. 가령 시내 중심가에 있는 역에서 코펜하겐 공항행 기차를 기다릴 때 외레순 다리 Øresund Bridge, 스웨덴의 말뫼와 덴마크의 코펜하겐을 잇는 다리로 덴마크어 발음으로는 '외레순'를 건너 집으로 가는 사람 중 스웨덴 승객을 100퍼센트 구분할 수 있다. 왜냐하면 스웨덴인은 다른 승객들이 채 내리기도 전에 기차 안으로 밀고 들어가기 때문이다. 마치 세상에서 가장 평범한 일이라는 듯이. 덴마크에서도 시민들이 이 비슷한 무례를 범하는 경우를 많이 겪었지만, 스웨덴인은 지구상에서 가장 무례한 중국인과 맞먹는다. 스웨덴인의 무례함은 평소의 존경스럽고 질서 정연하며 소심한 이미지에 반하기에 훨씬 더 당황스럽다. 누군가 스칸디나비아식 예절은 일종의 평등의 왜곡된 표현이라고 설명한 적이 있다. 즉 나는 당신과 다름없이 걷고/운전하고/자전거를 탈 권리가 있다는 것이다. 일리가 있다. 그렇지 않으면 거의 1년 내내 너무 춥다보니 예의를 차릴 여유가 없거나.

나와 이야기를 나눈 스웨덴인의 말은 내가 스칸디나비아에서 살면서 겪은 몇 번의 상황에 대한 완벽한 답이 됐다. "한번은 카페에 갔는데 영국인 남자분이 테이블에 앉아 있었어요. 화장실에 가던 스웨덴인이 그 영국인의 서류가방을 쓰러뜨리고는 사과를 하거나 가방을 똑바로 세워놓지도 않은 채 가던 길을 계속

갔어요. 영국인은 아무 말도 하지 않았지만 그 스웨덴인이 화장실에서 나오자 온 카페에 울려 퍼지도록 소리쳤죠. '그럴 때 하는 말이 미안합니다라고요.'"

"불쾌하셨을 것 같습니다. 하지만 우리한테는 그게 정상입니다." 내가 예의에 맞는 시간보다 더 오랫동안 그 문제로 울분을 터트리자 다운이 이렇게 말했다. 하지만 확실히 스웨덴인의 무례함과 고립주의 성향에 대해 다운 역시 힘들어했다. 다운은 몇 년 동안 자기 동네 거리에서 늘 마주치는 몇 사람과 인사를 하지 않고 지나쳤지만, 최근에 즉흥적인 사회적 실험을 해보기로 결심했다.

"아주 우아하게 차려입은 노신사가 있었어요. 그분을 매일 아침 만났지만 우리는 서로 쳐다보지 않고 지나쳤죠. 마침내 하루는 그분에게 다가가 말을 건넸습니다. '저기, 몇 년 동안 지나가면서 만나는 사이인데 서로 인사 정도는 할 수 있지 않을까요?' 그분은 무척 기뻐했습니다." 두 사람은 결국 친해져서 서로 저녁 식사에 초대하는 사이가 됐고, 덕분에 다운은 다른 이웃들에게도 다가갈 수 있었다. 다들 마찬가지로 놀라긴 했지만 비슷하게 반응했다. "엄청난 경험이었어요. 사람들이 좋아하더라고요!" 다운이 손뼉을 치며 말했다.

스톡홀름 거리에서 다운이 한 전도활동은 따뜻한 희망의 징후였다. 스웨덴인의 마음 깊은 곳에 인간애의 흔적이 숨어 있었는지도 모른다. 다운의 아파트에서 나와 사람들을 밀치고 조용한 버스를 타고 시내로 돌아오면서 나도 사회학 실험 아이디어

가 떠올랐다. 그날 오후 순진한 스톡홀름 사람들에게 실험해보
기로 했다.

003

스톡홀름 증후군

내 계획은 그날 남은 시간 동안―살아남는다면 더 오래―스톡홀름을 돌아다니며 최대한 스웨덴인 같지 않게 행동하는 것이었다. 스웨덴의 사회 규범과 완전히 반대되는 행동을 하면 그 규범을 더 잘 확인하고 관찰할 수 있으리라는 이론이었다. 그들의 행동과 완전히 상반되는 행동으로 앞으로 마주치는 스웨덴인을 도발하면 스웨덴식 사고방식의 양극단을 평가할 수 있을 터였다. 또 인내심의 한계까지 몰아붙여 스웨덴인이 얼마나 수줍음을 많이 타고, 과묵하고, 규칙을 잘 지키고, 뻣뻣하고, 또 고지식한지 명확히 평가할 수 있을 터였다. 결과적으로 스칸디나비아인의 사회적 자폐증 범위에서 스웨덴인이 정확히 어디쯤 위치하는지 알 수 있을지도 모른다. 부디 스웨덴인을 더 잘 이해하고 또 더 호의적인 시선으로 볼 수 있게 되기를 바랐다. 나는 세계를 위해 기꺼이 실험용 쥐가 되고, 인류학의 카나리아_{광산에서 가스 위험을 감지할 때 유독 가스에 민감한 카나리아를 사용했다}가 되어 스웨덴인의 마음속 탄광으로 내려갈 것이다. 앞으로 다섯 시간 동안 온갖 일이 일어날 수 있다. 어색한 침묵, 시선 회피, 폭행, 체포, 추방까지도……

　내가 처음 선택한 장소는 가슴이 아릴 정도로 그림 같은 역사지구 감라스탄섬에 위치한 노벨 박물관이었다. 솔직히 노벨상의 요란함이 나는 늘 거슬렸다. 알다시피 알프레드 노벨은 다이너마이트를 개발해 돈을 벌었다. 처음에는 광산업을 위한 목적으로 만들어졌지만, 나중에는 크림 전쟁_{영국, 프랑스, 터키, 사르디니아 연합국 대 러시아의 전쟁}에서 수천만 명, 그리고 그 후 셀 수 없이 많은 사람을 살육한 탄약에 사용됐다. 그러던 어느 여유로운 날, 노벨은 이탈리아 리비에라의 은퇴 후 살던 집에서 유서를 작성하다가 무슨 이유에서인지 피로 얼룩진 본인의 유산으로 자기 이름을 딴 평화상을 만들어야겠다고 생각했다. 헤롯왕_{베들레헴과 그 일대 두 살 미만의 사내아이들을 모두 죽이라는 명령을 내린 왕}이 예쁜 아기 대회를 후원하거나 폭파 전문가가 건축상을 수여하는 꼴이다.

　다년간 다양한 노벨상 심사위원들은 확실히 정말 굉장한 사람 몇 명을 노벨 평화상에 선정했다. 가령 1973년 수상자인 헨리 키신저는 이라크의 쿠르드족을 배신하고 인종차별 정책을 지지했으며 '인도차이나 반도에서 의도적인 민간인 대량 학살'을 허가했다고 영국 언론인 크리스토퍼 히친스는 지적했다. 2009

년 오바마 전 대통령의 노벨 평화상 수상은 논란이 덜했지만 역시 약간 황당했다. 특히 간디가 노벨 평화상을 받은 적이 없다는 사실을 생각하면(하지만 앨 고어는 받았다). 노벨 평화상은 노르웨이 의회가 선정한 위원회가 수여하며 다른 상들, 즉 문학상, 화학상, 물리학상, 의학상, 경제학상은 스웨덴 위원회에서 수여한다. 누구도 왜 노벨이 상을 이런 식으로 쪼개야 한다고 생각했는지 알지 못하지만, 노벨이 사망할 당시 노르웨이는 스웨덴의 지배를 받았던 터라 아마 노르웨이가 두 나라 중에서는 덜 호전적이라고 판단하지 않았을까 싶다.

인간의 눈부신 모든 노력을 모아놓은 기관에 기대하는 것처럼 노벨 박물관은 조용하고 경건하다. 그렇기에 '음식물과 음료 섭취 금지' 팻말 옆에 서서 과자 봉지를 꺼내 큰 소리로 씹고 콜라를 후루룩대며 마시기에 완벽한 곳이다. 이곳은 스웨덴인의 인내심(있기라도 하다면)을 알아볼 진정한 시험대였다. 나는 바스락거리면서 과자를 씹고 음료수를 꿀꺽꿀꺽 소리 나게 마셨다. 직원 두 명과 수많은 다른 방문객이 완전 잘 보이는 곳에서. 하지만 누구도 반응을 보이지 않았다. 실망스러웠다. 특히 예상보다 훨씬 더 오랫동안 과자 한 봉지를 계속 먹어야 했기 때문이다. 스웨덴 과자는 정말 끔찍이도 맛이 없고 탄산음료랑 같이 먹으면 거품 섞인 불쾌한 트림이 끝도 없이 나온다. 하지만 스웨덴의 사회 규범에 관한 이 초기 조사에서 확실히 추론할 수 있었다. 스웨덴인은 규칙을 잘 지키는 걸 희생해서라도 갈등을 빚는 걸 회피한다는 사실.

잠시 뒤 노벨 박물관을 나와 횡단보도 앞에 섰다. 몇몇 사람이 도로 경계석에 모여 신호등이 파란색으로 바뀌고 지나가도 좋다는 허락이 떨어지기를 기다리고 있었다. 물론 근처에 차는 한 대도 없었을 뿐 아니라 보이지도 않았다. 덴마크인 역시 차 없는 도로와 빨간불이라는 지독한 진퇴양난에 처했을 때 비슷하게 행동한다. 오랜 시간 나는 그들의 양떼 같은 행동을 비웃었다. "길을 어떻게 건너야 할지 알려줄 불 같은 건 필요 없어." 내가 큰 소리로 비웃으며 인도에서 대담하게 움직이면 아내는 필사적으로 내 팔꿈치를 잡으며 초조한 눈빛을 보내고, 신호를 기다리던 보행자들은 못마땅하다는 듯이 중얼거린다. 인정하기 부끄럽지만 나는 점점 더 자주 빨간불일 때만 길을 건넜다. 나의 반항기는 스칸디나비아 사회의 집단주의의 영향으로 길들여진 터였다. 하지만 이번에는 양쪽으로 잠깐 쳐다본 뒤 고개를 빳빳하게 들고 빨간불에 길을 건넜다. 덴마크에서 공격적인 이 행동이 스웨덴에서는 한층 더 도발적이리라 생각하면서.

내 옆에 있던 여성은 확실히 딴 생각을 하고 있었던지 내 행동을 보고 자기도 모르게 길을 건너기 시작했지만, 마지막 순간에 위를 올려다봐 빨간불임을 확인하고는 양처럼 온순하게 부랴부랴 인도로 돌아갔다. 사람들 무리 중 누군가가 낸 '쯧' 소리를 들은 것 같았지만 확신은 못 하겠다. 어쨌든 나는 도로 반대편에 무사히 도착해 건너편 무리를 돌아보며 '거봐, 나 살았잖아'라는 표시로 손바닥을 쳐들었지만 그들은 여전히 위쪽 빨간불을 올려다보며 복종할 준비를 하고 있었다.

다음에 간 장소는 극장 근처에 있는 공원 벤치였다. 나는 벤치에서 구미베어 젤리를 먹고 있는 여성에게 슬그머니 다가갔다. 나에게 하나 주리라 기대하며 젤리 봉지를 쳐다봤다. 나의 강렬한 시선을 눈치 챈 여자는 어색하게 엉덩이를 옆으로 움직였지만 계속 젤리를 먹었다. 계속 쳐다봤다. 아무 반응도 없었다. 마침내 여자가 올려다봤다. 나는 젤리를 하나 먹고 싶은 욕구를 전달하고자 얼굴을 찌푸렸지만 분명 크게 놀란 여자는 아무 말 없이 자리에서 일어나 재빨리 걸어가버렸다. 이것 참!

세계에서 가장 위대한 역사박물관에서는 누구에게도 말을 걸지 않았다. 구스타브 2세 아돌프 왕의 불운한 기함이었던 거대한 군함 '바사'—1628년 8월 10일에 항구에서 출발했고, 몇 분 뒤 스톡홀름 항에서 즉시 침몰했다—를 감탄하며 올려다보기 너무 바빠서였다. 대부분의 나라는 그렇게 두드러지는 부끄러운 과거를 눈에 잘 보이지 않는 항구 바닥에 두려고 하겠지만, 스스로를 채찍질하는 스웨덴인은 아니었다. 그들은 1960년대 초반에 군함 바사를 들어올려 황당할 정도로 무거운(심지어 나도 알수 있을 정도로) 대형 범선을 특별히 만든 박물관에 전시했다.

잘한 일이라고 생각한다. 전시관에 들어서면 엄청난 광경이 기다리는데, 53미터 높이의 이 웅장한 배의 선미가 마주 보인다. 오크 목재를 두껍게 파서 조각하고 시커멓게 착색된 배는 마치 대성당 같다. 바사는 2년에 걸쳐 건조되어 몇 분 만에 침몰했고, 지금은 왕의 오만을 보여주는 매력적인 증거로 남아 있다. 구스타브 2세는 궁정의 화려한 허식 속에 독 옆에 서서 바사가 천천히 쓰러지며 잔잔한 파도 아래로 사라지는 모습을 보면서 어떤 기분이었을까? ('지금 유튜브에 올리면 얼마나 많은 히트 수를 기록할까?')

스톡홀름은 빼어나게 아름다우며 스칸디나비아 지역에서 가장 인상적인 수도다. 에든버러와 베네치아를 합쳐놓은 것 같다. 적어도 해안에서 보기에는. 하지만 그 웅장한 화강암 뒤에는 음산한 콘크리트 구역이 있다. 런던 남부의 공업 도시 크로이던과 비슷하다. 앤드루 브라운은 스톡홀름 중심부는 '1960년대에 거의 전부 재건되면서 인간성이 파괴되었'고 말한다. 콘크리트와 철제로 지은 건물이 즐비한 삭막한 도시다. 그렇게 된 이유가 약간 불가사의하다. 스웨덴은 거의 아무런 피해 없이 제2차 세계대전에서 벗어났다. 폭격도 없었다. 스웨덴 문화회관Kulturhuset 바깥의 벤치에 앉아 있는데 이런 궁금증이 들었다. '왜 스웨덴은 소련식 콘크리트 블록으로 스톡홀름을 재건했을까?' 이 점에서 스웨덴인과 스웨덴 도시계획 입안자들이 스스로를 어떻게 봤는지 뭔가 단서를 찾을 수 있을까?

한 남자가 킨들을 들고 내 옆에 앉아 있었다. "전자책인가요?" 내가 명랑하게 물었다.

남자가 고개를 끄덕였다.

"그러니까, 오, 신짜 스타트렉 속 물건이네요? 괜찮아요? 추천할 만한가요?"

"여행할 때 좋습니다." 남자가 눈을 쳐다보지도 않고 말하더니 다시 책을 읽기 시작했다. 몇 분 뒤 깊이 잠들어 있던 인간애라도 깨어났는지 책 읽기를 멈추고 내 쪽을 쳐다봤다. "책을 많이 담고 다닐 수 있어서 좋습니다." 남자는 좋은 시민의 의무를 다한 데 흡족해하며 다시 독서에 집중했다.

스웨덴인이 약간의 자극만 주면 인간적인 상호작용을 할 수 있다는 좋은 신호였고, 나는 여기에 용기를 얻어 호텔로 돌아와서 엘리베이터 주변을 한참 어정거리며 스웨덴인이 엘리베이터를 탈 때까지 기다렸다. 첫 번째 표적은 바퀴 달린 커다란 여행가방을 밀고 오는 50대 여성이었다. 나는 여자가 엘리베이터를 타려고 할 때까지 기다렸다가 앞에서 잽싸게 움직여 엘리베이터 자리를 차지했다. 여자는 바로 물러서더니 살짝 고개를 끄덕이며 혼자 타도 좋다는 신호를 보냈다. 작은 엘리베이터이기는 했지만 내가 구석으로 가면 두 사람이 탈 공간은 있었고 실제로도 그렇게 했다. "걱정 마세요. 둘 다 탈 수 있어요!" 내가 찍찍거리며 말했다. 하지만 여자는 갑자기 훨씬 더 흥미로운 대상이라도 찾았는지 로비 쪽을 쳐다보더니(희한하게도 내가 묵은 호텔 베른스는 유리 장식장 안에 딜도를 판매하고 있었다. 아마 여자는 거기에 시선을 빼앗긴 듯했고) 그쪽으로 가버렸다.

오케 다운이 제안한 것처럼 엘리베이터는 스웨덴인의 정신세계를 알아보기에 딱 알맞은 장소 같았다. 그 후 며칠 동안 스웨덴 현지인과 엘리베이터를 같이 타보려고 수차례 시도했다. 첫 경험에서 교훈을 얻은 나는 희생자들이 엘리베이터 안에 제대로 자리잡을 때까지 기다렸다가 슬며시 들어가 인간적인 대화를 시도했다. "안녕하세요? 참 근사한 호텔이죠?"라는 나의 개시

사격에 돌아오는 반응은 한결같이 무뚝뚝했다. 정장 차림의 덩치 큰 장년 남성 한 명은 그냥 못 들은 척하면서 정면을 응시했고, 젊은 여성은 초조하게 웃으며 뒷걸음질치면서 자기 신발만 내려다봤다. 유일하게 이십대 후반 커플만 한발 더 나아가 좋은 호텔이라고 동의하고는 낮은 목소리로 대화를 이어갔다. 그 부분에서 두 사람이 발트 제국에서 온 사람들이구나 싶었다.

다음 실험 장소는 대중교통이었다. 스톡홀름의 주요 관광 명소 중 유리 전망대가 있다. 공 모양의 스포츠 경기장 에릭슨 글로브 꼭대기에 위치한 전망대로, 아름다운 도시를 내려다볼 수 있다. 도심에서 지하철로 얼마 안 되는 거리에 있었다. 지하철을 타러 갔더니 평소처럼 내리는 승객들과 타는 승객들 사이에 럭비 시합이 벌어졌다. 다른 대부분의 나라에서라면 비생산적인 이기심의 부끄러운 결과물로 여겼겠지만, 여기 스톡홀름에서는 누구 하나 놀라지 않았다.

나는 한 남자의 팔을 잡았다. 양복을 입고 어깨에 레코드 가방을 맨 회사원으로 보이는 그 남자는 사람들이 다 내리기도 전에 열차 안으로 밀고 들어가려 하고 있었다.

"폐를 끼쳤다면 죄송합니다. 뭐 좀 도와주실 수 있을까 해서요." 내가 말했다.

남자의 얼굴 위로 분노, 어리둥절함, 초조함이 연달아 지나가더니 결국에는 짜증과 당황스러움이 섞인 표정을 지었다.

"저는 스웨덴인의 행동을 연구하는 중인데요. 선생님이 다른 승객들이 내리기 전에 열차에 오르시려는 모습을 봤습니다. 플랫폼에 있는 승객들이 옆으로 물러서면 다들 더 편할 텐데 왜 그런 행동을 하신 겁니까?"

이제 우리 둘은 플랫폼에 남은 마지막 승객이었고 남자는 내 어깨 너머로 곧 출발할 열차의 객차 안을 초조하게 쳐다봤다.

"저…… 저는…… 무슨 소립니까? 저는 가야 합니다." 고개를 숙인 채 남자는 나를 지나 객차 안으로 들어가면서 발끈했다. '아침에 옷을 입을 정신은 있으면서 다른 사람들에게 예의 바르게 굴 여유는 없는 모양이죠?' 남자 뒤에 대고 이렇게 소리치고 싶은 심정이었다. 하지만 그러지 않았다. 나 같은 사람도 남의 나라에 와서 다른 사람에게 소리 지르는 게 잘못된 행동이라는 사실을 아는데 말이다.

기차는 다음 역에 정차했다. 내리려고 한 역은 아니었지만 실험을 계속하기로 했다. 아니나 다를까, 플랫폼에서 열차를 기다리던 사람 몇 명이 내가 내리기도 전에 열차로 돌진하기 시작했다. 나는 팔을 양쪽으로 벌리고 자애로운 가르침을 주던 예수님 같은 동작으로 몇 사람을 밀어냈다.

"저기요! 사람들 먼저 내린 다음에 탈까요?" 나는 목소리를 높여 말하면서(소리를 지르지는 않고) 열차 층계에 올라선 두 사람을 뒤쪽으로 밀었다. 다른 두 명이 아랑곳 않고 밀고 들어왔지만, 몇 명은 진심으로 겸연쩍어하며 뒤로 물러섰다. 여기서 내가 이룬 업적은 많은 희생을 치르고 얻은 대가였음을 인정한다. 열차에서 내리면서 하도 난리를 쳤더니 도저히 다시 탈 수가 없어 12분을 기다려 다음 열차를 탔다. 여전히 내가 통근자의 기본

매너를 위해 맞서 싸웠다고 생각하면서.

다음 열차에서 루마니아 남자 한 명이 객차를 지나가면서 승객들 옆 빈자리에 카드를 올려놓았다. 카드에는 이렇게 적혀 있었다.

저는 두 아이를 키우는 가난한 가장입니다.
아이들이 백혈병에 걸려서 치료비가 필요합니다.

여러 명의 남자가 객차 끝까지 갔다가 돌아오는 길에 집어가라고 카드 위에 동전을 올려놓았다. 내 맞은편에 앉은 여자도 포함해서. 사회적 상호작용에 대한 다운의 생각을 수용한 나는 그 여자에게 스웨덴에는 훌륭한 무상 의료 서비스가 있는데 왜 돈을 주느냐고 물었다.

여자는 낯선 사람이 갑자기 말을 걸었다는 놀라운 사실을 받아들인 다음 그 남자가 스웨덴에 거주할 수 있는 신분증이 없으면 무상 의료 서비스를 받을 수 없다고 답했다.

"하지만 저 남자가 '정말' 아이들을 위해 쓰리라고 생각하지는 않죠?" 내가 물었다.

"알아요. 하지만 저 남자가 구걸을 하는 건 인간의 존엄을 포기한 일이잖아요. 그래서 돈을 줬어요."

그토록 세련되고 스웨덴스러운 인정에 이번에는 내가 잘못을 뉘우치고 겸연쩍어할 차례였다. 아마도 스웨덴인 괴롭히기를 멈출 시간. 어쩐지 나의 획기적인 인류학 연구에 흥미를 잃었다. 스웨덴인을 더 예의 바르게 만드는 일은 이탈리아 남자에게 오만하다고, 일본 여자에게 수줍음을 탄다고 트집을 잡는 일이나 다름없었다.

가엾은 그들은 스스로를 구제하지 못할 뿐이지 대체 나한테 무슨 짓을 했다고?

하지만 그 후 며칠 동안 카페와 레스토랑에서 다양한 대화를 시도했다. 고정관념이 틀렸음을 입증하기 위한 필사적 시도였다. 거의 모든 스웨덴인은 나의 대응 사격에 반응하고 내 질문에 답했지만 대화를 이어가려고 하지는 않았다. 물론 온 국민이 나를 보고 뒷걸음질친다는 생각을 완전히 떨쳐버릴 수는 없지만, 나름대로는 소름끼치는 사람처럼 보이지 않으려고 최선을 다했다.

한편 스웨덴인의 선량한 척하는 갑옷에 틈은 없는지, 악덕의 증거는 없는지 계속 주시했다. 극소수였다. 작고 둥근 통에 담아 (과일 맛 사탕처럼) 세븐일레븐 전 지점에서 판매하는 씹는담배에 이상하게 중독된 현상만 빼고(한번은 스웨덴의 대표 요리사를 인터뷰한 적이 있는데, 인터뷰하는 내내 스누스snus, 티백 모양으로 생겨 잇몸과 혀 사이에 물고 있는 담배를 물고 있어 불룩 튀어나온 그의 아랫입술이 신경 쓰여 인터뷰에 집중할 수가 없었다).

오, 맞다! 까먹을 뻔했는데 국립박물관에는 자위하는 사람들도 있었다. 어느 오후 우연히 '성욕과 악덕'이라는 제목에 '스웨덴인 폭로전' '과거부터 현재까지 성적 편애와 도착 행위'라는 홍보 문구가 적힌 특별전에 갔다. 스웨덴 소설가 스트린드베리가 봤다는 바다 풍경을 보려고 간 거였지만 어쩔 수 없이 살짝 구경하기로 했다. 스웨덴인의 성적 정신세계의 추악한 내면을 헤아리기 위해. 연구 차원에서.

전시는 지난 몇 세기 동안 스웨덴의 추악한 사진의 역사를 자유분방하고 솔직하게 보여줬다. 율리우스 크론베리가 그린 3미터에 가까운 커다란 그림이 있었는데, 1876년에 공개했을 때 상당한 논란을 일으켰다고 들었다. 두 남자가 연한 적갈색 머리를 한 나체의 여성을 힐끔거리는 모습이었다. 자위행위를 하는 흐릿한 영상도 여러 개 있었고, 벌거벗은 여자들이 자위행위를 하는 모습이 벽면 전체를 장식한 그림, 수음을 하는 남자들의 흐릿한 사진 몇 장, 엉덩이를 드러낸 수녀들 사진 등이 있었다.

이걸 다 어떻게 받아들여야 할까? 스웨덴인은 성적으로 자유분방하기로 전 세계에서 정평이 나 있지만, 많은 논평가와 관광객, 심지어 스웨덴인 자신들조차 대체로 부적절하다고 말한다. 어떤 사람들은 스웨덴식 '섹시함'이 여러 문제의 원인이며, 이 중 무엇도 스웨덴인이 생식기를 어디서 사용하고 얼마나 자주 사용하는지와는 별 관련이 없다고 생각한다.

우선 1960년대에 스웨덴 포르노 산업이 처벌 대상에서 제외됐다. 비슷한 시기에 덴마크가 한 결정을 따라한 조치이며, 그 결정으로 스웨덴과 덴마크의 포르노 산업은 세계 선두의 위치에 올라섰다. 그리고 사우나나 해변 등에서 알몸을 노출하는 일에 스웨덴은 불간섭 정책을 폈다. 다시 한번 말하지만 실제 '깊은 관계를 맺는 일'과는 거의 아무 관련이 없다. 영국 방송기자 데이비드 프로스트가 1968년 스웨덴 총리에 취임할 예정이었던 올로프 팔메와 대단히 어색한 텔레비전 인터뷰(오로지 프로스트의 소름 끼치고 자기만족적인 태도 때문이었다고 덧붙이고 싶다. 팔메는 대단히 예의 바르고 지적인 정치인이라는 인상을 줬다)를 진행한 적이 있다. 팔메는 성적으로 자유분방하다는 스웨덴인의 평판을 어떻게 생각하느냐는 질문을 받았다. 팔메는 '과장됐다'고 말하며 스웨덴인은 '성적인 면에서 고도의 도덕관념과 대단한 자제력을 지닌 국민'이라고 설명한다. 하지만 동시에 '섹스에 관해 대단히 정상적이고 건강한 태도'를 가지고 있다고 덧붙였다.

양성평등을 향한 스웨덴의 비약적 발전을 보고 내막을 모르는 사람들은 스웨덴 여자들이 다른 부분에서도 유난히 자유분방하며 너그러우리라 오해할 수 있지만(아바의 멤버였던 앙네타 펠트스코그의 가슴이 팬 점프수트가 한몫했다), 이런 조치들이 시행된 주된 이유는 더 많은 여성을 일터로 데려가기 위함이었지, 침대로 데려가기 위해서가 아니었다.

오히려 국립박물관의 전시는 역사적으로 성에 다소 금욕적이었던 한 나라를 보여줬지만, 최소한 북유럽의 박물관에서 하는 평소 경험과 색달라서 재미있었다. 여행의 끝을 향해 가면서 나는 이 나라 박물관의 진부한 양식과 주제들에 익숙해졌다. 가령 으스스한 휘파람 소리 같은 바람의 음향 효과를 넣어 선사 시대 전시관 규모를 늘렸다(이 지역 박물관을 믿어도 된다면, 선사 시대의 스칸디나비아인들은 대부분 바람 부는 황야를 홀로 터덜터덜 걷다가 토탄 늪에 빠져 죽었을 것이다). 또한 정치적으로 올바른 바이킹 지지 선전물을 찾는 일이 나의 작은 취미가 되었으며, 스톡

444

홀름에 있는 스웨덴 역사박물관은 그런 점에서 나를 실망시키지 않았다.

"바이킹은 아마 광적인 호전성으로 제일 잘 알려져 있을 것이다. 하지만 바이킹은 그보다 훨씬 더 매력적이다." 박물관의 설명문 하나에는 이렇게 적혀 있었다. 박물관이 회복에 열심인 대상은 바이킹만이 아니었다. 스칸디나비아 역사박물관들은 사실상 약간씩 논란이 있는 모든 주제에 이처럼 정치적으로 올바르고 긍정적인 의미를 부여하는 데는 선수들이다. 잔인한 선조들부터 성별, 인종, 장애에 이르는 주제까지. 꼭 비판하려는 뜻은 없다. 늘 그렇지는 않지만 나는 정치적 올바름을 광적으로 추종하는 사람이다. 요즘 시대에는 뒤처지는 것 같지만 내가 보기에는 또 다른 예의의 표현일 뿐이다. 앞에서 분명히 이야기했듯이 나는 사람들이 더 예의를 차리기를 바란다. '도박과 과음의 역사는 길다. 서기 몇 세기 동안 고대 로마인의 습관이 북유럽 사람들에게 확산된 것이다.' 그렇지만 박물관의 이 설명문처럼 스웨덴인의 과음을 이탈리아인 탓으로 돌리는 건 너무 나간 추측 아닌가 싶다. 아, 그렇구나. 모든 게 도덕관념이 희박한 까무잡잡한 남쪽 사람들 탓이구나!

또한 다양성이라는 주제를 조심해야 한다. '오늘날의 스웨덴인은 다양한 사고방식을 계속 마주한다. 때로 우려도 제기되지만 점차 공감의 목소리가 늘고 있다. 교외의 위성 안테나와 고속 데이터 통신망은 전 세계를 향하고 있다. 온 세상을 받아들일 준비가 되어 있다.' 스웨덴의 20세기 후반 이민 과정을 기록한 또 다른 설명문에는 이렇게 적혀 있었다.

정말일까? 스톡홀름에는 흑인과 아시아인이 비교적 적었다. 어느 부자 동네 외스테르말름을 돌아다니는 동안 유일하게 본 유색인은 맥도널드 밖에서 쓰레기통을 비우고 있었다. 스웨덴이 북유럽 지역에서 이민자 비율은 단연코 가장 높다는 점을 생각하면 도심부가 이토록 통합되어 있지 않고 다문화 사회가 아니라는 사실은 놀라웠다.

하지만 스웨덴 역사박물관의 한 전시회에서는 스웨덴에서 가장 악명 높은 이민자 동네인 말뫼의 로셍오르드에서 찍은 사진을 전시 중이었다. 로셍오르드는 스칸디나비아에서 사회 문제, 인종 갈등, 불결함, 폭력이 판치는 동네로 악명 높으며, 불과 20분 거리의 외레순 해협 너머에 사는 덴마크인은 진심으로 이 동네를 무서워한다. 그들은 공포에 휩싸여 로셍오르드의 무법 상태, 이슬람 극단주의, 총격, 방화에 얽힌 소문을 말한다. 소말리아의 수도 모가디슈 이야기인가 싶을 정도로.

이제 직접 찾아가서 스웨덴의 대규모 다문화 실험을 면밀히 살펴볼 차례였다.

통합

"저는 해가 지면 그 동네에는 안 갑니다." 밝고 화창한 어느 봄날 아침, 말뫼 역에서 탄 택시의 운전기사가 말했다. "제가 아는 기사가 최근 그 동네에서 심하게 얻어맞고 강도를 당했습니다. 그곳은 스웨덴의 시카고입니다."

스웨덴은 세계에서 가장 선진국이며 가장 부유하고 안전한 나라이지만, 말뫼의 로셍오르드 지구에 얽힌 그런 소문을 들은 적은 그때가 처음이 아니었다. 바로 우리의 행선지. 덴마크 보수파 정치인들 사이에서 로셍오르드와 그곳의 90퍼센트에 가까운 이민자 수는 스웨덴의 개방적 이민 정책의 폐단을 상징하는 장소가 되었다. 소문대로라면 이 동네는 범죄의 소굴이며, 스웨덴이 소말리아, 이라크, 아프가니스탄 이민자를 몰아넣고 사람다운 삶이나 소득에 대한 어떤 기대도 주지 않는 아무런 희망 없는 빈민 지역이다.

이러한 정치 영역의 한쪽 끝에는 노르웨이 테러범 아네르스 베링 브레이비크, 그리고 유럽이 제2차 빈 포위전(오스만 제국이 유럽 점령을 위해 합스부르크 왕가의 수도인 빈을 포위한 사건)을 겪고 있다고 핏대를 세우고 외치는 유라비아파 블로거 같은 부류가 있다. 그들은 로셍오르드 지구는 비무슬림들에게는 접근 금지 구역이라고 말한다. 백인, 심지어 긴급 구조대도 기피하는 지역으로, 이슬람 극단주의의 온상이다. 이미 이 작은 지역에서는 이슬람법을 시행 중이며 유럽 대륙 전체로 확산하고 싶어한다. 정치 영역의 덜 극단적인 쪽에 서 있는 노르웨이 진보당과 스웨덴 민주당(슬로건: '안보와 전통')은 로셍오르드는 그 동네에 거주하는 100개가 넘는 전통, 민족, 국적의 사람들이 스웨덴 민족과 함께 살아갈 수 없다는 증거라고 말한다.

로셍오르드는 악명이 높으며, 지난 10년간 언론의 머리기사로 실린 사건, 즉 폭동, 방화, 총격 등은 그런 평판을 더 악화시켰다. 일부 범죄는 '스웨덴인' 짓이었다거나, 덴마크에서 가장 다양한 인종이 사는 코펜하겐의 뇌레브로 지구에서도 정기적으로 총격 사건이 나고 가끔 폭동이 일어나며 덴마크인은 이런 사건을 범죄 조직 간 싸움에 불과하다고 일축한다는 사실은 중요하지 않다. "폭주족과 마약 밀매 조직의 마구잡이 총질일 뿐입니다." 코펜하겐 관계자는 이렇게 말하며 범죄자의 머리를 보란듯이 헝클어뜨릴 것이다. 마찬가지로 마피아식으로 운영되는 스웨덴 토박이 폭주족들은 덴마크 지방 도시를 공포에 질리게 하고, 대부분까지는 아니더라도 스웨덴의 많은 마약 조직을 운영하고 있으며, 북유럽의 우익들은 이런 사건을 거의 언급하지 않는다. 2013년 봄, 스톡홀름에서 며칠간 연이어 심각한 이민자 폭동이 일어난 뒤 관심이 스톡홀름으로 옮겨갔음에도 불구하고, 현대의 대규모 스칸디나비아 실험의 심장부, 썩은 속의 본보기라는 말뫼의 평판은 개선될 기미가 없다.

그래서 로셍오르드를 직접 보려고 왔다. 얼마나 심각하길래? 결국 로셍오르드는 여전히 스웨덴이었다. 엄마들이 아기를 유모차에 재운 채 가게 밖에 세워두는 나라, 교외 지역 주민들이 현관문을 닫지 않는 나라, 3점식 안전벨트어깨와 양쪽 허리를 V형으로 잇는 안전벨트의 나라, 언제나 헤드라이트를 켜고 운전하는 게 법인 나라.

도로 안전을 놓고 이야기하면서 말뫼에 도착한 순간 스웨덴스러움을 완벽하게 보여주는 익살극이 펼쳐졌다. 택시가 출발하기 전 운전사가 수줍어하면서 대시보드 위에 장착된 음주 측정기에 입김을 불었다. 알코올 농도가 완전히 0이 아니면 차가 출발하지 않는다면서. 0이 나왔고, 마침내 운전사는 자갈이 깔린 말뫼 역사지구의 광장과 고요한 운하에서 차를 출발시켜 불과 몇 분 만에 고층 건물과 순환도로, 스트립몰이 있는 완전히 다른 풍경 속에 도착했다. 로셍오르드였다.

실제로 본 로셍오르드는 그다지 험악하지 않았다. 자동차가 불타고 화염병이 날아다니는 밤에 오거나 화창한 4월 낮에 축축하고 바퀴벌레가 들끓는 아파트에 10명이 모여 살고 있다면 매력이 덜하겠지만. 헬싱키, 오슬로, 코펜하겐에서 본 다른 모든 고층 저소득층 주택단지보다 더하지도 덜하지도 않고 비슷해 보였다. 밖에서 보면 건물들은 잘 관리되고 있는 느낌이었다. 많은 건물 외관이 지은 지 얼마 안 됐고, 주택단지 주변에는 나무며 식물이 많았다. 철조망이 쳐진 담도, CCTV 카메라도, 위쪽에 유리 조각을 박은 담도 거의 없었다. 런던 남부에 살았던 나는 지방 당국이 유지할 책임을 포기하면 값싼 고층 주택이 얼마나 소름끼치게 변할 수 있는지 잘 알지만, 로셍오르드는 영국 브릭스턴이나 켄싱턴의 저소득층 주택단지와는 천지차이였다.

택시 운전사는 나를 대형 쇼핑단지 밖에 내려줬다. 다양한 할인점과 약국, 슈퍼마켓이 들어와 있는 단조로운 저층 건물이었다. 극도로 볼품없었지만, 스칸디나비아의 쇼핑몰은 가장 고급 주거지에 있어도 절대 매력적이지 않다(나는 그 이유가 즐거움을 위한 쇼핑은 수치스럽고 잘못된 일이라는 루터교의 믿음이 깊이 뿌리내리고 있어서라고 늘 생각한다).

스칸디나비아 지역에서 가장 힘든 홍보 업무를 하고 있을 남자 딕 프레드홀름과 약속이 있었다. 로셍오르드 지구 홍보 책임자였다. 프레드홀름의 사무실은 새로 지은 의회 건물 안 스트립몰 바로 뒤편에 있었다.

우선 로셍오르드가 빈민가라는 달갑잖은 평판을 얻을 만한 잘못을 저질렀는지 물었다. "글쎄요. 우리는 '빈민가'라는 단어를 사용하지 않습니다. 지상낙원까지는 아니더라도 스톡홀름이

나 예테보리 도심 지구보다 더 많은 문제가 있지는 않습니다. 마지막으로 큰 폭동이 일어난 때는 4년 전이었습니다. 지금은 훨씬 더 조용하고 기반 시설도 많이 개선됐습니다. 모든 사람이 로셍오르드를 두고 이민이 변질된 증거라고 말하지만 우리는 통합이 시작되는 장소라고 이야기합니다." 프레드홀름이 씩씩하게 말했다.

30대 후반인 프레드홀름은 간편한 옷차림에 앞머리를 발랄하게 내리고 있었다(참고로 '더 스미스'의 보컬 출신인 가수 모리세이의 백밴드 같았다). 프레드홀름은 충분히 친절했지만 경계하는 기색도 물론 있었다. 그는 최근 지역 개선 사업으로 장미정원 프로젝트, 새로운 자전거 도로, 수영장을 건립했다고 언급했으며, 로셍오르드가 최근 기업 투자를 유치하기 시작했다고 덧붙였다. 그날 늦게 로셍오르드에서 나가는 길에 일본 기업 리코의 큰 사무실을 지나갔다. 거의 모든 주민이 이슬람교도라서 음주 관련 범죄나 음주 운전은 거의 없으며, '토요일 밤에 치고받고 싸우는 사건이 없다'고 주장했다. 또 요즘 가장 유명한 스웨덴 출신 축구 선수 즐라탄 이브라히모비치의 이름을 친한 사이처럼 들먹였다. 즐라탄은 로셍오르드 출신이다.

이튿날 만난, 지난 15년간 말뫼 시장을 지낸 사회민주당 소속 일마루 레팔루(2013년에 은퇴했다)도 마찬가지로 낙관적이었다. 우리는 바다 건너편 레팔루가 회의를 주관하는 코펜하겐 시청사에서 만났다. "저는 방금 로셍오르드가 스톡홀름 외곽에 있었다면 스톡홀름에서 가장 안전한 지역이었을 것임을 증명하는 연구

자료를 읽었습니다." 레팔루는 자랑스럽게 말했다. 그는 로셍오르드의 문제를 그 지역의 대규모 아파트 단지 대다수를 보유하고 있는 개인 지주들 탓으로 돌렸다. 스웨덴의 대단한 100만 호 주택 짓기Million Programme 계획의 일환으로 건설된 주택단지들이었다. 1965~1974년 사회민주당 정부는 100만 호가 넘는 새 주택을 건설했으며, 많은 주택이 남아돌았다. 레팔루에 따르면 문제는 스웨덴의 주택 계획이 대단히 느리고 장기적인 사업이며, 종종 경제 변화와 인구 변화보다 앞서 실행됐다는 데 있었다.

"1971~1981년 말뫼의 인구는 4만 명 가까이 감소했지만, 스웨덴 당국은 여전히 한 해 4000호의 아파트를 지었습니다. 그래서 빈집이 많았죠. 1990년대 초반에 빈 주택은 과거 유고슬라비아에서 온 이민자들이 채우기 시작했습니다. 이민자들은 말뫼의 조선소에서 일했으며, 나중에는 아파트 한 채에 열 명씩 들어가 살았습니다." 부동산 암흑기의 시작이었다. 기본적으로 집주인들이 아파트와 입주자들을 썩어가도록 방치했다. 기본 편의 시설이 망가지고, 건물 뼈대가 약해지고, 중동에서 새롭게 들어오는 사람들을 과잉 수용하자 상황은 더 악화됐다. 결국 스웨덴 당국이 건물 일부를 사들여 보수했지만, 1990년대 초반 당시 스웨덴 경제는 바닥을 쳤고 실업률은 네 배로 증가했으며 중앙은행의 이자율은 500퍼센트에 달했다. 중앙 정부는 비용 삭감과 민영화 전략의 일환으로 주택 국유화를 금지하는 법을 통과시켰고 로셍오르드는 스스로 살아남도록 방치했다.

나는 프레드홀름에게 로셍오르드에서 가장 악명 높은 아파트

단지 헤레고르덴(실직률이 90퍼센트에 달한다)이 주로 백인 노동자 계층이자 반이민 정책을 펴는 스웨덴민주당 유권자가 가장 많이 사는 주택단지 알름고르덴 옆에 붙어 있다는 이야기를 듣고 궁금해졌다. 극우 정당인 스웨덴민주당은 지난 선거에서 알름고르덴의 총 투표수 중 36퍼센트를 득표했다. 한편 전국 투표율은 겨우 6퍼센트를 밑도는 수준이었다.

말뫼의 첫 대규모 폭동은 2000년대 초반 헤레고르덴에서 일어났다. 당시 이곳의 아파트 건물은 2만 명에게 주택을 공급하기로 되어 있었지만, 실제로는 8000명이 입주했다. "사람들은 복도에서 살았습니다. 헤레고르덴에 가는 유일한 이유는 마약을 구입하거나 거기 살거나 둘 중 하나였습니다." 프레드홀름이 말했다. 버스는 한동안 헤레고르덴 지구로 다니지 않았으며, 2008년에 한 건물주가 건물 지하에 있던 이슬람 사원을 폐쇄하면서 도시 역사상 최악의 폭동이 일어났다.

스웨덴 사회의 양극단, 즉 한쪽에는 이민자와 망명 신청자들이, 다른 한쪽에는 우익 노동자 계층이 각자의 저소득자용 주택단지에서 서로 바짝 붙어 산 것이다. 나는 프레드홀름과 만난 뒤 두 아파트 단지를 보려고 나왔다.

또다시 쇼핑센터를 지나가는데 스칸디나비아 고유의 음식 냄새인 케첩과 식초, 상한 식용유 냄새가 확 덮쳐왔다. 큰길을 건너 로셍오르드 학교를 지나갔다. 학교의 현대적인 야외 캠퍼스와 경쾌한 파스텔 색 건물, 낮은 담이 보였다.

계속 걸어서 학교를 통과하자 말뫼의 이 지구가 그토록 삭막하게 느껴지는 가장 큰 이유는 적당히 쾌적한 정원과 휴양 시설로 둘러싸인 고층 건물들 때문이 아니라 단지를 둘러싼 넓고 혼잡한 순환도로 때문이라는 생각이 들었다. 각각의 아파트 건물이 4차로를 가득 메운 수많은 자동차로 고립되어 있고, 도로 옆에는 가끔은 넓은 인도가 붙어 있거나 혹은 인도가 전혀 없었으며, 대개는 중세의 성벽 같은 가파른 둑에 파묻혀 있었다. 이 때문에 주택지구 간 간격이 너무 넓어서 걸어다니기 힘들 정도였다. 어느 한 지점에서는 가파른 진흙투성이 둑을 기어올라 나지막한 나무의 가지들을 헤치고서야 건너려고 했던 도로에 다다를 수 있었다. 도로는 쌩쌩 달리는 차들로 혼잡해 여러 번 나눠서 건너야 했다. 위태롭게 길 한가운데 멈춰 섰다가 반대편 인도로 재빨리 건너갔다. '도시계획 입안자들이 해결해야 할 문제가 산더미구먼.' 모자에 들어간 나뭇잎을 꺼내며 생각했다. 그리고 다시 이런 생각을 했다. 로셍오르드의 고립된 도시 설계는 의도적이었을 것이다. 아마 누군가가 이 지역을 하나씩 떼어 멀어지게 하고 '싶어했는지도' 모른다.

나는 차들 가운데 오아시스 같은 인간성이 엿보이는 주말 농장을 지나다가 말투로 짐작해서는 터키인 같은 노인 몇 명을 보고는 가던 길을 멈추고 그들이 재배하는 야채에 관한 대화를 나눴다. 나는 스웨덴어를 할 줄 몰랐고 노인들은 영어를 할 줄 몰랐다. 그래서 대화는 주로 같이 웃거나 손으로 농장을 가리키는 식으로 이루어졌다. 그렇더라도 이 우울한 풍경 속에서 인간과 잠시 교류하는 반가운 순간이었다.

나는 이 지역의 이슬람 사원과 이슬람 센터를 향해 갔다. 둥근 지붕과 뾰족탑으로 멀리서도 알아볼 수 있었다. 그런데 소위 이 이슬람 거주지에서 교회 두 개가 보이는 곳에 이슬람 사원이 위치한다는 사실이 자연스레 눈에 들어왔다. 교회는 둘 다 닫혀 있었지만 교회 경내에는 들어갈 수 있었고 보안 시설도 없었다. 똑바로 정문으로 걸어 들어갈 수 있었다. 누군가가 종교적 신념 때문에 두려움에 떨며 이곳에 사는 것 같지는 않았다. 적어도 기독교 공동체는 아니었다.

"2003년에도 이랬습니다." 내가 사원 건물과 경내 관리가 정말 잘되어 있다고 칭찬하자 사원 건립자이자 관리자인 베사트 베시로브가 말했다. 그는 이슬람 센터가 최근 사상 최악의 방화 사건을 겪은 뒤 찍은 사진을 보여줬다(2005년에 두 번의 방화 사건이 더 있었으며, 2009년 12월 31일에 일어난 총격 사건에서 베시로브는 부상을 입었다). 사진 속 사원은 우리가 매주 보는 이라크 티크리트나 아프가니스탄 카불의 폐허 현장과 비슷했다. 2003년에 누가 사원을 파괴했는지는 여전히 밝혀지지 않았다(앞으로 살펴보겠지만 스웨덴 경찰은 캐나다 기마경찰미국에서 이주해온 인디언들의 평화적 정착을 돕고 치안 유지 등 공정한 활동을 해왔다들과는 대조적이다). 가장 유력한 범인은 말뫼의 총격 테러범 페테르 망스—글을 쓰는 지금 지난 9년간 말뫼에 거주하는 이민자들을 연이어 총으로 공격해 세 명을 죽이고 열두 명에게 부상을 입힌 혐의로 재판이 진행되고 있다—같은 우익 스웨덴인이지만, 사원의 온건한 태도에 불만을 품은 현지의 무슬림 극단주의자들이 범행을 저질렀을 가능성도 없지는 않다.

베시로브는 1960년대에 고향인 마케도니아에서 스웨덴으로 이주해 1984년에 사원을 열었다. '서양의' 무슬림이 된 베시로브는 수니파 교도와 시아파 교도가 이곳에서 나란히 예배를 드린다는 사실을 자랑스럽게 생각했다. 베시로브는 덴마크의 마호메트 만평에 심지어 더 큰 관용을 보였다. "개인적으로는 인정하지 않지만, 우리는 민주주의 국가에 살고 있습니다"(희한하게도 나는 실제 이맘보다 만평에 더 극단적 입장이었다. 내가 보기에 마호메트 만평은 유치하게 도발적이었으며 더 심하게는 치통만큼이나 끔찍했다). 그 이슬람 사원은 리비아의 지도자 무아마르 카다피 국가원수의 세계이슬람사명공동체에서 일부 자금을 댔지만(나머지 아랍세계에 이슬람교인으로서 자기 자격을 입증하기 위한 전 독재자의 시도), 양복을 차려입은 70대 초반의 베시로브는 사원 신도들의 온건함을 증명하려 애쓰며 지방 고위 관리들이 참여한 사원 개관식 사진을 보여줬다. 참가자 중에는 말뫼의 대표 랍비부터 심지어 미국 대사까지 있었다(당연히 노르웨이 진보당 대표 시브 옌센도 있었다). 사원에 극단주의자가 숨어 있지 않다는 사실을 증명이라도 하듯 베시로브는 나를 데리고 말 그대로 건물 구석구석을 구경시켜줬다.

베시로브가 생각하는 로셍오르드의 가장 큰 문제점은 열악한 주택 시설이다. "어떤 아파트에는 스무 명이 살기도 합니다. 바퀴벌레들과……." 하지만 최근에는 비서구계 무슬림이 더 많이 들어왔다. 흔히 분쟁 지역이나 산간벽지의 가난한 시골 지역에서 온 사람들이다. "전통이 제각기 다릅니다. 그들은 아주 천천히

456

융화되죠. 아마 20년은 걸릴 겁니다. 말도 안 통하고 범죄율은 높아지고요."

사원에서 나와 약간 늪지대 같은 황량한 공원을 가로질러 알름고르덴의 고층 주택단지로 향했다. 백인 노동자 계층이 사는 이 저소득자용 주택단지는 몇백 미터 거리에 있었다. 스위치가 갑자기 켜진 것처럼 주류 스웨덴으로 돌아왔다. 머리 스카프도, 가게 창문의 아랍어 간판도, 할랄 햄버거도 없었다. 이따금 발코니에서 낡은 스웨덴 국기가 펄럭였다. 레이스 커튼도 보였다. 오렌지색으로 멋을 낸 과체중의 여자들은 작고 하얀 개를 산책시키고 있었다. 지나가는 사람 한 명을 붙잡고 이곳의 삶은 어떤지 물으며 이민자 이웃들과 마찰을 빚은 이야기를 들었다고 언급했다. "네? 헤레고르덴이요?" 여자가 초조하게 숨을 내쉬었다. '그 사람들 말고도 걱정거리는 많다'는 듯이. 그러더니 가버렸다. 또 다른 남자 한 명은 더 관심을 보이며 자기가 사는 건물의 고장 난 엘리베이터에 관한 이야기, 그리고 아무도 그 지역에 사는 사람들을 도울 생각을 하지 않는다는 이야기를 했다. 주택단지 뒤 케밥 가판대 옆에서 말뫼 중심가로 가는 버스를 기다리고 있는데, 어쩌면 알름고르덴 사람들도 헤레고르덴 이웃들과 정확히 같은 문제, 즉 열악한 교육, 희박한 기회, 메마른 희망, 가벼운 지갑을 안고 살아가지만 서로에게 두려움과 분노를 품고 있으며, 그런 적대감은 그들이 사는 일상의 풍경을 결정하고 나눈 도시계획만큼이나 큰 장벽이겠구나 싶은 생각이 들었다.

005

카탈루냐인

스웨덴 다문화주의자들에게 불편한 진실은 이민자와 망명 신청자들이 스웨덴의 엄청난 범죄율에 책임이 있어 보인다는 점이다. 특히 폭력 범죄와 강간. 앤드루 브라운은 자신의 저서 『유토피아에서 낚시하기』에서 다음과 같이 말한다.

이민자와 그 후손들의 범죄율이 스웨덴 토박이들의 최소 두 배라는 사실은 스웨덴 생활의 말하기 힘든 부분 중 하나다. (…) 이민자는 스웨덴인보다 살인 범죄를 네 배 이상 많이 저지르며, 강간 범죄는 다섯 배 이상 많이 저지른다.

심지어 내가 대화를 나눈 일부 진보적인 좌파 다문화주의자 스칸디나비아인들조차 때로 비공개를 전제로 기꺼이 인정했다. 최근 스웨덴으로 이주한 교육 수준이 낮은 이민자들, 특히 이슬람 국가의 시골 출신들은 가령 서양 여자들의 복장과 행실을 받아들일 준비가 되어 있지 않다.

이민, 주로 무슬림의 이민을 반대하는 우익 인사들에게도 마찬가지로 불편한 진실은 이민자 범죄의 주된 요인이 바로 스칸디나비아 복지 모델이라는 사실이다. 우익 정당들 역시 대개 사회민주당만큼이나 이러한 복지 모델을 유지하려고 열심히 싸운다. 스칸디나비아 복지국가 모델은 비서구계 이민자들을 염두에 두고 만든 것이 아니다. 그러니까 1950년대에 영국으로 이주한 이민자들과는 달리 북유럽 국가의 이민자들은 보통 안전망을 최대한 활용하는 데 필요한 언어 능력과 자격 요건이 부족하며, 심지어 그런 자질을 갖춘다 해도 잠재적 고용주와 사회 전반의 편견에 시달린다. 최근 이주한 이민자들을 로셍오르드 같은 지역에 효과적으로 보내는 방법을 통해 정부는 지속적인 '의존국 과신화'(새로운 이민자들이 복지제도에 전적으로 의존하게 하는 과정이라는 의미)를 하기에 편리한 빈민가를 만든다. 이곳에서 이민자들은 생활에 필요한 충분한 돈을 지원받지만 대개는 사회 진출을 막는 장애물에 맞닥뜨린다. 이런 부분은 가령 미국과 크게 대조된다. 미국의 이민자들은 대체로 열심히 일을 해야 살아남을 수 있으며, 이 과정에서 정부의 지원을 거의 받지 않고 삶과 사업을 꾸려나간다. 물론 이런 고용과 소득의 기회가 애초에 미국으로 온 이유다.

이 문제를 해결하기 위해 한 가지 제안된 방법은 2단계 시스템을 갖추는 것이다. 새로 도착하는 이민자들에게 다른 복지 서비스를 제공하고, 더 엄격한 이민 신청 규정을 도입하는 것이다. 덴마크는 최근 이 방법을 택했지만, 그 과정에서 인권 단체, EU 등 여러 단체의 분노를 샀으며 국제적 이미지에 돌이킬 수 없이 큰 타격을 입었다. 스웨덴은 1990년대 초반에 경제 위기를 겪은 후 이민을 엄격하게 단속했지만 여전히 기록적인 수준의 이민자를 받아들이고 있으며(매년 약 10만 명이 들어온다), 심지어 1970년대의 수치를 웃돈다. 또 매년 수용하는 망명 신청자가 약 3만 명에 달해 덴마크의 3000~5000명과 대조적이다. 절대치로도 충분히 두드러지는 수치이지만, 스웨덴은 국민 1인당 망명 신청자가 세계에서 세 번째로 많은 나라다(영국은 17위, 미국은 24위, 덴마크는 놀랍게도 무려 16위).

오케 다운은 스웨덴 이민 실험의 미래를 긍정적인 동시에 부정적으로 봤다. 나의 단골 질문을 했다. 단일 민족이며 고립되고 내성적인 스칸디나비아인들은 선천적으로 대규모 이민자 통합을 이루기에 가망 없는 후보들 아닙니까? 오케는 25년 전에 유럽 가치관조사에서 실시한 몇 가지 연구를 언급했다. 연구는 16개국 약 1만6000명을 대상으로 다양한 주제를 어떻게 생각하는지 견해를 묻는 것이었다. "참가자들이 받은 '네/아니오' 양자택일식 서술 중 하나는 '나는 가치관과 의견 등이 다른 사람과 같이 있고 싶지 않다'였습니다. 여기에 스웨덴인 43퍼센트가 '그렇다, 나와 다른 사람과 같이 있고 싶지 않다'고 답했을 겁니다. 처음에 그 조사 결과를 봤을 때는 '음, 그리 나쁘지 않네. 절반에 조금 못 미치니까'라고 생각했습니다. 하지만 다른 나라의 결과를 보니 차이가 엄청나더라고요. 다른 북유럽 국가에서는 그렇게 대답한 사람이 10퍼센트 정도였습니다. 심지어 스페인도 22퍼센트밖에 안 됐어요. 저는 '그럴 리가 없어. 통계 오류임에 틀림없어'라고 생각했습니다. 그리고 20년 뒤인 2004년에 같은 조사에 질문자로 참여하게 돼서 다시 한번 그 질문을 던졌더니 41퍼센트가 나왔습니다. 변화가 없었죠." 오케가 설명했다.

그럼에도 다운은 스웨덴의 다문화 미래를 적당히 낙관하는 눈치였고, 로셍오르드의 수많은 문제 청소년에도 불구하고 많은 젊은 이민자가 교육 제도를 통해 크게 발전하고 있음을 지적했다. "대안이 없습니다. 우리가 어떻게 생각하든 세계는 점점 더 다양한 인종이 섞여 살아가는 국제적 환경으로 변할 겁니다. 스칸디나비아에서도요." 오케가 말했다.

"저는 그 생각에 동의하지 않습니다." 나중에 스톡홀름에 갔을 때 스웨덴인과 이민자들 간 통합은 힘들 것이라는 가설을 내놓자 스웨덴의 대표 역사학자이자 사회평론가 헨리크 베리렌이 말했다. "스웨덴이 역사적으로 단일 민족 국가였다는 것은 분명 맞습니다. 하지만 덴마크와 스웨덴을 비교하면 현대성은 스웨덴에서 아주아주 강한 힘이었습니다. 착각이라고 할 수도 있겠지만, 이민 문제에서 우리는 현대사회이고 현대인이며 편견이 없을뿐더러 진취적이라고 생각합니다. 자기기만이며 이념에 불과하다고 여길지 모르겠지만, 어느 순간 자기기만이 실현되고 중요해집니다."

다시 말해 이민은 좋은 일이고 '옳은' 일이라는 사회민주당의 주된 원칙은 일종의 사회정치적인 자기 충족의 예언이 되었다. 그렇다면 다운이 이야기한 유럽가치관조사는 어떻게 된 걸까? 스웨덴인은 본인들이 다른 사람과 친하게 지내기를 훨씬 꺼리는 것처럼 보이지 않았나? "이런 조사를 할 수는 있지만 사람들이 진실을 말하는지는 알 수 없습니다." 베리렌이 대수롭잖다는 듯 손을 흔들며 말했다.

우리는 스톡홀름의 조용한 주택가에 위치한, 가게를 개조해 만든 베리렌의 사무실에서 이민이라는 주제를 놓고 잠시 대화를 나눴다. 하지만 지적인 외모에 실제로 벅찰 정도로 지적인 덩치 큰 베리렌이 점점 그 대화를 불편해하는 게 느껴졌다.

결국 베리렌은 두 손바닥을 위쪽으로 펴고는 말했다. "저기요, 저는 방어적인 태도로 우리가 정말 좋은 사람들이라고 말하는 게 싫습니다. 제발 저를 그런 식으로 말하지 말아주십시오." 베리렌이 웃으며 말했다. "저는 솔직히 기자님 생각에 동의하지 않습니다. 스웨덴인이, 맙소사, 카탈루냐인이나 플라망인벨기에 플랑드르 지방과 프랑스 북부 지방에 분포하는 주민보다 내향적이라뇨! 그러니까 그 이야기는 그만하시죠. 제발 부탁입니다. 스톡홀름을 걸어다니면서 사람들에게 이야기해보세요. 그러니까 제 말은, 아니라고요!" 베리렌이 심호흡을 했다. "그런 질문을 하셨다고 기자님이 파시스트라는 뜻은 아닙니다. 하지만 저는 이민이 문제라고 생각하지 않습니다. 위선적으로 들린다면 죄송하지만, 저는 스웨덴이 곤경에 처하고 재앙을 겪으리라는 이야기를 그 전에 수없이 들었습니다. 그래서 제 이야기가 설교 같고 독선적으로 들린다면……"

실제로 나는 약간 파시스트가 된 심정으로 다음 질문을 했다. 하지만 스웨덴 인구의 3분의 1 이상이 외국에서 태어났거나 외국인 부모를 둔 사람들인데도 최소한 '추가' 이민은 막아야 할 시점이라고 생각하지 않는지?

"질문의 프레임이 잘못됐다고 생각합니다. 우선 그 사람들은 이 나라에 살고 있습니다. 그래서 우리는 그 문제를 헤쳐나가야 합니다. 하지만 이 나라는 이민자가 필요해질 테고, 우리에게 필요한 부분은 일하는 이민자들을 위한 제도입니다. 그런 제도를 통해 더 큰 다문화 사회를 만들 수 있을 겁니다. 물론 망명을 신청하는 모든 사람이 스웨덴으로 올 수는 없지만 아주 다양한 형태의 이민이 있습니다." 베리렌이 조금 진정된 말투로 이야기했다.

"저는 실업률이 더 걱정입니다. 인구가 줄고 있는 모든 지역이 염려스럽습니다. 그런 지역에서는 일자리를 얻을 수도 없고, 충분한 여력과 회사도 없으며, 사회기반시설도 열악합니다. 석유 수익금이 넘쳐나는 노르웨이와는 다릅니다. 그 부분이 정말 우려됩니다. 스웨덴민주당이 걱정입니다. 그들을 믿고 표를 던지는 사람들이 걱정입니다. 경제 불평등과 학교 모두 염려스럽지만 스웨덴 인구의 인종 구성이요? 그게 스웨덴의 주요 쟁점은 아니라고 생각합니다. 스웨덴에 사는 사람들과 무엇을 할까, 그 점이 훨씬 더 중요합니다."

006

소말리아 피자

스웨덴민주당을 걱정하는 사람은 베리렌만이 아니었다. 가장 최근 선거에 앞서 스웨덴의 이 극우 정당은 도가 지나쳤다는 평가를 받아왔고, 주요 신문사는 스웨덴민주당의 선거 광고 게재를 거부하고 일부 TV 선거 토론 방송은 스웨덴민주당 대표를 방송에 초대하지 않았다. 방송사들은 스웨덴민주당이 이전 선거에서 존재를 정당화할 정도로 충분한 표를 받지 못했기 때문이라고 변명했지만, 이전에 환경당은 득표율이 더 낮았음에도 불구하고 토론 방송에 참여했다. 다른 정당들 역시 스웨덴민주당과 어떤 식으로든 얽히지 않으려 했는데, 스웨덴민주당 대표 한명이 마침내 방송 출연을 허가받자 같은 프로그램에 나가기로 한 좌익 정당 대표는 같은 대기실에서 메이크업 받기를 거부했을 정도였다.

베리렌은 스웨덴 언론의 스웨덴민주당 검열에 특별히 동의하지는 않았지만, 덴마크국민당이 덴마크 텔레비전 방송에 나오면서 누린 유익한 효과를 언급했다. 어느 정도는 덴마크의 2001년 총선 준비 기간에 받은 언론의 관심 덕분에 덴마크 연합 정권에서 제3당의 실세가 되었고 계속해서 자신들의 지위를 이용해 아주 엄격한 이민 계획을 법제화했다.

"덴마크는 스웨덴에서는 공적인 영역에서 하지 않는 이야기들을 하는 것 같습니다. 우리에게는 두 가지 선택지가 있습니다. 원하지 않는 문제를 분리하거나 정치 영역으로 가져와 유권자들이 결정하게 만들거나. 후자에 장점이 많지만 그렇지 않은 정당들도 있습니다. 제 생각에 스웨덴 사람들은 덴마크에서 [무슨 일이 일어났는지] 봤습니다. 포용성이 작동하지 않는 모습을 봤고, 그래서 우리는 그렇게 하지 않기로 결심했습니다." 베리렌이 말했다.

이 북유럽 우익 정당의 편협함과 거짓말은 다른 사람들 못지않게 혐오스럽지만, '우리는 그렇게 하지 않기로 결심했다'는 문장이 약간 걸렸다. '그들', 아마도 스웨덴 언론과 정치 지도자들은 정확히 무엇을 하지 않기로 결심했을까? 그들은 지난 선거에서 인구의 거의 6퍼센트가 지지한 정당의 대표가 공개 토론에 참여하는 것을 허용하지 않기로 했다. 그러자 덴마크인은 신이 나서 스웨덴이 본인들 문제를 부정하고 있으며 언론의 자유를 침해하는 잘못을 저지르고 있다고 비난했다.

"언론의 자유에 관한 덴마크인의 이런 견해는 정말 터무니없습니다." 일간지 『다겐스 뉘헤테르』 기자였으며 현재는 민족학 교수인 스테판 욘손이 스톡홀름대학교 안에 위치한 자신의 사무실에서 만났을 때 이렇게 말했다. "그들[스웨덴민주당]은 언론이 사회를 비추는 거울이어야 한다고 생각하지만 언론은 그렇게 움직이지 않습니다. 늘 어떤 뉴스를 홍보할지 평가가 이루어집니다."

나로서는 새로운 이야기였다. 기자들이 뉴스를 '홍보한다'고? 우리 기자들은 사건을 보도하고 사회를 반영하며 무슨 일이 일어나는지 사람들에게 알리는 게 직업 아닌가? 스웨덴은 아닌 듯했다. 스웨덴에서는 상황이 달랐다.

"모든 아이디어에 같은 지면과 중요성을 부여해야 한다는 생각은 너무 순진무구합니다." 다문화주의를 주제로 여러 권의 책을 낸 욘손 교수가 말했다. "스웨덴민주당은 덴마크국민당과는 전혀 다른 정당입니다. 스웨덴민주당의 전신이 스웨덴나치당이기 때문입니다. 관련 증거도 아주 많고, 모든 사람이 그 사실을 알고 있습니다. 스웨덴민주당은 명백히 인종차별적이었으며 자유사회에 반하는 생각을 대변합니다. (…) 그런 극우 정당과 더 많이 논쟁할수록 그들은 더 큰 정당성을 얻고 덩치도 커집니다."

욘손은 최근 덴마크 기자 미카엘 얄빙과 함께 덴마크 신문사 『베를링스케』에서 언론의 자유에 대한 두 나라의 다른 접근법을 주제로 토론을 했다. 얄빙은 최근 발표한 저서 『앱솔루트 스웨덴: 침묵 속 여행』에서 스웨덴은 이민에 관한 논의를 금하고, 스웨덴민주당에 발언권을 주지 않음으로써 이민이라는 주제를 금기시하며 무심코 극단주의를 키우고 있다고 주장했다. 얄빙은 외레순 다리를 '마음의 베를린 장벽'이라고 불렀다. 양쪽의 두 나라가 이민 문제에 접근하는 방식이 완전히 반대라는 점에서. 얄빙은 '스웨덴 언론에 나오는 덴마크 기사'를 다음과 같이 설명 했다. "거의 한 가지 주제, 바로 이민 이야기다. 덴마크인은 인종 차별주의자 아니면 외국인 혐오주의자이며, EU나 UN으로부터 비난받고 있다는 이야기다. 스웨덴인은 자신들이 무척 현대적이 고 개방적이며 이성적이라고 생각하지만, 몇 가지 금기 뒤에 본 모습을 숨기고 있다. 표면 아래에는 스웨덴 사회에서는 이야기되 지 않는 갈등과 극단주의자가 가득하다. 대표적으로 늘어나는 범죄 조직의 범행, 나치주의, 과도한 페미니즘, 무슬림 이민 문제 등이 있으며, 누구도 이런 이야기를 공개적으로 하지 않는다."

덴마크 신문사의 편집자 안네 크누센도 얄빙의 이야기에 동의 했다. "스웨덴에서는 정치 담론이 놀랍도록 보복적 성격을 띱니다. 물론 스웨덴민주당은 끔찍하지만, 다수가 진심으로 그들을 '혐오' 합니다. 이민자에 관대한 자신들의 생각에 공감하지 않는 사람들 을 향한 증오가 있습니다. 전체주의라고 할 수는 없지만……."

하지만 욘손은 스웨덴의 방식이 최고라고 단호하게 말했다. "이민은 오늘날 유럽에서 가장 중요한 문제일 겁니다. 저는 거의 모든 스웨덴 지식인, 언론인, 출판인에게 커다란 책임이 있다고 생각합니다. 이와 대조적으로 덴마크는 언론의 자유라는 명목으 로 덴마크국민당, 그리고 이슬람교에 대한 어느 정도의 인종차별 적 묘사를 공공연하게 허용하고 정당화했습니다."

"1950년대 이후 스웨덴은 외교 정책과 대외 원조 면에서 세계적으로 가장 개방적인 나라였습니다. 세계의 양심이라는 평판을 얻었으며, 그러한 이념이 자기와는 다른 사람들을 향한 스웨덴인의 이념에 실질적인 영향을 미쳤다고 생각합니다. 용인하고 궁금해하는 분위기를 조성했고, 확실히 특혜를 받는 입장이라는 생각을 심어줘 도와야 한다는 책임감을 불어넣었습니다. 통합이 스웨덴에서 더 잘된 까닭은 국제주의internationalism라는 이 강력한 생각이 있었기 때문입니다."

욘손은 스웨덴의 비교적 방대한 이민을 단호하게 낙관했다. "성공적이었습니다. 이 나라에는 엄청난 수의 2세대, 3세대, 4세대, 5세대, 6세대 이민자들이 융화되어 살고 있으며, 장기적으로 통합 여건은 그리 나쁘지 않습니다. 이민자들을 통합하지 않고 다른 나라 사람들을 이 나라에 와서 일하지 못하게 막는 조치는 경제적 자살 행위입니다. 스웨덴 경제는 성장 중입니다. 사람들은 인류 역사 내내 이곳저곳을 옮겨다니며 살았죠. 약간의 인내심과 안정적인 경제 여건만 있으면 가능한 일입니다. 가능하지 않으면 가능하게 만들어야 하며, 그건 정치 과업입니다. 정치인들이 해야 할 일이죠."

나는 침묵하는 우익 스칸디나비아 정당에 대한 욘손의 주장에 크게 공감했다. 나는 텔레비전에서 '이 가무잡잡한 사람들' '흑인들'에 관한 유언비어를 퍼뜨리는 덴마크국민당이 하는 자기만족에 빠진 허풍쟁이 장사꾼의 말은 평생 귀담아듣지 않을 생각이다.

지난 10년 동안 덴마크국민당의 무슬림을 향한 발언은 영국 전 내무장관 이넉 파월의 '피의 강' 연설영국이 인도, 파키스탄계 이민자들을 받아들이면 '피의 강'을 보게 될 것이라고 주장한 1968년 연설을 마치 자장가처럼 들리게 만들었다. 저명한 덴마크국민당 당원들은 각자의 방식으로 이슬람교는 종교가 아니라 '테러 집단'이라고 주장하고 무슬림을 나치 당원에 비유했다. 또 무슬림은 강간범이며 범죄 조직원이라고 적은 현수막을 흔든 혐의로 집행유예를 받았을 뿐 아니라, 무슬림은 우리 모두를 죽일 궁극적 의도를 가지고 유럽에 침투했다고 주장했다. 오늘만 해도 덴마크 신문에서 덴마크국민당의 통합 문제 대변인 마르틴 헨릭센의 다음과 같은 발언 내용을 읽었다. "많은 무슬림이 한자리에 모이면 불미스러운 상황이 벌어지는 경향이 있습니다."(마르틴, 다시 한번만 말해줄래요? 라마단 기간에 얼마나 많은 사람이 메카를 방문하죠? 거기서 몇 명이나 체포되나요? 그리고 당신의 직업이 정확히 뭐라고요?) 내 혈압을 걱정해 아내는 덴마크국민당 창당인이자 전 당 대표였던, 새된 목소리를 내는 요정 같은 피아 키에르스고르가 TV 화면에 나올 때마다 나를 방에서 내보냈다. 키에르스고르의 대표적인 명언으로는 "세상에는 단 하나의 문명이 존재합니다. 바로 덴마크 문명", 그리고 2001년 정당 소식지에 실린 이슬람교인들은 "거짓말쟁이, 사기꾼, 협잡꾼"이 있다.

이런 사람들의 분노와 거짓말은 예상되는 바이지만, 더 경악스러웠던 점은 그들의 심한 편견이 덴마크의 전반적인 정치 담화를 오염시킨 방식이었다. 중도파 정당들조차 수시로 이민자와 이슬람교인을 부정적으로 일반화할 정도였다. 이런 현상의 가장 치명적인 측면은 덴마크인, 스웨덴인, 핀란드인, 노르웨이인을 묘사할 때 '신덴마크인'과 '2세대 덴마크인'이라는 용어를 널리 사용한다는 사실이다. 자기 나라의 합법적인 여권을 보유하고 있으며, 많은 경우 자기 나라에서 태어났고, 자기 나라에서 세금을 내며, 자기 나라에서 투표를 하고, 많은 방법으로 자신이 속한 사회에 기여하지만, 알다시피 진짜 자기 나라 국민은 아닌 사람들 말이다. 그러니까 어떻게 말해야 할까, 피부색이 조금 더 까무잡잡한 사람들. 미국에 사는 누군가를 '미국인 2세대'라고 부르거나 심지어 영국 정치인이 '신영국인'이라고 말하는 모습이 상상되는가?

한편 "정치인에게 맡겨둬"—기본적으로 욘손의 주장—라는 말은 너무나 허약하게 들리며, 좋든 싫든 덴마크국민당과, 정도는 덜하지만 스웨덴민주당은 각 나라 인구의 상당수를 대변한다. 그러면 언론의 자유는 어떻게 될까? 우익은 다른 모든 정치인처럼 웃음거리가 될 수는 없을까? 스웨덴 유권자들은 스스로 결정을 내릴 만큼 성숙하지 못했을까? 지난 총선 준비 기간에 우익 정당인 영국국민당의 익살스러운 당 대표는 확실히 그랬다.

단순한 사실은 스웨덴민주당의 존재하지 않는 척하려는 노력은 국민 투표에서는 효과가 없었다는 점이다. 이 당은 지난 선거에서 역대 가장 큰 성공을 거뒀다. 총 투표수의 5.7퍼센트를 받으며 의회에서 20개 의석을 확보했다.

이제 내가 입에서 나오는 대로 지껄인 말을 책임질 시간이었다. 그들의 새 은신처로 스웨덴민주당 의원을 만나러 갔다.

"우리는 이민자 수를 약 90퍼센트 수준으로 낮출 생각입니다." 스웨덴 의회(릭스다그Riksdag) 근처 호화로운 새 사무실에서 만난 스웨덴민주당 대변인 에릭 뮈린이 말했다. "특히 오늘날 가장 많이 유입되는 망명 신청자와 가까운 친척 이민을 집중적으로요. 기본적으로 피자 가게를 운영하고 있으면 소말리아에서 더 많은 친척을 데려와 피자를 만들 수 있는데, 지금은 그걸 막을 방법이 없습니다."

아, 그 유명한 골칫거리라는 소말리아 피자 요리사. 번드르르한 말발을 자랑하는 스웨덴민주당의 당 대표 임미 오케손처럼 뮈린은 젊고 똑똑했으며 반이민 발언을 아주 가벼운 사실을 진술하듯 지껄였다. 나는 검은색 가죽 롱코트를 걸치고 테가 둥근 안경을 쓴 창백하고 사악해 보이는 사람들을 만나리라 기대했지만(실제로 딱 그렇게 입고 구석에 앉아 우리 대화를 지켜보는 사람이 있었다), 뮈린은 짙은 색 청바지에 재킷 차림이었다. 야심 있는 다른 모든 중도파 스칸디나비아 정치인처럼.

뮈린은 이런 식으로 인종별로 구분된 공영 수영장과 느슨한 판결에 관해 계속 떠들어댔고 스웨덴 법원이 '자녀를 때리는 게 그들의 문화라는 이유로' 이민자들에게 자녀를 때리도록 허용했다고 주장했다.

"이민자들은 아무 이유 없이 스웨덴인을 괴롭힙니다. 자신들이 스웨덴인을 장악할 수 있다는 사실을 알고 또 더 공격적이니까요. 이민자들은 스웨덴인보다 더 폭력적인 성향을 띱니다. 저는 학교에서 그걸 경험했고, 제 친구들도 경험했습니다." 뮈린은 이민자들이 "사람의 목숨을 바라보는 방식이 완전히 다르다"고 주장했다. 하지만 스웨덴 사람들 역시 '싸움을 좋아하기로' 꽤나 정평이 나 있지 않은가? 가령 30년 전쟁은 잘 모르나보지?

"네네, 물론 전쟁을 했습니다. 그렇지만……"

"유럽 전체를 쑥대밭으로 만들어놨잖아요."

"네, 그랬죠. 상황은 변하니까요."

"그리고 제가 만약 이란 난민이었다면 약간 화가 났을 겁니다. 스웨덴 당국이 빈민가에 몰아넣고 일자리를 얻거나 미래를 만들 기회를 주지도 않으며 의원님 같은 사람들이 위험한 존재로 낙인찍었으니까요. 저라도 그리 호의적이지는 않았을 것 같습니다." 나는 이렇게 덧붙였다.

"스웨덴에 오면 어떤 일에도 절대 화낼 이유가 없습니다. 스웨덴에 오면 모든 것을 누릴 수 있습니다. 의료 서비스와 교육도 받을 수 있고요. 스웨덴어를 배울 수 있고, 모든 기회를 얻을 수 있습니다."

스웨덴은 매년 약 10만 명의 이민자를 받는다고 뮈린이 기겁하며 말했다. 하지만 나는 수치를 자세히 들여다본 뒤 매년 얼마나 많은 사람이 실제로 스웨덴을 떠나는지 알게 됐다. 뮈린은 스웨덴에서 다른 나라로 떠나는 이민자 수가 얼마인지는 알고 있을까?

뮈린이 의자에서 몸을 움직였다. "5만 명 정도 됩니다."

"그러면 실제로 스웨덴으로 들어오는 최종 이민자 수는 5만

명인 거네요."

"네, 그렇지만 수치는 중요하지 않습니다. 그들이 누구냐가 중요하죠."

"하지만 스웨덴 경제는 성장하고 있고 노동력이 필요하지 않나요?"

"스웨덴 당국은 40년 동안 그렇게 이야기해왔지만 매년 스웨덴의 실업률은 10퍼센트였습니다."

"그 말은 이민자 수와 무관하게 실업률은 변함없다는……"

통계 자료에 집착하는 건 무의미해 보였다. 뮈린이 다마스쿠스로 가던 사도 바울처럼 깨달음을 얻고 개종해사도 바울이 다마스쿠스로 그리스도인을 박해하러 가다가 하느님의 음성을 듣고 그리스도교로 개종한다는 성경의 내용 달려가 옆방 사무실의 사회민주당원에 합류할 가능성은 없어 보였다. 그래서 나는 지난 선거 준비 기간에 언론이 스웨덴민주당을 배척한 일을 어떻게 생각하는지 물었다.

"네, 언론이 우리 당을 극도로 싫어했죠. 우리를 강제 수용소 같은 곳에 보내자는 사설도 실었고요. 그들은 우리 광고를 싣지 않았습니다. 우리는 정치적으로 낙인찍혔고, 누구도 우리와 손잡으려 하지 않을 겁니다." 뮈린이 말했다.

나는 그 이유가 스웨덴민주당의 악명 높은 선거 광고와 연관이 있지 않을까 싶어 그렇게 질문했다. 그 광고는 스웨덴에서는 금지당했지만 당연히 유튜브에서는 볼 수 있어 금지 조치를 수포로 만들었을 뿐 아니라 법을 어긴다는 스릴까지 부여했다. 광고는 히잡을 쓴 여성들이 나이가 지긋한 스웨덴 토박이 여성을 밀치고 지나가 정치인이 돈을 나눠주고 있는 테이블로 다가가는 장면을 보여준다. 여자들이 스웨덴의 복지 재조정으로 경제적 어려움을 겪고 있다는 점을 시사한다. 아니면 욘손이 지적한 것처럼, 스웨덴민주당이 원래 (예전 이름인 스웨덴당으로) 신나치주의자들이 창당한 당으로 이따금 나치 제복을 입은 당원들의 사진이 나돌기 때문인지도 모른다. 뮈린은 히틀러의 생일을 기념하기 위해 나치 제복을 입은 적이 있을까? 그런 모습이 노출된 당원들처럼?

"그런 의미에서 우리가 실제로 신나치주의자였던 적은 없습니다. 우리가 모르는 당원 중에 나치주의자가 있었지만, 우리는 결코 인종차별적인 당이 아니었습니다." 뮈린이 발끈해서 말했다.

몹시 우울해져서 스웨덴 의회를 나왔다. 그토록 많은 스웨덴인이 외국인이 근본적으로 자신들보다 더 폭력적이고 공격적이라고 믿는 사람들에게 표를 줬다니. 나는 스웨덴 지식인들의 침묵 모의에 공감하기 시작했다.

긍정적으로 보자면 스웨덴민주당이 다음 선거 전에 흔적도 없이 사라질 가능성은 늘 존재한다. 그럴 가능성은 점점 줄고 있는 것 같지만. 스웨덴민주당의 인기는 선거 직후 여론조사에서 떨어지기 시작했고, 그들이 다 큰 정당을 전국 규모로 어떻게 운영할지 생각조차 해본 적이 없다는 사실이 금세 들통 났다. 하지만 이 글을 쓰는 2013년 중반, 지난 몇 개월 동안 스웨덴민주당은 다시 한번 지지율이 급상승해 현재 10퍼센트를 향해 가는 중이다. 스웨덴민주당의 인종차별적 민낯을 여실히 폭로한 몇 가지 스캔들, 특히 하원의원 라르스 이소바라가 이민자들에게 강도를 당했다고(자기 물건을 레스토랑에 두고 와놓고는) 거짓 주장을 하고, 돼지처럼 꿀꿀대며 이슬람교도인 줄 알고 경비원에게 침을 뱉은 뒤 지도부로부터 징계를 받은 사건이 있었음에도 불구하고. 다른 당원들도, 기회가 있었다면 그다지 큰 상상력을 발휘하지 않아도 그렇게 행동했으리라 추정할 수 있다.

하지만 역사적 선례는 희망을 준다. 1990년대 초 스웨덴에서 더 큰 성공을 거둔 과거 우익 정당 하나는 생겨난 속도만큼이나 빠른 속도로 사라졌다.

희망을 품는 건 자유니까.

007

정당

스웨덴은 전체주의 국가다. 이야기해보자.

아니, 그렇지 않다. 진짜로. 나는 덴마크 신문 기자 안네 크누센이 머뭇거리기는 했지만 스웨덴을 설명하면서 전체주의라는 단어를 쓰기에 그녀가 뭔가 알고 있다고 생각하기 시작했다. 내 사전에는 전체주의가 '한 명의 권위자가 모든 것을 통제하며 야당을 두지 않는 정부 형태'라고 정의되어 있으며, 20세기 거의 내내 스웨덴은 사실상 단일 정당 국가였다. 바로 사회민주당. 사회민주당은 잠자코 순종하는 시민들의 삶 전체를 통제했고, 미리 정해진 현대적이고 진보적인 사회 규범을 고수하고자 최선을 다했다. 물론 스웨덴이 소비에트 연방은 아니었다. 나라의 부를 대부분의 사람에게 훨씬 더 공평하게 분배했으며, 시민들에게 제공되는 상품과 서비스의 품질도 훨씬 높았다. 스벤손 씨들한국의 김씨처럼 스웨덴에서 흔한 성, 즉 스웨덴 시민들은 재산을 몰수당하고 소금광산으로 실려가 순무 반개로 끼니를 때우며 일을 했을 것 같지만 그렇지 않다. 감자 배급 줄과 동독의 국민 자동차였던 트라반트 대신 단체로 규범을 준수한 대가로 현대의 세속적인 발할라Valhalla, 북유럽 신화에 나오는 궁전으로 북유럽인이 생각해낸 일종의 이상향를 선물받았다.

스웨덴인은 이 집을 국민의 집이라는 의미의 스웨덴어 폴크헴메트Folkhemmet라고 불렀다. 그 집은 바로 세계에서 가장 관대하고 진보적이며 광범위한 복지제도였다. 폴크헴메트는 스웨덴 시민이 결코 밥을 굶지도 노숙하지도 않도록 했으며, 아프면 치료해주고 늙으면 부양했다. 20세기 거의 내내 스웨덴 사람들은 완전 고용, 세계에서 제일 높은 임금, 넉넉한 국경일, 전례 없는 경제 번영을 누렸다. 저항할 일이 별로 없었다. 아마 그때는 '자비로운 전체주의'가 더 적합한 용어였는지도 모르겠다.

자비로운 전체주의라는 개념을 생각해낸 나 자신이 약간 뿌듯했다. 위대한 극지 전문 작가 롤런드 헌트퍼드가 오래전인 1971년에 정확히 같은 용어로 스웨덴을 묘사했다는 사실을 알기 전까지만 해도. 헌트퍼드는 자신의 저서『새로운 전체주의자 The New Totalitarians』에서 스웨덴을 개인의 자유와 꿈, 인간성이 사회민주당의 이상을 위해 희생되어온 사회주의 디스토피아라고 묘사했다. "현대의 스웨덴은 헉슬리가 묘사한 새로운 전체주의의 요소들을 갖추고 있다. 중앙집권화된 행정부가 노예를 자처하는 사람들을 지배한다." 헌트퍼드는 이렇게 썼다.

1980년대에 독일 작가 한스 마그누스 엔첸스베르거 역시 이런 점을 발견하고 자신의 책 『유럽, 유럽』에서 스웨덴 정부가 '다른 자유사회에서는 유례가 없을 정도로 개인의 일'을 통제했고, 서서히 시민들의 권리를 훼손하며 정신을 짓밟았다고 묘사했다. "실제로 사회민주당이 (…) 신권 정부부터 과격주의 정부까지 상당히 많은 정권에서 길들이기에 실패한 인간이라는 동물을 길들이는 데 성공한 것처럼 보였다. 사회민주당에 반대하는 모든 사람은 흔히 자기도 모르게 자기 입장을 사과하는 경향이 있다."

엔첸스베르거는 자신이 총선 기간에 목격한 놀라운 수준의 순응과 합의, 그리고 스웨덴 사회민주당이 20세기 거의 내내 사실상 아무런 도전도 받지 않고 막강한 권력을 누린 사실을 언급했다. 이 정당은 스페인의 전체주의자 프랑코 장군을 호사가로, 소련공산당은 한낱 야반 도주자로 보이게 만들었다. 사회민주당은 1920년 스웨덴 의회를 장악하고 정권을 유지했으며, 1932년부터 1976년까지 사실싱 44년을 연속 집권했다. 잠깐 권력을 빼앗겼지만 지난 세기가 끝나기 전 되찾아 다시 15년간 정권을 잡았다. 2010년에 와서야 사회민주당 정부가 아닌 대머리 총리 프레드리크 레인펠트가 이끄는 지금의 중도우파연합이 재임에 성공했다.

사회민주당은 노동조합들과 손잡고(최근까지 스웨덴의 대규모 노동조합에 가입하면 자동으로 사회민주당 당원이 되었다) 몇몇 기업가와 함께 임금을 정하며 스웨덴 산업계에서 노사 분쟁을 거의 사라지게 만들었다(최소한 1980년 전국 파업 이전까지는). 그처럼 고분고분한 노동 인구에 대한 보상으로 스웨덴 정부는 세상에서 가장 엄격한 몇 가지 노동시장 규제(오늘날까지 스웨덴 기업이 직원을 해고하는 과정은 지나치게 어렵고 비용도 많이 든다)와 가장 높은 실업수당을 도입했으며, 1975년에는 노동조합 대표가 모든 회사의 이사회 위원직을 맡는 일이 의무화됐다. 전체주의의 원형에 충실하게 사회민주당은 사법부를 장악하고, 텔레비전과 라디오 방송국을 국가 독점 체제로 운영하며, 스웨덴 문화를 광범위한 정부 예술기금의 힘으로 좌지우지했다. "21세기가 시작될 무렵 주교, 장군, 단체장, 대학교수, 대사 대다수가 사회민주당원이거나 그 동조자였다." 스웨덴 중견 기자 울프 닐손은 자신의 책 『스웨덴에 무슨 일이 일어난 걸까?What Happened to Sweden?』에서 이렇게 썼다.

스웨덴인의 삶에서 정부가 장악 시도를 하지 않았던 부분은 거의 없었다. 임금부터 육아법, 음주량, 시청하는 텔레비전 프로그램, 휴가 일수, 베트남전에 대한 견해까지도. 그리고 스웨덴인은 누구보다 자발적인 꼭두각시 같았다. 엔첸스베르거는 이런 스웨덴인을 두고 '온순하기로는 세계 챔피언들'이라고 말했다.

스웨덴인의 순응성을 단적으로 보여주는 참으로 감명 깊은 유명한 예가 있다. 1967년 9월 3일 밤, 스웨덴 정부가 차량 우측통행을 좌측통행으로 변경하기로 결정하자 스웨덴 국민은 즉시 그 결정에 따랐다. 바꾸는 과정에서 경적을 울리는 일도 별로 없었다. 또 상대방을 높이는 2인칭 대명사 '당신'에 해당되는 스웨덴어 경칭 'ni'(프랑스어의 vous와 같은)가 비민주적이라며 사용을 금했다(느긋한 덴마크인은 같은 의미로 쓰이는 'de'를 자연스럽게 용법이 변하도록 내버려뒀다). 비슷한 맥락에서 한쪽 성에만 사용하는 스웨덴어 'han(he)'과 'hun(she)'의 폐지도 검토 중이다. 부정적 성별 고정관념을 키우지 않을까 하는 우려에서다. 모든 사람을 성별과 관계없이 '헨hen'으로 칭해야 한다는 것이다. 최근 스톡홀름의 한 유치원에서 대명사 'hen'의 사용을 의무화했다. 최근에 어디에선가 읽기로는(내가 지어낸 이야기가 아니다) 쇠름란드쇠데르만란드라고도 한다 주 의회 의원들이 통과시킨 발의안이 하나 있는데, 주 의회 직원들이 앉아서 소변을 봐야 한다는 내용이었다. 이 발의의 궁극적인 목표는 공중 화장실의 성별 구분을 없애는 것이었다.

여기까지 읽으면 사회민주당이 거의 종교적 신념을 품고 급진적인 정책을 구상하며 시행했다는 생각이 들 정도다. 현대판 십자군 전쟁을 벌이고 있는 듯도 하다. 이 독선적이고 다른 사람을 탓하는 방식을 1970~1980년대 사회민주당 총리였던 올로프 팔메만큼 잘 보여주는 인물도 없다.

"바깥세상 사람들의 눈에 올로프 팔메는 스웨덴의 독실하고 좌파적인 국제주의를 대변하는 인물이었습니다. 스웨덴 내에서는 사회민주당 기득권층의 오만과 특권의식을 누구보다 잘 보여주는 인물이었죠. 스웨덴은 가난하고 가부장적이며 지나치게 의례적인 사회를 물려받았지만 그 사회를 부유하고 남녀가 평등할

뿐 아니라 지독히 평등한 사회로 만들었습니다." 앤드루 브라운 의 말이다.

올로프 팔메는 귀족 지주 가문 출신이었지만, 미국을 여행하면 서 목격한 불평등에 충격을 받고 1950년대 후반에 스웨덴으로 돌아와 사회민주당에 합류했다. 스웨덴 역사상 최장 기간 집권한 총리 타게 에를란데르의 자리를 물려받아 1969년 마침내 총리 로 취임했다. 팔메가 집권하면서 스웨덴의 사회복지제도는 의료, 보육, 노인 부양을 포함해 훨씬 많은 분야로 기하급수적으로 확 대되었으며, 그 비용을 충당하고 스웨덴의 빠르게 늘어나는 부 를 재분배하기 위해 세금을 인상했다. 누군가는 '설교쟁이'라고 말할지 모르지만 팔메는 국제 무대에서 주도적이기로 유명했다. 스웨덴의 중립국 입장을 교묘하게 바꿔 국제 분쟁에 대해 장황 한 훈계를 늘어놨고, 주 스웨덴 북베트남 대사와 나란히 행진하 며 미국의 침략 전쟁에 항의했을 뿐 아니라, 미군 탈영병 300명 의 망명 신청을 받아들였다(이에 헨리 키신저는 스웨덴이 1940년에 나치 정권에는 왜 이런 항의를 하지 않았는지 물었다).

미국을 여행한 뒤 깨달음을 얻은 팔메는 서민 정치인의 이미 지를 만들려 애썼다. 심지어 총리가 된 뒤에도 여전히 아내 리스 베트와 스톡홀름의 평범한 연립주택에 살며 리무진이나 보디가 드 같은 권력의 사치품들을 삼갔다. 이리한 '서민 정치인' 행세는 치명적인 결과로 이어졌다.

1986년 2월 28일 자정 무렵, 팔메 부부가 극장에서 집으로 돌아가는 길에 정체불명의 암살범이 두 사람을 향해 총을 여러 차례 발사해 리스베트는 부상을 입고 올로프 팔메는 사망했다. 총리가 길거리에서 총을 맞아 사망한 사건이 이 평화로운 나라에 안긴 충격은 아무리 강조해도 지나치지 않을 정도였다. 실제로 팔메의 암살 사건은 지금도 스칸디나비아 전 세대의 기억에 남아 있다. 역사학자 토니 그리피스는 이렇게 말한다. "스웨덴은 집단 신경쇠약에 걸렸다."

그때 받은 정신적 충격은 스웨덴 경찰이 암살 사건 후에 구제불능 아마추어 같은 모습을 보이면서 더 악화됐다. 경찰은 그날 밤 바리케이드를 설치하지도 않았으며, 끝내 살인 용의자를 기소하지도 못했다. 결국 마약 중독자이자 과거 총검으로 사람을 죽여 수감됐지만 불과 몇 년 뒤에 석방된 크리스테르 페테르손이 팔메의 살인죄로 유죄 판결을 받았다. 페테르손은 나중에 항고심에서 무죄를 선고받았고, 이 사건은 엄밀히 말해 지금까지도 미제로 남아 있다. 그 후 CIA나 KGB가 팔메를 암살했다는 소문이 돌았다. 실제로 팔메가 걸었던 날선—누군가는 양쪽에 날이 섰다고 하겠지만—외교 정책 노선은 충분히 그런 동기를 줄 만했다. 비록 2004년에 사망한 페테르손은 수차례 범행을 자백했으며 많은 사람이 그가 유죄라고 믿지만.

역사학자 헨리크 베리렌은 팔메의 전기를 써서 널리 호평을 받았다. 전기 집필에 몇 년을 바친 사람이라면 책 주인공에게 호감을 가지고 있을 게 뻔한데, 어째서인지 팔메에 대한 내 생각을 이야기할 때는 미처 그 생각을 못 했다. 나는 책을 읽어보니 팔메는 나쁘게 보면 설교쟁이 이론가, 잘 봐야 어수룩한 사람 같다고 말했다.

"팔메 총리는 전혀 어수룩하지 않았습니다. 사실 스웨덴 사람 치고 정말 비범했습니다. 실제로 상당히 냉정하고 실용적이며 노련한 정치인이었죠. 로버트 케네디 같았습니다. 아주 도덕적인 사람이었지만 정치적 생각을 밀고 나갈 때는 거침없었죠. 팔메 총리는 두 가지 일을 했습니다. 우선 베트남 전쟁을 완전히 재앙으로 보고 스웨덴 총리라는 지위를 이용해 미국을 향한 강도 높은 비판을 계속했습니다. 동시에 스웨덴의 중립과 안보를 크게 걱정했고 스웨덴이 소련에 대한 방어력을 갖추기를 원했습니다. 그래서 미국과의 관계를 유지하며 기술력을 갖추고 NATO와도 협력했습니다. 일부 스웨덴인은 팔메가 양쪽과 다 손잡았다는 사실을 받아들이기 무척 힘들어했습니다. 우익은 뭐, 미국과 우리 관계를 망쳐놓지는 않았지만 그럴 가능성도 있었어, 팔메가 불장난을 했으니까라고 말하는 반면 좌익에서는 완전히 위선자라고 말합니다……. 팔메 전 총리는 트뤼도(캐나다 전 총리 피에르 트뤼도)처럼 1960년대 기술관료 계급 출신의 자신감 넘치고 약간 오만하지만 급진적 사상을 수용한 귀족 급진주의자 전 세대의 일부분이었습니다."

나는 스톡홀름에 있을 때 울프 닐손도 찾아갔다. 닐손은 1950년대부터 스웨덴 신문사의 통신원이자 칼럼니스트로 일한 중견 기자다. 닐손은 자신이 린든 B. 존슨부터 최근 부시 전 대통령까지 모든 미국 대통령을 만났다고 자랑처럼 말했다. 그는 팔메 총리와 개인적 친분이 있었고, 겉으로 드러난 이념과 달리 누구보다 실용적인 정치인이었다는 베리렌의 말에 동의한다.

"우리는 사실 꽤 가까운 친구 사이였습니다. 저는 전 세계를 다니며 팔메를 취재했고 만날 때마다 팔메는 이렇게 말했습니다. '닐손 자네 아버지는 석수였지.' 만족스럽다는 듯이요. 팔메에게는 제가 귀한 가문 출신이었습니다. 순수한 노동자를 낭만적으로 생각했거든요. 팔메는 실제로 귀족이었고, 약간 명문가 출신이었습니다. 그는 모든 사람을 전향시키고 싶어했지만, 당연히 온갖 지저분한 방식으로 자기 권력을 이용하기도 했습니다. 결국 정치인이었으니까요. 손을 더럽히지 않고는 존재할 수 없는 사람들이죠."

닐손은 자칭 '스웨덴 반체제 인사'다. 사회민주당 지지자가 아닐뿐더러 결코 지지한 적이 없다. 1968년에 스웨덴을 떠났고 그 이후로 스웨덴에서 산 적은 없지만, 주기적으로 방문한다. 닐손이 나의 스웨덴 전체주의 이론을 어떻게 생각할지 궁금했다.

"어떤 의미에서는 전체주의죠." 닐손이 동의했다. 우리는 닐손이 칼럼니스트로 일하는 신문사 엑스프레센 건물 구내식당에 앉아 대화를 나눴다. "물론 나치 독일이나 북한과 비교할 수는 없죠. 그 정도로 나쁘지는 않으니까요. 하지만 다른 사람들과 같아지기 위해 순응한다고 할 수 있는 전체주의가 몰래 구현되고 있습니다. 누구도 우리가 사는 사회가 어떤 곳인지 질문하지 않는데, 그 점이 스웨덴에 대해 정말 마음에 안 드는 부분입니다. 세뇌라고 할 수 있죠."

오케 다운도 자신의 책 『스웨덴식 사고방식』에서 비슷한 이야기를 한다. "집단의 규범과 집단의 공통된 방식에서 벗어나는 모든 일탈 행동은 개인에게 위협이 될 수 있다." 하지만 내가 스웨덴이 전체주의 국가냐고 묻자 그렇지 않다고 대답했다. "그 이론에는 동의하지 않습니다. "우리는 위에서 명령해서 사회에 순응한 것이 아닙니다. 스웨덴은 현대 국가였고 현대 국가는 그렇게 구성되는 법이니까요. 모든 세세한 부분에서요."

베리렌과 다운 둘 다 전체주의라기보다는 지난 수백 년 동안 스웨덴에서 다른 힘이 작용했다고 봤다. "스웨덴 사람들은 역사에 관심이 없습니다. 스웨덴을 현대에 생긴 국가라고 생각합니다." 다운이 말했다.

헨리크 베리렌은 스웨덴의 방식을 영국의 방식과 비교했다. "영국이 현대성을 바라보는 방식은 매우 흥미롭습니다. 영국인은 현대주의자들이 아닙니다. 아주 큰 차이죠. 영국에서 '현대적'이라고 믿는 어떤 대상도 스웨덴에서 현대적이라고 믿는 다른 모든 대상을 능가할 수 없으리라는 사실은 정말 흥미롭습니다. 한편 영국인은 어느 순간 현대세계로 나아갈 필요가 있다는 사실을 깨닫죠. 영국은 여기에 저항했고, 낡고 제대로 작동하지 않는 수많은 시스템을 고수하고 있습니다."

하지만 어째서 스웨덴인은 아직까지도 한 정당이 그토록 막강한 권력을 행사하고 그토록 오래 급진적 정책을 도입하노록 놔두며, 그 과정에서 소득의 그토록 많은 부분을 떼어줄까? 스웨덴인이 투명한 민주적 절차를 통해 몇 년에 한 번씩 사회민주당을 '선출했다'는 사실은 잘 알고 있다. 하지만 자신들의 권리와 자유가 서서히 훼손되는 모습을 지켜봤고 속옷 안에 남은 세금을 숨겨놓지 않았는지 샅샅이 뒤지는 국가의 긴 촉수를 느꼈으면서도 어째서 한 번도 '이제 그만!'이라고 말하지 않았을까? 속담에 나오는, 찬물에 담긴 냄비 속 개구리 같은 사람들일까? 물이 서서히 끓어오르는 동안 높아지는 온도 변화를 감지하지 못하는?

나는 어릴 적 베를린 장벽 이야기를 읽고 궁금했다. '동독 정부가 장벽을 짓는 데 한참 걸렸을 텐데 어째서 베를린 사람들은 그만두라고 항의하지 않았을까?' 스웨덴 사람들 역시 자신들의 중앙집권 국가가 전례 없이 서서히 확장되고 자신들의 삶에 간섭할 때 비슷한 집단 무기력을 경험하지 않았을까? 그들은 국가의 촉수를 느끼지 못했을까?

008

죄책감

동물의 왕국에 비유하자면, 스웨덴인에게 적절한 비유 대상은 개구리보다는 다른 벌들을 위해 기꺼이 땀흘려 일하는 부지런한 꿀벌일 것이다. 하지만 무엇이 스웨덴인을 너그러운 전체주의에 그토록 안성맞춤인 국민으로 만들었을까?

역사적으로 여러 요인이 작용했다. 바이킹의 평등주의라고 말하는 루터교, 즉 집단의 희생과 사회 정의, 평등, 자제력, 부정을 강조하는 종교와 비교적 힘이 약한 봉건 제도, 그리고 16세기 이후 계속된 고도의 중앙집권화, 노동조합과 협동조합 운동의 대두 등이다. 무엇보다 스웨덴은 토지를 소유하지 못한 소작농의 수가 덴마크를 비롯한 다른 나라보다 훨씬 더 많았고, 부는 소수의 부유한 지주에게 훨씬 더 집중되어 있었다. 뭐라고 불러도 상관없지만 일부 사회주의자를 약 오르게 하고 싶다면 '집단 사회의 복수'의 기운이 무르익은 곳이었다.

그래서 굶주리고 순종적인 대중은 불경스러운 삼위일체의 결정과 지시를 따를 준비가 되어 있었다. 즉 사회민주당과 스웨덴 노동조합연합LO, 경영자협회SAF 세 단체의 기상천외하고 영속적인 협정. 경영자협회의 역할이 특히 두드러졌다. 협회의 지도부는 스무 가문 이하로 구성되었으며, 그들 중 핵심 권력은 실업가이자 은행가 가문 발렌베리였다. 이 세 단체, 즉 사회민주당 정부, 노동조합, 기업 경영주들은 다가오는 수십 년 동안 임금 수준, 육아 지원, 여성 인권, 고용법, 경제 정책, 심지어 외교 정책 등의 문제에서 긴밀하게 협력하고, 세계 역사상 가장 진보적인 몇 가지 사회 혁신을 대체로 수용적인(음매!) 스웨덴 대중에게 실행했다. T. K. 데리는 스웨덴 노동 분쟁의 역사를 이렇게 이야기한다. "스웨덴의 기록은 독보적이다. 5년간 노사 분쟁을 하면서 400만 명에 달하는 전체 노동 인구의 평균 근로손실 일수는 불과 5000일에 지나지 않았고, 어느 순간 그 수치는 400일로 감소했다."

현대성은 스웨덴 통치 세력이 스웨덴 시민들 앞에서 흔드는 황금 당근이 되었다. 처음에는 네 차례 총리를 지낸 페르 알빈 한손, 그리고 후임 총리 타게 에를란데르(총 23년 동안 집권했다), 그리고 팔메가 그랬다. 스웨덴 국민은 구습을 버리고 빛을 향해 나아가라는 독려를 받았다. 무언가 현대적이라고 여겨지면 좋은 것이었다. 스웨덴처럼 합리적이고 진보적인 나라에는 전통문화와 버클 달린 신발, 의례와 사회 관습이 필요 없었다. 노동조합은 현대적이었다. 집단주의는 현대적이었다. 중립은 현대적이었다. 경제 평등과 양성평등은 현대적이었다. 이혼은 현대적이었다. 복지국가는 현대적이었다. 결국 다문화주의와 대규모 이민도 현대적이라고 간주됐다. 매주 일요일 아침 한 시간 동안 슬라이드 프로젝터처럼 보이는 커다랗고 둥그런 옷깃을 두른 이류 신학대학 출신 성직자의 예배를 듣는 일은 현대적이지 않았다. 그런 점에서 애국심도 현대적이지 않았다. 스웨덴 애국가에는 '스웨덴'이라는 단어가 한 번도 나오지 않는다.

내가 보기에 소위 이 사회주의 재분배 사회에서 가장 대단한 역할은 회사 사장들이 했다. 심지어 스웨덴이 영국 노동자 좌파가 제안한 임금소득자기금(사실상 노동자들에게는 생산수단을 장악하는 방편이었으며, 『트리뷴』지가 당시 '역대 선거 공약 중 가장 순수한 사회주의자의 제안'이라고 부른 개념)으로 완전한 사회주의가 될 뻔한 위기를 겨우 모면한 순간에도 은둔생활을 하는 이 부유한 자본가 가문들은 그 자리에 있었다. 실제 정권을 잡지는 않았지만 최소한 운전자에게 조언을 건네면서. 스웨덴에서 가장 저명하고 영향력 있으며 조상 대대로 부유한 발렌베리 가문(많은 면에서 덴마크의 해운업 권력자 묄러 머스크와 비슷하며, 마찬가지로 스웨덴의 GDP에 중요한 존재다)은 스웨덴 정부와 긴밀한 관계를 맺게 되었으며, 제2차 세계대전 기간에 언젠가 야코브 발렌베리가 동생 마르쿠스와 함께 회사를 물려받고 나치 당원들과 무역 협상을 벌였다. 후에 발렌바리 가문은 정부와 사업 파트너가 되어 스웨덴의 야심찬 핵 개발 계획을 수립했다. 전성기에 발렌베리 그룹은 전체 민간 부문 근로자의 거의 5분의 1을 채용했다(스웨덴인 약 18만 명).

스웨덴의 지배 세력인 삼두정치의 세 파벌 모두 제2차 세계대전 기간에 스웨덴이 나치 독일과 맺은 광범위한 협력과 거래에서 큰 이익을 취했다. 스웨덴인은 14세기부터 독일에 철을 판매했고 분명 그만둘 이유가 없었다.

"스탈린그라드 전투 이전까지 [스웨덴은] 확고히 나치 편에 서서 중립을 지키는 듯했다. 스웨덴 지원병들은 핀란드에서 공산당과 맞서 싸웠고, 독일 군대와 물자의 스웨덴 철도 이동을 허용했다. 스탈린그라드 전투 이후 스웨덴은 이기는 편에서 결연히 중립을 지켰다. 이 일은 오랫동안 극심한 분노를 일으켰다. 특히 노르웨이에서." 앤드루 브라운은 이렇게 이야기한다. 울프 닐손 역시 여기에 동의하며, 자기 조국이 최소한 1943년까지 '독일 군수산업의 연장선'이었다고 설명했다.

이 무자비한 실용주의 덕분에 평온한 백조 스웨덴은 1939~1943년 제2차 세계대전에서 순조롭게 벗어났다. 그 기간에 스웨덴의 GNP는 20퍼센트 증가했으며, 이후 수십 년 동안 스웨덴의 부는 1인당 국민소득이 미국과 맞먹을 정도로 성장했다. 하지만 나치 독일과 수시로 맺은 동맹으로 스웨덴의 평판은 영원히 회복할 수 없는 타격을 입었다(일례로 독일 공군 총사령관이었던 헤르만 괴링은 스웨덴 여자와 결혼했다). 노르웨이의 호콘 왕은 당시 이런 말을 했다. "더 이상 스웨덴을 큰형이라 부르는 일은 없을 것이다."

내가 여기서 제2차 세계대전 이야기를 꺼내는 이유는 스웨덴인의 지나간 실수를 들먹이려는 의도가 아니라(뭐 약간은 있지만), 전쟁 후 스웨덴 경제와 사회가 이룬 기적이 유럽 상당 지역의 철저한 파괴와 이후의 재건 없이는 불가능했기 때문이다. 스웨덴은 중립을 지킨 덕분에 무사했고, 마셜 플랜이 주도한 유럽의 빠른 성장을 이용해 최고 위치에 올라섰다. 그 결과 이후 다년간 세계에서 일본 다음으로 가장 빠른 경제 성장을 이루었다.

스웨덴 사람들은 1939~1945년에 벌어진 일을 생각하지 말자며 모두 무언의 결정을 내린 듯했지만, 스웨덴계 영국인 작가 숀 프렌치는 제2차 세계대전 기간에 북유럽 이웃 나라들을 배신하고 연합군의 목숨을 대가로 나치와 맺은 대대적 거래에 대한 죄책감을 묻어둔 일로 스웨덴인은 장기적으로 대가를 치렀다고 생각한다. "전쟁 후에 성장에 힘쓰고 국민적 합의를 유지하며 암묵적으로 과거를 잊자는 합의는 잘 지켜졌다. 하지만 일종의 상처를 남겼다…… 그리고 그런 성공을 이루기 위해 스웨덴은 의견 분열을 포기했다. 그래서 모든 일에는 합의 또는 명백한 합의만이 존재했다." 스웨덴은 더 이상 완전한 중립국이 아니며, 세계 평화 유지 임무를 수행한다고 주장할 수도 있지만, 프랑스 역시 '평화와 중립에 그토록 큰 기여를 하는 동시에 거대한 군수 산업을 육성하는' 나라의 뻔뻔한 위선을 지적한다. 스웨덴은 세계 8위의 무기 수출국이다.

역사학자 토니 홀은 자신의 저서 『트롤과 전쟁 중인 스칸디나비아Scandinavia: At War with Trolls』에서 이렇게 말한다. "스웨덴인 전체가 느끼는 수치심은 서서히 커져갔다. 핀란드인을 돕지 않았다는 수치심은 노르웨이인에게 등을 돌렸다는 수치심, 독일군에 저항하지 않았다는 수치심, 일부 발트인을 죽음으로 내몰았다는 수치심으로 바뀌었다. 급기야 수치심과 죄책감은 스웨덴 사람들에게 자연 상태의 의식처럼 보였다."

나는 역사학자 헨리크 베리렌에게 스웨덴 사람들이 전쟁에 대한 죄책감을 느낀다고 여기는지 물었다. 내가 생각한 더 독특한 이론은 스웨덴인의 보여주기식 정치적 정당성, 특히 이민과 다문화주의를 향한 개방적 태도는 억눌린 죄책감의 표현 아닐까 하는 것이었다. 그들은 모든 사람을 실망시켰다는 사실을 깨달았지만 자신들의 과오를 만회하려는 노력은 하지 않았다. 놀랍게도 헨리크 베리렌은 이번에는 내 이론에 동의했다.

"네, 책임을 느낀다고 생각합니다. 대체로 도덕적인 사람들은 번창하면 죄책감을 갖는 경향이 있습니다. 본인은 많이 가졌는데 다른 사람이 적게 가졌다면 어쨌든 죄책감을 느낍니다. 개신교의 신념을 가지고 있다면요."

"아니면 다른 사람에게 고통을 주면서 부유해졌다면요?"

"맞습니다. 말씀하신 것처럼 전쟁은 죄책감을 크게 키운다고 생각합니다. 스웨덴은 이 죄책감을 만회해야 한다는 의무감을 약간은 가졌던 것 같습니다. 그래서 노르웨이와 덴마크에 사과를 했습니다. 하지만 완전 겉핥기식의 형식적인 사과였죠."

만약 우리가 제2차 세계대전을 떠올리면서 당시 히틀러의 팽

창주의 정책에서 스웨덴이 한 역할을 못 본 체할 수 있다면, 스웨덴이 그토록 일관되게 높은 생활수준과 놀라운 양성평등 및 경제 평등을 이루며 자애로운 복지국가를 건설한 사실을 떠올릴 때 스웨덴이 때로 아주 약간 전체주의 쪽으로 진로를 변경한 일은 정말 문제일까?

그렇다, 문제다. 특히 대부분 노동자 계층으로 이루어진 스웨덴 여성 6만 명에게는. 1935~1976년 스웨덴 정부로부터 우생학을 근거로 강제 불임 시술을 당하거나 불임 시술을 강요받은 경험이 있다면 말이다.

1922년 초 스웨덴은 웁살라에 국가인종생물학연구소Institute for Racial Biology를 설립했다. 당시 중요한 스웨덴 정치인이었던 아르투르 엥베리는 다음과 같이 기록했다. "우리는 운 좋게도 지금까지 비교적 훼손되지 않은 민족이다. 아주아주 우수한 민족." 그리고 이제 그 우수한 민족을 보호해야 할 때라고 덧붙인다. 한 시사평론가에 따르면 그런 생각 때문에 '나치 독일[민족]에 이어 두 번째로' 인간 개량 정책에서 '더 적은 수의' 표본을 단종했다고 한다. 나치 독일과 스웨덴 두 정권의 목표는 같았다. 키 크고 금발의 파란 눈을 가진 인종의 정화. 1934년에 법이 강화되면서 '열등하다'는 판정을 받은 여자들은 남자 소년범들과 함께 본인의 의지와 상관없이 강제 불임 시술을 낭했다. 심지어 전 세계가 나치의 만행을 알게 된 1945년에도 스웨덴인 1747명이 불임 시술을 받았고, 1947년에 그 숫자는 2264명으로 늘어났다. "어떻게 페르 알빈 한손 (…) 그리고 타게 에를란데르 같은 사람들이 이렇게 충격적일 정도로 비민주적이고 잔인할 뿐 아니라 부당한 정책을 용인, 아니 지시할 수 있었을까?" 울프 닐손은 자신의 책 『스웨덴에 무슨 일이 일어난 걸까?』에서 이렇게 질문한다. "답은 간단하다. 그 정치인들은 실제로 열등한 태아를 제거하면 점차 더 깨끗하고 건강한 민족이 만들어지리라 생각했기 때문이다."

1960~1970년대에 스웨덴 정부는 수많은 아이를 비논리적이고 심지어는 이념적인 이유로 양육 시설로 보낸 전력 때문에 전 세계적으로 악명을 떨쳤다. 조지 오웰이 묘사한 전체주의를 떠올리게 하는 스웨덴의 아동복지위원회가 다른 어떤 나라보다 많은 아이를 양육 시설에 맡긴다는 사실이 밝혀졌을 때 브리타 순드베리베이트만 기자는 다음과 같은 기사를 썼다. "스웨덴은 정부 당국이 특권을 누리는 양육을 못 하도록 아이를 부모에게서 강제로 떼어놓을 수 있는 나라다." 영국 기반의 스웨덴 기업 테트라파크의 상속녀이자 문학 잡지 『그란타』의 발행인인 시그리드 라우싱의 말에 따르면, 스웨덴 정부는 '순응과 확실한 국가 감시가 존재하는 사회를 만들었고' '지나치게 많은 아동을 양육 시설로 보냈으며' '재미없고 평범한' 학교를 만들었고, 공산주의자들을 몰래 감시했다. 또 스웨덴 정부는 '개인의 권리를 강력한 사회 규범에 희생시킨 억압적 조직'이라고 말했다.

전체주의 문제는 정부가 에이즈 환자 강제 격리를 진지하게 고려 중일 때 운 나쁘게 에이즈 진단을 받은 사람들에게는 탁상공론이 아니었을 것이다. 아니면 인권을 침해한다는 유럽이사회의 판결에도 불구하고 현재 스웨덴 법이 의무로 정한 불임 시술을 받을 준비가 되어 있지 않은 트랜스젠더라면. 아니면 어린 자녀와 집에 있고 싶지만 페미니즘의 반역자이자 구식이라고 손가락질당하는 스웨덴 어머니라면. 아니면 그저 소득의 4분의 3 이상을 직간접세의 형태로 정치인에게 바치는 제도가 노동 의욕을 꺾는다고 생각하는 사람이라면('스웨덴인은 자유롭게 태어나서 세금에 치여 죽는다'는 말도 있다).

물론 한켠에서는 위험을 무릅쓰고 반대할 수도 있었지만 그건 스웨덴 스타일이 아니다. 『현대의 바이킹들Modern-Day Vikings』의 공동 저자인 크리스티나 요한손 로비노비츠와 리사 베르네르 카르는 이렇게 쓴다. 스웨덴에서 "'협력하지' 않는 사람들의 삶은 고달플 수 있다." 비교적 최근까지 본인의 기본권을 침해받아 왔다고 느낀 스웨덴인은 스웨덴 법원에 호소하려는 의지가 거의 없었다. 어차피 스웨덴 법원은 스웨덴 법을 상대로 한 소송을 다룰 수 없었다. 사회권은 높아졌지만 시민권은 상대적으로 약했다. 특히 사회민주당이 한창 집권하던 시기에는 개인이 정부 당국을 상대로 심각한 소송을 제기할 일이 있으면 유럽인권재판소로 가야 했다.

"개인은 국가와 시의회, 노동조합, 협회, 공무원들에게 점점 더 의지했다. 다시 말해 정부." 울프 닐손은 이렇게 쓴다.

헨리크 베리렌(자신에게 또 '스웨덴 옹호사' 역할을 맡겼다며 나를 싫어하겠지만 그만큼 확실하게 잘한다)은 스웨덴 정부가 여전히 스웨덴 시민의 삶에 어마어마한 영향력을 행사한다는 사실을 인정하지만, 투명성과 연민을 바탕으로 권력을 행사한다고 주장한다. "네, 시민들은 정부에 막강한 권력을 양도하지만 정부가 그 권력을 어떻게 사용하는지가 중요합니다. 현재까지는 대부분 그 권력을 올바르게 사용했고 인권 등의 가치를 존중했습니다. 복지제도를 갖추고 있다는 이유로 사람들에게 불임 시술을 한다는 것은 논리적으로 말이 되지 않습니다. 문제는 그토록 막강한 권력을 정부에 양도하면 특정 논리가 힘과 추진력을 얻을 수 있다는 것입니다."

내가 읽은 지난 세기의 스웨덴 사회민주당 정부에 대한 모든 이야기는 매우 중요한 하나의 목표로 움직이는 조직을 암시했다. 그 목표는 누군가는 자연스럽다고 말할지 모르겠지만, 시민들 사이의 전통적 유대관계를 단절시키는 것이었다. 즉 아이들과 부모의 유대, 노동자와 고용주의 유대, 아내와 남편의 유대, 노인과 가족의 유대. 대신 개인들은―대개는 금전적 장려책과 반장려책을 통해서였지만 동시에 법률, 선전, 사회적 압력 수단을 통해―'집단 속에 있어야 할 자리에서' 정부에 의지하라는 장려를 받았다고 한 시사평론가는 다소 불온하게 이야기했다.

베리렌은 스웨덴 부가 시민의 삶에 하는 역할을 조금 다른 관점에서 봤다. 도발적인 제목의 저서 『스웨덴인은 인간인가?Is the Sweden Human?』에서 베리렌과 책의 공동 저자인 라르스 트레고르드는 스웨덴 정부의 진짜 목적은 참견하고 통제하기보다는 시민들을 서로에게서 해방시켜주고 본인의 운명을 책임지는 완벽하게 자주적이며 독립된 존재로 만드는 것이었다고 주장한다. 또 스웨덴인은 이웃 나라들이 생각하는 것처럼 모여 있기 좋아하는 양떼와는 거리가 먼 (심지어 미국인보다 더한) '심한 개인주의 자들'이며 '개인의 자율성 추구에 몰두하는' 사람들이라고 주장한다.

　나는 이 이론이 처음에는 조금 혼란스러웠다. 스칸디나비아에서 가장 집단주의자이자 순응자의자이며 합의를 지향하는 사람들이 실제로는 팽배한 미국식 개인주의에 좌우된다는 이야기가 솔직히 이상하게 들렸다.

　"즉 비인습적인 것과 독자적 사고를 혼동하지 말라는 이야기입니다. 우리는 다른 사람들에게 의존하지 않는다는 의미의 자율성을 말하는 겁니다." 베리렌이 설명했다.

　"스웨덴의 체제는 사회주의가 아닌, 루소의 관점에서 가장 잘 이해할 수 있습니다." 베리렌은 내가 루소에 관해 약간은 알고 있는 것으로 너그럽게 전제하고 말을 이어갔다. "루소는 극도의 평등주의자였으며 모든 종류의 의존을 진심으로 혐오했습니다. 다른 사람에게 의존하는 것은 본인의 진실성과 본래성을 파괴한다면서요. 그래서 이상적인 상황은 모든 시민이 다른 모든 원자와 독립된 원자가 되는 것이었죠…… 스웨덴 정부의 논리는 다른 사람에게 의존하고 신세를 지는 일이 위험하다는 거였습니다. 심지어 본인의 가족에게도요."

　하지만 가족은 이로운 존재 아닌가요?

　"네, 의존은 인간에게는 일종의 자연 상태입니다. 그래서 저는 정부에 그토록 많은 힘을 실어주면 몇 가지 부작용이 생긴다고 생각합니다." 베리렌이 인정했다. 그럼에도 불구하고 베리렌은 스웨덴 정부가 국민의 삶에서 하는 역할에 있어서는 목적이 수단을 정당화할 수 있다고 생각했다. 그리고 한 가지 사례를 들었다.

"제가 이 이야기를 미국 대학생들에게 하면 그들이 말합니다. '하지만 끔찍해요. 국민이 국가에 의존한다는 뜻이잖아요.' 저는 이렇게 되묻습니다. '하지만 이렇게 생각해봐요. 대학을 갈 때 등록금을 어떻게 냅니까?' 그러자 학생들이 말합니다. '학자금 대출 신청을 하면 돼요.' 제가 학생들에게 묻습니다. '흠, 대출 신청 조건이 어떻게 되나요?' '자기 가족에게 달려 있어요.' '오, 그렇다면 부모님께 돈이 많으면 부모님이 내주는 거네요. 그런데 본인이 원하는 전공을 부모님이 동의하지 않으면 어떻게 하죠? 부모님한테 상당히 의존한다는 이야기처럼 들리네요.' 스웨덴에는 그런 문제가 없습니다. 우리는 원하는 전공이 뭐든 공부할 수 있습니다. 사소한 예이지만 많은 것을 이야기해주죠."

베리렌이 말하는 스웨덴 '국가 통제주의자의 개인주의'는 두 사람 사이에 대단히 순수한 형태의 완전히 독립적인 사랑이 꽃필 수 있게 만든다. 아내들은 남편이 공동 계좌의 인증 코드를 책상 서랍 안에 자물쇠를 채워서 보관한다고 집에 붙어 있지 않는다. 남편들은 아내의 아버지가 공장을 소유하고 있다고 할 말을 참지 않는다. "진정한 사랑과 우정은 독립적이며 평등한 개인들 사이에서만 가능하다." 베리렌과 트레고르드는 이렇게 쓴다. 그래서 사회민주당은 사실상 큐피드 이상의 존재다.

베리렌은 스웨덴의 방식이 가령 독일의 방식과는 완전히 상반된다고 지적한다. 독일에서 국가의 지원은 가족을 통해 전달

되며 이로써 아버지가 가장으로서 생계를 책임지는 가족이라는 제도를 영속시킨다. "스웨덴은 설정 자체가 다릅니다. 주된 목표는 가족에게 의존하지 않는 것입니다. 아내는 남편에게 의존해서는 안 되고, 아이들은 18세가 되면 독립해야 하며, 노인은 자식들에게 부양받으려 해서는 안 됩니다. 따라서 주로 국가가 개입해 이런 서비스를 제공합니다."

"하지만 그렇게 되면 그저 의존 대상을 국가로 바꾸는 것뿐이지 않나요? 다시 전체주의를 염려해야 하는 국가 말입니다." 내가 물었다.

"사람들이 완전히 자립해서 살아간다는 말이 아닙니다. 국가에 의존하고 있으니까요. 기자님 같은 전체주의 이론도 생각할 수 있지만 저는 동의하지 않습니다. 심지어 거래에 가깝다고도 할 수 있습니다. 민주주의 국가를 받아들임으로써 엄청난 자율성을 갖는 것은 사실상 이런 식으로 자율성을 갖고 어느 정도 자기실현을 할 수단을 갖추는 일입니다. 이렇게까지 극단적으로 말하고 싶지는 않지만 결국에는 전체주의 국가에서 살게 됩니다."

"미국인과 영국인에게 국가는 그렇게 무섭고 소름끼치며 위협적인 존재이지만, 현재 미국은 의료 시스템조차 갖추지 못했습니다. 국가를 너무 두려워하기 때문입니다. 하지만 여기서 중요한 점은 국가가 삶을 어떻게 살아야 한나고 간섭하는 것이 아니라 지원 체계를 제공한다는 사실입니다. 사회는 불평등하고 사람들은 똑같은 기회를 갖지 못하지만, 우리는 모든 사람이 같은 수준의 자유를 누리고 자기실현을 할 수 있게 하려고 노력 중입니다.

이전에는 소수의 집단에게만 가능했던 일이죠."

내가 보기에 스웨덴 사회의 문제점은 겉으로 드러나지 않는 스웨덴인의 많은 특징, 특히 홀로 고립된 생활을 좋아하는 성향을 용인하고 실제로 그렇게 살도록 내버려둔다는 점이다. 따라서 오늘날 스웨덴에서는 거의 모든 학생이 혼자 산다. 그들은 영화 「영원스Young Ones」물이 부족한 미래를 그리는 SF 영화로, 영화 속 주인공 어니스트 홈은 농장을 차지하기 위해 아버지를 죽인다에서처럼 부모님의 집을 불법으로 점거하지 않는다. 스웨덴인은 세계에서 이혼율이 제일 높고(물론 누군가는 이 현상을 긍정적으로 볼 수도 있다), 1인 가구 수가 제일 많으며, 혼자 사는 노인이 다른 어떤 나라보다 많다. 이런 현상 역시 스웨덴에서 일반적으로 용인되는 생각, 즉 사람은 자기 문제를 스스로 해결할 줄 알아야 한다는 믿음을 강화한다. 스웨덴인은 서로 부탁하는 것을 좋아하지 않으며, 자기 문제를 혼자서 끌어안고 묵묵히 고통을 견딘다. 유능함은 이런 성향의 한 가지 측면이다. 유능하면 다른 사람의 도움이 필요 없으며 유능한 사람이 되는 게 스웨덴인의 궁극적 이상이고, 도움을 요청하는 일, 심지어 도움을 주는 일도 낮은 단계의 사회적 금기에 속한다.

스웨덴 사람들은 왜 그렇게 작정하고 자급자족과 독립을 이루고 싶어할까? 왜 양육, 이혼, 세속주의 같은 근본적인 사회 변화가 스웨덴에서 그토록 강력하게 뿌리 내렸을까?

다운은 자신의 책에서 이렇게 말한다. "자급자족의 긍정적 경험이 어느 정도 역할을 한 듯하다. 자급자족이라는 가치는 오래전부터 있었겠지만, 여러 사회 변화 때문에 1960년대에 와서야 구체적으로 발현될 수 있었다. 다른 나라에서 같은 종류의 사회 변화, 가령 여성 임금 노동자의 증가, 더 나은 산아 제한 대책, 교회와 전통의 힘 약화, 덜 비공식적인 사회 통제는 이런 영향을 미치지 않았다. 따라서 심지어 1960년대 이전, 아니 아마 훨씬 전부터 스웨덴 부부가 다른 어떤 나라의 부부들보다 더 큰 감정적 거리를 두고 관계를 맺었으리라고 추측할 수 있다."

스웨덴에서는 자급자족과 자율성이 제일 중요하며, 감정이든 호의든 현금이든 모든 종류의 빚은 어떤 수를 쓰든 피해야 한다. 스웨덴 사람들은 심지어 술 한잔도 빚지고 싶어하지 않는다.

"많은 스웨덴인은 독립의 욕구가 대단히 강해 보인다. 그런 욕구는 혼자 있고 싶고 '사람들을 피하고 싶고' '빚지고' 싶지 않은 욕망에서 드러난다"고 오케 다운은 말한다. 다운이 책에서 인용한 한 연구에서는 스웨덴인의 70퍼센트가 친구들과 상당히 오랫동안 떨어져 있는 상황을 견딜 수 있다고 대답했다. 혼자 있기를 좋아한다고 알려진 핀란드인에게 똑같은 질문을 하자 41퍼센트만이 친구들과 떨어져 있을 수 있다고 답했으며, 거의 두 배에 가까운 응답자들이 친구들과 떨어져 있는 동안 불행하거나 우울했다고 답했다. 다운은 "가깝고 깊은 친구관계는 스웨덴인보다 핀란드인에게 더 중요하다"고 결론 내렸다.

스웨덴의 여배우 그레타 가르보가 「그랜드 호텔」이라는 영화에서 한 대사 '혼자 있고 싶어요'는 상투적 유머가 아니었다. 진심이었다. 스웨덴인의 자율성은 미국인이 바라는 독립보다 훨씬 더 수동적으로 보였다. 스웨덴인에게 자율성은 무언가를 이루거나 독립하거나 삶의 모든 가능성을 비틀어 짜서 삶을 통제하는 것이 아니라, 정기적으로 이를 내보이며 웃고 부부가 따로 휴가를 보내며 연금 수령자들이 저녁으로 뭘 먹을지 자유롭게 결정할 수 있다는 의미다. 『현대의 바이킹들』의 두 저자는 이렇게 말한다. "미국인은 마음대로 할 자유를 원하고, 스웨덴인은 마음대로 될 자유를 원한다." 앤드루 브라운은 올로프 팔메에 관해 맥 빠지는 말을 한다. "팔메 총리는 사망하면서 누구도 가난하지 않고 누구도 낙관할 여지가 없는 나라를 남겼다." 다시 말해 사회악을 근절하는 과정에서 사회민주당은 국민의 동기와 야망, 기백까지 질식시켰다.

"왜 그렇게 말씀하는지 알고, 또 그 말이 이 책의 핵심입니다. 백번 옳습니다." 내가 덴마크를 놓고 대화를 나누면서 리처드 윌킨슨에게 말했던 스칸디나비아의 단일성, 즉 숨 막히는 순응성 따위에 우려를 표하자 베리렌이 말했다. "그게 요지입니다. 저는 순응성과 관련 있다고 생각합니다. 대체로 다양한 사회에서는 괴짜로 살기가 훨씬 더 쉽습니다. 스웨덴이 강한 감수성을 지닌 특정 집단의 그런 사고를 못 하고 또 그런 가치들을 갖지 못하리라고 보진 않습니다. 이 나라에서는 그 가치가 상당히 일반적인 체제 순응주의죠."

다시 말해 스웨덴은 괴짜나 기인, 반대 의견을 내거나 순응하지 않는 사람이 번영할 만한 사회는 아닐지도 모른다. 하지만 제법 큰 사회의 한 부분이 있다. 그 사람들에게 스웨덴은 지금까지 그랬으며, 앞으로도 영원히 지상낙원이다.

009

머리망

　여성의 권리는 사회민주당 사회 혁명의 핵심 요소였을 뿐 아니라 그들의 경제 계획에서도 핵심적이었다. 여성의 참정권은 다른 북유럽 국가들보다 늦게(1921) 허용됐으며(핀란드인은 '현대' 북유럽 이웃들에게 핀란드 여성이 1906년에 참정권을 얻었다고 틈만 나면 이야기한다), 다른 모든 북유럽 국가가 스웨덴인의 페미니즘의 귀감이라고 주장해야 마땅하지만, 스웨덴 여성들은 그 후에 사회의 훨씬 더 광범위한 분야로 진출했다. 양성평등, 보육, 사회적 약자 우대 정책과 관련된 여러 정책 덕분이었다.

　다년간 스웨덴은 양성평등부Ministry of Gender Equality(최근 교육부와 합병했다)를 두고 직장 내 남녀 차별을 없애는 법안을 감독하며, 여성 고용 인원을 늘리고, 모든 세척제 광고에 여성보다는 대걸레와 양동이를 든 남자를 등장하게 하는 일을 전담시켰다. 어느 정도는 그 결과로 스웨덴은 현재 세계에서 육아휴가 일수가 가장 많은 나라가 됐다. 18개월간 통상 임금의 80퍼센트를 법으로 보장하며, 아이가 여덟 살이 되기 전까지 부모가 원할 때 언제든 휴가를 신청할 수 있다. 그중 2개월은 아버지에게 주어진다. '아버지 휴가'라 불리는 이 제도는 1995년에 도입되었으며, 현재 스웨덴 아버지의 85퍼센트가 이용한다.

『뉴스위크』는 최근 자체적으로 선정한 여성이 살기 좋은 나라 순위에서 스웨덴을 2위에 올렸다(1위가 아이슬란드로, 아마 지금쯤 여자들은 날카로운 물건을 전부 남자들 손이 안 닿는 곳에 치워놨을 것이다). 또 국제 아동구호단체 세이브더칠드런은 스웨덴을 '엄마들이 살기 좋은 나라' 3위로 꼽았다. 노르웨이와 아이슬란드가 각각 1, 2위를 차지했다(덴마크는 5위). 세이브더칠드런 순위는 아마 스웨덴이 북유럽 지역에서 평균 임금 비율 면에서 육아 비용이 가장 저렴한 나라라는 사실과 관련이 있을 듯하다. 갓난아기를 보육 시설에 맡기는 데 월 150달러 약간 넘게 든다(영국은 다섯 배, 심지어 열 배 더 많이 든다). 스웨덴 총 아동 수의 82퍼센트 이상을 차지하는 12~18개월 아이들이 보육 시설(스웨덴어로는 다기스dagis)을 이용한다. 세계에서 가장 높은 수치다.

스웨덴인은 한 번도 여성 총리를 뽑을 용기를 내지는 못했지만(북유럽 이웃들과는 달리), 스웨덴 하원의원의 거의 절반, 그리고 현재 정부 각료의 절반 이상이 여성이라 영국 정부를 확실히 원탁의 기사단처럼 보이게 만든다. 하지만 스웨덴 여성 인권 단체들은 기업계의 고위직에는 여전히 비참할 정도로 여성 대표가 부족할 뿐 아니라 여성의 임금이 남성보다 뒤처진다는 사실을 즉시 상기시킨다.

한편 스웨덴 남성들은 세계에서 광신적 애국주의자의 모습이 제일 덜하다고 알려져 있다. 2009년 옥스퍼드대학교에서 실시한 조사에서 스웨덴 남자들은 다른 어떤 나라의 남자들보다 집안일을 많이 돕는다는 결과가 나왔다. 이처럼 스웨덴 남자들의 더 상냥하고 자상한 면은 언론의 호의적 기사를 이끌어낼 또 한 가지 자질일 수 있지만, 전 미스 스웨덴 안나 앙카는 그렇지 않다고 말한다. 어느 신문 인터뷰에서 앙카는 스웨덴의 '벨벳 아빠', 즉 가슴팍의 토사물과 등에 묻은 크림 자국으로 알아볼 수 있는 집에서 아이를 키우는 아빠들을 '기저귀를 가는 여자 같은 남자'라고 묘사했다. 앙카는 스웨덴 남자들이 바이킹 선조들의 남자다움을 되찾으면 좋겠다고 생각한다.

핀란드 남자들이 기뻐하며 다시 지적하겠지만, 이런 이미지는 스웨덴의 페미니즘 혁명에 불리하게 작용했다. 러시아 군인들이 군도를 덜거덕거리는 동안 스웨덴 군인들은 모두 화장품 가방을 움켜잡고 있었다는 이미지가 스웨덴 남자들을 수치스럽게 만든 데 이어 양성평등을 위한 성비 균형의 변화는 그들을 더 무력하게 만든 듯했다. 여성들의 생계를 책임지는 역할을 빼앗긴 스웨덴 남자들은 지금 가장 기본적인 남녀관계조차 힘들어할 정도로 거세되었다. 작업, 연애, 구애 뭐라고 부르든 남녀관계는 이제 정치적 지뢰밭이 되었다. 나는 스웨덴 남자들이 기세

등등해진 여자들에게 주눅 들어 더 이상 정중한 관심이나 매너를 갖춘 태도를 보이지 않는다고 들었다. 또 덴마크 남자들이 그렇다고 들었고, 누군가는 노르웨이도 마찬가지라고 말한다. 내가 이 주제를 놓고 이야기를 나눈 많은 덴마크 여자들 말로는(나의 고삐 풀린 영국인의 남성성에 자석처럼 이끌린 애처로운 사람들), 남성들의 매너는 스칸디나비아 사회에 들어설 자리가 없다. 덴마크 남자들은 남성성을 잃었고, 그 결과 이성을 유혹하는 일에서 자신들의 역할을 포기했다.

남자들만 탓할 수는 없다. 내 경험상 옛날식 기사도 정신은 스칸디나비아 여자들 사이에서 정조대만큼이나 좋은 먹잇감이 된다. 코펜하겐 도심의 백화점에서 여자들을 위해 문을 잡아주는 행동을 해보라. 나도 내막을 알기 전까지는 그렇게 했다. 당황스러운 의심의 눈빛이나 노골적 적의가 담긴 눈빛을 받을 것이다('당신의 의협심으로 나를 괴롭히려들지 마라!'). 영국이나 미국에서 당연시되는 신사다운 예절은 스칸디나비아 여자들을 어리둥절하고 놀라게 만든다. 덴마크로 이사 온 첫해에 덴마크인 일행과 레스토랑에 갔는데, 동행한 여자분 한 명이 식사 테이블로 돌아올 때 나는 자리에서 일어서는 실수를 했다. 대화가 멈췄고 거기 모인 모든 사람이 기대에 찬 시선으로 나를 쳐다봤다. 나는 디저트를 먹으면서 그렇게 행동한 이유를 설명하려 했지만 사실은 내가 그 이유를 모른다는 사실을 깨달았다(나중에 동행자 중 한 사람이 자기들은 모두 내가 건배사를 하려는 줄 알았다고 했다). 내 아내는 연애 초반에 내가 그녀와 같이 있을 때 자동적으로 인도 바깥쪽으로 걷는 게 웃겼던지 늘 나를 앞지르려고 했다.

"일전에 이곳 사무실 회의에 가다가 발가락을 찧었어요. 젊은 남자들이 모두 자리에 둘러앉아 있으면서 아무도 저한테 자리를 양보하지 않더라고요. 제가 상사였는데도요!" 덴마크 신문사의 기자인 안네 크누센이 말했다. 자신의 두 아들은 그런 배려를 하도록 키웠지만 세대를 불문하고 덴마크 남자들은 다르게 교육받았음을 인정했다. "제 세대의 많은 남자는 그런 케케묵은 역할을 하는 게 두렵다고 말합니다. 그 사람들은 그런 일로 욕을 먹고 부족하다고 계속 혼이 나며 자란 세대이거든요. 새로운 세대는 그걸 배우지 못했고요. 제대로 된 가정교육을 못 받았죠."

한편 덴마크 남자들과 사귀는 외국 여자들은 남자친구가 저녁 식사 후 밥값을 나눠서 내자고 하거나 혹은 칭찬을 해주지 않으면 자기가 뭘 잘못했나 생각한다. 가여운 남자를 욕하지 마라. 그들은 그렇게 자랐으니까. 이렇게 말하면서 내 망토로 날아오는 진흙더미를 막고 있다.

"알고 보니 그 사람이 실제로 저를 많이 좋아했더라고요." 덴마크 남자와 사귄 영국인 여자가 말했다(기쁘게도 그 남자와 결국 결혼했다). 여자는 남자친구가 자기보다 앞서 문을 열고 들어가고 자기가 방에 들어가도 자리에서 일어나지도 않으며 한 번도 선물을 주지 않아 당황했다고 한다. "오랫동안 그 남자가 게이이거나 약간 모자라는 사람이라고 생각했어요."

스웨덴 정부가 주도하는 급진적 페미니즘에는 어딜 가나 호텔 문지기처럼 문을 잡아주며 엉뚱한 데 힘을 쓰는 외국 남자들보다 더 심각한 대가가 따른다고 볼 수 있다. 여성들이 출산 직후 직장으로 돌아가야 한다는 사회, 경제적 압력 때문에 스칸디나비아 아이들은 평균 연령보다 더 이른 나이에 탁아 시설에 맡겨지며(덴마크에서는 생후 6개월 된 유아의 거의 4분의 1이 고정된 탁아 시설에 맡겨진다), 하루의 더 긴 시간을 그곳에서 보내는 경향이 있다. 일부 전문가는 어린 나이에 어머니와 떨어져 지내는 경험은 나중에 자라서 온갖 신경증과 불안증, 그리고 스웨덴인 특유의 독립과 고립 성향의 바탕이 된다고 주장한다. 이러한 '유기'가 1인 가구 수가 세계에서 제일 많은 한 가지 원인일까?

미국의 정신과 의사 허버트 헨딘은 저서 『자살과 스칸디나비아Suicide and Scandinavia』에서 스웨덴식 삶은 자녀를 아주 어린 나이에 독립하게 만드는 경향이 있다고 말한다. 스웨덴 아이들은 다른 사람에게, 설령 자기 어머니한테라도 의존하는 것은 약점이라고 배운다고 헨딘은 말한다. "아이들은 일찌감치 어머니로부터 사회적, 심리적으로 독립하라는 압박을 받는다. 그들은 그런 욕구의 존재를 부정하며 겉으로 드러난 자립심 뒤에 그 욕구를 숨긴다." 오케 다운도 『스웨덴식 사고방식』에서 비슷한 이야기를 한다.

울프 닐손 역시 스웨덴 여자들이 사회 규범에 순응해야 한다는 압력을 느껴 매일 아침 출근길에 자녀를 유치원에 맡긴다고 이야기했다. "페미니스트들은 이제 걷기 시작한 어린 자녀를 보육 시설에 맡기는 대신 아이와 집에 있고 싶어하는 여자들을 거의 범죄자 취급하기 시작한다." 하지만 다운은 여성들에게 너무 심한 압박감에 떠밀려 아이들로부터 도망치듯이 떠나지 말라고 조언한다. 다운은 연구 결과를 인용하며 스웨덴 여성들이 경제적 필요 때문에 어쩔 수 없이 다시 일한다고 말하지만 사실은 자녀와 집에 있는 것보다 더 만족스럽기 때문에 직장으로 돌아간다는 사실을 증명한다. 갓난아이는 사랑스럽지만 사람을 질리게 하는 거의 무한한 능력을 지니고 있으며 온갖 불쾌한 방법으로 사람을 고달프게 할 수 있다. 그래서 도망치고 싶은 이런 욕망은 아주 당연하지만 그렇게 일찍부터 보육 시설을 전적으로 받아들이는 것은 아이들에게, 더 나아가 장기적으로는 스웨덴 사회 전체에 부정적인 영향을 미칠 가능성이 아주 약간은 있지 않을까? 가령 스웨덴의 청소년 범죄율과 경범죄율이 비교적 높은 이유일 수 있지 않을까?

헨딘처럼 극단적으로 스웨덴 어머니들이 '다른 나라의 어머니들처럼 자녀와 함께 있는 기쁨을 경험하지 못했'고 주장하는 사람은 많지 않겠지만(알고 보면 특정 계층의 영국 어머니들은 자녀가 여덟 살이 되면 짐을 싸서 기숙학교에 보내는 일을 예사로 여긴다), 스웨덴 사회가 어린 자녀를 부모에게서 떼어놓는 부적절한 속도에 의문을 제기한 사람은 헨딘만이 아니다.

1980년대 중반에 스웨덴 아동정신과 의사 마리안네 세데르블라드는 이렇게 말했다. "스웨덴에서는…… 아이들의 독립과 관련하여 어린 나이부터 기대치가 심하게 높고, 부모들은 사춘기 아이들의 반항을 긍정적이고 바람직하다고 생각한다." 비슷한 맥락에서 다운은 1970년대에 스웨덴 보건복지청이 작성한 방과후

학교 관련 제안서 내용을 인용한다. 보건복지청은 방과후학교의 역할을 '아이들이 어른을 향한 지나친 의존에서 벗어날 수 있도록 돕는 것'이라고 설명한다. '모성이 넘치는 어머니'는 스웨덴의 전형적인 어머니 상은 아닌 듯 보인다.

스웨덴 정부가 자녀를 부모로부터 떼어놓는 일, 즉 아이들을 보호 시설에 보내는 데 적극적인 역할을 한다고 믿는다는 사실이 나에게만 이렇듯 오싹하게 들릴까? 아이가 부모로부터 독립하는 과정이 날 때부터 어느 정부 부처에 의해 제도적으로 시행되는 대신 서서히 자연스럽게 진행되면 안 될까? 아이들이 '집단 안에서 자기 자리를 찾아가도록' 교육받는다는 이야기를 들으면 사람들은 본능적으로 움찔한다고 한 시사평론가는 말했다. 아니면 내가 너무 시대에 뒤처졌거나 스칸디나비아 사람들 눈에는 더 나쁜 사람처럼 보일까? 내가 가족이 최고라는 영국식 사고에 치우쳐 있는 걸까?

"저는 사실 불편하지 않습니다." 내가 스웨덴 보육 모델을 향해 우려의 목소리를 내자 헨리크 베리렌이 말했다. "기자님이 왜 그러는지는 알겠지만 여성 해방이 필요하다는 생각은 모든 부분에서 아주 많습니다. 여자들이 일과 육아 중 하나를 택해야 하고 둘 다 할 수 없는 독일을 보세요."

누군가는 그럴 수 없다고 주장할 것이다.

"음, 그렇죠. 하지만 많은 여성이 둘 다 해내고 있습니다."

내가 편협하고 고루한 남성 우월주의자 역할을 조금 더 할지도 모르겠지만(길어질 수 있지만 해보겠다), 많은 가정이 힘들어하고 아이들이 대가를 치르는 모습이 보인다.

"글쎄요, 그렇다면 아버지들에게 물어봐야겠네요. 뭘 돕고 있느냐고요?" 베리렌이 말했다. "미국 사회학자 데이비드 포피노는 1980년대에 발표한 책에서 [스웨덴을] 크게 비판했고, 본질적으로 기자님과 같은 말을 했습니다. 즉 스웨덴 어머니들은 자녀를 온종일 보육 시설에 맡기는 부도덕한 사람들이고, 스웨덴은 인간미 없는 소름끼치는 사회라고 비난했죠. 포피노는 정말 좋은 사람이고 저 역시 그를 좋아하지만, 그는 가족의 가치를 중시하는 전통적인 미국인 보수주의자입니다. 포피노가 몇 년 전 스웨덴에 다시 와서 다음과 같은 정말 흥미로운 글을 썼습니다. '맞다. 나는 가족관에 약간 문제가 있다. 하지만 연구 결과에 따르면 스웨덴 아이들은 미국 아이들보다 부모와 훨씬 더 많은 시간을 보내고 더 건강하고 행복하며 모든 통계 결과가 기본적으로 더 좋다.' 그는 이혼을 탐탁지 않게 여기고 그런 면에서 스웨덴은 나쁘지만, 다른 모든 면에서 스웨덴은 가족 중심적인 사회입니다. 미국보다 아이들을 훨씬 더 잘 돌보는 사회죠."

유니세프도 동의한다. 유니세프는 최근 아동복지 조사에서 다른 어떤 나라보다 스웨덴에 더 자주 1위를 안겼다(덴마크와 핀란드는 각각 2, 3위였다). '물질적 복지' '건강과 안전' '행동과 위험' 등의 조사 부문에서. 하지만 나의 고립 이론에 따르면, 스웨덴 아이들은 흥미롭게도 '가족과 또래 관계'에서 특히 형편없는 순위(15위)를 기록했으며, '교육 복지'에서도 그리 좋은 성적을 거두지 못했다(8위: 모든 학교가 아이들에게 본인의 일정표를 적게 하기 때문이리라).

물론 누구도 양육 특허를 가지고 있지는 않으며 양육법은 셀 수 없이 다양하다. 스웨덴인이 최적의 전략을 떠올리지 못했다고 누가 딴지를 걸겠는가? 나는 아니다. 나는 한여름에 아들을 데리고 산타를 보러 간 사람이니 평가할 만한 처지가 못 된다.

그리고 또 누가 남녀평등의 목표를 두고 딴지를 걸겠는가? 스웨덴 경제는 누가 봐도 더 많은 여성을 노동시장으로 보내 이득을 봤고, 시간이 지날수록 여성의 존재는 이를 규범화한다. 내가 여자라면 과연 어디서 살고 싶을까?

010

계급

세계 다른 곳에서 스칸디나비아 나라의 이미지는 어떨까? 대체로 민주적이고 능력 중심적이며 평등하고 계급 차별이 없을뿐더러, 사람들은 야외활동을 약간 좋아하고 금발이며 자유분방한 데다 자전거를 즐겨 탄다. 또 고상한 조명이 켜진 중산층 가정에서 거실에는 뱅앤올룹슨 텔레비전을, 진입로에는 중간 가격대의 독일제 스테이션왜건(메르세데스 벤츠가 아니라 폴크스바겐 파사트)을 갖추고 살고, 스페인에서 휴가를 보내며 매달 적십자 봉투에 지폐 몇 장을 넣어서 보내는 그린 이미지다. 우리는 북유럽 사람들을 생각할 때 엄격하게 계층화된 사회를 떠올리지 않는다. 즉 납작한 모자를 쓰고 채탄 막장에서 힘들게 일하는 남자들, 그리고 그들 어깨 위에 올라선 자기만족에 빠진 배불뚝이 부르주아, 흰 양복을 입고 파나마모자를 쓴 채 크로케나무 망치로 나무 공을 치며 하는 구기 종목를 하는 귀족을 떠올리지 않는다. 대저택과 테라스 딸린 집, 사냥 모임과 노동자 단체를 떠올리지 않는다. 또 스칸디나비아 내각이 등록금이 비싼 사립학교와 대학교를 다 같이 나오고 팰맬 개인회원 클럽의 남자들로 구성되어 있으리라고는 전혀 생각하지 않는다.

다르게 이야기해보자. 덴마크 상류층을 떠올려보라. 스웨덴 노동자 계층은 어떤가? 실제로 진짜 쓰레기 같은 삶을 사는 가난한 백인 스웨덴 서민 말이다. 노르웨이 차브족? 핀란드 귀족? 어림없는 소리. 우리가 덴마크 편에서 살펴봤듯이, 분명 스칸디나비아에도 사회 계층화가 존재하긴 하나 계층의 개념은 이곳 북유럽에서는 크게 다르다. 가령 스칸디나비아 사람들에게 상원 의원이 입법 과정에 참여한다는 말은 방적기로 옷을 만든다거나 조랑말이 끄는 이륜차를 타고 출퇴근한다는 말처럼 고대 유물 취급을 받을 것이다. 나는 스칸디나비아 사람들이 에티켓 관련 책을 출판하는 영국 출판사 디브렛의 의도를 평생 헤아릴 수 없으리라고 본다. 미국에서라면 진정 몸서리칠 부와 가난, 박탈과 특혜의 양극단이 스칸디나비아에서는 한곳에 공존한다. 스칸디나비아의 계급 구조는 훨씬 더 감지하기 힘들며 소득 격차와 신분 격차가 훨씬 덜 드러난다.

코펜하겐 중앙역을 통과해 걷거나 출퇴근 시간에 자전거로 스톡홀름 시내를 돌아보라. 칸막이 없는 사무실의 좁은 개인 책상으로 향하는 출퇴근자와 꼭대기 층의 고급 사무실로 향하는 사람을 구분하기란 매우 힘들다. 낡은 자전거 헬멧을 쓰고 페달 토클립이 하나뿐인 진흙이 튄 산악자전거를 탄 그 남자는 중앙은행 총재이거나 학교 교감, 또는 사무원일 수도 있다. 헤링본 무늬 H&M 원피스를 입고 비싸 보이는 가죽 숄더백을 맨 그 여자는 학교 아이들 점심을 만들러 가는 길일 수도 있고 총리실로 가는 길일 수도 있다. 스웨덴이나 덴마크의 회사에 가서 상무이사나 대표이사와 인터뷰를 해보라. 나는 여러 번 해봤는데, 보통은 전통적인 스칸디나비아 회사 유니폼인 짙은 색 청바지에 넥타이를 생략한 재킷 차림, 즉 회사에서 그 사람의 지위나 힘이 어느 정도인지 거의 알 수 없는 옷차림을 한 사람이 나와서 반겨줄 것이다(때로 서른 살 넘은 북유럽 남자들은 전부 스웨덴 의류 브랜드 간트의 협찬을 받는 것처럼 보이기도 한다). 한편 덴마크 의회의 실시간 피드를 지켜보면 하원의원들이 청바지에 대개 개바구니 안에나 까는 낡아빠진 니트 옷을 입은 모습을 볼 수 있다. 소탈한 덴마크 국회는 매일이 금요일 캐주얼 데이다.

편안한 복장 규정은 그처럼 경제 평등의 귀감이 되는 나라들에서 찾아볼 수 있다. 얀테의 법칙과 '라곰'처럼 사회를 움직이는 힘, 즉 사회력뿐 아니라 스칸디나비아에서 뿌리 깊은 합의와 순응의 본능, 민주주의 제도, 보편적인 무상 교육, 소득 재분배 기능을 하는 조세 제도는 모두 서로를 평등한 존재로 바라보게 한다. 그 사람의 출신이나 직업과 관계없이. 이런 점은 당연히 스칸디나비아 지역의 엄청난 자부심이다. 덴마크에서 이런 생각은 다른 사람을 외옌회이데øjenhøjde, 즉 '눈높이'에서 바라보는 것으로 표현된다. 그 사람의 직업, 재산, 지위에 관계없이 만나는 사람을 사회적으로 동등한 존재로 여긴다(이런 문화의 가장 큰 단점은 스칸디나비아 지역 카페와 레스토랑에서 받는 형편없는 서비스다. 서비스 산업 종사자를 업신여겨도 좋다는 말이 아니라, 누구든 종업원에게 귀찮은 존재 취급을 받지 않고 주문한 음식을 가져다주리라 기대할 권리가 있다는 말이다).

내가 어디까지 했지? 아 그렇지, 내 생각. 모두 영리하고 계급 차별이 없고 자유로워 보이지만, 민주적이고 능력을 중시하는 중산층 스칸디나비아인의 거실에는 코끼리 한 마리가 있다. 벨벳 예복과 족제비 털로 된 숄을 걸치고 왕관을 쓴 채. 이 코끼리는 스칸디나비아 3국에 계급 제도가 남아 있다는 명백한 증거다. 당연히 우스꽝스럽고 비민주적인 카니발, 즉 군주제 이야기다.

이번만은 지리 용어를 신중하게 고르는 중이다. 남은 두 북유럽 국가, 즉 아이슬란드와 핀란드는 물론 공화국이므로 여기서는 특별히 스칸디나비아 3국 이야기를 할 예정이며, 어쩌면 내 말투에 담긴 희미한 편견이 티가 날지도 모르겠다. 하지만 뭐, 시작해보자! 세 나라의 군주제는 하나같이 몹시 실망스럽다. 북유럽에서 더 나은 삶의 방식, 완벽한 사회에 대한 영감을 얻을 수 있으리라 기대하는 우리는 어깨에 견장이 붙은 뚱뚱한 남자나 발코니에서 손을 흔드는 왕관 쓴 여자를 소심하게 숭배하는 모습보다는 훨씬 더 많은 점을 바란다. 그건 식민지 독립 후 계급이 지배하는, 사회적으로 무기력해진 영국인이나 집착하는 허튼 짓이다. 사회민주주의 스타일이 아니다!

여전히 이들 나라의 도심지 한복판을 무단 점유 중인 이 우스꽝스러운 허수아비들은 대체 뭐란 말인가? 어째서 이 가상 왕국의 마네킹을 고집하고 그들의 여름 별궁으로 놀러 가며 그들의 요트에서 손을 흔들고 수시로 납시어 백치미 넘치는 오늘의 이슈, 즉 지속 가능한 환경, 북극곰, 올림픽 등을 '일'이라는 이름으로 지지하는가? 내가 영국인이라는 사실은 차치하고 스칸디나비아에 손님으로 와서 이런 식으로 방문한 나라를 비판하는 일이 바람직하지 않다는 건 알지만, 평등한 민주 국가의 모범이 될 수 있었을 이들 나라에서 벌어지는 이 터무니없는 봉건 시대로의 회귀는 다 뭐란 말인가? 그들은 분명 자신들의 운명인 스칸디나비아 왕실을 믿을 수 없을 것이다. 누군가는 스칸디나비아 왕족들이 매일 아침 성난 군중을 두려워하며 잠에서 깨어나기를 바라지만, 나는 군중이 덴마크의 아말리엔보르 성이나 오스카 여름 별궁에는 절대 오지 않을까봐 두렵다. 그 이유는 이 전체적으로 안타까운 상황의 진심으로 당황스러운 점인데, 스칸디나비아 사람들이 실제로 자신들의 왕족을 꽤나 좋아하기 때문이다. 덴마크인은 그중 가장 열렬한 왕정주의자들이다. 정확히 말하면 덴마크의 글뤽스부르그 왕가는 유일하게 고유하고 진정한 군주제라고 주장할 정당한 근거가 있으며, 그 역사는 1000년 전인 하랄 블루투스의 시대로 거슬러 올라간다. 한편 호전적인 애국주의자인 노르웨이인은 덴마크인이 마르그레테 2세 여왕을 좋아하는 만큼이나 자신들의 왕을 좋아한다. 최근 여론조사에 따르면 하랄 왕은 국민 60~70퍼센트에게 지지를 받고 있다. 하랄

이 비범한 사람이었거나 노르웨이인의 기억력이 형편없거나 둘 중 하나다. 노르웨이 왕가는 사실 20세기에 덴마크 후손이 만든 것이기 때문이다. 노르웨이는 오랫동안 덴마크와 같은 왕을 섬긴 동군연합이었다. 1905년에 독립한 노르웨이는 덴마크의 카를 왕자(호콘 7세)를 새로운 왕으로 추대했다. 덴마크 왕 프레데리크 8세의 둘째 아들인 호콘 7세는 영국인 아내 모드를 왕비로 맞았다. 노르웨이가 덴마크의 지배에서 벗어난 지 100년도 안 됐다는 점을 생각하면 아이러니한 상황이었다.

스웨덴 왕가의 정통성은 훨씬 약하다. 스웨덴의 현재 왕인 칼 구스타브 16세는 고귀한 바이킹의 후손도, 심지어 16세기 전사왕의 후손도 아니며, 알 수 없는 어느 프랑스인의 후손이다. 스웨덴이 1809년 핀란드를 러시아에 내줬을 당시 왕이었던 구스타브 4세 아돌프—사람들 말로는 제정신이 아니었다는—는 망명을 갔다. 스웨덴은 러시아를 상대로 핀란드를 되찾는 데 도움을 주겠지 싶어서 나폴레옹에게 작은 아부의 선물로 왕의 빈자리를 내주려 했지만, 운명의 손가락은 장밥티스트 베르나도트(훗날 나폴레옹의 약혼녀였던 데지레와 결혼한다)라는 프랑스인 육군 원수를 가리켰다. 베르나도트는 스톡홀름에 도착하자마자 실제로 독일에서 스웨덴군과 맞서 싸운 전력이 있다는 사실이 빠르게 잊혔다. 이름을 칼 요한 14세로 바꿨기 때문이다. 하지만 동화 과정은 여기서 끝났다. 성미 급하기로 악명 높았던 칼 요한 14세는 딱한 번 자신의 새로운 백성에게 스웨덴어로 말을 하려고 시도했다가 귀청이 터질 정도의 폭소를 경험한 뒤 두번 다시 스웨덴어를 쓰지 않았다(덴마크인에게도 칼 요한 14세처럼 끝없는 즐거움을 주는 인물이 있는데, 심한 사투리가 섞인 덴마크어를 하는 현재 여왕 마르그레테 2세의 부군 헨리크 디 몽페사트 공이다. 우둥퉁하고 본의 아니게 웃음을 주는 프랑스 귀족이다). 스웨덴 왕가의 선조인 칼 요한 14세는 본인의 새로운 나라에 시들해지고 있었다. "와인은 끔찍하게 맛없고, 화끈함이라곤 없는 사람들이며, 태양조차 온기가 없다." 야심가 왕은 이렇게 말했다고 한다.

현재 스웨덴 왕은 다소 갈팡질팡한다는 평이 지배적이지만, 적어도 스웨덴어를 할 줄 알고 대체로 지정된 곳에 서서 열정적으로 손을 흔든다. 적어도 2010년까지는 그런 이미지였다. 오랫동안 무성했던 바람을 피운다는 소문이 마침내 『왕이 되고 싶지 않은 왕The Reluctant Monarch』이라는 책에서 폭로됐다. 스웨덴의 타블로이드판 신문들은 수많은 외국 여자와의 염문설과 스트립 쇼 클럽 출입, 갱단과의 친분 등 왕의 참혹한 실상에 군침을 흘리며 달려들었다. 세계스카우트재단 총재가 할 만한 행동은 결코 아니었다(왕의 부인인 실비아 왕비의 아버지가 나치당원이었다는 폭로가 뒤따랐다. 맙소사). 요즘 칼 구스타브 16세가 공무를 수행하는 모습을 볼 때마다 성행위에서 주도적인 역할을 하는 여자의 지하실에 묶여 있는 걸 훨씬 더 좋아하겠지라는 생각이 머리를 떠나지 않는다.

사람들은 스칸디나비아 왕족과 자전거를 타고 다니는 네덜란드 왕족을 자주 헷갈려하지만 말도 안 된다. 마르그레테 여왕이 빈 병 회수 용기에 빈 병을 넣거나 자전거를 타고 무료 급식소에 일하러 가는 모습은 볼 수 없으니까. 스칸디나비아 왕족들은 여전히 전통적인 왕가의 사치품들을 애용한다. 금박을 입힌 마차, 영국제 고급 승용차 애스턴 마틴, 요트와 납세자들의 돈으로 지은 집 따위. 또 자신들의 '휴식 시간'을 확실히 사수한다. 덴마크의 최근 폭로 기사에서 말과 스키와 요트에 열광하는 왕세자와 왕세자빈이 공무를 하는 시간은 1년 중 6시간에 불과하다는 사실이 드러났다(정확한 시간은 기억나지 않지만 확실히 그 정도였다). 놀랍게도 이러한 폭로는 그들의 인기에도, 불법적인 협찬 계약에도 사실상 아무런 타격을 준 것 같지 않다. 가령 왕세자빈은 3만 5000달러짜리 핸드백을 공짜로 받고 좋아했다고 한다.

덴마크는 레닌을 받아들이고, 스칸디나비아의 협동조합 운동을 탄생시키며, 지금도 코펜하겐 대공원에서 거대한 술판을 벌이면서 5월 1일 노동절을 기념하는 나라니까! 덴마크인은 타이 국민이 왕을 신성시하는 모습을 비웃고 미국인이 대통령을 존경하는 모습을 비웃을 테지만, 개인적인 쓰라린 경험을 토대로 이야기하자면, 가령 마르그레테 여왕의 전담 치과의를 헐뜯거나, 왜 여왕의 온 가족이 여전히 덴마크 법으로 면책특권을 받는지 질문하거나, 민주적으로 선출된 정부 각료가 공식 알현 이후 여왕 뒤로 물러날 필요가 있는지 궁금해하면 개 사육장 안에 들어간 생쥐처럼 신나게 물어뜯길 것이다.

그렇다면 스칸디나비아 공화주의 운동은 어떻게 될까? 지지율 면에서 노르웨이와 덴마크에서 공화주의는 이슬람 법이나 매콤한 음식과 1, 2위를 다투었던 한편 스웨덴에서는 희망찬 움직임이 있다. 10년 전만 해도 스웨덴의 공화주의는 소수의 사람만이 갖는 이상이었으며, 지지자가 불과 7500명쯤이었다. 지금은 그때의 세 배로 늘었는데, 인구 900만 명이 넘는 나라에서 여전히 큰 숫자는 아니지만 이제 시작이다. 아이러니하게도 공화주의 지지율은 왕의 섹스 스캔들 폭로가 아니라 그 딸인 빅토리아 공주가 헬스 트레이너와 '동화 같은' 결혼을 하면서 높아졌다.

"스캔들이 터지고 사람들은 실제로 왕과 왕의 가족들에게 약간 측은함을 느낀 것 같습니다. 하지만 결혼식을 준비하는 과정에서 정부가 얼마를 내야 하는지 논의가 있었고, 그것을 계기로 사람들은 공화주의자로 돌아섰습니다. 결혼식 전날 실시한 설문조사에서 사상 처음으로 스웨덴인 절반에 못 미치는 수가 군주제를 지지한다는 결과가 나왔습니다." 스웨덴 중심가에서 만난 스웨덴 공화협회 대변인 망누스 시몬손이 이야기했다.

나는 시몬손에게 스웨덴이 군주제를 유지한다는 자체가 무척 실망스럽다고 이야기했다. 시몬손이 정책 보좌관으로 일하는 건물 로비의 의자에 앉아 대화를 나누면서 나는 몹시 애원하는 투로 말했다. "우리 모두를 실망시키고 있잖아요! 스웨덴이 아직까지 왕실을 두고 있으면 우리 영국인이 군주제에서 벗어날 수나 있겠어요?" 시몬손은 나한테서 살짝 떨어져 앉으며 스웨덴이 그토록 오랜 세월 군주제를 묵인한 한 가지 이유는 민주주의와 보통선거권을 정착시키기 위한 스웨덴의 운동이 점진적이고 평화로웠기 때문이라고 조심스레 설명했다. 덴마크의 상황도 비슷하다. "1970년대 말까지는 사람들 대부분이 왕을 없앨 필요를 느끼지 못했습니다. 하는 일도 별로 없었고 비용도 얼마 안 들었으니까요." 시몬손이 말했다.

세금이 거의 덴마크만큼 흉포한 나라에서 왕실에 들어가는 비용은 스웨덴 공화주의자들의 중요한 안건이 될 수 있다.

"아니요. 돈 문제가 아닙니다. 대통령도 돈은 드니까요. 그보다는 민주주의가 문제입니다. 스웨덴 왕은 선출되지는 않지만 권력을 가지고 있습니다. 왕은 가끔 정부 각료들을 만납니다. 터무니없죠. 그리고 외교 위원회 의장이며 의회의 개회 선언을 하고 때로 정치에도 관여합니다. 여자도 군주가 될 수 있도록 법이 개정될 때 왕은 반대했습니다. 여자들이 하기에는 너무 버거운 일이라면서요."

관광업은 어떨까? 사람들이 흔히 영국이 군주제를 유지해야 한다고 주장할 때 하는 한 가지 변명이다. "글쎄요. 벨기에에 왕이 있어서 벨기에에 가는 사람도 있나요?" 시몬손이 반문했다.

시몬손은 스웨덴에서 왕실이 사라지는 건 '단지 시간문제'라고 확신했지만, 나는 베르나도트 가문이 한동안 건재할까봐 두렵다. 내가 대화를 나눈 스웨덴인 몇 명은 본인을 공화주의자라고 애매하게 정의했지만 왕실을 몰아낼 힘을 모으기는 힘들 것 같다. "저는 묵묵히 견딥니다. 그렇게 사소한 일에 힘쓰고 싶지 않아요. 저는 그 사람[왕]을 좋아하지 않습니다. 그 사람은 멍청한 말을 지껄이지만 스웨덴 국민은 좋아하는 것 같기도 합니다. 저는 그 여자[여왕]를 여러 번 만났는데 사랑스러운 분이에요. 군주제는 당연히 터무니없지만 크게 의미는 없습니다." 울프 닐손이 말했다.

"아뇨, 저는 당연히 왕정주의자가 아닙니다." 오케 다운이 껄껄 웃으며 말했다. "왕은 하찮은 자리입니다. 아무 힘도 없어요. 아무것도 결정하지 않고요. 아름답고 보기에 좋죠. 조심하세요. 왕은 건드리지 마시길."

베리렌은 최소한 태도를 분명히 할 준비가 되어 있었다. "저는 기본적으로 공화주의자이며, 군주제는 명백히 지적인 불쾌감을 유발합니다. 하지만 저는 군주제가 기분 전환용이라는 엥겔스의 말에 동의하는 편입니다. 역사적으로 스웨덴에서는 국민과 왕이 연합해 귀족과 맞섰습니다. 실제로 헛소리일 수도 있지만 우리에게 귀족을 상대할 강력한 왕이 필요하다는 생각을 했습니다."

스톡홀름대학교의 마티아스 프리함마르 교수는 스웨덴인과 스웨덴 왕실의 관계를 다년간 연구해왔다. 나는 프리함마르 교수의 연구실로 찾아가 스웨덴 국민이 이 낡고 비민주적인 군주제와 현대 엘리트라는 자신들의 자아상을 일치시키는 현상을 어떻게 생각하는지 물었다.

"스웨덴은 우리가 주장하는 만큼 평등하지 않습니다. 돈 있는 사람과 돈 없는 사람, 힘 있는 사람과 힘없는 사람이 있습니다. 모든 사람이 어떤 집안 출신인지가 큰 차이를 낳는 것을 알고 있습니다. 즉 발렌베리 가문 출신이면 유리하죠. 사람들은 평등하게 태어난다는 이야기를 듣고 자라지만 헛소리입니다. 스웨덴 사람들은 불평등을 숨기는 데 아주 능합니다. 가령 사람을 부르는 경칭과 비칭을 폐지한 것도 불평등을 숨기는 한 방법이었죠.

스웨덴인은 더 '평범한 왕정주의자들'입니다. 현 상태를 받아들이지만 스스로 왕정주의자라고 하지는 않죠. 그들은 이렇게 말할 겁니다. '군주제가 사회를 결정하는 방식이라는 생각은 마음에 안 들지만 개인적으로 왕을 싫어하지는 않아요.' 그리고 왕은 나이가 들수록 점점 더 인기가 많아집니다. 덴마크에 비해 덴마크 여왕은 정말 개성이 강하고 매력적인 인물입니다. 우리의 스웨덴 왕은 그리 매력적이지도 않고 말주변도 없습니다. 늘 엉뚱한 말만 늘어놓고, 어떤 면에서는 영국의 왕가와 비슷해집니다."

프리함마르 교수는 덴마크인이 여왕의 신년 전야 연설에서 여왕의 말 한마디 한마디를 귀 기울여 듣는 반면 스웨덴인은 왕의 크리스마스 연설을 귓등으로도 안 듣는다고 지적했다.

"덴마크인은 자기 국가와 사회에 더 적극적으로 참여하는데, 제 생각에는 덴마크가 작은 나라이고 독일과 스웨덴 같은 더 큰 나라들을 이웃으로 뒀기 때문입니다. 덴마크는 막냇동생 같은 존재이며, 덴마크 왕실은 제2차 세계대전 당시 더 큰 상징적 역할을 했죠. 가령 노르웨이에서도 왕실은 국가의 상징이 됐습니다."

우리는 2004년 덴마크에서 있었던 이례적인 사건을 놓고 잠깐 이야기를 나눴다. 앞서 언급한 예쁘지만 평범한 오스트레일리아 학생이었던 메리 도널드슨. 그 전까지만 해도 가장 큰 관심사가 독신자 전용 술집에 놀러 다니는 것처럼 보였던 메리는 세계적인 스타일 아이콘인 덴마크 왕세자빈이자 레드 카펫의 요정 메리로 변신하며 낯선 이들의 비명 소리를 들었다. 말 그대로 하루아침에.

"사람들은 이 멜로드라마를 보며 자신의 삶을 돌아봅니다. 그들은 이렇게 자문합니다. 저런 여자를 선택해도 괜찮을까? 우리 딸이 스웨덴 왕비처럼 밤새 파티를 하게 내버려둬도 괜찮을까? 그들은 이 화려한 동화세계에서 받들어 모셔집니다. 그리고 어쩌면 다음은 나일 수도 있죠. 그렇게 사람들은 계속 꿈을 꿉니다." 프리함마르 교수가 설명했다.

011

볼베어링

북유럽 5개국이 실제로 서로를 어떻게 생각하는지 쓰자니 약간은 누군가의 결혼생활을 이야기하는 기분이다. 하루가 끝난 저녁에 그 부부가 화장을 지우고 양치질을 하면서 속으로 서로를 어떻게 생각하는지, 어떤 이야기를 나누는지는 결코 알 수 없다. 나는 덴마크인, 스웨덴인, 노르웨이인, 아이슬란드인, 핀란드인이 영국인에게 서로를 어떻게 이야기하는지 정도만 알고 있으며, 고백하자면 그때 주요 대화 주제는 스웨덴인이 얼마나 짜증나는가이다. 어떤 북유럽 국가도 스웨덴 사람들을 그리 좋아하지는 않는 눈치다. 해묵은 원한이 여전히 들끓고 분노가 아물지 않았으며, 스웨덴인은 여전히 다른 사람의 비위를 건드리는 습성이 있다. 그러면서 자신들을 향한 이웃들의 원성에는 초연하다.

"우리는 덴마크인을 정말 좋아합니다. 사랑스러운 사람들이에요. 스웨덴인이 덴마크인을 설명하는 말이 있습니다. 우리는 더 효율적일뿐더러 근면하고 진지한 사람들인 반면, 덴마크인은 매력적이고 따뜻하고 사랑스럽고 약간 정신없다고 생각합니다. 덴마크에 주류 규제가 없는 걸 부러워합니다."

"덴마크 사람들은 스웨덴 사람들보다 언제나 더 느긋하고 국제적일뿐더러 일을 덜 하며, 술을 더 마시고 더 경박하고, 음, 덜 근면하다는 이미지가 있습니다. 우리가 코펜하겐에 가는 이유는 유럽을 느끼고 맥주를 마시기 위해서입니다. 더 느긋하고 자유로울 뿐 아니라 더 유럽 같아요. 마약과 술에도 더 관대하고요. 하지만 최근에는 덴마크가 파시스트 국가가 되었다며 사람들이 고개를 설레설레합니다. 이슬람과 전쟁을 벌이고 항공기를 보내 리비아를 폭격하려고 열을 올리죠." 스톡홀름대학교의 다문화주의 전문가 욘손이 말했다.

덴마크인이 정말 '제대로 놀 줄 안다'는 생각은 차치하고(확실히 욘손은 덴마크 슬라겔세의 스포츠홀에서 여자 핸드볼 경기를 보면서 오후 시간을 보낸 적이 한 번도 없었다. 사실 나도 없지만, 그러니까 내 말은……), 내가 이야기를 나눈 욘손, 다운 등 많은 스웨덴인은 자신들이 얼마나 미움받고 있는지 이상하게 눈치채지 못하는 것 같았다. 덴마크인이 만나는 사람마다 자기네 험담을 하는 수위에 충격을 받은 게 아닐까 싶었다.

덴마크인은 스웨덴인을 흔히 이렇게 묘사한다. '너무 뻣뻣하고 지루하며' '맥주를 제대로 마실 줄 모르고' '스코네를 되찾지도 못했다'. 한 덴마크 친구는 여전히 상처로 남아 있는(적어도 덴마크인들에게는) 1658년을 언급했다. 그때 스웨덴은 덴마크 동쪽 지역을 빼앗으려고 싸움을 했다. "우리는 그들에게 자유를 줬습니다."(언젠가 덴마크 라디오 방송에서 진행자가 반농담조로 8월에 열리는 스웨덴의 전통 가재 파티 시즌이 스웨덴을 다시 침략해 과거 영토를 되찾아올 절호의 시기라고 말하는 걸 들었다.)

나는 헨리크 베리렌에게 스웨덴과 덴마크의 관계를 물었고, 스웨덴인이 북유럽 국가들의 악담에 초연한 자세를 유지하며 결국 모든 면에서 북유럽 이웃들보다 더 부유하고 더 성공한 나라가 됐다고 지적했다.

"네, 우리는 승리자였습니다. 분명 큰형이죠. 하지만 거기에는 우리가 처음에 생각한 것보다 더 큰 적대감이 있습니다. 저는 자라는 동안 덴마크인과 덴마크를 아주 긍정적으로 생각했습니다. 덴마크는 현대적인 복지국가라는 점에서 우리와 비슷했지만 맹세코 우리보다 훨씬 재미있습니다. 덴마크 여자들! 히피들의 천국 크리스티아니아! 마리화나! 스웨덴인은 덴마크인이 모든 걸 가진 데다 삶을 더 즐기면서 산다고 생각해요. 하지만 덴마크의 반이민 정책으로 덴마크에 대한 인식이 '맙소사, 이해가 안 되네, 이게 다 뭐람?'으로 크게 바뀌었습니다. 이 부분이 좀 재미있는데, 어떤 의미에서는 이런 변화가 스웨덴인의 애국심에 불을 붙인 것 같습니다. 그 전에는 덴마크에 약간 열등감을 품고 있었지만, 지금은 갑자기 대단한 성인군자인 척할 수 있게 됐죠."

하지만 덴마크인은 그 사실을 모른다. 그들은 스웨덴인이 자국의 이민 정책에 경건한 척하는 태도와 반이슬람 덴마크국민당의 부상에 우월감을 갖는 행동을 아주 지긋지긋해한다. 스웨덴인은 말 위에 올라타서 덴마크인의 인종차별주의와 외국인 혐오증을 내려다보면서 뒷발로 서서 서커스 무대를 돌며 불덩이로 저글링을 하고 카추를 분다. 나치와의 긴밀한 과거와 '비열한' 중립을 향한 온갖 모욕 및 머리망과 무기 판매에 관한 농담을 되갚아줄 날을 얼마나 기다렸던가. 드디어 그 기회를 잡았다.

하지만 사실 잘난 체하는 형에게 동생이 으레 품는 앙금을 빼놓고 생각하면 덴마크인은 스웨덴인에게 그렇게까지 분노할 이유가 없으며 노르웨이인도 마찬가지다. 요즘은 쓰라린 과거를 극복할 만큼 돈도 차고 넘치니까. 핀란드인이라면 충분히 그럴 수 있지만, 이제 그만 청산해야 할 때인 듯싶다. 부디. 스웨덴에 끊임없이 불평을 쏟아내고는 있지만 여전히 북유럽 나라들이 다른 어떤 유럽 나라들보다 더 큰 동지의식을 갖고 있으리라. 가령 벨기에인이 프랑스인에게, 또는 스위스인이 이탈리아인에게 마지못해 애정을 주는 모습은 보기 힘들지 않은가? 반면 끊임없는 다툼에도 불구하고 북유럽 지역은 발칸반도의 전철을 밟을 것 같지는 않다. 스테판 욘손은 내가 스칸디나비아 나라들 간의 경쟁이라는 주제에 약간 흥분하자 이렇게 지적했다. "아시겠지만 이스라엘-팔레스타인 관계가 아닙니다."

스웨덴인이 최근에 실수를 연발한 사실은 이웃들의 질투를 약간 잠재우는 데 도움이 됐을 것이다. 스웨덴은 복지 혜택을 줄이고 지방이 서서히 사라지지 않도록 막아야 하며 통합과 세계화 문제에서 더 큰 난관에 봉착했다는 점에서 덴마크와 비슷한 문제를 안고 있다. 사실 스웨덴의 위대한 사회민주주의 여정은 수십 년 전에 실패로 끝났다. 당시 스웨덴의 경제 상황은 악화됐고, 이에 스웨덴 정부는 상당히 급진적인 민영화 계획을 도입했으며 세금과 복지 혜택의 범위를 줄였다. 하지만 세계 다른 나라들은 여전히 스웨덴이 얼마나 변했는지 눈치 채지 못했다. 미국의 보수 정치인들은 지금도 스웨덴 사회를 극단적 사회주의자의 본보기로 인용한다. 실제로 전혀 그렇지 않을 때조차. 우리가 지금까지 살펴봤고 정중하게 칭찬하는 동시에 그 나라에 살지 않는다는 사실을 내심 기뻐하는 나라, 스웨덴은 요즘 끝없는 정치적 변화를 겪고 있는 불확실성의 나라다.

스테판 욘손의 말로는, 그의 조국은 중요한 기로에 서 있다. "스웨덴은 대혼란에 빠졌습니다. 스웨덴 사회는 붕괴 직전입니다. 마음속에서는 붕괴하고 있지만 그게 무엇인지 묻습니다. 사회민주주의에 의문을 제기합니다. 많은 사람이 지금 무엇을 구해야 할지, 스웨덴이 과연 지속 가능할지, 지속 가능하지 않다면 어떻게 될지 궁금해합니다."

과장된 이야기 아닌가 싶다. 우리는 여전히 스웨덴 이야기를 하는 중이다. 어쨌거나. 하지만 정신이 번쩍 드는 한 가지 통계를 불쑥 이야기하자면, 내가 이 글을 쓰는 동안 스웨덴의 GDP 대비 세수 비율은 47.9퍼센트로 세계에서 네 번째로 높았다. 이해를 돕자면 이 통계는 한 나라의 경제 복지를 가리키며, 짐바브웨가 1위였다(미국은 26.9퍼센트로 중간 정도였다).

울프 닐손도 이 생각에 동의한다. "저는 스웨덴의 미래를 낙관적으로 보지 않습니다. 우리는 이 엄격한 국가를 개방해야 하며, 이 복지국가 스웨덴은 지나치게 관료주의적입니다. 너무 많은 사람이 정부에서 일합니다. 조세 전략은 이 모든 문제를 푸는 확실한 열쇠입니다. 저는 프랑스에 살고 있는데 거기서는 월 10만 크로나를 벌면 정부가 3만 크로나를 세금으로 가져갑니다. 스웨덴에서는 5만 크로나를 내죠. 하지만 분명 프랑스의 의료 제도가 더 좋습니다. 그렇다면 우리는 바가지를 쓰고 있는 걸까요? 맞아요, 바가지입니다. 수천 명이 실업수당으로 살 수 있다는 사실은 물론 좋은 게 아닙니다. 그런 의존 시스템은 바람직하지 못하죠. 저는 스웨덴을 떠났고 제 일을 해서 백만장자가 되었습니다. 스웨덴에서는 절대 불가능한 일이죠. 저는 이 나라를 떠난 게 행운이라고 느꼈습니다."

언제나처럼 헨리크 베리렌은 홀로 낙관론을 폈다. "스웨덴은 아주 잘 돌아가고 있습니다. 사람들에게 일할 동기를 갖지 못한다는 등의 이유로 실패하리라는 예언을 수도 없이 들었습니다. 사회가 망해가고 있는 것 같아요? 솔직해집시다. 우리가 약간 무례한 건 사실이지만……."

스웨덴의 장기적 전망과 관련해 한 가지 더 심오한 문제가 마음에 걸렸다. 루터교의 원칙을 거부하고 소비지상주의와 현대세계의 다양한 유혹을 받아들이면서 스웨덴인은 세계화라는 목욕물과 함께 청교도 정신까지 내다 버린 걸까? 다르게 말하자면, 자급자족과 신중, 겸손, 평등, 절약, 타협과 협동, 나눔의 본능적

욕구 등 옛 농경사회의 원칙들, 즉 사회민주주의 실험의 토대가 된 바로 그 특징들을 떠올려보라. 이러한 특징들은 늘어난 부와 소비지상주의, 세계화, 도시화로 불가피하고도 치명적으로 약화되지 않았는가? 스웨덴의 위대한 도시 실험이 그 현대성이 들어선 토대를 약화시키고 있지는 않을까?

오케 다운은 경쾌하게 "오, 맞아요. 저도 그렇게 생각합니다"라는 말로 이 질문에 답했다. 나이가 있는 다운은 그런 변화를 모두 목격했고 세상이 망해가는 상황을 체념하며 받아들였다.

앤드루 브라운도 동의하는 듯했다. "번영이 가난의 기억과 역경 없이 가능한가는 내가 답할 수 없는 질문이다." 자신의 저서 『유토피아에서 낚시하기』에서 브라운은 1970년대 이후 스웨덴에서 범죄, 특히 강간(최근 자료에 따르면 스웨덴은 유럽에서 1인당 강간 범죄율이 가장 높았다)의 뚜렷한 증가, 온 나라를 휩쓴 맥도널드 열풍과 그 결과로 스톡홀름 거리에 나타나기 시작한 비만인들, 변화하는 미디어 환경('늘 따로 떼어놓고 이야기하기 힘든 기세등등한 갱단과 기업가 세대가 신문을 장악했다'), 예전에는 확실히 평범했던 국영 주류업체였다가 브랜드 이미지를 번드르르하게 개선한 앱솔루트 보드카로 상징되는 음주의 재유행('취객들이 다시 돌아왔다'), 그리고 당연히 1970년대 중반 이후 산업 근로자의 5분의 2가 감소한 상황을 언급했다. 모든 것이 한 나라의 중요한 변화, 즉 근본적으로 모든 것이 마지막으로 물갈이되는 상황이라고 브라운은 말한다.

나는 그렇게 생각하지 않지만, 스웨덴은 인구학적 시한폭탄 위에 앉아 있는 듯하다. 스웨덴은 세계에서 유일하게 80세 이상 노령 인구가 인구의 5퍼센트를 넘는다(세계 평균은 1퍼센트). 스웨덴 인구의 거의 20퍼센트가 65세 이상으로, 스웨덴은 스칸디나비아에서 첫 번째, 세계에서는 여덟 번째 고령화 국가다. 세계은행은 2040년이 되면 스웨덴 인구의 3분의 1이 은퇴 연령, 즉 60세를 넘기리라고 예측한다. 하지만 모두 예상하듯이 스웨덴은 잘 준비된 나라다(가령 이 부분에서는 정말 엉망진창인 이탈리아와는 달리). 고도로 발달된 정부 연금 제도로 향후 인구 문제를 해결할 수 있으리라 예상되며, IMF는 현재 노인 부양 제도와 향후 고령 인구 부양 대비도 면에서 스웨덴을 세계 7위로 꼽았다.

결론적으로 우리가 스웨덴을 그리 걱정할 필요는 없을 것 같다. 헨리크 베리렌은 사람들이 1970년대부터, 심지어 1990년대 초반 이후에도 자신의 조국 스웨덴을 실패한 나라로 봤다고 지적했다. 스웨덴 모델이 경제 불균형으로 비참하게 약화된 것처럼 보였을 때 스웨덴은 빠르고 힘차게 회복했다. 여전히 세계에서 가장 고도의 경제 성장을 이룬 나라다. 가장 큰 비결은 기존의 사회민주주의 구조를 철저히 점검해 상당히 독특한 혼합경제로 전환했으며, 몇 가지 두드러진 자유주의 경제의 성향과 엄격한 국가 재정 및 은행 규제를 도입한 덕분이다.

그래서 스웨덴 경제는 당분간은 괜찮을 듯하다. 정치적으로는 총리와 외무장관의 암살을 경험하긴 했다(외무장관 안나 린드는 2003년 스톡홀름의 한 백화점에서 칼에 찔려 사망했는데, 내가 스톡홀름을 방문한 이튿날이었다). 하지만 문화적 회복력은 어떨까? 내가 스웨덴을 여행하는 동안 자주 놀랐던 한 가지는 스웨덴 문화에 관해 이야기하면서 많은 스웨덴인이 보인 무시하는 듯한 태도였다. 나는 늘 스웨덴을 스트린드베리, 잉마르 베리만뿐 아니라 엄청난 인기를 누리는 거물 작가 아스트리드 린드그렌「말광량이 삐삐」의 작가, 헨닝 망켈, 그리고 당연히 스티그 라르손의 나라라고 생각했다. 한스 크리스티안 아네르센이 사랑에 빠진 스웨덴의 나이팅게일이라 불리는 소프라노 예니 린드부터 스웨덴을 대표하는 뮤지션 아바와 로빈까지 스웨덴은 대단한 인기 가수와 작곡가 역시 세계 무대로 진출시켰고, 세계는 이에 고마워했다.

그럼에도 불구하고 오케 다운이 한 말을 흔히 들을 수 있다. "문화는 스웨덴에서 그리 중요하지 않다. 우리는 기술 쪽으로는 창의적이지만 예술 분야에서는 아니다." 다운은 스웨덴의 자아상은 볼베어링과 지퍼, 성냥 제조로 성공한 나라에 더 가깝다고 이야기했다.

"사실 베리만과 스트린드베리 이후에는 대가 끊겼습니다. 문화, 학문 분야에서 스웨덴이 세계에 미치는 영향력은 그리 크지 않습니다. 하지만 스웨덴의 대표적 지식인들은 이 나라가 작가로 살아가기에 충분히 크며, 해외로 나가 뭔가를 들여와야 할 만큼 작은 나라가 아니라고 생각합니다. 중간 규모의 나라가 겪는 비극이죠." 스테판 욘손도 동의했다.

내가 조심스럽게 스웨덴에 문화적 거물이 부족하다고 말하자 헨리크 베리렌은 평소처럼 애국심을 불태우며 반응했다.

"어떤 객관적인 근거에서 그런 말을 하는 거죠? 아주 전형적인 영국인의 이야기처럼 들립니다. 솔직히 세계를 대하는 영국인들의 다소 건방진 태도 같습니다. '나의 섬에 앉아서 모든 나라를 판단할 수 있어⋯⋯'라는 식 말입니다."

아이고, 이런. 솔직히 헨릭, 내 말뜻은 그게 아니었습니다.

하지만 당신 말이 맞아요. 나는 아마 건방진 영국인일 거예요.

에필로그

> >
> >

　지구상에서 가장 행복하고 믿음직하고 성공한 사람들을 만나면 인간의 자연스러운 본능은 오점을 찾고, 엑스레이로 금간 부분을 찾는다. 나는 이 책의 처음부터 끝까지 이 본능을 완전히 억제하지 못했을 수도 있으며, 혹시 이 책을 읽는 북유럽 독자가 있다면 부디 나를 용서하길 바란다. 부러워서 그랬다고 생각해 달라. 혹시라도 도움이 된다면.

　하지만 균열과 결함은 확실히 있다. 북유럽 지역은 우리 모두가 그런 것처럼 자신들만의 문제와 난관, 그리고 비뚤어진 기벽과 약점을 가지고 있다. 하지만 어쨌든 스웨덴의 성공은 논쟁의 여지가 없다. 언젠가 한 기자가 폴 매카트니에게 비틀즈의 '화이트 앨범The White Album' 비틀즈의 아홉 번째 정규 앨범으로 앨범 커버에 아무 말이 두 장이 아니라 한 장이었다면 더 나았겠다고 이야기하자 폴 매카트니는 이렇게 대답했다. "음, 글쎄요. 뭐 그래도 여전히 화이트 앨범이잖아요." 물론 거의 완벽에 가까운 사회에도 약점은 있다. 누구나 감추고 싶은 역사적 비밀이 있으며, 단일 민족, 단일 문화의 성향을 띤 나라는 너무 안전하고 따분하며 배타적인 경향이 있다. 미래를 생각하면 북유럽 국가들 역시 몇 가지 심각한 문제를 안고 있다. 인구 고령화, 삐걱대는 복지제도, 계속 진행 중인 이민자들의 통합, 늘어나는 불평등 같은 문제. 하지만 그래도 여전히 스칸디나비아다. 여전히 샘날 정도로 부유하고 평화롭고 화목하고 진보적인 나라다. 오랫동안 그랬던 것처럼. 여전히 화이트 앨범이다.

나는 서양 언론이 북유럽 지역에 대해 늘어놓는 불균형한 장밋빛 보도를 바로잡고 마음에 담아둔 몇 가지 불만을 털어놓으려고 이 책을 시작했지만, 스칸디나비아의 몇 가지 더 긍정적인 측면, 즉 신뢰, 사회적 결속, 경제 평등과 남녀평등, 합리주의, 겸손, 균형이 잘 잡힌 정치경제 제도 등에 관한 새로운 정보도 같이 전해졌기를 바란다. 지금 이 순간 서양은 우리 경제를 쑥대밭으로 만든 팽배한 자본주의의 대안을 찾고 있다. 양극단에 있는 소련의 사회주의나 규제를 철폐한 미국의 신자유주의를 피할 수 있는 시스템. 내 생각에 실제로 미래 경제, 사회의 롤모델을 찾을 수 있는 유일한 곳이 있다. 브라질, 러시아, 중국은 아니다. 바로 북유럽 나라들이 답을 쥐고 있다. 심지어 작은 나라 아이슬란드조차 나머지 거의 모든 유럽 국가보다 더 빠른 성장세를 보이며 회복 중이다. 북유럽에서는 계산 착오가 있을 때도 어떻게 바로 잡을지 금세 알아낸다. 피 한 방울 흘리지 않고.

나 역시 북유럽에 존재하는 흥미진진한 다양성을 입증했기를 바란다. 언뜻 비슷해 보이지만 북유럽 사람들은 꽤 많이, 그리고 꽤 흥미롭게 서로 다르다. 유전적 뿌리가 다르고, 사고방식이 다르며, 역사와 경제 제도가 다르다. 어떤 나라에는 석유와 가스가 나고, 또 어떤 나라에서는 나무를 때서 난방을 한다. 어떤 나라는 유로를 쓰고, 또 어떤 나라는 아예 EU 비가입국이다. 나는 소위 이 '단일' 국가들 안의 다양성은 언급조차 하지 않았다. 스웨덴의 현저한 남북 격차, 노르웨이의 수백 개에 달하는 지역 방언, 사미인, 페로 제도 사람들, 그린란드인 등.

그리고 내가 아직 언급하지 않은, 최소한 명쾌하게 말하지 않은 북유럽 행복 현상의 한 가지 요소가 있다. 전문가들에 따르면 행복의 한 가지 열쇠는 삶의 자율성이다. 즉 스스로 자기 운명을 결정하고 자기실현을 할 수 있는 사치다. 북유럽 지역이 하나같이 행복도와 삶의 수준이 세계에서 제일 높고, 사람들이 가장 행복해하며 삶의 만족도가 높은 것은 우연이 아니다. 또한 런던정치경제대학이 30년 동안 아버지와 아들의 소득을 비교한 연구에 따르면, 세계에서 계층 이동성이 가장 높은 편에 속하는 나라들 중에서 스웨덴이 교육 기회가 가장 평등했다. 북유럽 주요 4국이 그 순위표에서 상위 1~4위를 차지했다.

진정하고 지속적인 행복을 이루기 위해서는 무엇보다 삶의 주인이 되고, 자기 의지로 되고 싶은 사람이 되며, 그렇지 않다면 적절하게 경로를 변경할 수 있어야 한다. 이것은 단지 생각에 머물거나 아메리칸드림(여담이지만, 미국은 런던정치경제대학의 계층 이동성 조사에서 순위가 떨어졌다)처럼 공허한 슬로건이어서는 안 된다. 스칸디나비아에서는 현실이다. 진정한 기회의 땅이다. 북유럽 국가는 미국이나 영국에서보다 계층 이동성이 훨씬 더 크며, 이 지역 사람들의 삶에 영향을 미치는 집단주의와 국가의 개입에도 불구하고 되고 싶은 사람이 되며, 하고 싶은 일을 할 자유가 훨씬 더 많이 주어진다. 갤럽의 최근 조사에서는 덴마크인의 불과 5퍼센트만이 원하는 순간에 삶을 변화시킬 수 없다고 말했다. 반면 미국의 많은 주에서는 가령 스스로 무신론자나 동성애자, 결혼했지만 아이를 가질 계획이 없다거나, 독신이지만 아이를 가질 계획이라거나, 낙태를 하겠다거나 아이를 이슬람교인으로 키우겠다고 선언하는 일은 상당히 불편한 경험일 것이다(정도는 덜하지만 여전히 답답하게도, 소의 고장 텍사스에서는 채식주의자가 되거나 모르몬교의 도시 솔트레이크시티에서 와인을 마음껏 퍼 마시기란 힘들다). 어디서든 사회주의자 선언을 할 생각은 꿈도 꾸지 마라! 스칸디나비아에서는 이 모든 일을 할 수 있으며 누구도 눈 하나 깜박하지 않을 것이다(기다렸다가 파란불에 길을 건너기만 한다면).

이러한 계층 이동성에 절대적으로 중요한 요소는 학교다. 수준 높은 무상 교육 제도 덕분에 누릴 수 있는 자주권은 북유럽 지역의 경제 평등과 폭넓은 사회복지 안전망만큼이나 중요하다. 그 이상까지는 아니더라도. 스칸디나비아의 교육 수준은 세계 최고일 뿐 아니라 교육의 기회는 모두에게 무상으로 주어진다. 이것이 북유럽 예외주의의 토대다.

누군가는 북유럽 자주권의 현실은 자유롭게 북유럽 국가가 되는 것이라고 주장할지도 모른다. 이슬람 사원을 지을 예정인 무슬림이나 큰 차를 몰고 싶은 미국인이라면 마음 깊이 믿는 천지창조론을 지지하고 일요일에는 플래티넘 카드를 들고 쇼핑을 가라. 심지어 북유럽 지역에 사는 영국인이고 태곳적 바로크식 예절에 따라 처신하고자 한다면 정도는 다르지만 차별과 따돌림을 경험할 가능성이 높다.

이건 사실이다. 스칸디나비아는 특히 비서구계 이민자들을 통합하려 애쓰고 있다. 스웨덴에서는 지난 20년이 넘는 동안 비서구계 이민자들의 평균 가계 소득이 실제로 스웨덴 토박이들의 가계 소득에 비해 감소했다. 두 집단의 소득 차이는 1991년 21퍼센트에서 현재 월 36퍼센트로 늘어났다. 하지만 아직은 두고 봐야 한다. 실제로 스칸디나비아 지역에서 이민은 1960년대 후반에야 시작됐으며, 이민자들은 영국과는 달리 이미 언어를 능숙하게 구사하고 문화 규범에 익숙한 과거 식민지 국가에서 오지 않았다. 한두 세대는 지나야 상황이 달라질 것이다. 그리고 브레이비크들은 승리하지 못할 것이다. 절대로. 이민은 북유럽에서 계속될 테고—또 많은 이유로 그래야 하며—통합은 계속 나아질 것이다. 그렇게 되리라고 확신한다. 그들도 때로는 '덴마크인 2세' 같은 허튼소리를 무심코 내뱉고 싶겠지만, 때로는 성이 '-sen'으로 끝나지 않는 구직자들에게 일자리를 준다.

1960년대에 수전 손택은 스웨덴에 혁명 따위가 절실히 필요하다고 썼다. 기존의 사회 질서와 행동 규범을 끊어놓을 수 있는 혁명. 뭐, 스웨덴은 혁명을 경험했고 나머지 북유럽 나라들도 마찬가지다. 손택이 생각한 형태의 혁명은 아니었을지 모르지만, 스칸디나비아 지역으로 간 수많은 이민자는 이들 사회에 도전장을 던지고 활기를 불어넣고 있으며 가끔씩 천편일률적인 이 단일 민족 사회를 변화무쌍하고 다양한 다민족 사회로 바꾸고 있다. 지금까지는 우여곡절이 많았지만 실제 문제가 해결되고 있으며 언젠가 해결되리라는 희망적 징후들이 있다.

앞에서 언급하지는 않았지만, 말뫼의 가재 파티가 끝난 이튿날에도 그 연례 축제는 야외 만찬으로 이어졌다. 주로 터키, 인도, 아랍, 중국 음식이었다. 하지만 이번에는 말뫼 거리들이 내가 그때까지 스칸디나비아 도시 길거리에서 본 것 중 가장 많은 민족으로 발 디딜 틈 없이 붐볐다. 분위기도 끝내줬다. 진정한 공동체 의식이 느껴졌고, 그동안 덴마크 언론에서 접했던 말뫼 관련 수많은 기사와는 달리 모든 사람이 미래에 살고 싶어할 만한 도시였다.

하지만 모든 북유럽 나라 중에서, 그리고 아이러니하게도 지난 10년 동안 보수파 정치인들의 선동적인 발언을 생각하면, 덴마크는 제대로 통합된 다민족 북유럽 사회로 앞서나가고 있는 듯하다. 덴마크 이민자들은 스웨덴 이민자들보다 인종차별을 덜 받고 전통적으로 여러 지방에 더 흩어져 살았으며, 토착민, 즉 토박이 덴마크인들과 더 잘 어우러져 살아간다. 즉 덴마크인은 통합 문제에 더 직접적으로 맞섰으며 더 많은 진전을 이뤘다.

이성과 지혜의 위대한 대변자인 노르웨이 인류학자 토마스 휠란 에릭센은 이렇게 말했다. "덴마크에는 빈민가가 있지만 거리에 자신의 담배 가게를 소유한 터키 사람도 있습니다. 또 그들은 버스를 운전하고, 작은 마을에 살아서 이웃과 상대를 해야 하며, 사회의 훨씬 더 중요한 일부입니다." 누구도 이 과정이 어렵지 않았다고 말하지는 않지만, 일단 자주 우려스럽고 때로 폭력적인 처음의 서로 알아가는 단계가 끝나면 상황이 좋아지기를 바란다. 리처드 젱킨스는 자신의 연구 보고서『덴마크인으로 살기』에서 이렇게 말한다. "다민족 사회 덴마크는 허용하고 거부할 수 있는 선택의 문제가 아니다. 좋건 나쁘건 이미 현실이다. [하지만] 통합은 국내 정치인이 주장하는 말에 비하면 문제도 아니다."

시간은 걸릴 것이다. 미국은 수 세기 동안 노력해왔지만 여전히 해결하지 못했다. 하지만 인간의 본성과 북유럽의 실용주의가 공포와 편견을 극복하기를 기대해보자.

연설 끝.

한 가지 바람이 더 있다. 북유럽 사람들에게 하는 진심 어린 부탁이다.

가끔 북유럽 정치인이나 북유럽이사회 회원국은 북유럽 나라들에 분명한 메시지를 보낸다. 더 통합하고 힘을 합쳐 제대로 된 북유럽 연합을 만들고, 경제적·군사적으로 연합해 연합군과 연합 외교 정책, 심지어는 연합 통화를 만들자고. EU와 비슷하지만 다툼과 부패 없이.

전 덴마크 총리이며 지금은 북유럽이사회 덴마크 대표인 베르텔 하르데르가 말했다. 더 광범위한 범북유럽 협력이 불가피하며 환영받을 것이라고. "이미 진행 중입니다. 그리고 북극권은 미래에 중요한 지역이 될 겁니다."

스웨덴의 역사학자 군나르 베테르베리 역시 북유럽 인구를 모두 합친 2600만 명이 EU에 더 큰 영향력을 행사하고 마땅히 G20 자리를 요구할 수 있다고 믿는다. 베테르베리는 스칸디나비아 국가들이 14세기에 한 번 통합된 적이 있다고 지적했다. 독일 상인들의 위협을 계기로 노르웨이, 스웨덴, 덴마크가 덴마크 여왕 마르그레테 1세의 지휘 하에 연합했다. 즉 칼마르 동맹을 맺었다. 결국 스칸디나비아는 덴마크에게 지배당하는 길을 걷지 않았는데, 가장 큰 이유는 덴마크가 스웨덴의 귀족 대부분을 살해했기 때문이다. 두번 다시 그런 일은 없으리라고 생각한다.

얼마 가지 못한 19세기의 스칸디나비아주의 운동의 가능성이 다시 한번 제기됐다. 스칸디나비아 학술대회 연설에서 위대한 덴마크 물리학자 H. C. 외르스테드는 다음과 같이 말했다. "600만 스칸디나비아인이 체중을 모두 하나의 저울에 실을 수 있도록 만듭시다. 분명 그리 가볍지는 않을 겁니다."

오늘날 앞서 이야기한 북유럽 연합이 존재한다. 북유럽 연합은 북유럽 5개국 사이의 무역을 개시하고, 해외 원조에서 '소프트 파워' 협력을 시작했으며, 역사적 갈등에 관한 문서 작업에 열중하고, 회원국 간 문화적 유대를 강화하고 있다. 현재 북유럽 인구는 외르스테드가 살던 19세기의 600만 명이 아니라 2500만 명이다. 제대로 된 연합은 더 많은 무게를 실어줄 것이다. 다음 단계에는 완전한 단결이다. 덴마크, 스웨덴, 아이슬란드, 노르웨이, 핀란드 5국은 손잡고 제대로 통합된 경제, 군사 북유럽 연합을 이룰 수 있을까?

최근 스칸디나비아 언론에서 이 문제에 대한 논의가 늘어나는 추세이며, 일부 언론은 휘청거리는 EU의 북유럽식 대안으로 스칸디나비아 연방을 제시하기도 했지만, 여전히 실현 가능성은 비교적 낮다. 하지만 만약을 위해 북유럽 국민에게 간청한다. 제발 그러지 마라.

과거에 정말 그런 식으로 뭉쳤다면 진심으로 남은 우리는 꼼짝도 못했을 것이다.

감사의 말

> 〉
> 〉
> 〉
> 〉

짐작하겠지만 나의 덴마크 친구와 가족들은 유난히 인내심이 강하고 인정이 많을 뿐 아니라 협력적이고 무엇보다 너그러운 사람들이다. 먼저 그들에게 고맙다는 인사를 하고 싶다. 끝없이 지지해주고 자신들 사회에 관한 나의 온갖 이론을 들어줘서. 그리고 때로 그들 조국의 동포들에게 약간 심하게 군 점은 사과하고 싶다. 앞으로 입 다물고 있겠다고 약속하면 조금 더 옆에 붙어 있어도 괜찮을까?

나의 미국 출판사 피카도르의 담당 편집자 애나 드브리스에게도 감사를 전하고 싶다. 내 책을 미국에 소개해줘서 고맙다.

노르웨이 인류학자 린디스 슬로안은 친절하게도 노르웨이 챕터를 검토해줬다(그리고 잊을 수 없는 성게 사파리 투어를 도와준 남편 슬로안에게도 감사 인사를 전한다). 삼파 로우툴라는 핀란드 챕터에서 비슷한 도움을 줬다. 당연히 삼파와 린디스는 어떤 식으로든 이 책의 오류나 부정확한 정보에 어떤 책임도 없다. 전적으로 나의 책이니까. 도저히 용기가 나지 않아 스웨덴 친구들에게는 스웨덴 챕터를 봐달라고 부탁하지 못했다. 스웨덴 챕터에 수많은 오류가 있을지도 모르는 이유다. 곧 스웨덴 친구들이 급격히 줄어들 가능성이 높은 이유이기도 하다.

또 유익한 인터뷰를 해주거나 그저 자기네 지역에 대한 나의 최근 이론을 설명하는 동안 참을성 있게 들어준 사람들에게도 감사한다. 자신들이 태어난 곳이자 내가 평생 알게 될 사실보다 훨씬 더 많이 아는 지역임에도 불구하고 말이다. 도움을 준 고마운 분들은 아래와 같다.

라우라 콜베, 베르텔 하르데르, 토르 뇌레트라네르스, 로만 샤츠, 토마스 휠란 에릭센, 안네 크누센, 헨리크 베리렌, 카렌마리 릴레룬, 세실리 프뢰키에르, 리처드 윌킨슨 교수, 크리스티안 비외른스코우, 스웨덴 트렐레보리 사의 미케, 엘리자베스 애시먼로 박사, 오케 다운, 오우에 카이 페데르센, 모겐스 뤼케토프트, 토르벤 트라네스, 마르틴 오게루프, 벤투 두폰트, 안네그레테 라스무센, 리처드 젱킨스, 스레 아비라미 우파사키, 스테판 욘손, 기슬리 파울손 교수, 테리 거널, 신드리 프레이손, 비아르드니 브린욜프손, 잉가 옌센, 윈뉘르 도티르 스카프타도티르, 모르텐 회글룬, 신레 방스타, 욍베 슬룅스타, 시멘 세트레, 핀란드와 로바니에미 관광청, 핀란드 외무부, 헤이키 아이토코스키, 마티 펠토넨,

파울리나 아호카스, 닐 하드윅, 손카야르비의 아내를 업고 달린 사람들, 딕 프레드홀름, 일마르 레팔루, 파트리크 스케이닌 교수, 베사트 베시로브, 울프 닐손, 르네 레제피, 산타클로스와 그의 요정들.

거의 완벽에 가까운 사람들

1판 1쇄   2018년 3월 2일
1판 10쇄   2023년 4월 21일

지은이   마이클 부스
옮긴이   김경영
펴낸이   강성민
편집장   이은혜
마케팅   정민호 박치우 한민아 이민경 박진희 정경주 정유선 김수인
브랜딩   함유지 함근아 박민재 김희숙 고보미 정승민
제작   강신은 김동욱 임현식
독자모니터링   황치영

펴낸곳   (주)글항아리 | 출판등록 2009년 1월 19일 제406-2009-000002호

주소   10881 경기도 파주시 심학산로 10 3층
전자우편   bookpot@hanmail.net
전화번호   031-941-5159(편집부) 031-955-8869(마케팅)
팩스   031-941-5163

ISBN   978-89-6735-489-3 03900

www.geulhangari.com